中国公司治理的理论与证据

郑志刚 ◎ 著

Theories and Evidence of
China's Corporate Governance

图书在版编目(CIP)数据

中国公司治理的理论与证据/郑志刚著. —北京:北京大学出版社,2016.10
ISBN 978-7-301-27651-8

Ⅰ.①中… Ⅱ.①郑… Ⅲ.①公司—企业管理—研究—中国 Ⅳ.①F279.246

中国版本图书馆 CIP 数据核字(2016)第 241317 号

书　　　名	中国公司治理的理论与证据 Zhongguo Gongsi Zhili de Lilun yu Zhengju
著作责任者	郑志刚　著
责 任 编 辑	张　燕
标 准 书 号	ISBN 978-7-301-27651-8
出 版 发 行	北京大学出版社
地　　　址	北京市海淀区成府路 205 号　100871
网　　　址	http://www.pup.cn
电 子 信 箱	em@pup.cn　　QQ:552063295
新 浪 微 博	@北京大学出版社　@北京大学出版社经管图书
电　　　话	邮购部 62752015　发行部 62750672　编辑部 62752926
印 刷 者	北京大学印刷厂
经 销 者	新华书店
	730 毫米×1020 毫米　16 开本　19.75 印张　350 千字 2016 年 10 月第 1 版　2016 年 10 月第 1 次印刷
印　　　数	0001—4000 册
定　　　价	52.00 元

未经许可,不得以任何方式复制或抄袭本书之部分或全部内容。
版权所有,侵权必究
举报电话: 010-62752024　电子信箱: fd@pup.pku.edu.cn
图书如有印装质量问题,请与出版部联系,电话: 010-62756370

前　言

公司治理指的是确保投资者按时收回投资并取得合理回报的各种制度的总称。它是以资本社会化为特征的现代股份公司实现外部融资的基础性制度安排。2002年在安然、世通等会计丑闻爆发后,经济学家Rajan和Zingales(2003)评论道,"最近的丑闻表明,即使在最先进的市场经济里,在改善公司治理方面依然大有可为";而2015年肇始的万科"股权之争"不仅标志着我国资本市场开始进入股权分散这一新的发展阶段,同时也使得公司治理问题开始受到越来越多的关注,甚至一度成为公共流行话题。

从1999年9月,我进入北京大学光华管理学院追随张维迎教授开始现代企业理论的学习起,公司治理即作为现代企业理论的重要试验场景进入我的研究视野。我的博士论文的主题即是投资者之间的利益冲突以及如何实现不同公司治理机制的整合。这是与传统关注的由经理人与投资者之间利益冲突引发的公司治理问题不同的新兴的公司治理问题。该论文不仅获得了第二届黄达-蒙代尔经济学奖,而且获得了2005年评选的北京大学优秀博士论文的荣誉和当年全国优秀博士论文的提名。

2003年7月,我来到中国人民大学财政金融学院任教。作为我国金融学教学和科研的重镇,我院传统上偏重货币银行等领域的研究,而对标准意义上的现代金融学分支——公司财务的研究相对薄弱。在我进入学院之前,学院研究生培养的课程体系中并没有公司治理的相关课程。我从零开始,从讲授"公司财务专题:公司治理"的选修课到研究生的文献导读课"公司治理",到金融专硕的"公司治理案例研究",再到EMBA的"公司治理与经理人激励""互联网金融时代的公司治理"等,公司治理课程从无到有、从弱到强,目前已经成为我院研究生培养方案相关课程体系的重要组成部分和研究特色之一。研究的兴趣和教学的需要使我得以延续对中国公司治理问题的关注。

多年以后，当我成为上市公司的独立董事后，我也把它理解为近距离观察董事会的实际运作、考察我国上市公司真实公司治理状况的难得的学习机会，由此及彼，触类旁通，认真提炼公司治理实践中可能存在的学术研究问题。

正是基于这十多年来对我国上市公司治理问题的研究、教学以及持续的观察和思考，我有了写一本总结自己教学和研究、思考和观察的书的冲动，于是就有了呈现在读者面前的这本《中国公司治理的理论与证据》。

在很多人依然无法准确区分保障投资者权益、确保资金安全的治理与提高资源配置效率的管理，以及从公司治理到国家治理的概念被媒体滥用的今天，强调公司治理这一微观层面的制度建设对于现代企业运行，从而市场经济形成的重要性变得尤为重要。正如我在第1章引言中提及的那样，如果没有"确保投资者按时收回资金并取得合理回报"的公司治理，就没有现代股份有限公司的设立和运行；而没有现代股份有限公司的运行，人类就无法利用基于资本社会化和经理人职业化的专业化分工的现代股份有限公司快速进行财富积累，当然也不会使马克思和恩格斯在《共产党宣言》中由衷地发出这样的感慨："资产阶级在它的不到一百年的阶级统治中所创造的生产力，比过去一切世代创造的全部生产力还要多，还要大。"

研究框架

我们可以把本书的研究内容简单概括为"两种问题"＋"两层内涵"＋"两类机制"。所谓"两种问题"指的是，现代公司治理研究既需要关注经理人与股东之间利益冲突引发的传统"垂直型"代理问题，又需要着重分析控股股东借助金字塔结构实现隧道挖掘这一股东之间利益冲突引发的新兴"水平型"代理问题。对"水平型"与"垂直型"代理问题的同时重视，使得现代公司治理问题在一定程度上演变为具有信息优势和实际控制权的"公司内部人"与"外部分散股东"之间的利益冲突，如何保护处于信息弱势的外部分散股东的利益由此成为现代公司治理研究开展的逻辑出发点。

所谓"两层内涵"指的是，公司治理一方面需要通过产权安排来形成对外部投资者投资的激励以解决"合约不完全"的问题，另一方面则需要通过公司治理机制的实施来形成对所聘请的经理人追求私人利益的约束，以解决信息不对称引发的经理人"事前"逆向选择问题和"事后"道德风险行为问题。因而，完整的公司治理应同时包括产权安排和治理机制实施两个层次。二者的结合不仅完整地体现了科斯的治理作为"权威的分配和实施"的原意，而且实现了现代产权理论(不完全合约理论)和委托代理理论的理论结论与现实试验场景直觉的完美对应。从"两层内涵"这一研究内容出发,现代公司治理研究不仅需要关注公司治理机制的有效性,还要同时关注基础性的制度安排——股权结构对公司治理机制有效性的重要影响。

所谓"两类机制"则指的是,公司治理文献通常把公司治理机制按照资料来源简单划分为内部治理机制与外部治理机制。内部治理机制包括薪酬合约设计、经理人更迭与债务融资潜在的公司治理角色等,而来自外部的独立的独董监督是上述各种内部治理机制实施的关键,由此董事会被认为是现代公司治理的核心;外部治理机制则包括体现法律对投资者权利保护程度的法律环境、市场竞争的"惊险一跳"、来自公司控制权市场的接管威胁,包括媒体报道、税务实施等在内的法律外制度,以及社会规范和文化对公司治理的潜在影响等。

通过对上述内容的讨论,本书系统地构建了现代公司治理研究完整的分析框架。相信读过本书的读者,在理解我国现实的公司治理问题时,将不再仅仅关注经理人的道德风险行为,而会同时关注对经理人更迭产生实质影响的控股股东以关联交易、资金占用等方式实现的隧道挖掘;不再把公司治理结构的完善简单地理解为新的治理机制(比如独立董事)的引入和传统治理机制的变革(比如监事会成员来源从内部职工转为控股股东外派),而是强调如何形成合理的股权结构,激发盈利动机强烈的股东自发地建立和完善保护投资者权益的公司治理机制;不再将目光局限于如何加强投资者权利保护的法律制度的建设和完善,而是从更加广泛的媒体报道、税务实施等法律外制度,甚至社会规范和文化,来全方位地思考完善公司治理的途径。

研究的创新之处

毋庸置疑的是,我国资本市场的制度背景在我国上市公司治理实践中留下了太多的烙印,使得很多发生在我国公司治理实践中的故事成为公司治理发展史上独一无二的事件。例如,从资本市场建立早期的股权分置到10年前完成的股权分置改革,这一切都无法离开我国上市公司股权集中的"一股独大"和控股股东的国有性质这一典型特征。而上述治理特征持续影响着我国上市公司的治理实践。

从我国资本市场的制度背景出发,本书基于我和我的研究团队多年来的观察与思考提炼出很多独具特色的中国公司治理问题。在我国上市公司经理人薪酬持续增长现象的背后,我们观察到:一方面,上市公司在资本市场建设早期很少采用股权与期权激励计划;另一方面,由于控股股东的政治经济影响和薪酬管制,我国国有上市公司经理人并不能像面对外部分散股东的经理人那样

"可以为自己制定薪酬"。那么,究竟是什么因素导致我国与其他一些国家一样见证了上市公司经理人薪酬的持续增长呢?本书展示的理论和相应的经验证据表明,我国上市公司经理人薪酬的增长既不是由于其他国家普遍使用的股权激励计划,也不是由于被很多国家认为十分重要的"经理人权力",而是随着我国投资者权利保护意识的提高和法律环境的改善,原来隐性的私人收益转化为显性的薪酬增长所致。

在独董监督的有效性受到质疑的问题上,本书的研究发现,任人唯亲的董事会文化成为我国资本市场上如同制度设计一样重要的因素。我们发现,受到独董任期不能超过两期的限制,独董在任期第一阶段和第二阶段对董事会议案出具否定性意见的可能性显著不同。由于说"不"会导致逆淘汰,无法实现连任,因此独董往往在第一阶段倾向于保持沉默。但在第二阶段出于法律风险和声誉的考虑,独董开始出具否定意见。进一步的考察发现,如果一个公司董事会中以处于任期第一阶段的独董居多,则其代理成本会显著高于处于第二任期的独董居多的公司。因此,我们建议我国上市公司应该推出任期交错的独董更迭制度。我们的研究同时发现,尽管与任期第一阶段相比,任期第二阶段独董说"不"的可能性会增加,但我国为数不少的公司存在的独董返聘现象,使少数即使愿意在第二阶段说"不"的独董也变得沉默。所谓独立董事返聘现象,指的是独董在任期届满后经历了与公司短暂的分离后重新被返聘回原公司的现象。这种现象虽然在形式上看起来并没有违反监管当局关于独董任职期限与条件的相关规定,但它在很大程度上削弱了独董的独立性与监督职能的有效性,成为我国上市公司任人唯亲董事会文化的一种特殊表征。上述两种来自我国上市公司的独特现象有助于我们理解为什么在我国上市公司中独董很少说"不"。本书从任人唯亲的董事会文化视角为我国上市公司独董并没有发挥预期的公司治理作用提供了新的解释。

在经理人更迭问题上,本书的研究发现,除了内部晋升和外部聘用,我国国有上市公司经理人还存在独一无二的"岗位轮换"现象,即新聘任的经理人或董事长或者来自上市公司所在企业集团的控股母公司,或者来自企业集团内部的其他子公司。岗位轮换现象的出现事实上是我国国有上市公司高管选拔所推行的准行政官员的考核任免程序的结果。我们的研究发现,岗位轮换改善企业长期绩效的作用虽然强于内部晋升,但弱于外部聘用,因而是过渡性的权宜之计,而非长治久安的制度性安排。与经理人更迭入口问题上的岗位轮换相对应,本书的研究发现,在经理人更迭出口问题上则存在国企高管政治晋升现象,即上市公司董事长会"商而优则仕",身份从"经济人"直接转变为"政治人",成为上一级政府官员。我们的研究发现,由于政治晋升"锦标赛"的开展和至上而下的官员选拔制度的实行,为了实现个人政治晋升,国企高管往往有激励利用所控制的企业实施媒体操纵、过度公益性捐赠等形象工程。因而,政治晋升在对国企高管具有隐性激励的同时存在激励扭曲效应。

我们看到,无论是独董意见发表的阶段特征和独董返聘现象,还是国企高管的"岗位轮换"和"政治晋升",都是在我国制度背景下出现的"独一无二"的公司治理现象。我们相信,只有很好地认识和了解这些独特的现象,读者才能很好地理解我国公司治理的特殊含义和实质内涵。

在本书的最后,基于对阿里合伙人制度的上市方式和众筹、P2P融资模式的观察和逻辑思考,我们还对未来互联网金融时代的公司治理革新进行了展望。我们预期,随着融资便利和人力资本重要性的提高,资源整合方式将从传统资本稀缺下"资本雇佣劳动"转为互联网金融下的"劳动雇佣资本",公司治理将从以经理人为中心转向以企业家为中心,由此将带来公司治理领域一场持久而深刻的革命。

上述这几个方面都是本书不同于以往关注中国上市公司治理问题题材的著作十分重要的方面。

研究方法和内容结构

在本书研究的方法论上,对于基本的理论分析框架,我们利用博弈论和信息经济学的相关知识对其背后的直觉进行了很好的诠释。攻读博士期间的博弈论与信息经济学的严格训练和对公司治理现实问题的理解,使我们能够游刃有余、深入浅出地将模型框架和现实直觉结合起来。而数据可获得性的满足和近十几年来对理论模型经验证据的强调使我们除了理论分析本身,还提供了基于我国制度背景的中国公司治理故事的经验证据。无论是传统的经理人薪酬增长决定因素、经理人更迭问题,还是任人唯亲的董事会文化,以及媒体报道和税务实施等法律外制度的公司治理角色,本书都基于我国上市公司的数据提供了系统的经验证据。其中,独董否定意见发表的阶段特征、独董返聘现象、经理人更迭的岗位轮换和高企高管政治晋升过程中的激励扭曲等研究,就我们有限的知识,是对这些问题的首次经验考察。

为了帮助读者更好地了解理论和证据背后的现实含义,将相关理论结论与公司治理实践有效对接,我们在一些章节后附了极具现实意义的经济时评作为延伸阅读。例如,为了使读者更好地了解现代股份有限公司所体现的专业化分工精髓对市场经济运行的基础性作用和公司治理问题的衍生性质,我们在第一章后附了《国有企业需要一场"现代公司革命"》一文,强调首先需要使国有企业成为建立在专业化分工基础上的标准意义上的"现代公司",这对于解决国有企业的公司治理问题更为根本也更为重要;在本书一方面讨论我国经理人薪酬增长存在合理成分(由于投资者权利法律保护意识增强和法律环境改善,原来的隐性私人收益不得不转为显性的薪酬以使经理人激励相容),另一方面指出我国现实中存在经理人超额薪酬现象的基础上,我们以《应该对国企高管限薪吗》作为延伸阅读讨论了评价经理人薪酬设计合理的原则以及同时克服经理人超额薪酬问题的可能途径。既强调理论分析的逻辑一致,又强调经验证据的现实可信,同时还强调政策含义的针对有效,理论、经验和实务的逻辑统一和完美结合成为本书的另一重要特色。

综上,基于本书对现代公司治理研究分析框架的系统和完整构建、对独具特色的中国治理问题的关注,以及在方法论和组织结构上的精心设计,相信本书将成为关注我国上市公司治理问题的教学研究工作者、在校研究生和实践工作者十分重要的参考书之一。

最后,我想强调的是,虽然本书是我十多年从事公司治理的教学和研究的思考和总结,但书中一定还存在很多不足之处,欢迎各位读者和学界同行批评指正。中国公司治理问题这一全新的学术研究领域就如同中国资本市场一样,形成的时间并不长。从某种意义上说,中国公司治理理论分析框架的构建和中国制度背景下的公司治理经验证据的提供才刚刚开始,我愿意与读者诸君一道共同努力。

郑志刚
2016 年 2 月 22 日
于中国人民大学明德楼

目 录

第1章 引言：为什么需要关注公司治理问题 …………………………… (001)
  1.1 金融发展和经济增长 ………………………………………… (001)
  1.2 公司治理问题的提出 ………………………………………… (004)
  1.3 中国公司治理发展简史 ……………………………………… (006)
  1.4 现代企业理论对企业的基本认识及其在公司治理实践中的
     应用 …………………………………………………………… (010)
  1.5 小结 …………………………………………………………… (019)
  延伸阅读：国有企业需要一场"现代公司革命" ………………… (020)

第2章 公司治理的内涵和代理成本存在的证据 ……………………… (026)
  2.1 公司治理的内涵 ……………………………………………… (026)
  2.2 公司治理的研究内容 ………………………………………… (027)
  2.3 代理成本的传统表现形式 …………………………………… (035)
  2.4 公司治理的两种研究视角 …………………………………… (038)
  2.5 小结 …………………………………………………………… (042)

第3章 股权结构和大股东的公司治理角色 …………………………… (044)
  3.1 引言 …………………………………………………………… (044)
  3.2 对外部投资者存在原因的不同解释 ………………………… (045)
  3.3 最优股权结构及其影响因素 ………………………………… (046)
  3.4 大股东的公司治理角色与监督过度 ………………………… (048)
  3.5 中国实践："一股独大"与控股股东的国有性质 …………… (052)
  3.6 小结 …………………………………………………………… (053)
  延伸阅读：国有企业混合所有制改革的逻辑 …………………… (054)

第 4 章　隧道挖掘与股东之间的利益冲突 (058)
 4.1　引言 (058)
 4.2　控制权私人收益的度量和股东之间利益冲突存在的证据 (059)
 4.3　对目标公司的控制形式与企业集团的形成 (064)
 4.4　控制权与现金流权利的分离和隧道行为 (070)
 4.5　支撑行为与新兴市场金字塔结构存在的其他原因 (073)
 4.6　小结 (075)

第 5 章　董事会和独立董事 (077)
 5.1　引言 (077)
 5.2　董事会的职责和组织模式 (078)
 5.3　独立董事履行监督职能的可能实现机制 (085)
 5.4　为什么我国上市公司独董并没有发挥预期的公司治理作用 (090)
 5.5　小结 (095)
 延伸阅读：阿里的合伙人制度与"董事会中的董事会" (096)

第 6 章　任人唯亲的董事会文化与独董监督有效性 (101)
 6.1　引言 (101)
 6.2　独董出具否定意见的任期阶段特征 (102)
 6.3　独董返聘现象的经济后果与影响因素 (110)
 6.4　小结 (121)
 延伸阅读：从制度到文化的公司治理研究 (121)

第 7 章　经理人薪酬合约设计 (127)
 7.1　引言 (127)
 7.2　经理人薪酬合约设计原理 (128)
 7.3　公司管理层薪酬包的构成 (138)
 7.4　薪酬激励合约设计相关讨论 (142)
 7.5　小结 (143)

第 8 章　经理人薪酬增长的影响因素与经理人超额薪酬现象 (145)
 8.1　引言 (145)
 8.2　传统薪酬理论对经理人薪酬持续增长的可能解释 (146)
 8.3　对经理人薪酬持续增长现象的新解释 (147)
 8.4　我国制度背景下经理人薪酬增长现象的特殊原因 (151)

8.5　经理人的超额薪酬现象 ·· (156)
　　8.6　小结 ··· (162)
　　延伸阅读：应该对国企高管限薪吗 ································· (163)

第9章　经理人更迭与国企高管的政治晋升 ························· (167)
　　9.1　引言 ··· (167)
　　9.2　经理人产生来源与岗位轮换 ·································· (168)
　　9.3　国企高管的政治晋升与形象工程 ···························· (177)
　　9.4　小结 ··· (192)

第10章　债务融资的公司治理角色 ··································· (194)
　　10.1　引言 ·· (194)
　　10.2　资本结构选择的基本理论和债务融资的传统功能 ······ (194)
　　10.3　债务融资的公司治理角色 ··································· (198)
　　10.4　债务融资的公司治理角色和来自我国资本市场的证据 ··· (200)
　　10.5　小结 ··· (201)

第11章　市场竞争与公司控制权市场 ································ (203)
　　11.1　引言 ·· (203)
　　11.2　普通的产品市场和竞争 ······································ (204)
　　11.3　公司控制权市场和接管的公司治理角色 ·················· (209)
　　11.4　小结 ··· (214)

第12章　声誉市场与经理人的职业关注 ····························· (215)
　　12.1　引言 ·· (215)
　　12.2　声誉理论的简单回顾 ··· (216)
　　12.3　经理人的职业关注 ·· (223)
　　12.4　经理人声誉价值的度量和来自我国资本市场的证据 ··· (224)
　　12.5　小结 ··· (225)

第13章　法律环境与投资者权利保护 ································ (227)
　　13.1　引言 ·· (227)
　　13.2　法与金融文献产生的现实和理论背景 ····················· (228)
　　13.3　不同国家（地区）法律对投资者权利保护程度的差异 ··· (230)
　　13.4　法律对投资者权利保护的中国实践 ······················· (234)

13.5　小结 ……………………………………………………… (237)

第14章　法律外制度的公司治理角色 ……………………………… (239)
　　14.1　引言 ……………………………………………………… (239)
　　14.2　从法律制度到法律外制度 ……………………………… (239)
　　14.3　税务实施的公司治理角色 ……………………………… (242)
　　14.4　媒体的公司治理角色 …………………………………… (246)
　　14.5　小结 ……………………………………………………… (250)

第15章　社会规范和文化对公司治理的影响 ……………………… (252)
　　15.1　引言 ……………………………………………………… (252)
　　15.2　社会规范的公司治理角色 ……………………………… (253)
　　15.3　文化的公司治理角色 …………………………………… (257)
　　15.4　小结 ……………………………………………………… (261)

第16章　公司治理机制有效性的检验 ……………………………… (262)
　　16.1　引言 ……………………………………………………… (262)
　　16.2　公司治理问题实证研究的简单分类 …………………… (262)
　　16.3　公司治理的度量 ………………………………………… (265)
　　16.4　公司治理实证研究常用的控制变量 …………………… (267)
　　16.5　小结 ……………………………………………………… (269)

第17章　互联网金融时代的公司治理 ……………………………… (271)
　　17.1　引言 ……………………………………………………… (271)
　　17.2　互联网金融时代的融资模式 …………………………… (271)
　　17.3　互联网金融时代融资模式转变背后的逻辑 …………… (273)
　　17.4　互联网金融时代对传统公司治理范式的挑战 ………… (276)
　　17.5　小结 ……………………………………………………… (279)
　　延伸阅读：互联网金融的监管框架 ………………………… (280)

参考文献 ………………………………………………………………… (283)

致谢 ……………………………………………………………………… (301)

第1章
引言:为什么需要关注公司治理问题

1.1 金融发展和经济增长

为什么需要关注公司治理问题?让我们从经济学研究"永恒的主题"——经济增长开始说起。我们知道,经济学研究开展的前提是人类发展受到资源稀缺瓶颈的制约。设想如果我们面对的是物质财富的极大丰富,"按需分配",世界上也许并不需要什么经济研究,当然更不需要什么经济学家。我们观察到,为数众多的经济学家不仅没有失业,而且一代又一代的青年才俊投身于经济学的教学和研究。这在一定程度上说明,人类发展所面临的资源稀缺的制约并没有根本改变。从资源稀缺出发,我们需要对有限的资源进行合理配置,经济学由此被称为是"研究资源配置的科学"。如何才能改变和扭转资源稀缺的局面呢?这自然离不开经济增长。只有持续实现经济增长,才会为资源配置提供源源不断的物质基础。所以,经济学家几乎在开始研究资源配置问题的同时,就开始关注经济增长问题。经济增长由此成为公认的经济学研究"永恒的主题"和现实经济生活中实现物质财富增加的基本途径。

那么,如何促进经济增长呢?除了劳动力素质、技术创新等因素,一个越来越被理论与实务界重视的因素就是金融发展。原因是,"金融发展水平是一个未来经济增长、资本积累和技术变化的很好的指示器"(Levine,Loayza and Beck,2000)。然而,金融发展可以促进经济增长并非显然的事实。从金融发展理论的历史回顾来看,对金融发展与经济增长"孰为因,孰为果"这一问题长期存在着争论。

熊彼特在强调"创造性破坏"对经济增长的巨大促进作用的同时,注意到运行良好的银行通过识别最具有成功实施创新产品和生产工艺机会的企业家并向其提供资金而鼓励技术创新的重要事实(Schumpeter,1911)。因而,他认同金融发展是经济增长的原因的观点,强调成熟稳定的金融发展,可以促进经济快速增长。不同于熊彼特,罗伯逊夫人则认为经济发展产生对金融安排的不同类型的需求,金融系统只不过是这些需求的自动反应(Robinson,1952)。因而,在她看来,金融发展是经济发展的内在需求,是经济增长带动了金融发展。

直到20世纪80年代,关于金融发展与经济增长因果关系的争论依然没有停止。卢卡斯认为,金融的角色被过分强调(Lucas,1988)。而米勒则针锋相对地指出,金融市场促进经济增长对于严肃的讨论而言是一个再明显不过的命题(Miller,1988)。我们看到,关于金融发展和经济增长因果关系的争论在理论上难以达成一致。面对理论争论达成共识的困难,借助事实证据的经验研究变得大有可为,因而对金融发展和经济增长因果关系的识别在更大的意义上成为一个实证研究需要回答的问题。

Goldsmith(1969)在其开展的跨国研究中,将金融中介体资产的价值与国民生产总值(GNP)的比率作为一国金融发展指标,通过检验35个国家在103年(1860—1963年)间的数据,发现金融发展与经济增长总体而言是同时发生的,经济的快速增长总是伴随着金融的快速发展。McKinnon(1973)等对金融发展促进经济增长的途径和机理进行了系统的考察和论证,支持金融发展对经济增长具有促进作用的观点。Rajan和Zingales(1998)通过借助基于工具变量(IV)的计量方法,在控制了以往文献回归分析中存在的内生性问题后,为金融发展和经济增长之间的关系提供了令人信服的结论。他们的研究表明,运行良好的金融系统能够减少阻碍企业和产业扩张的外部融资的束缚,成为金融发展影响经济增长的重要途径。Levine、Loayza和Beck(2000)的研究进一步发现,具有运行良好的银行和证券市场的国家将以更快的速度实现经济增长,"金融发展水平是一个未来经济增长、资本积累和技术变化的很好的指示器"。这些工作在一定意义上为一个世纪以来关于构成因果链条的金融发展与经济增长"孰为因,孰为果"的争论画上了句号。

对于金融发展促进经济增长更为直接的证据来自Guiso、Sapienza和Zingales(2002)。他们通过对富有区域社会经济特色的意大利的考察,提供了金融发展促进经济增长的现实例证。他们的研究表明,在意大利金融最发达的地区,每年人均GDP的增长率比金融最不发达的地区高1个百分点;如果一个居民从金融最不发达的地区迁往金融最发达的地区,则该居民创业的机会将提高33%;在金融发达地区的居民平均的创业年龄更小,比不发达地区的居民提前5.6年;每年新企业设立的数量占当地人口的比例,金融发达地区要比不发达地区高3个百分点;已有企业的数量占当地人口的比例,金融发达地区要比不发达地区高50%。他们由此认为,金融发展将提高当地居民创业的可能性,鼓励新企业的进入,提高市场的竞争程度,最终促进当地经济的快速增长。

在《从资本家手中拯救资本主义》一书中,Rajan和Zinglaes对比了一个孟加拉的农妇与一个斯坦福大学的MBA毕业生不同的人生际遇,使我们更加直观地感受到金融体系发达程度的差异所导致的经济增长水平的差异(Rajan and Zinglaes,2003)。索菲亚·贝甘是一个以制作竹制板凳为生的孟加拉年轻母亲。为了制作这些竹凳,她每天需要大约22美分来购买原材料,可是她一无所有,只能向销售竹凳的中间商借钱。作为借款的代价,索菲亚必须把她制好的竹凳按照既定的价格卖给这些中间商,最后留给她的报酬仅有2美分。就是因为没有这区区的22美分,索菲亚就不得不落入中间商的控制下,劳动被他人占有了,以一天的辛劳换取2美分的微薄收入。而大洋彼岸的斯坦福大学的MBA毕业生凯文·塔维则借助"搜寻基金"这一新的融资工具很快筹措到项目投资需要的资金,演绎了新的财富创造神话。我们看到,尽管孟加拉的农妇索菲亚·贝甘与斯坦福大学的MBA毕业生凯文·塔维身上有很多相同的特点,比如勤劳,而且拥有某项专业技术,但他们的人生际遇却大相径庭。孟加拉的农妇年复一年的辛勤劳作并没有使其生活状况有多大的改善,而斯坦福大学的MBA毕业生却在短短的几年内成为"白领",过上了体面的中产阶级的生活。他们大相径庭的人生际遇很大程度上是源于孟加拉与美国金融发展水平的巨大差异。

概括而言,金融发展是通过以下功能的发挥来促进经济增长的。例如,降低信息的收集加工成本,提高资源配置效率;把储蓄转化为投资,实现资源的优化组合;促进专业化分工,鼓励技术创新,便利交易;等等。金融发展的这些功能在现实经济生活中则需要或者借助于银行等金融机构,或者借助于资本市场来实现。二者共同构成满足外部资金需求的金融体系。在英国、美国等国,主导的金融体系是基于资本市场的金融体系。投资者或者通过持有上市公司公开发行的股票而成为公司的股东(股东一方面以出资额为限承担有限责任,另一方面通过投票表决对企业资产重组等重大事项做出决策),或者通过持有企业发行的企业债券而成为企业债权人(企业需要按期还本付息)。企业以此实现直接融资。而在日本、德国等国,包括中国在内,目前主导的金融体系是基于银行的金融体系。银行为客户提供存贷款业务和资金往来结算业务。银行一方面与储户之间形成债权债务关系,另一方面与贷款企业也形成债权债务关系,这样,储户的资金通过银行实现了储蓄向投资的转化,从而实现了所谓的间接融资。或者借助于银行,或者通过资本市场,企业获得支持项目投资和业务开展所需的资金,实现了外部融资。

通过上述的讨论,我们明确了这样一个基本事实:解决资源稀缺问题的经济增长离不开为实现外部融资提供便利的金融发展。那么,如何才能促进金融发展呢?对这一问题的回答则离不开本书研究的主题——公司治理。

1.2 公司治理问题的提出

我们可以按照项目投资和业务开展所需的资金来源把企业组织形态简单概括为两类。一类是新古典资本主义企业,现实中的例子是家庭手工作坊或夫妻经营的小饭店。另一类是现代股份公司,这种企业组织形态从 1602 年荷兰东印度公司设立开始逐渐风行世界。在新古典资本主义企业里,项目投资和业务开展所需的资金主要来源于家庭积累。而现代股份公司则采用了一种全新的外部融资方式——资本积聚。马克思在《资本论》中对"资本积累"和"资本积聚"有这样的描述:"假如必须等待积累去使某些单个资本增长到能够修筑铁路的程度,那么恐怕直到今天世界上还没有铁路。但是,集中通过股份公司瞬间就把这件事完成了。"[①]那么,什么是资本积累呢?举一个简单的例子。如果一个项目投资预算需要 1 万元,而一个企业家每天只能节省 10 元,那么他需要在 3 年后才能筹措到项目所需的资金,开始投资。通过这种方式实现的资金筹措,我们称为资本积累。而资本积聚又是什么呢?简单地说,就是别人的钱为我所用,是以承诺偿还股利或利息的方式实现项目投资所需资金的外部融通。像类似于铁路建设这种资金需求规模巨大的投资项目,通过铁路公司自己的资本积累是很难实现的,但是通过外部融通资金的资本积聚却很快就实现了。正是在上述意义上,"公司制企业是解决筹集大量资金问题的一种标准方式"(Ross et al.,2009)。换句话说,企业组织形态从之前以家庭作坊为主的新古典资本主义企业"升级"到现代股份公司,一个重要的考量是解决资金的融通问题。

这里不得不强调,现代股份公司是人类历史上一项影响十分深远的"伟大发明"。根据美国加利福尼亚大学伯克利分校经济学家德隆的研究,从 250 万年前旧石器时代至今,在 99.99% 的时间里,世界人均 GDP 基本没什么变化。但在过去的 250 年中,突然有了一个几乎是垂直上升的增长。马克思和恩格斯在《共产党宣言》中的一个类似表述是:"资产阶级在它的不到一百年的阶级统治中所创造的生产力,比过去一切世代创造的全部生产力还要多,还要大。"那么,人类为什么会在如此短的时间内创造出如此巨大的财富呢?一个很重要的

[①] 马克思:《资本论》(第一卷),人民出版社 2004 年版,第 690 页。

原因是市场经济的发展(张维迎,2010)。通过市场所实现的"陌生人之间的分工合作",使建立在专业化分工基础之上的生产效率得以提高,市场竞争的加剧进一步激发了社会潜在的创新。而同时实现了资本社会化和经理人职业化的现代股份公司成为市场经济条件下"陌生人之间的分工合作"的典范。有了这种新形式的企业组织形态,一个仅仅有想法但没有资本的人可以借助没有想法但有资本的人手中的资本来使他的梦想成真。这样,一些以前无法实现的投资项目,比如马克思提到的"铁路",通过现代股份公司这种企业组织形态很快便实现了。

我们看到,现代股份公司一方面使出资人成为公司的股东,享有分享股利以及对资产重组等重大事项进行表决等所有者权利;另一方面,公司的日常经营管理则由所聘任的董事会监督下的职业经理人来负责实施。于是在现代股份公司中出现了所谓的"所有权与经营权的分离"。现代股份公司的上述缺陷在20世纪二三十年代爆发的经济大萧条中得到充分的暴露。一时间,企业破产,银行倒闭,工人失业。美国的一些学者开始反思引起大萧条的社会、政治和经济原因。其中,Berle和Means在其1932年合著的《现代公司与私有产权》一书中,将大萧条的发生与现代股份公司的出现联系起来,指出"所有权与经营权分离"的现代公司是"对过去三个世纪赖以生存的经济秩序构成的威胁"。具体而言,外部分散股东由于无法有效地行使控制权,放任职业经理人挥霍,使投资者蒙受巨大损失。

事实上,现代股份公司存在的外部分散股东与职业经理人间的利益冲突所引发的思考可以追溯到经济学鼻祖亚当·斯密在《国富论》中的相关论述。斯密提醒"作为其他人所有的资金的经营者,不要期望他会像对自己所有的资金一样精心照顾"(Adam Smith,1776)。斯密的论述清晰简洁地揭示了现代公司治理问题的核心内涵。在我国传统文化中,诸如"亲力亲为""事必躬亲""打虎亲兄弟,上阵父子兵"等同样表达了对将自己的事务委托他人打理存在利益冲突的担心。

公司治理目前最流行的定义是Shleifer和Vishny在其于1997年发表的著名的文献综述中给出的。他们把公司治理定义为有关资金的提供者(比如股东、债权人)按时收回投资并取得合理回报的各种方法的总称。我们看到,公司治理恰恰是这样一种公司层面的"帮助投资者收回投资,并取得合理的回报"的基本制度安排。现代股份公司通过形成合理的治理结构向外部分散投资者做出一种可置信的承诺。比如,在一家公司治理结构完善的公司,一个违反诚信义务的经理人将不仅受到辞退等公司处罚,而且还可能受到法律的相应制裁等,因而投资者可以选择持有该公司的股票,放心地成为该公司的股东。通过形成合理的公司治理结构,现代股份公司能够在一定程度上协调外部投资者和经理人之间的利益冲突,帮助现代股份有限公司实现外部资金的融通。而受股东委托组成的常设机构董事会则成为现代公司治理的核心和实现公司治理的重要平台。

如果说,第1.1节的讨论表明,作为经济学研究永恒主题的经济增长离不开金融发展,从本节的讨论中我们则看到,金融发展,特别是以资本积聚为典型特征的现代股份公司的发展离不开公司治理。因此,在公司治理—金融发展—经济增长之间存在清晰的因果链条。如果一家现代股份公司未能形成合理的治理结构,投资者预期到投资和回报得不到应有的保障,那么投资者将丧失对该公司的投资热情。无论这家公司的经营理念多么先进、管理实践多么富有效率,最终都无法摆脱"巧妇难为无米之炊"的困境;如果一国的公司经营主要依靠资本积累,而不是依靠以资本社会化形式实现的资本积聚,那么经济发展所凭借的社会化大生产将失去专业化分工的应有支撑,无以为继,终将殃及该国的经济增长和社会发展。公司治理由此成为现代股份公司运行的重要和基本的制度保障以及基于市场的金融体系发展的前提条件。

像管理和经营一样,公司治理目前已经成为维系现代股份公司正常运行的基本制度安排和活动。Rajan和Zingales(2003)在安然等会计丑闻爆发后提醒我们,"最近的丑闻(安然、世通等)表明,即使在最先进的市场经济里,在改善公司治理方面依然大有可为"。美国立法当局在2002年迅捷地推出了《萨班斯-奥克斯利法案》(Sarbanes-Oxley Act),要求加强上市公司信息披露,完善董事会的监督功能(包括独立董事的引入和其在专业委员会中扮演的重要角色)。而在2008年爆发的全球金融风暴中,与次贷发行相联系的高管股权激励扭曲和经理人超额薪酬现象再次成为公司治理问题存在的明证。

公司治理问题的解决对于正在进行经济转型的中国具有特殊意义。在从20世纪70年代末开始的市场导向的经济体制转型过程中,经历了市场化与公司化浪潮的中国企业出现了改善和加强公司治理的呼声。发布于2002年的世界银行编制的《中国公司治理发展报告》(坦尼夫、张春霖、白瑞福特,2002)指出,"中国目前通过完善公司治理以推进企业改革的做法,可以视为市场经济转变最后阶段的序幕"。

1.3 中国公司治理发展简史

本节对中国上市公司的发展历史进行简要回顾,希望从历史的维度描述公司治理的研究对象。中国资本市场开始建立的标志是上海证券交易所于1990

年12月和深圳证券交易所于1991年4月的成立。截至2015年年底,中国在深沪两市的上市公司总量达到2 808家,市值达53.13万亿元。表1.1显示了中国上市公司的发展概况。

表1.1 中国资本市场上市公司发展概况

年度	上市公司总数	非国有上市公司数量	上市公司总市值(亿元)	非国有上市公司市值(亿元)	上市公司总市值占当年GDP的比例(%)	非国有上市公司市值占当年GDP的比例(%)
1990	7		11.970		0.1	
1991	13		102.006		0.5	
1992	53		1 120.828		4.2	
1993	177		3 730.413		10.6	
1994	287		4 019.214		8.3	
1995	311		3 853.652		6.3	
1996	514		10 677.456		15.0	
1997	719		18 495.471		23.4	
1998	825		20 571.310		24.4	
1999	930	170	27 924.903	4 533.014	31.1	5.1
2000	1 083	254	50 285.287	10 837.463	50.7	10.9
2001	1 138	288	45 717.159	10 217.731	41.7	9.3
2002	1 205	322	40 470.568	8 628.924	33.6	7.2
2003	1 266	398	45 137.985	9 651.578	33.2	7.1
2004	1 355	500	39 570.956	9 869.243	24.8	6.2
2005	1 357	525	34 407.603	8 399.612	18.8	4.6
2006	1 414	575	102 452.270	17 354.206	48.3	8.2
2007	1 528	658	397 089.249	67 691.179	159.1	27.1
2008	1 625	734	121 366.440	60 353.180	38.4	19.1
2009	1 774	793	243 939.123	114 316.200	69.9	32.8
2010	2 129	861	265 422.594	112 396.400	65.9	27.9
2011	2 363	898	214 758.092	86 883.250	45.4	18.4
2012	2 456	1 453	230 357.622	93 257.622	43.5	17.6
2013	2 470	1 837	239 077.194	163 481.028	41.0	28.0
2014	2 592	1 942	372 546.956	249 726.047	58.8	39.4
2015	2 808	—	531 304.196	—	78.5	—

资料来源:作者根据CSMAR数据库相关数据整理而成。

中国资本市场最初设立的目的之一是帮助国有企业实现改制。除了必要的资金融通,更主要的目的是通过引入战略投资者和外部分散股东,使国有企业形成合理的治理结构。股份化成为国有企业改制的重要实现形式。中国资本市场早期的发展特点很好地体现了这一点,上市的企业主要是国有企业。1999年以后,一些非国有企业才开始陆续上市,资本市场的总规模在不断地扩大。2007年上市公司总市值占GDP的比例一度达到历史上的峰值159.1%。2008年金融危机爆发后,中国资本市场进入了漫长的"熊市"。尽管上市公司数量在增加,但上市公司总市值占GDP的比例却在下降,直到2015年上半年中国资本市场股市震荡的爆发。

中国公司治理制度建设经历了以下几个重要阶段:

第一阶段,双层治理模式的基本构建阶段(从1993年中国《公司法》的颁布实施到2002年独立董事制度的推出)。1993年颁布的中国《公司法》中规定,公司在股东大会下设董事会和监事会两个平行的机构,从而形成了"双层治理模式"。监事会在中国《公司法》中具有与董事会平行的地位,并且被赋予了包括监督公司董事和经营者在内的权利。然而在实际的执行过程中,中国上市公司早期的监事会主要由公司职工或股东代表组成,在业务关系上隶属和受制于董事会和管理层,监督作用难以有效发挥,导致监事会形同虚设。因此从实际执行过程来看,中国早期的公司治理模式比较接近所谓"双层结构"的"日本模式"。但随着1999年《公司法》的修改和2000年《国有企业监事会暂行条例》的颁布,中国逐步建立了国有企业外派监事会制度,使中国的国有公司治理模式具有了更多的"德国模式"色彩。

第二阶段,独立董事制度的建立和完善阶段(从2002年中国《上市公司治理准则》的颁布到2007年股权分置改革的完成)。2001年8月,中国证监会发布了《关于在上市公司建立独立董事制度的指导意见》(以下简称《指导意见》),2002年进一步联合国家经贸委发布了《上市公司治理准则》,开始在上市公司中强制实施独立董事制度。《指导意见》规定,在2002年6月30日之前上市公司独立董事人数不少于2人,在2003年6月30日之前上市公司独立董事人数应占到公司董事人数的1/3以上。我们看到,在2002年之前中国上市公司独立董事的比例平均而言只有6.2%,且公司间差异较大,大多数上市公司没有独立董事。2002年之后,中国上市公司独立董事比例迅速提高,2002—2004年独立董事比例平均达到30.7%。

第三阶段,股权分置改革和股票全流通阶段(2007年至今)。股权分置是中国经济转轨和资本市场发展过程中出现的特殊现象。由于股权分置,资本流动存在非流通股协议转让和流通股竞价交易两种价格,不仅扭曲了资本市场定价机制,资本运营缺乏市场化操作基础,制约了资本市场资源配置功能的有效发挥，而且公司股价难以对大股东、管理层形成市场化的激励和约束，公司治理缺乏共同的利益基础。2005年5月10日，中国上市公司拉开了股权分置改革的序幕。股权分置改革涉及资本市场配置资源的效率和公司治理外部环境的改善，对于中国资本市场的健康良性发展意义深远。股权分置改革的完成为接管威胁和股东真正意义上的"以脚投票"等公司治理外部机制的实施创造了条件。股权分置改革的完成也标志着未来中国上市公司从以往较多地倚重所谓日德模式的双层治理结构的内部治理为主，转向同时依靠以所谓的英美模式的外部接管威胁等多种治理机制的交互影响来形成对公司内部人的约束。

表1.2报告了1999—2015年中国上市公司的股权结构概况。

表1.2 中国上市公司的股权结构概况

年度	第一大股东平均持股比例（％）	国有控股公司占当年上市公司数量的平均比例（％）	第二到第十大股东平均持股比例（％）
1999	45.40	76.7	17.32
2000	45.10	75.4	17.06
2001	44.14	74.4	16.94
2002	43.53	73.3	17.84
2003	42.57	68.5	18.59
2004	41.86	63.1	19.97
2005	40.35	61.1	20.14
2006	36.05	59.2	20.15
2007	35.74	56.9	19.97
2008	36.37	45.2	19.49
2009	36.61	44.7	20.05
2010	36.67	40.4	22.24
2011	36.29	38.0	22.99
2012	36.42	38.4	22.57
2013	35.88	25.6	20.70
2014	34.57	25.1	20.62
2015	33.50	—	28.43

注：2015年的数据为截止到第三季度的数据。

从表1.2我们可以看出，中国上市公司控股股东平均持股比例较高，1999年为45％以上。尽管随着时间的推移，该比例总体呈下降趋势，但2012年，仍然在36％以上。从反映机构投资者和其他股东的"第二到第十大股东平均持股比例"来看,该比例从 1999 年的 17.32% 上升到 2012 年的 22.57%,虽然呈现上升趋势,但上升速度较为缓慢。与美、英等国上市公司股权高度分散相比,中国上市公司"一股独大"现象令人印象深刻。此外,从"国有控股公司占当年上市公司数量的平均比例"一列所显示的控股股东的国有性质来看,尽管该比例从 1999 年的 76.7% 不断下降,但到 2012 年仍然高达 38.4%。理论上,股权分置改革的完成使得股东"用脚投票"成为可能,为未来的接管威胁和大规模的并购重组创造了条件。然而,2003 年国资委管理系统的推出,使得中国上市公司与所控股的集团公司组成企业集团。在历次产业结构调整过程中,一些地方政府为了保持上市公司的名额和国有控股的地位,为本应退市的企业通过"拉郎配"方式注入新资产。因此,国资委系统或国有法人作为最大股东所持的股份仍然是控制性的,"一股独大"的局面并没有从根本上得到改变。

从 1999 年开始,非国有公司开始大量上市,成为中国资本市场的一支生力军。从 2014 年的数据来看,控股股东为国有性质的上市公司仅占全部上市公司的 1/4 强。但由于非国有企业与国有企业相比,成立时间大多在改革开放之后,企业规模相对较小,国有控股上市公司仍然在中国资本市场上处于举足轻重的地位。而这些非国有企业的股权结构往往以私人或家族控股为主,因而,大量非国有企业的上市不是削弱而是进一步强化了中国上市公司股权结构"一股独大"的局面。

"一股独大"和部分上市公司"控股股东的国有性质"由此成为中国上市公司十分重要的治理特征和中国资本市场十分独特的制度环境。这完全不同于英、美等国上市公司所形成的股权高度分散、内部治理不得不倚重董事会的治理模式。因此,只有对中国上市公司独特的治理特征和制度环境进行透彻的理解和精准的把握,才能对发生在中国资本市场的很多独特的公司治理现象进行科学合理的解读。

1.4 现代企业理论对企业的基本认识及其在公司治理实践中的应用

本节介绍公司治理的理论分析框架。它同时是本书介绍我国公司治理理论和证据的预备知识。

公司治理的理论分析框架根植于现代企业理论,尤其是其中的现代产权理论和委托代理理论。那么,什么是现代企业理论呢?作为微观经济学的一个分支,现代企业理论关注的基本问题是企业为什么存在(例如,企业与市场的边界),企业如何组织生产(例如,权威的分配与实施),等等。在新古典经济学的厂商理论里,厂商(企业)被抽象刻画为一个投入后即会形成产出的生产函数,至于怎么生产则无从知晓。因此新古典经济学中的"厂商(企业)"仅仅是一个利润最大化的"黑匣子"。微观经济学的新进展意味着需要把这只"黑匣子"打开。这一里程碑式的工作在 20 世纪 30 年代由科斯首先完成。他在美国暑期访问期间观察到一种产品的生产工序既可以全部在一家企业进行,也可以由不同的企业分工合作以所谓市场的组织方式完成。他开始思考:一种产品的生产究竟是应该以市场方式来组织,还是应该以企业的方式来组织?企业和市场的边界究竟在哪里?这些思考体现在科斯当年完成的本科学年论文,后来成为开现代企业理论先河的经典之作《企业的性质》(Coase,1937)一文中。科斯认为,无论以市场方式还是企业方式组织生产都会产生一个交易成本;究竟哪种生产组织方式更优,则取决于二者之间交易成本的比较。企业于是作为一种可以降低交易成本的生产组织方式出现了。而企业之所以可以降低交易成本,是由于它以"权威"命令的方式来组织生产,区别于市场以价格机制这只"看不见的手"来进行资源配置,实现了交易成本的节省。

在开展公司治理研究之前,我们需要首先了解现代企业理论是如何认识企业的。这两种认识事实上同时构成公司治理研究的两种支撑性理论:其一是委托代理理论,其二是现代产权理论。概括而言,现代企业理论对企业主要存在以下两种基本认识。

(一)现代企业理论对企业的基本认识之一:构成企业的一系列合约的组合的签订方之间信息非对称

现代企业理论把企业看作一系列合约的组合(a nexus of contracts),在这一系列合约的签订方之间存在信息非对称。

首先,在建立企业和企业运作不可或缺的组成人员如投资人、经理人、雇员和采购商之间总会订立某种显性或隐性的合约,这使得企业看上去像是一系列合约的组合。我们通过图 1.1 来揭示这一点。

图 1.1 作为一系列合约组合的企业

从图 1.1 我们看到,由投资人出资组建的现代股份公司聘请职业经理人来经营管理。因此在投资人(股东)与经理人之间会订立正式的聘用合约,以明确双方各自需要承担的责任与义务。例如,股东需要向经理人支付薪酬,而经理人则对股东负有诚信义务,等等。除了投资人与经理人之间的合约关系,为了完成生产经营活动,经理人事实上需要雇用一定数量的员工,而企业生产出来的产品或服务还需通过采购商最终进入消费环节,如此等等。一个围绕企业组织和运作的合约链条就形成了。上述认识事实上是经济学研究合约观的集中体现。在外部的法律制度环境足够完善(合约签订之后的实施和执行可以基于外部良好的法律环境来自动得以实现)等假设下,经济学研究可以把一个复杂的经济活动抽象为一个合约的签订,从而使经济研究的重心从纷繁复杂的现象回归到更为根本和关键的合约设计上来。

其次,合约设计过程中面临的核心问题——签约双方的信息不对称,使得看起来以交换产品和服务为内容的合约签订问题在一定程度上演变为一个信息揭示问题。我们以经理人和股东之间的信息分布为例。经理人作为生产经营活动的组织者往往掌握一手资料和信息,而外部分散股东往往远离生产经营,与企业经营状况相关的信息主要通过监管部门要求披露的季度或年度报告来获取。对于部分股东,考虑到获得充分的信息(例如会计信息的检查和核对)需要付出高昂的信息收集成本,作为理性选择的结果,他们宁愿选择"无知"(所谓的"理性无知")。因而我们看到,关于生产经营活动的信息,经理人与股东相比掌握得更多一些,二者的信息分布是不对称的。

我们可以根据信息的分布状况把签订合约的双方分为两类。一类是信息知情者,我们称其为代理人(agent)。例如,经理人由于熟悉企业的实际经营状况而成为代理人。另一类是信息不知情者,我们称其为委托人(principal)。例如,企业的投资人(股东)由于缺乏对企业经营管理实际状况的信息,于是成为委托人。这里需要说明的是,从法学中借鉴过来的"委托人"与"代理人"概念在引入经济学后已超越原本"一方授权另一方代表其处理委托事务"的含义,而是按照合约签订双方的信息分布状况来决定。因此,相较于前者,后者更具有一般性。我们可以把任何具有信息非对称分布特征的双方称为委托人和代理人,而他们之间的关系即可以称为委托代理关系。这样,"作为合约链条的企业"就演变为"作为委托代理链条的企业",委托人和代理人之间的信息非对称问题就演变为委托代理问题。而现代股份公司利益冲突双方的投资者与经营者之间就是一个标准的委托代理关系,二者面临的合约签订等一系列问题构成标准的基于信息非对称的委托代理问题。我们看到,一方面,经济生活中经营者和投资者之间的利益冲突为公司治理问题的提出,进而为委托代理理论的形成提供了很好的现实直觉和研究场景;另一方面,委托代理理论分析框架的形成和应用反过来帮助我们逻辑一致地思考和理解现实中的公司治理问题。这使得公司治理成为理论与实践结合最为紧密的学术研究领域之一。

信息非对称是相对于签约双方的信息分布状况而言的。我们还可以从另外一个新的角度来刻画委托代理关系面对的核心信息问题。这就是,代理人具有委托人无法分享的私人信息(private information),因而在代理人与委托人之间存在信息非对称。现代公司利益冲突双方之一的经理人由于具有私人信息而成为代理人,外部分散股东则由于缺乏私人信息而成为委托人。如何对具有私人信息的经理人进行激励,使具有私人信息同时与股东存在利益冲突的经理人的行为符合股东价值最大化标准,成为公司治理需要解决的标准问题。在这一意义上,我们看到,之所以说公司治理的逻辑出发点是保护中小投资者的利益,其合理性同样来自不具有私人信息的外部分散股东处于信息分布的弱势这一事实。

在完成了对构成现代公司利益冲突两方的经理人与股东的上述基于信息分布状况的逻辑解构后,我们就可以应用委托代理理论来对经理人与股东之间的委托代理问题展开逻辑一致的分析。例如,我们可以建立不完全信息动态博弈模型来讨论委托人如何为代理人设计机制(合约),向代理人提供努力工作的激励,以减缓两者之间的利益冲突。

作为委托代理问题实质的信息不对称事实上存在两种类型。其一是与事前信息不对称相关的逆向选择问题;其二是与事后信息不对称相关的道德风险问题。我们首先从逆向选择问题讲起。这里关于事前和事后的划分是相对于合约设计,从而合约签订而言的。事前信息不对称,是指在合约签订之前,代理人拥有比委托人更多的信息,进而处于更为有利的地位。比如上市公司委托董事会遴选经理人时,董事会通过有限的和包装后的材料并不能做到对经理人应聘者真实能力的完全了解。而经理人了解自身的能力,清楚地知道自己是否能够胜任将要履行的职位。给定上述事前信息不对称情形的存在,上市公司通常难以聘请到合适的经理人。

我们通过一个简单的数值例子来揭示这一点。假定经理人候选人(应聘者)的能力可以用与其能力相匹配的年薪来刻画。如果一家上市公司董事会中的遴选委员会清楚地知道应聘者的能力,从而不存在所谓的事前信息不对称问题,则通过提供相应的薪酬待遇,上市公司很快就可以从众多的应聘者中聘请到满意的经理人。问题是,遴选委员会往往无从知道众多经理人应聘者的具体能力状况。假设遴选委员会基于市场调查和以往经验初步设定并识别应聘者的能力,从而相应的年薪水平大约分布在 60 万元到 120 万元之间。如果遴选委员会基于应聘者平均能力状况来做出对某个求职者个人能力的判断,并提供相应的薪酬,那么遴选委员会将按照上述预期提供 90 万元的薪酬要约。这时我们会发现,只有能力相对较低的求职者(比如能力和相应的年薪水平分布在 60 万元到 90 万元之间的求职者)愿意留下来参加应聘,而能力高于上述平均水平的求职者(比如能力和相应的年薪水平分布在 90 万元到 120 万元之间的求职者)则会选择退出应聘。遴选委员会预期到只有低能力的应聘者愿意留下来的事实,会进一步调低愿意支付的年薪水平到75万元(基于能力相对低下的求职者的平均能力,从而相应的年薪水平分布在60万元到90万元之间)。这一理性反应将使求职者中能力相对较高的一部分也选择退出……我们看到,由于事前信息不对称的存在,上市公司的理性反应使求职者事与愿违地从相反方向做出退出应聘的选择,最终使上市公司无法聘请到合适的经理人。这十分类似于我国货币史上十分有名的"劣币驱逐良币"的故事。而Akerlof(1970)在他对"旧货市场消失"这一现象的考察中系统地思考了这一问题。我们把由于事前的信息不对称而导致代理人做出与委托人希望的情况相反的选择的现象称为逆向选择(adverse selection)问题。我们看到,逆向选择的直接危害是阻碍了通过聘请合格经理人和旧货交易的完成所实现的帕累托效率改进。

那么,如何避免由事前信息不对称引发的逆向选择问题呢?现代微观经济学的发展提供了两种可能的解决途径。

其一是信号传递(signaling),即由具有私人信息的代理人向委托人发出一个与众不同的信号来帮助委托人识别信号背后的私人信息。例如,希望成功应聘的应聘者可以通过提供曾在国际知名公司任职的经历以及名校EMBA专业训练的证明来向遴选委员会传递自己是高能力者的信号,最终获得遴选委员会的认同,并获得聘任和相应的薪酬;而希望出售质量相对较好的旧车的车主则可以通过提供一个一年内保修的质量担保使自己的车与其他不敢提供类似担保的旧车区分开,从而帮助买主形成对旧车质量的正确判断,最终成功转手。

需要说明的是,传递的信号对于逆向选择问题的解决并不总是有效的,这要取决于在代理人之间开展的信号传递的竞争程度(郑志刚等,2011)。回到刚才的招聘经理人的例子。如果在众多的应聘者中只有为数不多的应聘者能够出示曾在国际知名公司任职的经历以及名校EMBA专业训练的相关证明,上述发出的信号对于逆向选择问题的解决是有效的。然而,如果几乎所有的求职者都能在简历中提供上述证明,我们则会看到,在遴选委员会与应聘者之间虽然信息分布差距由于信号传递的增加而缩小了,但信息不对称导致的局面依然存在。应聘者的逆向选择问题依然存在,上市公司最终还是无法聘请到满意的经理人。因此,当一个应聘者处于竞争的市场结构中,一方面,信号传递的有效性会下降,另一方面,信号传递的成本会大为增加。在现代社会中,每个求职者花在可能用来传递信号的各类文凭证书上的时间越来越多,但这些证书并没有必然带来预期的成功。这些证书的唯一作用是证明你不比别人差。当竞争存在时,即使你知道这些证书是"无用的",你也不得不付出大量的时间和精力来得到它。这同样是"中小学生减负"的口号喊了多年,但中小学生肩上的书包仍越背越重的现实原因。

其二是信息甄别(signal screening)。所谓信息甄别,是指由委托人提供一揽子可供代理人选择的方案,代理人基于自己的私人信息对相关方案进行评价并做出选择。通过类似于"对号入座"的实现机制,代理人在做出选择的同时也在一定程度上揭示了自己私人信息的类型,以此实现委托人与代理人之间信息不对称程度的降低。我们回到上市公司董事会遴选委员会招聘经理人的例子。在信息甄别的实现机制中,首先由遴选委员会事先给出可供经理人选择的两种,甚至多种聘请方案。例如,方案一是向应聘者支付较高薪酬,但成为经理人后若不能实现承诺的业绩改善,则应聘者不仅面临被辞退的境地,甚至会被要求退还部分薪酬,以弥补由此对公司造成的损失;方案二是根据应聘者实际完成的工作量支付薪酬,经理人实际获得的薪酬水平较低。面对两种差异显著的方案,一个应聘者选择方案一事实上已经传递了其可能是高能力类型的信息;反过来,如果一个应聘者选择的是方案二,则至少表明其对于自身能力缺乏信心。微观经济学中著名的"二级价格歧视原理"就是信息甄别机制设计思想的特例。现实中航空、铁路运输头等舱与经济舱的设置,以及一些高校目前为吸引优秀海外人才回国任教而推出的终身教职轨和常任轨并行的"双轨制",是上述信息甄别思想的典型应用。

我们看到,在公司治理实践中,对于董事会(代表股东)聘任经理人过程中所面临的事前信息非对称问题,既可以由应聘者通过向遴选委员会提供与众不同的文凭、任职经历等发出高能力的信号来解决,也可以由遴选委员会通过设计一揽子方案,在应聘者做出选择后自动揭示其私人信息来解决。这两种方法都可以用来缓解应聘者与上市公司间的信息不对称问题,帮助上市公司聘请到满意的经理人。

上市公司在聘请到其认为满意的经理人后,一种新的信息不对称问题便会接踵而来。我们知道,企业经营状况不好既有可能是由于外部经营环境的恶劣,也有可能是由于经理人的偷懒,而股东通常无法识别企业经营状况的好坏是由于前者还是后者,还是一部分由于前者,一部分由于后者。因此,关于经理人的努力程度,股东与经理人之间存在信息不对称。信息非对称带来的经济后果是经理人会存在道德风险倾向:鉴于股东对经理人的努力程度不可证实,甚至不可观察,在给定的(平均)薪酬水平下,经理人会选择偷懒,以减少自己的负效用,甚至可以利用实际控制权通过关联交易等方式谋取私人收益,损害股东利益。从表面看,上述行为的发生与经理人的道德品质败坏有关,因而被早期一些文献称为"道德风险"(moral hazard)问题。但实质上,它是在经理人与股东之间存在信息不对称的状况下经理人围绕自身努力程度做出的理性选择,而与经理人的道德品质没有必然联系。但习惯上，我们仍把上述主要由事后信息不对称引发的偷懒、谋取私人利益等行为称为道德风险问题。

那么，如何解决以事后信息非对称为特征的经理人道德风险问题呢？原则上，我们可通过建立在可证实（verifiable）变量基础上的薪酬激励合约设计来实现（对这一问题的详细讨论参见本书第7章）。简单地说，虽然经理人的努力程度不可证实，甚至不可观察，但如果能够将经理人的薪酬与可证实的企业绩效挂起钩来（只有在企业绩效好时，经理人才有望拿到高薪酬，而为了实现良好的绩效，经理人需要努力工作而不是偷懒），就可以在一定程度上解决经理人的道德风险问题。企业绩效由此成为评价经理人薪酬激励合约设计合理性的基准。

一个科学的经理人薪酬激励合约设计除了要与企业绩效挂钩，还需要满足两个基本约束条件。其一是参与约束（或个体理性约束），即经理人接受公司聘用后可以获得的薪酬应该不少于其他任职机会带给他的薪酬。这一条件考量的是经理人接受该公司聘用的机会成本。其二是激励相容约束条件，即通过向经理人支付激励薪酬的方式来协调二者的利益冲突，不仅对股东而言是最优的，而且对经理人而言也是最优的。或者说，看起来股东向经理人支付了高的激励薪酬，但受到激励的经理人的努力工作最终为股东创造了更大的价值。股东通过获得的投资回报与支付经理人薪酬间的平衡实现了股东价值的最大化。而经理人则通过获得高的激励薪酬与努力付出的负效用间的平衡实现了经理人效用的最大化。二者通过经理人薪酬合约的设计达到双赢（纳什均衡）：股东借助经理人的专业知识创造财富，而经理人则通过股东提供的事业平台实现人生价值。我们看到，尽管经理人的努力程度是不可证实的，但股东可以通过设计与企业业绩挂钩的激励合约使经理人有激励选择高的努力程度。因为只有通过努力，经理人才可能提高企业绩效，最终使自己获得高的薪酬；而高的企业绩效将给股东带来更大的价值，尽管需要向经理人支付高的薪酬。通过上述与企业绩效挂钩的经理人薪酬激励合约的设计，上市公司在一定程度上解决了由于事后信息不对称所引发的经理人"道德风险"问题。

在公司治理实践中，董事会中通常会设置两个重要的专业委员会。其一是提名委员会，负责推荐和遴选董事和经理人。其二是薪酬委员会，负责绩效评估和经理人薪酬的制定。前者主要解决的是上市公司经理人选择过程中面临的以事前信息不对称为特征的逆向选择问题，而后者主要解决的是激励经理人努力工作过程中面临的以事后信息不对称为特征的道德风险问题。正是在上述意义上，Tirole（2001）认为"一个好的治理结构是选择出最有能力的经理人，并使他们向投资者负责"，因而"公司治理就是用来解决（上市公司中出现的）逆向选择和道德风险问题的"。

(二) 现代企业理论对企业的基本认识之二:合约不完全

现代企业理论除了把企业理解为一系列合约的组合外,还认识到投资者与经理人之间签订的合约是不完全的。它构成现代企业理论对企业的另一个基本认识。所谓的合约不完全(contract incompleteness),简单地说,就是所签订的合约并没有对签约双方的权利义务做严格详尽的规定,因而看起来是不完全的。例如,关于管理团队的聘任、资产重组等未来才会发生的重大事项,在合约签订的一刻合约双方往往无法预知,因而围绕上述内容双方的权利义务安排通常在正式的合约中不会出现。投资者与经理人所签订的合约之所以是不完全的,一方面与人的理性是有限的(bounded rationality)有关,另一方面则可能是理性选择的结果(Hart,2001)。例如,即使我们能够完全预测未来即将发生的种种情况,并可以清晰明确地把签约双方所应该遵守的权利和义务全部写到条款中,这一完全合约的完成也将付出高昂的成本。在签约成本和收益之间理性权衡的结果是签订一个并不完全的合约。因而,我们在现实经济生活中观察到的绝大多数合约都是不完全的。

那么,合约不完全会带来什么危害呢?简单来说,由于在合约中无法对未来发生某种情形后合约双方的权利和义务事先进行安排,因此有先期投入而发生沉没成本的一方会被没有相关投入的另一方"敲竹杠"。预期到在合约不完全情况下上述机会主义行为发生的可能性增大,需要进行先期投入从而发生沉没成本的一方事前的投资激励会下降。我们把专门用于某种特定产品的生产、投入后对其他产品的边际生产率为零,从而沉没的投资称为专用性投资(specific investment)。在一定程度上,无论人力资本投资还是物质资本投资都可以理解为"专用性投资"。而"敲竹杠"(hold-up problem)则指的是进行专用性投资的一方在事后(投资完成后)可能面临另一方不按合约最初商定的支付进行补偿的机会主义行为。投资方理性预期到事后可能发生的"敲竹杠"行为,事前将降低进行专用性投资的激励。这将造成从社会范围看应该鼓励的专用性投资不足,预期通过专用性投资来实现的帕累托改进无法完成。这构成合约不完全的重要危害。

我们通过在煤矿附近建立"坑口电站"这一实例来进一步说明合约不完全的可能危害。将山西、陕西和内蒙古等内陆产煤大省所产出的煤通过铁路、公路运往东部沿海城市供当地电厂发电使用,运输成本无疑将在煤价(从而最终的电价)中占比很大。但如果将沿海地区的电厂搬迁或者新建到煤矿附近,建立所谓的"坑口电站",把煤就地转化为电,再通过高压输电线将电输送到沿海地区,则建立在新材料发明和技术进步基础上的上述新的能源传输方式将大大节省运输成本。从整个社会看,建设"坑口电站"与之前通过铁路、公路将煤运输到东部沿海城市供当地电厂发电是一种帕累托改进。然而上述效率改善有时往往并不容易实现。原因是当一个电厂搬迁或新建到煤矿所在地建设"坑口电站"时,就构成了一项专门用于电厂建设的专用性投资。如果电厂和内陆省份的煤矿的合约不完全,进行这项专用性投资的电厂一旦搬迁后将面临煤矿的"敲竹杠"行为。例如,煤矿会以生产成本上升为借口要求提高煤价。而电厂一旦把厂址搬迁过来完成这项专用性投资后,就只能被动接受煤矿的上述机会主义行为。预期到由于合约的不完全,电厂未来将面临煤矿的"敲竹杠",电厂显然并不情愿进行厂址的搬迁或新建,尽管厂址搬迁或新建从整个社会来看能带来效率的改善。我们看到,合约一方预期到合约另一方事后"敲竹杠"的机会主义行为,其事前进行专用性投资的激励就会不足。因而合约不完全与效率的损失联系在一起。

那么,如何解决由于合约不完全导致的事前专用性投资激励不足的问题呢?Hart、Grossman和Moore等发展的理论告诉我们,一个可能的思路是进行事先的产权安排。他们的理论因此被称为现代产权理论。我们知道,产权最初是法学中的概念,其含义指的是财产的使用权、收益权和处置权等。不同于产权的法学含义,Hart等发展的现代产权理论赋予了产权新的经济学含义。其一,产权是一种剩余权利。如果对于责任、权利、义务在合约中有明确规定,就应该按照合约进行相应权利的配置;只有当不完全的合约未涉及的情形发生时才涉及上述权利的使用。因此,产权是一种剩余权利,是对不完全合约的补充。其二,产权应同时包括剩余索取权和剩余控制权两方面的内容,需要做到两方面内容的匹配(matching)。这里的剩余索取权(residual claim)指的是对企业收入在扣除固定的合约支付(例如雇员的薪酬、银行贷款的利息等)后剩余的要求权。产权拥有者享有剩余索取权意味着作为最后受益人要承担企业生产经营的风险,因为企业既可能产生盈余,也可能发生亏损。这里的剩余控制权(residual right of control)指的是在(不完全)合约中没有特殊规定的活动的决策权。产权所有者同时享有剩余控制权意味着产权所有者对不完全的合约未涉及的情形发生拥有最终的处置权。完整产权安排所要求的剩余控制权和剩余索取权的匹配意味着产权所有者一方面享有给定范围(剩余)相应的决策权利,同时承担由此造成的风险,实现承担风险与享有权利的对应。

通过产权安排,由于合约不完全导致的事前专用性投资激励不足的问题可在一定程度上得到缓解。让我们回到在煤矿附近建立"坑口电站"的例子。如果电厂与煤矿关于厂址搬迁不再通过签订合约(必然是不完全的),而是通过垂直一体化对煤矿进行并购,来拥有对煤矿的产权,则对于未来煤矿出现的任何情形,包括由于生产成本上升导致的煤价上涨,拥有剩余控制权的电厂不再担心未来"敲竹杠"行为的发生,因而有很强的激励进行厂址的搬迁或者新建。我们看到,经过垂直一体化的产权安排后,有助于效率改善的"坑口电站"最终如愿以偿地实现了。产权安排由此成为解决合约不完全导致的效率损失问题的重要途径。

我们看到,对于现代股份公司,投资者像"坑口电站"这一实例中的电厂一样面临专用性投资的问题。只不过前者是决定是否进行厂址搬迁或新建,而后者则要决定是否购买和持有上市公司的股票。投资者和上市公司签订的合约一定是不完全的,因为在决定是否购买该公司股票的一刻,对于企业未来是否发生重要资产重组,无论是投资者还是上市公司都无法预期。预期到在投资合约不完全情况下投资者一旦做出投资决策,上市公司未来会敲"投资者"的竹杠(例如,把用来发放股利的累积留存收益用来投资净现值为负的项目,以实现"帝国扩张"的目的),投资者显然并不愿意投资该公司。但如果持有上述公司股票的投资者成为上市公司的股东或者说所有者,投资者就开始愿意购买并持有上市公司的股票。这是因为,虽然作为股东需要承担企业经营的风险(在现代公司有限责任制度下以出资额为限承担有限责任),但股东可以通过股东大会对未来可能出现的资产重组等事项进行表决,做出最终的裁决。而投资者这里作为股东所享有的两种权利恰恰是产权安排中的剩余索取权和剩余控制权。这意味着通过产权安排使投资者成为股东,可在一定程度上解决以往由于合约不完全导致的投资者投资激励不足的问题。我们看到,正是在上述意义上,现代产权理论成为我国国企改革的理论支撑之一。我国国企改革中正是通过明晰产权使产权所有者在拥有权利的同时承担生产经营的风险。

需要说明的是,即使在完成产权安排后,现代企业面临的信息不对称以及由此导致的效率损失问题依然存在,因此仍然需要通过信号传递、信息甄别等激励机制设计来加以解决。因而,一个完整的公司治理既需要以产权安排作为现代股份公司的基本制度框架,又需要各种治理机制的设计和实施。而对上述两类问题的清晰理解则离不开现代企业理论中对企业"合约各方信息不对称"和"合约是不完全的"这两种基本和重要的认识。

1.5 小　　结

本章提出研究和理解我国公司治理所应明确的基本问题——为什么需要关注公司治理问题?我们得到的主要结论是:

第一,以往的理论和实证研究表明金融发展能够促进经济增长,而公司治理是现代股份公司运行的重要和基本的制度保障以及基于市场的金融体系发展的前提条件。

第二,"一股独大"和控股股东的国有性质是我国上市公司治理模式最典型的特征。公司治理问题的解决对于正在进行经济转型的中国具有特殊意义。

第三,现代企业理论对企业的两种基本认识:作为"一系列合约的组合"的现代股份公司同时存在"签约方之间的信息不对称"和"合约是不完全的"。

第四,对于作为委托代理问题实质的信息不对称存在两种类型:一是与事前信息不对称相关的逆向选择问题,二是与事后信息不对称相关的道德风险问题。信号传递和信息甄别成为解决由事前信息不对称引发的逆向选择问题的两种重要解决途径。对于以事后信息非对称为特征的经理人道德风险问题,可以通过建立在可证实变量基础上的薪酬激励合约设计来实现。一个科学的经理人薪酬激励合约设计除了要与企业绩效挂钩,还需要满足两个基本约束条件:参与约束和激励相容约束条件。

第五,投资者与经理人所签订的合约之所以是不完全的,一方面与人的理性是有限的有关,另一方面则可能是理性选择的结果。解决由于合约不完全导致的现代股份公司的投资激励不足问题的一个可能思路是,通过产权安排,使投资者成为股东并享有剩余权利。产权安排同时包括剩余索取权和剩余控制权两方面的内容。剩余索取权意味着承担风险,而剩余控制权意味着享有权利,两者的匹配实现了产权所有者承担风险与享有权利的对应。

 延伸阅读

国有企业需要一场"现代公司革命"

对国有企业改革背后逻辑的梳理离不开对现代股份有限公司兴起的历史回顾。

在现代股份有限公司出现之前,流行的企业组织方式是被称为"新古典资本主义企业"的家庭手工作坊。这一企业组织形态的典型特征是,所需资金主要来源于家庭积累,作坊主既是所有者又是经营者,以家庭的全部财产甚至未来子孙的财产承担无限连带责任,进行基于父子传承的学徒式的有限知识的更新、创新和传播。我们看到,家庭手工作坊的出现是手工业从传统农业中分离出来这一社会分工的产物,其背后体现的是人类在资源稀缺的前提下为了改善资源配置效率进行专业化分工的逻辑。中国也早在明清时代就已出现被称为"资本主义萌芽"的家庭手工作坊。应该说,新古典资本主义企业对于工业革命开始之前人类文明的传承和演进起到了十分重要的历史作用。

人类文明演进的步伐随着工业革命的发生和现代股份有限公司的兴起而被再次提速。1602年东印度公司在荷兰成立。东印度公司的出现标志着企业发展所需要的外部融资除了可以以承诺偿还本金和利息进行借贷实现外,还可以通过风险共担的股份公司的形式来实现。随着现代股份有限公司在西方逐步取代新古典资本主义企业成为占据主导地位的企业组织形式,建立在高度专业化分工基础上的、以社会化大生产为特色的现代西方文明快速崛起。

现代股份有限公司对人类文明的贡献由于20世纪二三十年代突如其来的全球经济大萧条和理论实务界对大萧条的反思而被忽略。其中最具代表性的是Berle和Means所著的《现代公司与私有产权》(1932)一书的出版。Berle和Means(1932)指出,"随着公司财富的所有权变得更加广为分散,对这些财富的所有权与控制权已经变得越来越少地集中于同一个人之手。在公司制度下,对行业财富的控制可以而且正在被以最少的所有权利益来完成。财富所有权没有相应的控制权,而财富的控制权没有相应的所有权,这似乎是公司演进的逻辑结果"。外部分散股东由于无法有效地行使控制权,放任职业经理人挥霍,使股东蒙受巨大损失,由此"对过去三个世纪赖以生存的经济秩序构成威胁"。理论界和实务界从此将目光更多地投向现代股份有限公司由于所有权与经营权分离所产生的代理冲突。从代理问题这一被认为是现代股份有限公司的痼疾出发,强调"控制权占有"的逻辑逐渐取代强调"专业化分工"的逻辑而成为现代股份有限公司的"主流意识形态"。

那么,应当如何评价现代股份有限公司呢?马克思曾经说过:"假如必须等待积累去使某些单个资本增长到能够修筑铁路的程度,那么恐怕直到今天世界上还没有铁路。但是,集中通过股份公司瞬间就把这件事完成了。"① 作为解决筹集大量资金的一种标准方式,现代股份有限公司突破了家庭财富的限制,实现了在全社会范围内的资金融通和风险分担,从而使经营者专注于经营管理与技术创新本身,由此出现了资本提供者与经营管理者之间的分工。这事实上是马克思感慨"资产阶级在它的不到一百年的阶级统治中所创造的生产力,比过去一切世代创造的全部生产力还要多,还要大"的背后原因。

美国加利福尼亚大学伯克利分校的经济学家德隆的一项研究表明,从250万年前的旧石器时代至今,在99.99%的时间里,世界人均GDP基本没什么变化。但在过去的250年中,突然有了一个几乎是垂直上升的增长。应该说,对于这250年中人类文明史奇迹的出现,现代股份有限公司功不可没。正是在上

---

① 马克思:《资本论》(第一卷),人民出版社2004年版,第690页。

述意义上,经济学家巴特勒把股份有限责任公司理解为"近代人类历史中一项最重要的发明",强调"如果没有它,连蒸汽机、电力技术发明的重要性也得大打折扣"(Butler,1911)。我们看到,区别于"新古典资本主义企业"的现代股份有限公司在实现了资本社会化的同时实现了经理人的职业化,其背后的逻辑依然是当年使家庭手工作坊从传统农业社会分离出来的专业化分工。

总结企业组织形式的演进历史,我们可以按照两个维度将现有企业总结为如表1.3所示的四种类型。其中,第一个维度是按照专业化分工程度将企业划分为低的专业化分工程度(既管资本又管企业)和高的专业化分工程度(外部融资实现、社会风险共担、经理人职业化)两种类型。第二个维度是按照代理问题是否严重将企业划分为代理问题不严重和代理问题严重两种类型。

表1.3 企业组织形式的四种类型

	低的专业化分工程度	高的专业化分工程度
代理问题不严重	家庭手工作坊(新古典资本主义企业)	建立良好公司治理结构的现代股份有限公司
代理问题严重	(长的委托代理链条与所有者缺位的)国有企业	尚未建立良好公司治理结构的股份有限公司

处于左上角的是专业化分工程度低但代理问题并不严重的企业类型。家庭手工作坊是这类企业组织形式的典型例子。我们看到,在家庭手工作坊中,作坊主既是所有者也是经营者。由于将作坊主这一自然人与企业捆绑在一起,一方面,作坊主将以全部身家来承担无限连带责任甚至波及子孙后代,同时受到资金规模的限制,在经营风格上往往趋于保守;另一方面,家庭手工作坊往往受到作坊主个人的管理经验、知识眼界,甚至生命周期的限制,一荣俱荣,一损俱损。因而该类企业组织形态的专业化分工程度较低,生产效率相应较低。但由于家庭手工作坊的所有权与经营权是统一的,并不存在外部职业经理人与股东之间的代理冲突,因而代理问题并不严重。

处于右下角的是专业化分工程度高但代理问题严重的企业类型。在20世纪二三十年代美国最大的200家大众公司中,很多公司都属于这种类型。在这200家公司中,由大股东拥有并控制的公司不到5%,占企业数量44%的公司和占财产58%的公司由所有权相当分散的少数股东和管理者拥有。然而这些公司在实现了资本社会化与经理人职业化的同时,并没有形成合理的治理结构。这些公司代理问题严重的缺陷在20世纪二三十年代发生的经济大萧条中得到集中的爆发,很多公司被迫破产倒闭。它们的故事成为后来Berle和Means提出的著名"担心"的佐证。

处于右上角的是专业化分工程度高但代理问题并不严重的企业类型。在这些公司中,一方面是以资本社会化与经理人职业化为特征的高度的专业化分工,另一方面则通过推出基于绩效的经理人薪酬合约设计与股票期权激励计划,引入外部董事(甚至除了CEO为唯一的内部董事外其余均为外部董事),构建董事长与CEO两职分离的董事会,同时加强保护投资者权利的制度环境的建设,来解决经理人与股东之间的代理冲突。经过从20世纪二三十年代开始近百年的无数次公司治理革命的洗礼而逐步建立起良好的公司治理结构的现代股份有限公司,是这类企业组织形式的典型例子。这些企业组织形式在继承了现代股份有限公司专业化分工的传统优势的同时,通过合理的治理结构的构建,克服了存在代理冲突的劣势,在一定程度上解决了Berle和Means的"担心",成为引领社会发展与时代进步的稳定的企业组织形式。但提醒读者注意的是,时至今日,上述公司虽然已成为现代股份有限公司发展的典范,但并不意味着所有的公司治理问题已经得到有效解决。在21世纪初安然等会计丑闻发生后,Rajan和Zingales即提醒我们,"即使在今天,公司治理仍然大有可为"(Rajan and Zingales,2003)。

从两个维度、四种企业类型的分类来看,处于左下角的企业一方面所有权与经营权没有有效分离,既管资本又管企业,专业化分工停留在低级阶段,另一方面则代理问题严重。对照我国目前的国有企业,它恰恰同时具备了上述两个特征。我国中央和地方政府除了通过国有资产管理链条"管资本"外,还通过自上而下的人事任免体系和对国有企业官员的晋升考核而对企业经营产生实质性影响。此外,除了通过生产经营创造利润,国有企业还需要承担包括稳定物价、促进就业甚至维护社会稳定等社会责任,置身于多任务、多目标等经营管理状态。上述种种"管人、管事、管资产"的制约和限制使得国有企业所有权与经营权无法真正分离,在企业组织形态上十分类似于"新古典资本主义企业"。正是由于上述经营权与所有权相混淆的状况,预期代表股东来监督CEO的国有企业董事长在我国公司治理实践中演变为事实上的CEO。与此同时,由于大家所熟知的国有企业"所有者缺位"和"长的委托代理链条"问题,国有企业形成以董事长为核心的内部人控制格局,代理问题严重。因而,国有企业既没有摆脱"家庭手工作坊式"的控制权对经营权的干预,无法利用社会专业化分工提高效率,又没有很好地解决家庭手工作坊并不存在的代理问题,使得国有企业看上去像是存在代理问题的"新古典资本主义企业"。

回顾企业的发展历史,我们看到,从家庭手工作坊到现代股份有限公司的兴起,再到良好的公司治理结构的构建,现代股份有限公司演进背后最核心和基本的逻辑是专业化分工。作为现代公司的组织形态之一,我国国有企业的改革也应该遵循上述逻辑。

在未来国有企业改革的路径选择上,上述现代股份有限公司的历史回顾和逻辑总结给我们的启示是:第一,专业化分工与公司治理完善是现代股份有限公司演进过程中处于两个不同层次和阶段的问题。专业化分工是现代股份有限公司的灵魂和精髓,是第一层次的问题。而作为实现专业化分工的代价的职业经理人与股东之间的代理冲突是衍生出来的第二层次的问题。在理论和实践中,应该避免将更为基本的专业化分工问题与解决代理问题的完善公司治理结构混淆起来,简单用完善公司治理结构的提法和实践来代替基于专业化分工构建真正意义上的现代股份有限公司。因此,最近国有企业改革的相关文件中提出"从管企业到管资本"是一个意义十分重大的进步,因为它遵循了现代企业演进的内在逻辑,抓住了问题的根本。

第二,专业化分工与公司治理结构完善是处于现代公司不同发展层次和阶段的问题,决定了国有企业的未来改革将具有鲜明的阶段特征。在国有企业改革的第一阶段,首先应该解决的是处于第一层次的专业化分工问题,即从原来"管人管事管资本"的管企业改为只管资本,使经营权真正落实到从市场产生的专业经营管理团队手中,实现经营权与所有权的真正分离。在国有企业改革的第二阶段,在保证国有企业成为所有权与经营权真正分离的现代股份有限公司的基础上,进一步通过完善公司治理结构来解决由于所有权与控制权分离导致的代理冲突问题。毕竟,经理人与股东之间的代理冲突是由第一层次的专业化分工问题而衍生出来的第二层次的问题。换句话说,虽然亚当·斯密曾经提醒我们"作为其他人所有的资金的经营者,不要期望他会像对自己所有的资金一样精心照顾"(Adam Smith,1776),但并不意味着我们由此凡事亲力亲为,甚至抛弃专业化分工所带来的巨大效率改善。

第三,对于现实中突出的国有资产流失等公司治理问题,上述讨论的重要政策含义是,我们应该依靠加强信息披露等方式形成合理的公司治理结构来解决国有资产流失问题,而不是以牺牲专业化分工为代价,强调"控制权的占有",简单地从所有权与经营权分离的现代股份有限公司退回到既管资产又管企业的"新古典资本主义企业"了事。

反思近代以来曾经辉煌一时的东方文明在新兴的西方文明的映衬之下显得黯然失色的历史,我们发现,违反现代企业演进逻辑的落后企业制度无疑是重要的原因之一。事实上,早在明清时代的山西票号经营中,我国已经出现作为职业经理人的"掌柜的"和作为股东的"东家"分工的雏形;甚至设立于清末洋务运动时代在全社会范围"招商引资"的轮船招商局堪称我国近代第一家现代意义上的股份有限公司。但由于强调对控制权的占有,早在1872年设立的轮船招商局虽然使"中国人从此有了自己的蒸汽轮船",但并没有使我国借助现代股份有限公司实现更深层次、更广范围的专业化社会大分工,保持与现代文明进程的亦步亦趋。

因此,我国国有企业在未来需要一场"现代公司革命",通过从管企业到管资本,使经营权真正从所有权中分离出来。

资料来源:郑志刚,《国企需要一场"现代公司革命"》,《经济观察报》,2016年4月30日。

第 2 章
公司治理的内涵和代理成本存在的证据

2.1 公司治理的内涵

正如 Zingales(2000)所指出的,尽管从 Berle 和 Means(1932)起,人们便开始关注公司治理问题,但公司治理作为一个概念被提出是 20 年前的事。对于正在形成和发展中的公司治理的理论和实践,现有文献对公司治理内涵的认识存在分歧。这一点,从现有文献对公司治理的不同定义中可见一斑。

在世界银行的研究报告中,公司治理被定义为这样的一套工具和机制(比如合同、法定权利和市场),它们可以被股东用以影响管理者以实现股东价值最大化,可以被固定收入索取者(如银行和雇员),用以控制股权的代理成本(斯道延·坦尼夫、张春霖、路·白瑞福特,2002)。与世界银行报告的定义强调"工具和机制"的观点相类似的则是 Leo Herzel 在《新帕尔格雷夫货币与金融大词典》中所撰写的"公司治理"词条。然而,Tirole(2001)对该词条的评论是,"由于过多强调公司控制权市场,对公司治理的定义采用了狭隘的视角"。Tirole 本人则注意到,基本的代理问题预示着公司治理的可能定义是用来解决逆向选择和道德风险问题。"一个好的治理结构是选择出最有能力的经理人,并使他们向投资者负责"(Tirole,2001)。

如果说 Tirole、Herzel 和坦尼夫、张春霖、白瑞福特等关注的是给定公司经营权和所有权分离的事实而围绕约束经营者行为开展的机制设计和实施问题,那么 Cochran 和 Wartick(1998)以及 Blair(1995)则把公司控制权安排纳入考量,并将其理解为公司治理本身。按照Cochran和Wartick(1988),公司治理要解决的是高级管理人员、股东、董事会和公司其他利益相关者相互作用产生的特定问题。其核心问题是,谁应该从公司的决策中收益。Blair(1995)则进一步把公司治理理解为有关公司控制权或剩余索取权安排的一整套法律、文化和制度性安排。这些安排决定了公司的目标,谁在什么状态下实施控制权,如何控制,风险和收益如何在公司不同成员之间分配的一系列问题。

Zingales(2000)遵循Williamson(1985)所提出的"治理体系"的精神,把公司治理定义为对关系内所产生的准租进行事后讨价还价的结果产生影响的条件的集合。Shleifer和Vishny(1997)则在他们经典的公司治理文献综述中认为,公司治理是使资金的提供者按时收回投资并获得合理回报的各种方法的总称。

我们看到,除了Shleifer和Vishny(1997)、Zingales(2000)等对公司治理采用相对笼统抽象的定义外,现有文献对公司治理的内涵至少存在两种不同的认识:一种认识是以Tirole、Herzel等经济学家为代表,他们强调诸如公司控制权市场、激励合约设计等治理机制的设计和实施在公司治理中的作用;而另一种认识则以Cochran、Wartick和Blair等经济学家为代表,他们关注公司控制权的安排,并把公司治理理解为以剩余控制权和剩余索取权分配为内容的产权安排本身。

2.2 公司治理的研究内容

从现代公司治理需要同时解决合约不完全和信息不对称问题的理论和现实出发,我们事实上应该把公司治理区分为治理结构(governance structure)和治理机制(governance mechanism)两个层次(郑志刚,2010)。包括股权结构和控股股东性质等在内的治理结构问题,作为现代产权理论控制权安排视角在公司治理实践中的应用,体现的是企业权威的分配,属于公司治理的第一层次;而包括经理人薪酬合约设计、公司控制权市场的接管威胁等在内的治理机制,着重解决的是由于信息不对称导致的代理问题,体现的是企业权威的实施,属于公司治理的第二层次。第一层次治理结构与第二层次治理机制的结合完整体现了科斯提出的治理作为"权威的分配和实施"的原意(Coase,1937)。二者共同构成了公司治理的研究内容。

接下来我们分别介绍作为公司治理实质内涵的治理结构与治理机制两个层次。

(一) 治理结构层次(权威的分配)

股东是公司的所有者(产权所有者),董事会受股东委托代表股东监督实际经营公司的经理人,董事与经理人对股东负有法律上的诚信责任(勤勉与忠诚)。股东通过在股东大会上行使表决权(剩余控制权),对公司董事、经理人的任免以及并购重组、经营战略调整做出决策。对公司盈余的分配,股东的受益顺序排在雇员和债权人(银行)等之后,成为剩余索取者。在现代公司"有限责任"制度的保护下,股东以出资额为限承担有限责任。因而,作为产权所有者,公司股东既享受权利又承担责任。这很好地体现了产权安排应该使剩余控制权与剩余索取权对应的原则。

治理结构最初的含义是"权威的分配",但随着20世纪80年代以来现代产权理论所形成的对剩余权利安排和权威分配内在联系的认识,产权安排成为治理结构新的含义。因而这里的治理结构主要指的是以控制权等剩余权利的分配以及投资者权利保护为内容的产权安排,它是融资双方事前博弈的结果,将对一个企业基本制度(如合伙制、公司制等)的形成产生重要影响。通过产权安排,明确了投资人(股东)在法律上作为产权所有者的地位,经营者(经理人)在法律上对投资人负有诚信责任。投资者在上述产权安排下,预期将按时收回投资并获得合理回报,因而愿意购买并持有该公司发行的股票,成为该公司的股东。我们看到,治理结构(产权安排)与正式权威的分配有关,它主要解决股东的投资激励问题。

有趣的是,简单回顾文献的演进脉络,我们会发现,Modigliani 和 Miller (1958)把企业理解为投资项目和项目所产生的现金流的集合,强调证券(债务和权益)反映了对现金流的要求权(claims),但并没有解释为什么经理人会把现金流还给投资者。Jensen 和 Meckling(1976)从合约视角出发,开始注意到现金流的要求权是通过投资者与经理人签订合约而赋予外部投资者的,但现金流的归还不应想当然,内部人可能追求私人利益,经理人持股将减少对投资者的掠夺。直到 Grossman 和 Hart(1986)、Hart 和 Moore(1990)、Hart(1995)等发展的现代产权理论才开始真正涉及现金流要求权的归属问题,认为股东作为剩余控制权利的拥有者,之所以可以收回现金流,是因为这是他们的权利。Hart 等发展的现代产权理论成为揭示现代股份公司组织和运行的基础性理论。

(二) 治理机制层次(权威的实施)

公司治理机制(corporate governance mechanisms)指的是或者利用现有法律和管制框架,或者通过市场竞争的自发选择,或者通过人为的制度设计等来实现的降低代理成本,从而在一定程度上解决代理问题的各种制度或机制的总称。它既包括激励合约设计、董事会(外部董事)等内部治理机制,同时也包括产品市场竞争、公司控制权市场等外部治理机制。治理机制解决企业委托代理链条上作为代理人的经理人的激励问题,或者说,解决由于信息不对称导致的逆向选择和道德风险问题。

那么,治理结构与治理机制之间是什么关系呢?我们看到,治理结构是治理机制的基础,治理机制是治理结构的保障。公司治理一方面需要通过产权安排向投资者提供投资的激励,以解决合约不完全的问题;另一方面则需要通过治理机制的设计和实施向经营者提供努力工作的激励,以解决信息不对称的问题。公司治理因而应该同时包括治理结构(产权安排)和治理机制(各种公司治理机制的设计与实施)两个层次,以此体现科斯提出的治理作为"权威的分配和实施"的原意。

公司治理的第二层次是公司治理机制。按照制度设计所利用资源的来源,公司治理文献(Denis,2001;Berkovitch and Israel,1996;等等)把公司治理机制简单地区分为内部与外部控制系统。

1. 外部控制系统

外部控制系统,或者说外部治理机制,是指超出一个企业资源计划的范围,但可以用来实现公司治理目标的公司治理机制的总称。外部控制系统主要包括公司治理的法律和政治途径、产品和要素市场竞争、公司控制权市场、声誉市场与职业关注等。

(1) 公司治理的法律和政治途径

Shleifer 和 Vishny(1997)认为,公司治理不仅是一个经济问题,而且还是一个法律问题,甚至是资本社会化后,减少经理人对投资者"剥削"的政治问题。公司治理文献通常把外部融资理解为企业作为法人与资金提供者之间签订的合约。资金的提供者以牺牲资金的即期使用权(实际控制权)为代价,获得对资金的剩余控制权利。对作为合约当事人的资金提供者权益的规定、解释和实施显然离不开法律的保护。公司治理的法律途径因而在公司治理机制中处于基础性地位。La Port、Lope-de-Silanes、Shleifer 和 Vishny(1998,2000)等开展的系列经验研究发现,各国在股权结构、资本市场和分红政策上的差异与投资者在法律上所受到的保护程度密切相关。关于法律对投资者权利保护更详细的讨论参见本书第 13 章。

然而,由于经理人(董事)对投资者所负有的诚信责任(fiduciary duties)在法律上的可证实的困难,Jensen(1993)无奈地指出,法律、政治和管制系统在约束经理人的挥霍行为时,并不是一件十分锋利的武器(a blunt instrument)。公司治理的政治途径对于实现法制化的市场经济国家而言,更多的是借助公司治理的法律途径来实现。我们以美国20世纪90年代中期发生的反接管浪潮为例。当时美国50个州中多达41个州通过了反接管法案。这一局面的出现是由美国200个最大公司的首席执行官(CEO)组成的"商业圆桌会议"(the business roundtable)施加政治影响的结果。当面对不希望发生的接管威胁时,反接管法案的颁布可以使经理人手中的权力比以往大大增加。

此外,政治因素对一国法律的制定产生了深刻的影响。Roe(1990)研究了美国法律体系限制金融机构控制大量股份的原因。他的研究表明,限制的动机部分来源于公众对金融体系的整体稳定离不开各个组成部分稳定的精神信念,以及公众对强大金融机构缺乏信任等事实。而这些事实形成了对政治家的巨大压力。

Pagano 和 Volpin(1999)通过分析政治决策对投资者保护程度的影响,发展了公司治理的政治经济学理论。他们证明,由于对于大多数国家的法律而言,对雇员的权利保护与对投资者的权利保护负相关,因而法律规定往往是谋求高投资者保护程度的企业家与谋求高雇员保护程度的雇员之间政治妥协的结果。他们的理论预测得到经济合作与发展组织(OECD)所提供的经验证据的支持。

对于美国形成不同于欧洲大陆的公司治理体系的原因,Roe(1999)所给出的一种新的解释是,美国的意识形态与在欧洲很多国家居主导地位的社会民主思潮不兼容。在欧洲,一个国家被赋予在不同阶级间平衡的社会责任,通常以降低效率水平为代价换取更多的公平。公司治理体系的差异不仅仅源于经济因素,还包括意识形态方面的因素。

(2)产品和要素市场竞争

产品(要素)市场竞争不仅是市场经济条件下提高经济整体运行效率十分强大的力量,而且在公司治理方面也发挥着重要作用。如果一个现代公司无法按竞争性价格销售其产品,这通常意味着该公司存在严重的代理问题。这或者是由于经理人的挥霍浪费,或者是由于缺乏约束经理人行为的有效机制。在最严重的情况下,持续亏损的公司会陷入财务困境,甚至破产倒闭。马克思曾经说过,(生产出的产品无法正常销售出去)"惊险的一跳摔坏的不仅是产品本身,而且还包括资本主义生产关系本身"①。为了避免在市场竞争中失败从而在企业破产倒闭后被迫离职,经理人有激励改善公司治理。这使得包括产品和要素市场在内的市场竞争成为公司治理长期发挥作用的力量。对市场竞争所扮演

---

① 马克思:《资本论》(第一卷),人民出版社2004年版。

的公司治理角色的详细讨论参见本书第 8 章。

尽管市场竞争是使公司治理长期发挥作用的力量之一,然而,它同样远不是一个富有效率的治理机制。首先,作为一种公司控制力量,产品(要素)市场竞争总是在事后(代理问题发生后)发挥作用。相对于其他治理机制,其作用十分迟缓,以至于无法及时挽救很多在公司治理上存在问题的公司,造成社会资源的浪费。其次,尽管市场竞争可以降低资本的收益,从而减少经理人侵吞股东资产的数量,但它不能从根本上阻止经理人对竞争性收益的侵占。正如 Jensen(1986)所指出的那样,产品和要素市场的监督力量对于新的和存在经济租或准租的活动而言十分微弱。这里所谓的经济租(eonomic rents)指的是一项活动中所创造的超过资源的机会成本的收益,而准租(quasi rents)指的是超过资源的短期机会成本的收益部分。形成经济租或准租的活动通常会产生大量的自由现金流。经理人利用实际控制权将原本应该以股利方式返还给股东的自由现金流用于进行帝国扩张,甚至不惜投资净现值为负的项目,以谋取私人利益。

(3) 公司控制权市场

Marris 早在 1963 年即指出,产品和要素这两个市场的失败可以通过第三个市场——公司控制权市场的适当作用而加以纠正。这里所谓的公司控制权市场(the corporate market of control)指的是,建立在现代成熟资本市场的有效运作的基础上,通过包括公司接管(corporate takeovers)、杠杆收购(leveraged buyouts)以及公司重组(corporate restructurings)等在内的公司战略而实现公司资产控制权利转移的各种市场行为的总称。这里的接管包括兼并(mergers)、敌意和友好要约收购(hostile and friendly tender offer)以及代理权竞争(proxy contests)等。

Jensen 和 Rubaek(1983)把公司控制权市场理解为"不同的管理团队竞争控制公司资源权利的竞技场"。在 Jensen 等看来,变化中的技术和市场条件通常对公司资产的重组提出要求,而具有全新管理理念的管理团队往往更容易实现变革。接管则成功地完成了从旧的管理团队向新的管理团队的过渡。由于公司控制权市场成为公司控制权转移的重要途径,为实现企业资源的优化组合创造了条件,因而接管在缓解生产能力过剩和退出困难等方面同样功不可没(Jensen,1993)。除了上述作用,接管所产生的一个客观效果是,与接管活动相伴随的经理人被辞退的危险迫使经理人与股东的利益实现了一定程度的协调,从谋求私人利益转而追求企业价值最大化,从而在一定程度上实现了公司治理的目的。因此,公司控制权市场除了被看作一种融资渠道和实现控制权转移,从而实现资源优化配置的途径之外,在公司治理的文献中,它同样被看作约束经理人行为的重要的外部公司治理机制。关于公司控制权市场的公司治理角色的进一步讨论参见本书第9章。

(4) 声誉市场与职业关注

由于外部性的存在和公共品提供所面临的搭便车问题,教科书意义上的市场交换经济范式需要一个重要假设,那就是存在第三方(例如政府)来定义产权,并执行合约。在上述假设下所形成的典型认识是,如果没有由政府等充当的第三方来实施对违约行为的惩罚,就不可能存在市场交换。然而,Hayek(1945)、Marshall(1949)等很早即指出,即使不存在第三方,声誉或品牌作为私人机制,同样可以向当事人提供履行合约的激励。构成这一私人合约实施机制的基础就是重复交易所产生的价值。例如,一个关注自身在经理人劳动力市场上的声誉的经理人将约束自身的道德风险行为(Fama,1980;Fama and Jensen,1983);个体的生产能力可以通过对业绩的长期观察反映出来,因而一个人对未来职业的关注(career concern)将影响其现阶段付出努力程度的激励(Holmström,1999)。具体而言,即使不存在一个显性的产出依赖(output-contingent)合约,由于对个体生产能力的评价影响期望产出,而期望产出又进一步影响下一期的报酬,于是存在一个隐性的合约将现在的业绩与未来的报酬联系在一起。个体现在的行动将对企业未来对个人能力的评价,从而对个人未来获得的报酬产生重要影响。因而,为了证明自己的生产能力,个体有激励在现阶段选择较高的努力程度。上述理论为公司治理实践中引入外部董事提供了理论支撑。Kaplan和Reishus(1990)提供的经验证据支持了上述理论预测。他们的研究表明,绩效较差的企业的董事,通常被视为在监督经理人时表现拙劣,很难在其他企业重新成为董事。

Gibbons和Murphy(1992)的研究则将作为隐性激励的职业关注与作为显性激励的薪酬结合起来,指出最优的激励合约将最大化包括来自职业关注的隐性激励(如声誉的价值)和来自报酬合约的显性激励(如年薪、股票期权等)在内的总激励。他们的理论预测,对于一个临近退休的雇员,最优补偿合约中的显性激励应该达到最强,因为此时该雇员对未来职业的关注程度最低。上述理论很好地解释了我国社会曾经出现的"59岁现象"①。关于声誉和职业关注所扮演的公司治理角色的进一步讨论参见本书第12章。

然而,考虑到企业与个体基本偏好的不一致,Holmström(1999)指出,风险的规避与折旧成为市场约束激励能力的限制。因此,对未来职业的关注既可能

---

① 60岁是我国国企高管的法定退休年龄。一些一直很廉洁的国企高管在退休前开始贪污腐败。一些媒体把上述现象概括为"59岁现象"。

是有利的,也可能是有害的,这取决于企业与个人利益的协调程度。

2. 内部控制系统

内部控制系统,或者说内部治理机制,指的是在一个企业的资源计划范围内,应用现代激励机制设计理论的思想,所设计和安排的用来实现企业公司治理目标的各种公司治理机制的总称。它包括薪酬合约设计、董事会与外部董事、债务融资等。

(1) 薪酬合约设计

一个解决经理人道德风险行为的重要制度安排是在聘任时与经理人签订与未来绩效挂钩的薪酬激励合约,以此来协调经理人与公司股东的利益。所谓的薪酬激励合约是通过在投资者(或作为投资者代表的董事会等)与经理人之间订立的隐性或显性合约,把对经理人努力的补偿(年薪、股权或期权等)建立在企业业绩等可证实的指标上,从而使经理人在一定程度上按照投资者的利益行事的一种激励手段。它可以采取年薪(base salary)、奖金(bonus)、股权(stock)、股票期权(stock options)等多种形式,并与当企业业绩低于预先规定的标准时的辞退威胁等惩罚手段相联系(Jensen and Meekzing,1976;Fama,1980;等等)。薪酬激励合约实施的前提是,对绩效可以进行客观公正的衡量。或者说,与经理人行为正相关的业绩衡量必须在法律上是可证实的,或者虽然只是可观察的,但投资者存在可置信的承诺(credible commitment)(例如聘请会计师事务所等)通过必要的行动实现对绩效一定程度的衡量。而有关经理人绩效正确衡量的信息往往来自产品(要素)市场的竞争,甚至经理人市场的竞争。例如,我们并不能准确地判断一个经理人是否努力,除非我们观察或证实,他经营的企业比同类企业的盈利水平更高。

一个可行的薪酬激励合约通常受到经理人的风险态度以及激励所采取的补偿形式等方面的影响。与风险中性(risk neutral)的经理人相比,对于一个风险厌恶(risk averse)的经理人,公司需要向其支付风险溢价(risk premium),因而在最终的薪酬激励合约设计上,经理人与投资者之间将选择较低的分成比例(奖金系数),而使股东承担更大的风险。当激励所采取的补偿形式为股权或期权时,由于股权或期权的价值要低于现金补偿,因此,为了获得与现金补偿方式相同的激励效果,企业将付出与风险中性的经理人的情形相比更多的股权或期权。但股权或期权作为"滞后的补偿",对于缺乏现金的企业而言,可以缓解当前的资金压力,同时可以使企业和经理人获得税收上的优惠。因此,一个薪酬激励合约的具体设计形式往往取决于多种因素的综合考量。关于薪酬合约设计的详细讨论参见本书第7章。

(2) 董事会与外部董事

董事会由于把提供资本的股东和使用这些资本创造价值的经理人联结起来，而被一些公司治理文献认为是市场经济中公司治理机制的核心(Hermalin and Weisbaeh,2001；等等)。董事会的主要职责是代表股东招聘或解雇公司的高层经理，制订高层经理的薪酬计划，以及在必要时向经理人提出意见和建议等。在公司治理实践中，各国逐步形成了不同类型的董事会组织模式，从以德国为代表的监事会与董事会的双层组织模式，到以日本为代表的内部人主导的董事会模式，再到以美国为代表的内部和外部董事混合的董事会模式。

然而，董事会在约束经理人问题上所表现出的低效率，长期以来受到理论界的批评。当股东仅仅拥有对经理人所推荐的董事候选人投票表决的权利时，我们无法想象一个由经理人推荐产生的董事会会反过来对经理人实行有效的监督。Jensen 在 1993 年美国金融年会的主席演讲中指出，当不存在产品、要素、资本市场以及接管的威胁时，建立在内部控制机制基础上的大型公司在组织重构和战略调整上表现出的缓慢和迟钝是内部控制机制失败的明证(Jensen, 1993)。

按照 Jensen(1993)，(美国式的)董事会组织模式今后的改进方向是，保持较小的董事会规模，除了 CEO 为唯一的内部董事外，其余全都为外部董事。按照 Fama 和 Jensen(1983)，作为其他公司关键决策者的外部董事，通常较为关注其在经理人市场上的声誉，因而，与内部董事相比，更可能成为经理人的有效监督者。而 Weisbach(1988)则从内部董事向与他们的职业密切联系的经理人挑战要支付更大的成本这一相反的角度论述了同样的观点。这里所谓的外部董事是美国等一些国家对除了担任公司的董事外，与公司没有任何家族、商业关联的董事会成员的总称。在英国等一些国家，则称其为独立董事。我国同样称其为独立董事。担任外部或独立董事的通常是其他公司的前任或现任经理人，会计、律师事务所的职业会计师、律师等，以及前政府官员和大学教授等。一些公司治理文献还把董事会成员进一步区分为外部董事、内部董事和关联(affiliated)董事(或称为灰色董事)。关联董事指的是尽管不是管理团队的成员，但与公司存在家族或商业联系的董事会成员。对于外部董事占公司董事会成员的比例，公司治理文献称为"董事会的独立性"(independence of the board)。它与"董事会的规模"等一起成为衡量一个董事会是否有效的重要指标。关于董事会与外部董事的公司治理角色的相关讨论参见本书第 8 章。

(3) 债务融资

与权益融资相比，债务的税盾(tax shield)等效应使债务融资成为现代股份公司中不可或缺的金融工具。借方通过承诺在未来偿还本金并支付利息来获得贷方提供的贷款或发行的企业债券。除了作为金融工具,当资不抵债时债务合约实施将使公司控制权从股东转移到债权人的事实使理论界认识到债务合约同时成为解决代理问题的重要机制之一。资不抵债面临的破产清算对经理人来说不仅仅意味着离职,有时甚至意味着职业生涯的终结。为了避免上述后果的出现,经理人将努力工作使企业的资金得到合理高效的使用,并努力将其控制在安全的范围内。Jensen(1986)等从债务的本息偿付将降低自由现金流的视角考察了债务融资可能扮演的公司治理角色。一方面,面临离职的风险迫使经理人按时偿还本金和利息,从而使经理人可以挥霍的自由现金流大为减少;另一方面,未来偿还债务的压力迫使经理人努力工作,导致现金流的进一步增加。关于债务融资的公司治理角色的进一步讨论参见本书第 11 章。

需要说明的是,内部治理机制在解决经理人与外部分散股东的代理冲突这一传统的"垂直型"代理问题上更加有效,但对于解决控股股东与外部分散股东的代理冲突的"水平型"代理问题上的作用却是有限的。这是因为在"股权至上"的制度框架和文化传统下,控制性股东对包括内部治理机制在内的资源计划具有实质的影响。水平型代理问题的解决更需要凭借外部法律环境的改善、法律外制度等外部治理机制的实施。

除了上述针对不同类型的代理问题的有效性不同外,内外部治理机制发挥作用的时机往往存在差异。如果我们可以将公司治理理解为事前的"激励"+事中的"监督"+事后的"救济",经理人薪酬合约设计等内部治理机制更多地依赖"事前"的机制设计和制度安排以及"事中"的监督;而公司治理外部机制则更多地依赖"事后"的救济以及由此形成的对责任人事前的"威慑"。由于外部治理机制是事后对责任人的惩罚,社会资源的损失浪费有时不可避免。但由于外部治理机制带来的公司破产威胁与被辞退的可能对经理人本人而言是一个可置信的承诺,可以有效地促使其努力改善经营管理水平,避免公司破产的发生,因此,一个有效的公司治理体系是由内部和外部治理机制有机结合组成的(郑志刚,2007)。

2.3　代理成本的传统表现形式

Berle 和 Means 出版于 1932 年的《现代公司与私有产权》一书在现代公司制度的背景下把亚当·斯密所观察到的"作为其他人所有的资金的经营者,不要期望他会像对自己所有的资金一样精心照顾"(Adam Smith,1776)现象概括为"所有权和控制权的分离"。他们认为,由于在监督经理人问题上股东之间的搭便车(free-riding)问题,现代公司分散的股权结构使股东对经理人实施有效的监督变得十分困难,因而在投资者与经营者之间存在严重的利益冲突。Berle 和 Means 由此对现代公司制度的运行表现出无比的悲观。他们甚至表示,所有权与控制权的分离是"对过去三个世纪赖以生存的经济秩序构成的威胁"(Berle and Means,1932)。

然而,20 世纪人类社会的发展历史真实地告诉我们,Berle 和 Means 担心的问题并没有想象的严重。一个可能的解释是,(对市场经济国家而言)天然存在的来自产品市场的竞争迫使企业的经理人不得不努力降低成本,以避免由于企业破产倒闭而使自己离职。这使得经理人实际挥霍的空间十分有限。因而市场竞争等向企业提供了现实经济生活中存在并行之有效的公司治理机制(Shleifer and Vishny,1997)。现在看来,我国从 20 世纪 70 年代末开展的以市场为导向的经济转型不仅建立了以市场为基础进行资源配置的市场体系,而且为完善企业的公司治理机制创造了条件。

现代股份公司的出现一方面通过资本社会化与经理人职业化实现了陌生人在更广范围内的合作和专业化分工,提高了市场资源配置与企业自身营运的效率;另一方面,伴随现代股份公司出现的所有权与经营权的分离使得资金的提供者面临无法按期收回投资的风险。我们看到,所有权与经营权分离的实质是股东和经理人之间关于生产经营情况的信息不对称。或者用现代企业理论的术语来说,在股东与经理人之间存在委托代理关系。具体而言,经理人熟悉和了解有关企业的营运信息,于是成为代理人;而股东或者由于不具备专门的经营管理知识,或者由于自己的投资只占企业全部资金微不足道的一部分,而希望通过搭别人的便车来实现对经理人员的监督,对企业的经营信息缺乏了解的兴趣,于是成为委托人。现代股份公司中经理人与股东之间的利益冲突由此成为现代委托代理理论的典型例证。Jensen 和 Meckling(1976)把股东(委托人)面临的所投资金不被经理人(代理人)掠夺或浪费在无吸引力的项目上的困难称为代理问题(agency problem);经理人(代理人)与股东(委托人)之间的利益冲突所产生的交易成本相应称为代理成本(agency cost)。Jensen 和 Meckling(1976)所提出的代理成本范式由此成为现代公司治理研究的标准范式,该文相应成为现代公司治理研究的起点。

作为代理问题表现形式的经理人与投资者之间的利益冲突至少表现在以下三个方面。第一,经理人目标的多样性与股东投资回报最大化单一目标之间的冲突。现代社会学、管理学、心理学的知识告诉我们,每个人在不同的阶段所处的需求层次是不同的。在一个人的基本需求,如衣食住行的需求等被满足之后,他的需求会逐步转向更高的也更为抽象的社会认可、心理满足等层次。一个借助现代公司的组织模式、拥有对大量资产的实际控制权的经理人,其需求层次显然与一个普通的、分散的投资人的需求层次是不完全相同的。特别地，拥有实际控制权使经理人对较高层次需求的实现不仅具有了可能性，同时也具有了现实性。除了要求对所投入生产和经营中的专用性人力资本投资进行合理补偿外，他还可以利用实际控制权来获得私人利益。

经理人的私人利益区别于控制权的私人利益（private benefit of control）。后者与控制性股东有关，指的是无法由外部股东按持股比例分享，而是由控制性股东利用控制权从所控制的公司掠夺而独享的部分企业价值。而前者则针对经理人而言，指的是由于经理人拥有企业资产的实际控制权，而实施的对投资者资金的剽窃和滥用，以及经理人的渎职和偷懒行为的总称。从股东的视角，经理人的私人收益则是在现代股份公司外部分散股东聘请职业经理人时由于控制权与经营权分离所产生的代理成本。经理人剽窃股东财产，使股东的利益受到损害的一个典型例子是通过转移定价实现的关联交易。经理人以低于市场的价格将公司的产品销售给关联公司，或者以高于市场的价格收购关联公司的资产。绝大部分国家的公司法对关联交易行为都会进行严格的识别和限定，对关联交易的审批同样是独董监督的重点。豪华的办公室、公司的飞机等在职消费（perquisites consumption）则是经理人员滥用股东资金的例子。经理人员在工作中的偷懒行为更是不胜枚举。

第二，经理人与公司股东由于风险态度不同所形成的利益冲突。在一个具体项目的投资上，经理人与公司股东通常具有不同的风险态度。对于一个典型的股东，他往往是一个高度多样化的资产组合的持有者，在一个公司的投资只占他全部投资的一小部分；在任何单个项目上的投资失败对他的总体财富而言，负面影响相对较小。通过选择多样化的投资组合，典型的股东实现了风险的分散，因而，在某个具体项目的投资上，股东具有相对较强的风险爱好倾向。然而，一个公司的经理人却将其全部的专用性人力资本投入该公司。一个项目的失败意味着经理人将因此被扣罚奖金，甚至被辞退，承担的损失要比典型的股东多。因而，经理人在投资上通常倾向于规避风险。

表现在项目投资上的两种截然不同的风险态度，造成经理人与投资者在投资策略的制定与实施上存在巨大的利益冲突。在项目投资上的风险规避态度，使得拥有资金的实际控制权的经理人对一些投资者看好的项目拒绝投资，从而可能使投资者的利益受损。

第三，经理人员与股东对自由现金流不同的处置方式所形成的利益冲突。这里所谓的自由现金流，指的是按资本的相对成本贴现后，超过向所有净现值为正的项目进行投资的现金流部分（Jensen,1986）。当一个公司拥有较多的自由现金流时，经理人与股东在分配政策上的利益冲突表现得尤为突出。股东是公司的所有者，自由现金流理论上应该作为投资回报以股利的方式返还给股东。然而，经理人出于"帝国扩张"和由此带来的在职消费等私人利益的目的，甚至选择将自由现金流投资于具有负的净现值的项目。

由于代理冲突在表现形式上的多样性和私人信息的存在，代理成本像交易成本一样成为经济学中非常难以度量的范式之一。出于对变量应具有可检验意蕴的强调，经验研究中往往通过选择较为接近的代理变量来实现。在对经理人代理成本的代理变量的选择中，Ang 等（2000）、李寿喜（2007）等分别用销售管理费用率表示代理成本，而用资产利用率表示代理效率。其中，销售管理费用率是管理费用与销售总额的比例，指的是单位销售的完成所需耗费的管理费用。它反映了经理人由于过度在职消费等而引起的管理费用的增加以及资金的滥用和浪费。销售管理费用率越高，代理成本越高。资产利用率则是主营业务收入占总资产的比例，指的是每单位资产所产生的主营业务收入，表示由于经理人决策错误（如投资了净现值为负的项目）或偷懒（如没有尽力增加收入等）而导致的资产使用的低效率。资产利用率越低，表明代理效率越低，代理成本越高。我们以中国上市公司 2007 年的数据为例揭示不同公司代理成本的巨大差异（郑志刚等，2009）。该年上市公司资产利用率的均值、标准差、最大值和最小值分别为 2.543、4.821、19.437 和 0.014，资产利用率的变化范围从代理效率较高的 19.437 到代理效率较低的 0.014，代理效率较高的公司几乎是代理效率较低公司的 140 多倍；而管理费用率的均值、标准差、最大值和最小值分别为 0.093、0.103、0.59 和 0.011，管理费用率的变化范围从代理成本较高的 0.59 到代理成本较低的 0.011，代理成本最高的公司几乎是最低公司的 50 多倍。

2.4 公司治理的两种研究视角

对于公司治理的研究，存在两种不同的视角。其一是股东价值最大化视角。股东价值最大化视角强调公司治理的目标是实现股东价值最大化。现代产权理论揭示，由于合约不完全，进行专用性投资的一方面临另一方"敲竹杠"的机会主义行为。除非进行专用性投资的一方拥有剩余控制权，否则其投资激励不足。具体到所有权和经营权分离的现代公司，由于融资合约的不完全，经理人的机会主义行为将损害外部投资者的利益。预期到经理人的上述行为，投资者并不愿意购买现代公司的股票而成为公司股东。如何使外部投资者有激励投资呢？那就需要在法律上明确股东是所有者，经理人对股东负有诚信责任。用现代产权理论的术语就是股东拥有剩余控制权，他可以通过投票表决，对未来发生的管理团队更迭和重大经营战略调整做出最终裁决。此外，由于所有权与经营权的分离,外部分散股东与经理人之间存在严重的信息不对称。股东面临具有私人信息的经理人的道德风险行为,使自己的投资无法按时收回,并取得合理回报。由于上述两方面的原因,保护外部分散股东成为公司治理的逻辑和现实出发点,而股东价值最大化的研究视角也由此成为公司治理研究的主流观点。

其二是利益相关者利益最大化视角。现代企业理论(Alchian and Demsetz,1972;Jensen and Meckling,1976;等等)把企业理解为利益集团之间的隐性与显性合约的组合(a nexus of contracts),这些利益集团不仅包括股东、经理人、雇员和债权人,还包括客户、供货商、社区居民以及政府等。他们共同构成了企业的利益相关者(stakeholders)。利益相关者理论研究视角强调,既然企业的经营决策影响到所有利益相关者,经理人就应该对所有利益相关者负责,而不能只对股东(一部分利益相关者)负责(Aoki,1980,1984;Blair,1995;Donaldson and Preston,1995)。企业决策应该是平衡所有利益相关者的利益。在公司治理的目标选择上应该遵循利益相关者价值最大化原则,而不是传统的股东价值最大化原则。

早在20世纪60年代,美国通用电器的首席执行官Ralph Cordiner就指出,"高层管理者是受托人,其管理责任是在股东、客户、员工、供货商、社区的利益之间求得最好的平衡"。这被认为是利益相关者理论提出的现实缘起。1990年美国宾州议会通过了36号法案。该法案认为董事应该考虑所有受他们决策影响的人的利益。董事只需以最有利于公司利益的方式行事,他们无须把任何特定的人群(包括股东)的利益作为公司的主导或控制利益。除非在仔细调查后有清楚和富有说服力的证据表明决策不是在善意下做出的,否则,利益无关的董事所做出的任何决定都被假定符合勤勉标准的要求。同时,除非有欺诈行为和内部交易,董事无须对他们的行为负责。

我国学术界在20世纪90年代后期围绕公司治理的股东价值导向和利益相关者价值导向同样展开了激烈的学术争论。崔之元(1996)认为,美国29个州公司法的变革将使各方"利益相关者"都能够参与经济过程的控制和收益,因而美国公司法变革的大方向是"经济民主化",公司法改革"突破了似乎是天经地义的私有制逻辑"。张维迎(1996)则指出,由于混淆了财产所有权与企业所有权等概念,同时没有汲取现代产权理论和委托代理理论新的研究成果,崔之元(1996)所提出的"要求公司经理为公司所有的'利益相关者'服务"的政策建议将在实际操作中引起混乱,是对公司治理理论和实践的误导。

Tirole(2002)指出,"毫无疑问,绝大多数经济学家并不反对利益相关者理论的支持者所鼓吹的目标。一个科学的争论焦点应该集中于如何实现这些目标,而不是这些目标本身"。Tirole(2002)区分了两种不同的利益相关者论。彼得·德鲁克(Peter Drucker)等管理学家从建立公平声誉的角度,大力倡导企业在商业实践中应该向雇员提供工作安全保障和训练设施等。企业建立公平声誉的目的恰恰是吸收更优秀的员工,鼓励员工与企业建立长期的关系,以及使员工有激励进行企业专用性投资。由于上述做法仅仅是企业通过牺牲短期利益来换取长期利益,因此其在本质上仍与股东价值导向的目标一致。

而真正与股东价值导向冲突的是强调对社会负责(socially responsible)的利益相关者论。他们的典型认识是既然公司的经营决策影响到所有利益相关者,经理人就应该对所有利益相关者负责,而不能只对股东——一部分利益相关者负责;公司决策应该是平衡所有利益相关者的利益,而不仅仅是最大化股东的利益。Tirole(2002)把其特征概括为经理人广泛的任务(a broad mission of management)和利益相关者之间控制权的分享(the sharing of control by stakeholders)。Aoki(1980,1984)在对股东价值导向的企业理论和劳动力价值导向的企业理论进行批评的基础上,发展了股东和雇员共享企业的组织租金的合作博弈模型。"企业不仅仅是投资者的企业,而且是所有利益相关者所组成的团体。"(Aoki,1984)

事实上,很多有远见的学者正确地指出"把环境污染,以及其他道德、社会问题看作治理问题本身误导了公司治理的正确方向"(Easterbrook and Fischel,1996)。根据 Hart 等建立的现代产权理论,作为公司所有者的股东享有的是剩余权利(剩余控制权和剩余索取权),是对支付了其他利益相关者合约收益后剩余的享有权和对合约中未作规定的事项的决策权利。权利性质的不同决定了在利益相关者之间并不能通过简单的"分享"来实现各自利益的保障。如果没有投入资金的经理人与雇员同样成为剩余权利的所有者,由于利益相关者缺乏足够的可承兑收入(pledgeable income)来使投资者相信他们所做出的资金可以补偿的承诺是可置信的(credible),因而,投资者不得不担心其所投入的资金能否收回,从而其投资的积极性会受到影响。把(剩余)控制权交给非投资者将降低投资者投资的积极性,这构成利益相关者利益在产权安排层次实施的主要困难之一。建立在成熟的资本市场和法律对产权保护的现代市场经济环境下,通过表决体现剩余控制权,并以出资额为限承担有限责任的股权则由于很好地实现了剩余控制权与剩余索取权的对应而成为公司治理权威分配很好的实现形式。

而对所有利益相关者负责将进一步加剧经理人的道德风险倾向。对所有利益相关者负责的结果是使经理人具有一个扩大的诚信责任,原本在法律上已很难证实的诚信责任变得更加模糊和无法证实。而作为在不同的利益相关者之间讨价还价的目标的"公司资产"——诚信责任只有当独有而不是共享时才会更有价值(Macey and Miller,1996)。原因是,由于不同利益相关者的利益不一致,当损害一个利益相关者的利益时,经理人完全可以以保护另一个利益相关者的利益为借口。经理人所负责的利益相关者越多,经理人实际决策的自由度就越大;对所有人负责,可能意味着对任何人都不必负责。比如,假定银行利率的制定不仅要考虑股东的利益,同时还要考虑储户和贷款人作为利益相关者的利益。由于储户和贷款人利益的反方向变化,银行可能宣称为了保护储户的利益而提高贷款利率,从而使贷款人的利益受到损害,或者,银行可能宣称为了保护贷款人的利益而降低存款利率,从而使储户的利益受到损害。要求银行的经营者向所有的利益相关者负责不仅会使他无所适从,而且会为他采取各种利己策略提供借口,反而无法形成对银行经营者的有效约束。

上述分析表明,强调对社会负责的利益相关者论对公司治理内涵的理解采取了狭隘的视角,即只把公司治理理解为产权安排本身,而忽略了公司治理机制在公司治理中的重要性(郑志刚,2010)。"尽管在治理体系、股权结构、资本市场和商业文化上不同国家之间存在显著差异,但公司法在基本形式上表现出高度的一致性","股东优先在公司意识形态中处于不可动摇的地位标志着公司法历史的终结"(Hansmann and Kraakman,2001)。而在 Hansmann 和 Kraakman(2001)看来,股东价值导向标准的胜利恰恰是由于利益相关者导向的治理标准的失败。

现在,让我们回头再看一看 20 世纪 90 年代中期喧嚣一时的美国公司法改革的社会反应。《华尔街日报》认为这是"一个丑陋的立法";《费城资讯报》则认为这一法律并不是为了本州的商业利益而精心设计的,而是为了保护 Armstrong 世界工业公司和其他几家面临被兼并命运的公司。到 1990 年 10 月 15 日,有 99 家公司宣布至少退出部分条款,占在该州注册上市公司总数的 33%;在宾州注册上市的标准普尔 500 公司中有 56% 宣布退出,而《财富》500 强公司中的这一指标则高达 61%。从 1989 年 10 月 12 日美国国内首次对此议案进行报道,到 1990 年 1 月 2 日该议案提交州议会为止,在宾州注册上市公司的股票业绩比标准普尔 500 公司大约逊色 5.8%;这项法案的颁布导致在该州注册上市公司的股价平均下降了 4%。

需要说明的是,坚持股东价值最大化,并不意味可以忽视对利益相关者利益的保护。但对股东之外的利益相关者权利的保护不是通过控制权的分享,而是借助各种行之有效的公司治理机制(信贷合约、工会、市场竞争等)来实现的。换句话说,基于公司治理分层理论(郑志刚,2010),我们主张在治理结构上遵循股东价值最大化原则,而在治理机制上兼顾其他利益相关者的利益。

对于雇员、经理人、债权人、供货商和客户等利益相关者利益的保护首先是通过其作为合约受益人的角色来进行的,从而法律对合约的制定和实施等的相关规定对于保护利益相关者的利益至关重要。事实上,法律对利益相关者利益的保护至少体现在两个不同的层次上。一个层次是,通过公司法、破产法等法律直接对公司当事人(如经理人等)的行为进行规范;另一个层次则是,通过合同法等对公司章程以及其他合约的执行提供保证,来对公司当事人的行为进行约束。在完备健全的法律保障体系和公平公正的合约条款下,法律或法律所保障实施的合约所规定的当事人责任的大小,也即意味着当事人可以享受到的权利的多寡。

成为工会或行业协会等组织成员的利益相关者(如雇员、供货商,甚至经理人)则可以借助工会或行业协会的力量来谋求向他们的利益倾斜的立法,以及其他政治解决途径。但通过政治途径寻求利益的保护对促进经济发展、社会稳定的整体效果并不确定。

市场(产品、要素、劳动力、经理人)竞争为保护利益相关者的利益提供了另一个重要途径。形成一个公平竞争的市场环境无疑是对追求"物美价廉"的客户的利益的最好保护。亚当·斯密在两百多年前即指出,"看不见的手"使得满足客户的利益成为企业获得利润的最好手段(Adam Smith,1776)。

无论追求高就业率的社区居民还是追求税收增加的政府,其利益与企业追求价值最大化的目标总体上是一致的。一个具有合理的公司治理结构、运行良好的企业不仅可以吸收当地社区的大量劳动力,而且可以向政府缴纳更多的税收。但它们的利益也存在不一致的情况。例如,企业可能为了追求价值的最大化,对生态环境造成破坏,甚至不惜从事政府严加禁止的活动。此时,则需要更多地借助法律手段,如环境保护法的制定与实施等,来约束企业的活动。

2.5 小 结

本章讨论公司治理的内涵和两种重要的研究视角。本章的主要观点是:

第一,现有文献对公司治理内涵的认识存在分歧。一种观点强调诸如公司控制权市场、激励合约设计等治理机制的设计和实施在公司治理中的重要性;而另一种观点则强调公司控制权的安排在公司治理中的重要作用。

第二,公司治理一方面需要通过产权安排向投资者提供投资的激励,以解决合约不完全的问题;另一方面则需要通过治理机制的设计和实施向经营者提供努力工作的激励,以解决信息不对称的问题。公司治理因而应该同时包括治理结构(产权安排)和治理机制(各种公司治理机制的设计与实施)两个层次,以此体现科斯提出的治理作为"权威的分配和实施"的原意。

第三,公司治理机制包括内部治理机制和外部治理机制。其中,内部治理机制包括薪酬合约设计、董事会(外部董事)、债务融资等;而外部治理机制包括公司治理的法律和政治途径、产品和要素市场竞争、公司控制权市场、声誉市场以及法律外制度等。

第四,由于代理冲突在表现形式上的多样性和私人信息的存在,代理成本像交易成本一样成为经济学中非常难以度量的范式之一。经验研究中往往通过选择较为接近的代理变量和特定的研究场景来实现对交易成本的度量。

第五,公司治理存在两种不同的研究视角:股东价值最大化视角和利益相关者利益最大化视角。坚持股东价值最大化,并不意味我们可以忽视对利益相关者利益的保护;但对股东之外的利益相关者权利的保护不是通过控制权的分享,而是借助各种行之有效的公司治理机制(信贷合约、工会、市场竞争等)来实现的。基于公司治理分层理论(郑志刚,2010),我们主张在治理结构上遵循股东价值最大化原则,而在治理机制上兼顾其他利益相关者的利益。

第3章
股权结构和大股东的公司治理角色

3.1 引　　言

　　除了法律规定的差别,在经济学意义上股东与同样作为出资者的债权人拥有的权利同样不同。债权人享有的是合同收益权,即按债务合约所规定的水平和期限获得本金和利息的权利,以及资不抵债时的清算权利等。而股东在现代公司享有的是经济学上所谓的剩余权利。一方面,股东在公司盈利分配顺序上排在合同受益者(比如债权人、雇员)之后,并以出资额为限承担有限责任;另一方面,股东通过投票表决对公司未来发生的管理团队更迭、并购重组、经营战略调整等重大问题进行最后裁决。我们把前者称为剩余索取权,后者称为剩余控制权,二者共同构成了现代公司产权的概念。在公司治理实践中,股票作为可转让流通的有价证券,以标准化合约的方式体现了公司法、证券法以及公司章程等所规定的股东的权利和义务。

　　然而,现代公司的股权并非平均分散在外部投资者手中。一部分股东拥有足够的股份,在简单多数的表决机制中,对公司决策及未来的发展产生举足轻重的影响。我们把持有控制性股份的股东称为控股股东(controlling shareholder)或大股东。与控股股东相对应的则是外部分散(dispersed)股东或小股东。不同的公司由于控股股东与外部分散股东力量对比的不同,形成不同的股权结构。所谓股权结构(shareholder structure)指的是股东所拥有的股份占公司全部股份的比例。我们可以将公司股权结构简单区分为股权分散(dispersed)和股权集中(concentrated)两种类型。在英国、美国等普通法国家的公司中,股权通常相对分散,股东持股比例常常低于10%;而在日本、德国等大陆法国家中,公司股权往往较为集中。

本章首先围绕股权结构,考察股权集中与分散的影响因素,以及股权结构与企业绩效的关系,以此考察股权结构的决定因素和经济后果。在此基础上我们进一步考察大股东在解决监督经理人问题上独特的公司治理作用。本章最后回到我国公司治理的实践,对作为我国上市公司重要治理特征的"一股独大"和"控股股东的国有性质"进行统计描述。

3.2 对外部投资者存在原因的不同解释

传统的观点认为,企业之所以需要引入外部投资者,主要是由于企业的资本预算不足。现代企业的生产是建立在专业化分工基础上的社会化大生产,其所需的资本规模远远超过个人和家庭的预算范围。Demsetz(1983)认为"如果企业应该有较大的规模,特别是当企业的生存问题要求它必须迅速进行规模扩张时,就会产生一种压力,要求它的股份资本达到为此所需要的规模,为此就要转而求助于分散的所有权结构,并相应降低某一特殊投资者投入该企业财富的比率"。

除了资本预算不足,Muller 和 Warneryd(2001)发展的企业政治学理论(the political theory of the firm)对于引入外部投资者的原因给出了新的解释。钱颖一(2001)指出100年后经济学研究的热点重新回到了政治经济学,只不过所谓新政治经济学是建立在规范的现代经济学的范式之下,把政治学的元素融入现代经济学的分析框架中。Muller 和 Warneryd(2001)应用寻租(rent-seeking)理论从企业政治学的角度来解释为什么现代公司需要外部的投资者。初始投资者与经理人将为有利的剩余分配开展耗费企业资源的寻租活动。于是,围绕寻租实现的权利分配,经理人和初始投资者展开了博弈。此时若企业引入外部投资者作为第三方将产生两方面的影响。其一,将产生新的冲突,并导致新的寻租行为;其二,三方围绕剩余分配权利的博弈将减少企业围绕剩余分配冲突而导致的净损失(deadweight losses)。这是因为外部投资者成为初始投资者和经理人的共同敌人,从而导致冲突的净损失减少。这成为企业引入外部投资者、选择上市的重要原因。

与 Muller 和 Warneryd(2001)观点类似的是 Bennedsen 和 Wolfenzon(2000)。他们选择非上市公司作为考察对象,研究为什么连这些非上市公司都需要引入外部股东。他们的研究发现,当存在多个股东时,对资金使用方向的任何偏离都需要合谋集体全部成员的一致同意。成员越多,达到一致性的困难就越大,资金则会朝着正确的方向投入。多个股东相互制衡的公司与只有一个股东控制的公司相比，所产生的资金使用的扭曲程度可能更低。上述理论合理地解释了现实中为什么许多封闭公司同样包含几个相对较大的股东等现象。因此，引入外部投资者不仅仅是由于资本预算不足，有时则是出于完善公司治理结构的目的。

3.3 最优股权结构及其影响因素

我们可以选择用企业价值来评价一个公司的股权结构是否达到最优。理论上，使一个公司价值最大的股东持股比例，构成最优的股权结构。

提出公司治理问题的 Berle 和 Means(1932)显然并不认同现代公司所有权和控制权的分离，从而股权高度分散的股权结构。他们担心由此导致公司股票的持有者失去对其资源的控制，从而"使私人财产的社会功能受到严重的损害"。然而，Demsetz(1983)则指出，"从更广阔的视野考察所有权的最优结构问题，会使 Berle 和 Means 的担心变得毫无意义"。其原因是所有权结构（股权结构）是一个企业寻求利润最大化过程的内生选择结果。在 Demsetz 看来，如果为减少经理人投机取巧(shirking)行为所需要的监督成本低于偷懒所耗费的资源的价值，则可以从企业内外施加各种压力（公司治理机制），把投机取巧这一行为降到最合理的水平。对每一个企业而言，"所有权的最终结构将是通过权衡不同成本的利弊，使企业组织达到均衡的竞争性的内生选择的结果"。换句话说，企业将在经理人投机取巧情况与监督成本之间进行权衡，最终选择一个合理的股权结构。例如，Burkart 等(2003)研究发现，在外部法律环境比较差的大陆法国家，由于不能对投资者提供较好的法律保护，股东预测到在这些国家上市面临经理人盘剥的可能性较大，经理人发生道德风险行为的可能性较大。股东将通过股权集中来加强对经理人的监督。La Porta 等(1998)提供的跨国经验研究则表明，一国法律对投资者权利保护越弱，则该国上市公司的股权越集中。

总结 Demsetz 的观点，一个公司的最优股权结构是内生决定的，股权集中与否仅仅是对公司经营特征的均衡反应，股权集中度与利润率之间不应该存在显著的相关关系。我们把上述思想总结为股权结构的无关性定理。Demsetz 和 Lehn(1985)以美国 511 家公司为样本开展的实证研究表明，股权集中度与公司经营业绩财务指标之间并不存在显著的相关关系，从而支持了他提出的股权结构的无关性定理。

类似于资本结构与企业价值无关的 MM 定理(Modigliani-Miller theorem)，同样作为无关性定理，Demsetz 提出的股权结构的无关性定理为我们理解影响股权结构的现实因素提供了很好的基准。Admati、Pfleiderer 和 Zechner (1994)认为选择股权结构时企业面临以下两个方面的两难冲突:一方面,股权集中将使大股东有激励监督经理人(关于其理论机理我们将在第 3.4 节阐述);另一方面,集中的股权又将导致大股东风险分散的不足。因此,最优股权结构的选择需要在上述两个因素中权衡。例如,在外部法律环境较差的国家,股权的适当集中,将使大股东有激励监督经理人;而为了避免过多的财富集中到一个企业而产生过高的风险,股权则应当适度分散。

Bolton 和 Thadden(1998)则注意到股权分散所带来的二级市场流动性收益这一新的因素。我们知道,在股权集中的股权结构中,控股股东对持股比例的任何微调都不啻是向公众传递信号,市场会对此行为做出反应,从而反过来会对企业行为产生较大的影响。而对于分散的股权结构,股东的增持、减持,甚至退出,并不会给企业带来显著的影响。因此,Bolton 和 Thadden(1998)认为,一个企业的最优股权结构是在股权分散所带来的股票二级市场流动性收益与一定程度的股权集中形成的对经理人的有效监督的收益的"两难冲突"中选择的结果。股票二级市场流动性的收益,成为影响最优股权结构的一个新的因素。

Pagano 和 Roell(1998)则注意到,虽然控制性股东的存在可能导致对经理人监督过度(excessive monitoring),使经理人的职业才能无法正常发挥,然而,选择公开融资将使企业需要付出比私下融资更多的成本。因此,在 Pagano 和 Roell(1998)看来,过度监督和公开上市需要的融资成本成为影响股权结构新的因素。

Bennedsen 和 Wolfenzon(2000)通过对非公众公司的考察提出了影响股权结构选择的新的因素。非公众公司通过引进外部大的投资者,实现控制权在多个大股东之间的平衡,从而有效地避免唯一的大股东单方面行动出现大的系统性失误而使其他分散股东利益受损的情形发生。上述效应被称为引入外部股东的协调效应(alignment effects)。与此同时,由于外部股东的引入,初始投资者股份减少,由此产生部分控制权丧失的成本。这被称为合谋形成效应(coalition formation effects)。

概括而言,股权集中主要受到提高大股东的监督激励、公开融资成本因素的影响,而股权分散主要受到预算约束不足、风险分担、股票二级市场流动性收益、过度监督等因素的影响。因此,公司治理实践中的最优股权结构是上述各种影响因素的综合。

事实上,一个公司股权结构的影响因素往往是一个实证研究需要回答的问题。Morck、Shleifer 和 Vishny(1988)认为,尽管在企业绩效与董事的股份之间存在显著关系,但这种关系是非单调的(nonmonotonic)。当董事所拥有的股份从0增加到5%时,企业市场绩效的托宾Q值(Tobin's Q)上升;当股份在5%到25%之间时,托宾Q值下降;当股份超过25%时,托宾Q值重新开始上升。白重恩等(2005)发现中国资本市场最大股东持股比例对公司价值的影响同样是非线性的,公司价值(托宾Q值)与控制性股东持股比例之间呈U形关系。

3.4 大股东的公司治理角色与监督过度

监督经理人是一项标准的公共品(公共服务)。每位股东都将从其他股东对经理人的监督努力,从而最终的企业绩效改善中受益,但由于监督经理人需要付出额外的成本(例如会计专业知识的学习以及收集信息和资料等的成本),股东通常希望由其他股东来监督经理人,自己则搭便车。如果股东之间彼此希望搭对方的便车,我们将看到最终没有人愿意站出来监督经理人,经理人将处于无人监督的状态。那么,什么样的股东有激励监督经理人呢?我们将通过一个简单的博弈论模型来说明。

考虑在一个由A和B两位成员组成的社区中需要某种公共品的提供,例如公共安全、社区教育等。假设该公共品可以带给每位社区成员20个单位的收益,但如果某位社区成员提供公共品,则需要付出15个单位的成本。因此,当A、B同时提供公共品时,他们在支付了15个单位的成本后获得这个公共品带给他们的20个单位的收益,因此他们此时获得的支付分别为5个单位、5个单位;当A和B都不提供公共品时,他们既无法享有公共品带来的收益,当然也无须承担提供公共品的成本,因此他们此时获得的支付分别为0个单位、0个单位;当A(或B)提供公共品,而B(或A)不提供公共品时,由于公共品的非排他性(non-excludability)和非竞争性(non-rivalry),其中一方一旦提供公共品并不能排斥另一方对该公共品的消费,同时提供同样的公共品并不会显著增加他的提供成本。没有提供公共品从而付出成本的B(或A)同样获得20个单位的收益,并成为他的最终支付,而A(或B)则由于付出了提供公共品的成本,实际获得的最终支付仅为5个单位。图3.1列举了A和B围绕公共品提供进行博弈时可能发生的各种情形以及所获得的相应支付。

	提供	不提供
提供	5,5	5,20
不提供	20,5	0,0

图 3.1　同质个体公共品提供的支付矩阵

在这个完全信息的静态博弈中,当我们寻找反映双方同时达到最优的稳定状态的纳什均衡时,会出现两个纳什均衡,分别是(A 提供,B 不提供)、(A 不提供,B 提供)。这意味着,在公共品提供问题上必然存在一方搭另一方便车的现象。回到现代公司分散股权结构下监督经理人这一公共品(公共服务)提供的问题,上述结论的政策含义是,由于分散股东的最优选择是搭对方的便车,因此结果将是没有股东愿意站出来监督经理人。

上述模型结论成立的重要前提是假设两位社区成员 A 和 B 提供公共品的成本和从中获得的收益是相同的。基于现代公司同时存在持股比例并不对称的控股股东和分散小股东的事实,我们现在放松这一假设。我们假设,尽管 A 或者 B 提供公共品的成本仍然为 15 个单位,但由于从公共品受益的个体特质的差异,A(例如,由于持有较高比例的股份)可以从公共品中获得 20 个单位的收益,而 B(例如,由于持有较低比例的股份)从公共品中获得的收益仅为 10 个单位。我们的问题是,在两位社区成员在从公共品中受益方面存在个体特质差异的前提下,谁将成为公共品的提供者?

图 3.2 列举了在两位社区成员由于个体特质从公共品中受益存在差异的前提下,A 和 B 围绕公共品提供可能发生的各种情形以及所对应的支付获得情况。

	提供	不提供
提供	5,−5	5,10
不提供	20,−5	0,0

图 3.2　异质个体公共品提供的支付矩阵

如图 3.2 所示,当 A、B 同时提供公共品时,(从公共品中受益较多的)A 在付出了 15 个单位的公共品提供成本后获得 20 个单位的收益,最终获得 5 个单位的支付,而(从公共品中受益较少的)B 在付出了 15 个单位的公共品提供成本后仅获得 10 个单位的收益,最终获得 −5 个单位的支付。当 A 和 B 都不提供公共品时,他们既无法享有公共品带来的收益,也无须承担提供公共品的成本,此时他们获得的支付分别为 0 个单位、0 个单位。当 A 提供公共品,而 B 不提供公共品时,B 通过搭便车获得与其个体特质相对应的 10 个单位的收益,并成为其获得的最终支付;A 将从公共品中获得与其个体特质相对应的 20 个单位的收益,在付出 15 个单位的公共品提供成本后,实际获得的最终支付为 5 个单位。当 B 提供公共品,而 A 不提供公共品时,A 通过搭便车获得与其个体特质相对应的 20 个单位的收益,并成为其获得的最终支付;B 将从公共品中获得与其个体特质相对应的10个单位的收益,在付出15个单位的公共品提供成本后,实际获得的最终支付为-5个单位。

在这一轮新的博弈中,使双方同时达到最优的唯一纳什均衡是(A提供,B不提供)。这意味着,如果考虑到公共品受益的个体特质差异,从公共品中受益较少的B依然选择搭便车,但从公共品中受益较多的A不再搭便车,而是成为公共品的提供者。其背后的直觉是,由于A从公共品中获得的收益多于B,当A从公共品中所获得的收益足以覆盖其提供公共品的成本时,A将有激励提供公共品;而B则由于提供公共品最终获得的支付为负,B的理性选择是搭A的便车。从以上模型的讨论中,我们得到公共品提供所需满足的基本条件:提供者从公共品中所获得的收益应足以覆盖其提供公共品的成本。

Shleifer和Vishny(1986)注意到,当面临监督经理人这一"公共品"的提供时,大股东和小股东的行为存在显著差异。对于股权分散的外部小股东,一方面,由于持有的股份并不多,其从监督经理人实现的绩效改善中受益有限;另一方面,监督经理人不仅需要学习财务会计和资本市场运作的基本知识,而且还需要花时间和精力收集信息,为此将付出巨大的监督成本。同样重要的是,该股东通过监督经理人,使经理人遵循股东价值最大化原则所带来的绩效改善,将使每一位股东受益(所谓"同股同权")。因此,当监督经理人带来的收益小于他们为此付出的监督成本时,外部分散小股东往往选择漠视经理人的道德风险行为,甚至将股票卖掉,"以脚投票",一走了事。我们看到,Shleifer和Vishny(1986)的理论很好地解释了现代公司中为什么外部分散小股东往往缺乏监督公司经营管理、参与公司治理以实现公司价值增长的激励。然而,持有较高比例股份的股东,特别是控制性股东,不仅将由于对公司的控制获得控制权私人收益(参见本书第4章的相关讨论)而从实施监督中获得较大收益,而且将理性预期到,其他外部分散股东在监督经理人问题上将选择搭便车。因此,当监督经理人带来的收益足以覆盖为此付出的监督成本时,控股股东往往有激励选择监督经理人,从而扮演重要的公司治理角色。在公司治理实践中,大股东通过股东大会的提案和表决、代理权之战和要约收购等手段改组公司董事会,甚至将经理人驱逐。通常,成为控股股东的是富有的家族、银行(亚洲和欧洲)、机构投资者(共同基金、保险公司等金融中介机构)等。

上述事实表明,小股东对大股东的感情是复杂的。一方面,大股东成为小股东搭便车的对象,因而大股东对经理人的监督成为保护外部分散股东利益的重要机制。但另一方面,小股东存在被大股东盘剥的可能性,有时甚至是大股东和经理人合谋下的盘剥(关于股东之间利益冲突的相关讨论参见本书第4章)。因此,我们在强调公司治理的逻辑出发点时需要特别强调对外部分散股东的利益保护,这不仅是由于股东是所有者,而且是由于外部分散股东的信息劣势和在公司治理中处于被经理人和大股东双重盘剥的地位。

除了股东之间的利益冲突,大股东的存在,特别是"一股独大",往往还会带来监督过度(excessive monitoring)等问题。我们把由于大股东的监督而使经理人激励低下的现象称为监督过度。Bolton 和 Thadden(1998)认为,当处于控制性地位的股东较少时,具有控制性地位的大股东有激励阻止经理人做出任何降低可证实现金流的商业决策,即使由此导致的损失实际上远远超过经理人控制权的私人利益,从而产生效率成本,于是出现监督过度。所谓的效率成本(efficiency costs)指的是为了节省成本而实施的行为反而导致成本的进一步增加。

大股东的存在对于监督经理人这项公共品的提供有时显然是不可或缺的(例如,当法律对投资者权利保护不足,同时缺乏健全的公司治理机制时),但大股东的存在又可能导致对外部分散股东利益的盘剥和对经理人的监督过度等问题。关于大股东与小股东的利益冲突及其实现形式,我们将在本书第 4 章进行专门的讨论。那么,如何在大股东存在时有效避免大股东监督过度呢?分权控制理论(shared control)为解决上述问题提供了可能的思路(Aghion and Bolton,1992;Bennedsen and Wolfenzon,2000;Gomes and Novaes,2001;等等)。

Bennedsen 和 Wolfenzon(2000)注意到,其他大股东的存在将迫使控股股东为了维护控制性地位而不断提高持股比例,以避免更多的外部分散股东在监督经理人的问题上搭便车,实现所谓的外部性的内在化。因而,在控股股东之外存在其他大股东将增加企业的价值。Gomes 和 Novaes(2001)则强调,引入其他控股股东的分权控制在避免对经理人监督过度的同时,也保护了小股东的利益。他们认为,尽管处于控制性地位的几家股东有极强的愿望避免发生观点的不一致,但事后的讨价还价最终形成的决议,往往能够阻止经理人做出符合控股股东的利益但损害中小股东利益的商业决定。上述效应被称为折中效应(compromise effect)。分权控制因而成为处理"一股独大"容易导致的大股东监督过度与不存在控股股东导致的经理人任意挥霍之间的平衡问题和解决对经理人监督过度问题的重要机制。Gomes 和 Novaes(2001)同时提醒我们,"分权控制所导致的折中并非总是有效的",原因是事后的讨价还价可能导致公司的业务瘫痪,甚至使小股东的利益受到损害。分权控制在公司存在明显的投资过度,同时需要大量融资时更加适用。

3.5 中国实践:"一股独大"与控股股东的国有性质

如果用一句话来概括我国上市公司治理模式的典型特征,那就是股权结构的"一股独大"与控股股东的国有性质。

作为公有制的实现形式,国有企业在我国国民经济中具有特殊地位。这些由中央和地方各级政府参与投资并控制的国有企业大多分布在关乎国计民生的重点行业和关键领域,因而在我国,对国有企业控制权的安排别具匠心。

为了维持对国有上市公司的股权控制,我国资本市场甚至一度推行"股权分置"改革。一部分国有股票不能上市流通,同股不同权、不同价。Chen和Xiong(2002)的研究表明,我国非流通的国有股和法人股的非流通性折扣平均为70%到80%。近年来,伴随着股权分置改革的完成和国有股减持的呼声,控股股东的持股比例出现逐年下降的趋势。但为了实现对上市公司的控制,国资委系统或国有法人作为最大股东所持的股份仍然是控制性的。因而"一股独大"的局面并未从根本上改变。表3.1显示了我国上市公司的股权结构概况。

表3.1 我国上市公司股权结构概况

年度	第一大股东平均持股比例(%)	国有控股公司占当年上市公司数量的平均比例(%)	第二到第十大股东平均持股比例(%)
1999	45.40	76.7	17.32
2000	45.10	75.4	17.06
2001	44.14	74.4	16.94
2002	43.53	73.3	17.84
2003	42.57	68.5	18.59
2004	41.86	63.1	19.97
2005	40.35	61.1	20.14
2006	36.05	59.2	20.15
2007	35.74	56.9	19.97
2008	36.37	45.2	19.49
2009	36.61	44.7	20.05
2010	36.67	40.4	22.24
2011	36.29	38.0	22.99
2012	36.42	38.4	22.57
2013	35.38	25.6	20.70
2014	34.57	25.1	20.62
2015	33.50	—	28.43

而对于非国有上市公司来说,选择"一股独大",则可以从法律对投资者权

利保护不足的角度得到解释。Burkart 等(2003)研究发现,如果外部法律制度不能对投资者权利提供较好的法律保护,投资者预期在这些国家上市面临被经理人盘剥的可能性较大。对于更加普遍的经理人的道德风险,股东将通过股权集中来加强对经理人的监督。La Porta 等(1998)提供的跨国经验证据则明确表明,法国等大陆法国家由于法律对投资者权利的保护较弱,该国上市公司的股权集中程度远远高于普通法国家。我国是新兴市场国家,同样面临法律对投资者权利保护不足的问题(Allen et al., 2005)。作为对法律对投资者权利保护不足的自然应对,在我国,很多非国有上市公司同样选择了"一股独大"。

基于我国上市公司股权结构的经验研究(陈晓等,2000;白重恩等,2005;等等)表明,第一大股东持股比例除了对公司行为具有稳定显著的一阶效应外,往往还同时具有二阶效应,与公司绩效等存在 U 形关系,即随着第一大股东持股比例的提高,公司绩效出现了先降后升的趋势。这在一定程度上表明,当第一大股东持股比例较低时,由于近似分权控制的折中效应占主导,公司绩效相对较高;但随着第一大股东持股比例的提高、"一股独大"局面的形成,监督过度和对外部分散股东盘剥的效应占主导,公司绩效开始下降;而当股权进一步集中时,由于此时所谓的"外部性内在化"效应占主导,公司绩效开始不降反升。

基于国有上市公司的经验研究同时表明,控股股东的国有性质与公司绩效之间存在显著的负相关关系。这一结论在大量不同样本规模、不同样本期限以及各种计量模型和工具下均十分稳健。这在一定程度上表明,长的委托代理链条与所有者缺位等国有企业的制度痼疾并没有通过上市实现的国有企业改制得到根本改变,依然是阻碍我国经济健康发展的重要制度因素。

3.6 小　　结

本章主要讨论现代公司的股权结构的影响因素和大股东在公司治理中扮演的重要角色。我们得到的主要结论和政策含义是:

第一,引入外部投资者不仅仅是由于资本预算不足,有时则是出于完善公司治理结构的目的。

第二,股权集中主要受到提高大股东的监督激励、公开融资成本因素的影响,而股权分散主要受到预算约束不足、风险分担、股票二级市场流动性收益、过度监督等因素的影响。因此,公司治理实践中的最优股权结构是上述各种影响因素的综合。

第三,当监督经理人带来的收益足以覆盖为此付出的监督成本时,控股股东往往有激励选择监督经理人,从而扮演重要的公司治理角色。大股东的存在对于监督经理人这项公共品的提供有时是不可或缺的(例如,当法律对投资者权利保护不足,同时缺乏健全的公司治理机制时),但大股东的存在又可能导致对外部分散股东利益的盘剥和对经理人的监督过度等问题。分权控制为解决大股东的监督过度问题提供了可能的思路。

第四,我国上市公司治理模式的典型特征是股权结构的"一股独大"与控股股东的国有性质。基于我国上市公司的经验研究表明,第一大股东持股比例除了对公司行为具有稳定显著的一阶效应外,往往还同时具有二阶效应,与公司绩效存在U形关系;而控股股东的国有性质则与公司绩效存在显著的负相关关系。

第五,长的委托代理链条与所有者缺位等国有企业的制度痼疾并没有通过上市实现的国有企业改制得到根本改变,依然是阻碍我国经济健康发展的重要制度因素。也许国有资本可以考虑通过持有(附加一定条件同时达到一定比例的)优先股来向民间资本做出排除"隧道挖掘",直接干预和经营企业的庄重承诺,以此更好地实现国有资产保值增值的目的。

 延伸阅读

国有企业混合所有制改革的逻辑

最近频繁出现在媒体上的混合所有制改革的相关报道再次激起了公众对国企改革的期待。那么,我们应该怎样理解新一轮国企混合所有制改革呢?

第一,混合所有制是国企改制"资本社会化"传统逻辑的延续。在过去一轮的混合所有制改革中,国有企业先后实行了股份合作制和企业集团部分控股公司上市等改制形式。股份合作制是通过雇员持股实现的,而上市则是通过公开发行股票实现的。如果我们把股份合作制的推行理解为资本在企业内部的"社会化",部分国有企业上市则可以理解为资本在更大范围的"社会化"。目前大量的国有资产通过形成庞大的企业集团置于各级国资委主导的国有资产管理链条上。处于金字塔末端的部分企业是已经完成资本社会化的上市公司,但在中端和顶端还存在大量尚未完成资本社会化的国有企业。它们以及其他未上市的国有企业或企业集团将成为新一轮混合所有制改革实施的重点。

第二,混合所有制是我国市场经济制度初步建立条件下实现国有资产保值增值目的的重要手段。中国企业联合会、中国企业家协会前不久发布了2014年我国企业500强榜单。我们可以通过对500强企业的解读来管窥我国企业发展的现状。在500强企业中出现了43家亏损企业,其中只有1家是民营企业,国有企业成为"重灾区";亏损企业主要集中在煤炭、钢铁、有色化工、建材、水上运输等领域;300家国有企业的亏损面高达14%,42家企业合计亏损726.6亿元,其中10家企业合计亏损385.7亿元;200家民营企业仅有1家亏损,且其亏损额只有5000万元。上述数据表明,国有资产的保值增值压力巨大。

第三,平抑公众对国有资产垄断经营和不公平竞争的不满和愤怒。部分盈利国企的高额利润与市场的垄断地位和由此形成的与民营企业的不公平竞争密不可分,引起了一些经济学家的批评。而从新一轮混合所有制改革的开展中,民间资本有望"分一杯羹"。

第四,混合所有制改革旨在通过引入其他性质的股份,提高国有资产的运行效率。这主要通过两个途径来实现:其一是引入战略投资者,在实现融通资金的同时,延拓经营领域和范围;其二是引入盈利动机更强的民间资本,它们将有激励推动公司治理结构的变革和完善来保障自身权益,从而有利于企业形成合理的治理结构。

第五,混合所有制改革将体现国有资产管理理念的革新——从经营企业到经营资本。目前国有企业的基本经营模式除了通过国有资产管理链条"管资本"外,还通过自上而下的人事任免体系和国企官员晋升考核对企业经营产生实质性的影响。这使得国企所有权与经营权无法真正分离,在企业组织形态上类似于基于家庭作坊的"新古典资本主义企业"。但传统的新古典资本主义企业由于所有权与经营权统一,没有代理冲突,而国有企业则由于所有者缺位和长的委托代理链条,成为存在代理冲突的"新古典资本主义企业"。现代公司可谓是人类最伟大的发明之一,人类历史近99%的财富创造是近250年间完成的,其中现代公司这种企业组织形式功不可没。现代公司基于专业化分工思想的资本社会化和经理人职业化,通过所有权和经营权的分离,避免非专业的出资人对职业经理人经营管理决策的干预,以提升企业的运行效率。对于现代公司出现的所有权与控制权分离导致的代理问题则要依靠公司治理结构的完善来实现。我们看到,目前"不仅管资本还要管企业"的国企既没有利用社会专业化分工提高效率,同时也没有很好地解决代理问题。在上述意义上,我国国企未来需要一场"现代公司革命"。

既然新一轮混合所有制改革承载着如此之多的期待,那么,如何才能真正实现"所有制的混合"呢?

一般而言,一项新的改革措施只有在成为"可自我实施"的制度安排(即纳什均衡)后才能取得根本成功。而一项可自我实施的制度安排需要满足两个基本条件。其一是民营企业以及除了国有资本外的其他社会资本(以下简称民间资本)通过成为国有企业的(财务或战略)投资者给其带来的投资回报将高于其他投资的回报(机会成本)。这是所谓的个体理性参与约束。由于民间资本可以利用混合所有制改革的契机参与并分享以往国有企业才能享有的高额垄断性利润,这个条件看起来似乎并不难满足。其二是国有资本与民间资本要激励相容。或者说,所有制的混合无论对国有资本还是民间资本都需要做到真正有利可图。国有资本最根本的利益是促进国有资产的保值增值,以增进全社会的福利。我们知道,开展新一轮混合所有制的根本目的之一就是实现国有资产的保值增值,因而对于国有资本来说,"有利可图"是不言而喻的。而民间资本参与混合所有制改制的最大担心来自作为控股股东的国有资本对民间资本可能的侵吞和掏空。大量的研究文献表明,控股股东会以关联交易、资金占用(应收、应付、其他应收、其他应付)和贷款担保等方式对所控制的控股公司实现挖掘和掏空,从而使外部分散股东的利益受到损害。因此要使资本的混合对民间资本来说同样"有利可图",就需要建立平衡和保障不同性质股份利益的制度安排。对于民间资本而言,如果作为控股股东的国有资本能够做出不利用控股地位来侵吞、隧道挖掘民间资本利益的可置信承诺,民间资本就会从所有制的混合中获利,从而变得激励相容。当然,激励相容约束条件满足的前提是国有资本所做出的承诺必须是可置信的。因而,如何使国有资本所做的相关承诺变得可置信就成为混合所有制改革成功的关键。

　　2008年全球金融危机时美国政府的救市实践以及最近发生的阿里巴巴集团美国上市带来的新兴市场公司治理结构创新的思考为我们进行混合所有制改革的相关制度设计带来了启发。我们首先看美国政府的救市实践。从动用财政资金对陷入危机的企业直接国有化,到持有不具有表决权的优先股,再到仅仅为银行贷款提供担保,美国政府救市政策三个阶段变化的共同考量是如何避免政府对微观层面企业经营管理决策行为的干预,因为经营管理企业并不是缺乏当地信息的政府的专长。这被一些分析者认为是美国近年来经济强劲复苏的制度设计原因之一。阿里巴巴集团则通过推出类似于不平等投票权的合伙人制度在美国成功上市。那么,阿里股东为什么会选择放弃部分控制权,转而把更多的控制性权利交给以马云为首的合伙人?一个很重要的理由是,由于新兴产业的快速发展,很多业务模式投资者根本无法把握。而此时把更多控制权交给具有信息优势、有效把握业务模式的马云团队,而自身退化为普通的资金提供者,对于外部投资者而言显然是最优的。[①] 这是外部分散投资者基于新兴产业快速发展和对于业务模式的信息不对称的现状做出的理性选择。

[①] 参见郑志刚,《阿里美国上市启示录》,《21世纪商业评论》,2014年12月。

上述实践带给混合所有制改革的直接启发是,也许国有资本可以考虑向美国政府和阿里股东学习,通过持有(附加一定条件同时达到一定比例的)优先股来向民间资本做出排除"隧道挖掘"、直接干预和经营企业的庄重承诺,以此更好地实现国有资产保值增值的目的。

按照上述模式完成混合所有制改革后,国有资本运行机构将根据上市公司过去的业绩表现和公司治理状况增持或减持优先股,来引导市场对上市公司的评价。这是通过标准的市场行为而不是行政途径来向上市公司施加改善业绩表现和公司治理的外在压力。国有资本由此扮演着没有表决权的"机构投资者"的积极股东角色。董事会由具有表决权的其他外部股东选举产生,并成为公司治理的真正权威。公司高管则由董事会从职业经理人市场聘用。除了内部治理机制,实施混合所有制改革后的公司还要借助严格的信息披露等市场监管、法律对投资者权利保护举措(举证倒置、集体诉讼)的推出以及媒体监督、税务实施等法律外制度共同形成公司治理的外部制度环境。

可以预料到的是,在实际的混合所有制改革过程中会遇到各种潜在的问题。其中十分突出的问题有两个。第一,在资本市场资源配置能力和途径存在限制的条件下,谁应该首先成为"资本社会化"的对象?如何公平地实现"资本社会化"?在没有做好充分准备的情况下盲目进行混合所有制改革,必然会引致暗箱操作下的资产流失和设租寻租行为。对于这一问题,借助媒体等外在监督下的公开招投标甚至大力反腐或许能够成为有效的对策。其中利用现有资本市场的资源配置能力的整体上市是可行的选择之一。第二,国有资本的代理人问题。国有资本最根本的利益无疑是前面提及的国有资产的保值增值,以增进全社会的福利,但国有资本代理人的利益则可能是设租寻租。因此国有资本的代理人会成为推进混合所有制改革重要的阻力之一。而对这一问题的解决则有赖于不断建立和完善民主、科学、公平、正义的决策机制和决策环境。

资料来源:郑志刚,《国有企业混合所有制改革的逻辑》,《中国经营报》,2015年4月27日。

第4章
隧道挖掘与股东之间的利益冲突

4.1 引　　言

公司治理传统上关注的是现代公司由于所有权与经营权的分离产生的经理人与股东之间的利益冲突,这集中体现于 Jensen 和 Meckling 于 1976 年提出的"代理成本"研究范式,即围绕生产经营管理(由于所有权与经营权的分离所导致)的信息不对称,股东和经理人之间存在委托代理关系,需要通过构建合理的公司治理体系来降低经理人的代理成本(例如,经理人持股将在一定程度上使其利益与股东的利益协调起来)。

然而,La Porta、Lopez-de-Silanes 和 Shleifer（LLS,1999）的研究发现,在 27 个发达国家或地区中,大企业的股权集中地控制在大股东手中,因而他们郑重地提醒公司治理理论界与实务界,"全球大企业中最重要的代理问题已经转为如何限制大股东剥削小股东利益的问题"。之后,Claessens、Djankov 和 Lang（2000）对东亚 9 个国家和地区的研究,Faccio 和 Lang（2002）、Berglof 和 Pajuste（2003）对欧洲的研究,以及张华、张俊喜、宋敏（2004）对中国的研究都表明,在很多国家,大股东与小股东之间存在严重的利益冲突,这成为十分重要和突出的新的公司治理问题。

事实上,长达一个世纪以来公司治理文献关注的重点是经理人与外部分散股东之间的利益冲突,而忽视了股东之间长期的利益冲突。这与作为引领全球公司治理学术研究风向标的美国自身的公司治理模式有关。在 17—18 世纪的美国一度盛行托拉斯,当时很多钢铁、汽车等行业的企业被牢牢地控制在一些实力雄厚、社会地位显赫的家族手中。这一状况直至 19 世纪末 20 世纪初西奥多·罗斯福发起的"进步运动"才大为改观。其中非常重要的一项举措是开征公司间的股利税。子公司在向母公司控股股东支付股利时,需要交纳高昂的股利税(在包括我国在内的一些国家,如果股东是公司,则向该股东发放股利时并不需要缴纳股利所得税)。双重课税的结果是使金字塔等企业集团组织形式在经济上变得不再可行。与此同时,公益性基金的兴起使美国早期显赫一时的洛克菲勒、卡耐基等大的财阀成功实现转型,由过去直接控制并干预企业的生产经营转为通过持有基金而获得稳定的收益。因此从20世纪初开始,在美国逐步形成了现在被称为"盎格鲁-萨克逊"式股权高度分散的治理模式。由于在美国,股东之间的利益冲突远远低于股东和经理人之间的利益冲突,因此长期以来,股东之间的利益冲突没有在美国实务界和学术界得到应有的重视,上述认识也就影响了其他地区公司治理的研究思路。Claessens等(2000)即指出,只有对非美国企业进行研究,才能提供在美国的数据中很难察觉到的有关大股东效应的证据。

本章将关注在金字塔等控股结构中母公司控股股东与子公司分散股东之间的利益冲突。在第4.2节,我们首先通过引入控制权私人收益的概念,提供股东之间利益冲突存在的证据。第4.3节介绍最终所有人对目标公司的控制形式与企业集团。第4.4节介绍作为股东之间利益冲突的实现机制的控制权、现金流权利的分离和作为相应行为表现的"隧道挖掘"。在第4.5节讨论与"隧道挖掘"资源转移方向相反的支撑行为等。

4.2 控制权私人收益的度量和股东之间利益冲突存在的证据

如果说我们用代理成本来刻画现代公司中经理人与股东之间的利益冲突,那么,控制权私人收益这一概念可以用来很好地刻画股东之间的利益冲突。所谓的控制权私人收益(private benefit of control),指的是无法由外部分散股东按持股比例分享,由内部人(控制性股东或经理人)利用控制权从所控制的公司掠夺而独享的部分企业价值。这一概念最早由Grossman和Hart(1980)提出,强调由于对企业的控制而获得的非生产性溢价,因而从本质上看控制权私人收益是一种位置或权利"租金"。

学术界对控制权私人收益存在不同的理解。Harris和Raviv(1988)、Aghion和Bolton(1992)等认为控制权私人收益更多反映的是处于控制地位的股东的主观价值(psychic value)。例如,由于控制大企业所具有的潜在社会和经济影响力往往会给控制人带来心理上的满足感。

控制权私人收益并非总是代表收益,同样可能产生成本,这与控制权的剩余权利性质是一致的。为了保持控股地位,控制性股东无法通过构建多样化资产组合以分散风险,形成事实上的专用性投资(Demsetz,1980)。新创企业的经营失败往往被归咎于控股股东个人,不仅给控股股东带来声誉损失,甚至需要承担相应的法律责任,有时甚至还会波及控股股东原有产业的发展。因此,理论上,控制权私人收益的度量可正可负,既可能体现为收益,也可能体现为成本。但由于控制权私人收益的私人信息特征,控股股东的收益则相应成为外部分散股东不得不承担的一种特殊的代理成本。

尽管控制权私人收益从性质上看是位置或权利租金,但其存在并不必然导致非效率或效率的损失。控制权私人收益的存在将鼓励接管商积极收集评判公司经营管理的信息,最终导致价值增加的接管活动发生。这从社会的角度看是有利的。因此,虽然接管行为简单从事后看确实会造成社会资源的一定浪费,但它由于促成资产重组、优化资源配置,成为增加社会价值的重要环节而具有合理性。

回顾文献发展的历史,我们不难发现,控制权私人收益概念的提出是交易成本、代理成本等概念的逻辑延续。基于科斯(1937)提出的交易成本思想,Williamson(1975,1985)发展形成了一种新的经济学研究范式——交易成本研究范式。作为一种摩擦成本,交易成本指的是围绕交易的实现所发生的信息搜寻成本、价格发现成本、讨价还价成本、合约签订成本以及合约实施成本等。由于难以观察和证实,交易成本难以在计量上进行直接检验。为了强调经济研究范式的可检验意蕴,在实证研究中往往利用特殊的场景和代理变量的选取间接度量交易成本。Jensen 和 Meckling(1976)提出代理成本概念就是在现代公司场景下由于所有权与经营权分离带来经理人与股东利益冲突所产生的一种特殊的交易成本。基于"帝国扩张"等研究视角,学术界开始用在职消费、管理费用率和资产利用率等利润类指标度量代理成本,从而为交易成本的存在提供间接证据。

对交易成本一个更为直接的度量则来自对控制权私人收益的度量。不同于法律事项上的委托人与代理人的区分,信息经济学是基于信息的知情程度来界定代理人与委托人。一般而言,作为内部人控股股东往往比外部分散股东对生产经营管理具有更多的信息。因而,作为信息的知情者,控制性股东成为经济学意义上的代理人,而信息不知情者的外部分散股东则成为委托人。基于简单多数规则下对公司的控制力和信息的知情,控股地位将为控股股东带来位置或权利租金。上述租金的获得成为控股股东与外部分散股东的利益冲突的表征。因而以上述租金度量的控制权私人收益成为在现代公司框架下由于控股股东与外部分散股东利益冲突所产生的代理成本（或交易成本）的表现形式。在上述意义上，外部中小股东的"双重委托人"身份（无论对于经理人还是控股股东，由于在生产经营管理上处于信息劣势，而成为委托人）使得保护处于（信息分布）劣势的外部分散股东成为公司治理政策制定的逻辑出发点。

上述分析表明，我们可以通过对控制权私人收益的度量来更为直接地证明基于控股股东与外部分散股东之间利益冲突的代理成本的存在，并由此进一步为交易成本的存在提供证据。

由于是控股股东的"私人信息"，控股股东所获得的控制权私人收益对于外部分散股东而言不仅（在法律上）不可证实，甚至不可观察，由此导致其"无法由外部股东按持股比例分享，而由控股股东独享"。因此，控制权私人收益实质上是控股股东的私人信息为其带来的信息租金，很难直接度量。正如 Dyck 和 Zingales(2004)指出的，如果控制权私人收益很容易量化和证实，外部分散投资者就可以通过法庭诉讼直接索取这些收益，而不存在所谓的"私人收益"。如何度量控制权私人收益一直是公司治理研究领域关注的问题。目前，公司治理理论界对控制权私人收益的度量主要存在以下两种方法。

一是投票权溢价法。该方法在发行具有多种投票权的股票的公司中，用具有不同投票权的股票市场价值的差异来反映控制权私人收益(Lease, McConnell, and Mikkelson, 1983, 1984)。Lease 等观察发现，在发行两类不平等投票权股票的公司，一股十票（表决权）的 B 类股票的市场价值要比一股一票的 A 类股票的市场价值更高。理性的 B 类股票投资者只有在未来该类股票带给他的收益不小于其相比 A 类股票高昂的支付成本时才愿意购买并持有 B 类股票。二者的差额部分反映了 B 类股票持有人预期未来可能获得的控制权私人收益（的理论下限），以此来补偿购买 B 类股票额外付出的成本。因此，我们可以采用发行不同投票权的股票市场价值的差异来间接度量控制权私人收益。

Nenova(2003)考察了 30 个国家 661 个发行不平等投票权的公司中控制性投票权的价值（与低投票权交易相比，高投票权交易的溢价）。她的研究发现，不同国家平均的控制权私人收益差异显著。其中，在巴西、智利、法国、意大利、墨西哥和韩国等国，控制权私人收益高达公司市值的 1/4 到 1/2，而在美国和加拿大，控制权的价值则低得多（低于 4%）。如果排列不同法系的平均控制权私人收益水平，则斯堪的纳维亚大陆法系最低(0.5%)，普通法系其次(4.5%)，德国大陆法系第三(16.2%)，最高为法国法系(25.4%)。Nenova 的研究揭示了不同国家公司治理效率存在显著差异的事实。

二是大宗股权溢价法。该方法围绕控制性股份转让，通过考察私下谈判交易价与控制权改变后股票的市场价格的差额来间接度量控制权私人收益(Barclay and Holderness,1989;Dyck and Zingales,2004)。与考察不平等投票权中控制性投票权的价值背后的逻辑类似,投资者预期成为控制性股东后将可能获得控制权私人收益,因而愿意为获取控制权支付额外的成本,于是我们观察到,控制权转让私下谈判确定的股票交易价格与控制权改变后股票的市场价格之间存在显著差异。因此,我们可以利用大宗股权转让价格相对于转让消息公告后二级市场股票价格(市场价格)或每股净资产(会计价格)之间的溢价水平来间接测度控制权私人收益。上述度量方法的理论基础来源于理性预期理论:预期未来将借助控制权获得私人收益,最终所有者愿意现在为获得控制性股份而支付高的控制权溢价。因而控制权溢价可以用来作为控制权私人收益的间接度量。理论上,最终所有者预期未来获得的控制权私人收益越多,他愿意为获得控制性股份而支付的控制权溢价越高。在实证研究中,一些文献利用控制性股份转让价格与转让消息发布两天后成交价格的差额,除以消息发布后的价格,乘以控制权股份所反映的现金流权利的比例,来计算控制权私人收益的价值。例如,1999年1月Ofer Brothers从Eisenberg家族购买了Israel公司53%的股份,从而获得对该公司的控制权。对于控制性股份每股的协议转让价格为508舍客勒(shekels,以色列货币单位),而在控制权转让公布后的每股成交价格仅为363舍客勒。二者的控制权溢价高达40%,溢价反映了Ofer Brothers对未来获取的控制权私人收益的理性预期。

Dyck和Zingales(2004)以1990—2000年39个国家(地区)的393宗控制权股份转让交易为样本,从控制权转让的角度重新测度了控制权私人收益。他们的研究发现,在39个国家(地区)中共有10个国家(地区)的控制权溢价超过25%,其中巴西最高,达到65%。控制权私人收益较高的国家(地区)分别为巴西、阿根廷、奥地利和意大利等;而澳大利亚、加拿大、法国、日本、英国、美国和中国香港地区等属于低控制权私人收益的国家(地区)。我们看到,虽然Dyck和Zingales(2004)采取了与Nenova(2003)不同的度量控制权私人收益的策略和方法,但他们得到了十分近似的结论。

一方面,由于我国资本市场股权分置时期导致的同股不同价,另一方面,则由于我国上市公司大宗股份转让完成后的股票市场价格包含了"借壳上市"成功的预期,度量控制权私人收益时不能直接采用以往文献普遍采用的大宗股权转让消息公告后的二级市场股票价格进行调整。从我国特定的制度背景出发,我国的学者普遍采用每股净资产代替转让消息公告后的二级市场股票价格来进行调整(唐宗明和蒋位,2002;韩德宗和叶春华,2004;马磊和徐向艺,2007;等等)。例如,唐宗明和蒋位(2002)利用1999—2001年88家上市公司共90项大宗股份转让数据发现,样本公司的平均转让价格高于净资产价值的溢价近

30%。表4.1列示了分别按每股净资产和大宗股权转让消息公告后二级市场股票价格进行调整两种方法度量的各省份平均的控制权私人收益状况(郑志刚等,2014)。从该表我们可以看到,尽管采用的度量方法不同,因而得到的具体数值不同,但最终得到的不同省份控制权私人收益的相对排名状况保持一致。其中,控制权私人收益较低的省份包括浙江、江苏、广东、上海、北京等。

表4.1 控制权私人收益省份排名

省份	PBC1	排名1	PBC2	排名2
浙江	−15.3153	1	−0.1974	1
江苏	−4.2394	2	−0.1949	2
广东	−0.9025	3	−0.1919	3
上海	−0.5534	4	−0.1827	4
北京	−0.3753	5	−0.1725	5
天津	−0.0007	6	−0.1711	6
福建	0.1020	7	−0.1536	7
重庆	0.1807	8	−0.1517	8
山东	0.3009	9	−0.1468	9
辽宁	0.5032	10	−0.1442	10
河南	0.8146	11	−0.1439	11
安徽	0.8799	12	−0.1400	12
湖北	0.9064	13	−0.1342	13
湖南	0.9102	14	−0.1292	14
四川	0.9152	15	−0.1289	15
江西	1.1530	16	−0.1287	16
河北	1.4874	17	−0.1227	17
吉林	1.6636	18	−0.1218	18
海南	1.7572	19	−0.1206	19
广西	1.8265	20	−0.1194	20
黑龙江	2.0730	21	−0.1140	21
内蒙古	2.8370	22	−0.1114	22
山西	2.8591	23	−0.1074	23
云南	4.3410	24	−0.0985	24
宁夏	6.0663	25	−0.0938	25
陕西	6.1128	26	−0.0914	26
甘肃	6.2180	27	−0.0876	27
贵州	6.4883	28	−0.0852	28
新疆	6.7541	29	−0.0798	29
青海	24.2722	30	−0.0759	30
西藏	94.5810	31	−0.0710	31

资料来源:郑志刚等(2014)。

4.3 对目标公司的控制形式与企业集团的形成

这些富有的家族或个人以及机构(在我国则包括代表政府履行出资人职能的各级国资委)作为控制性股东是如何实现对目标公司的控制的呢?现实中,控制性股东可以借助形成各种金字塔结构、交叉持股,以及发行不平等投票权等来实现。通过这些形式各异的控制形式,控制性股东最终把直接和间接控制的企业组成庞大的"企业集团"(business group)。

1. 金字塔结构(pyramidal structure)

在金字塔结构中,最终所有者通过形成一个自上而下的所有权链条来实现对目标企业的控制。图4.1揭示了处于金字塔塔端的最终所有者如何通过金字塔结构形成的所有权链条来实现对处于金字塔结构末端的企业的控制。最终所有者首先通过持有A公司的控制性股份实现对A公司的控制,然后通过A公司持有B公司的控制性股份来间接实现对B公司的控制,由此形成金字塔结构。因而,金字塔结构的典型特征是最终所有者通过控制一家企业来控制另一家企业,并以此类推。在最终所有者与其所控股的公司之间的所有权链条中至少存在一家公司。

图 4.1 金字塔结构

通过金字塔结构建立的庞大企业集团往往在一国国民经济中扮演举足轻重的角色。我们以韩国的三星集团为例。基于金字塔结构等复杂的所有权链条构建的三星集团,不仅其旗下大大小小的控股公司创造的产值占韩国产值的五分之一强,而且其业务经营范围从IT到餐饮各个方面。在韩国,不仅是三星离不开韩国,而且韩国(民众的生活和工作)也离不开三星。金字塔结构的层次可以从2层到多层,如英国石油公司拥有的子公司就一度多达11层。LLS(1999)的研究表明,在27个富裕国家中20个最大的企业中,有27%的企业是以金字塔结构实现控制的。

改革开放以来,我国曾多次出台政策鼓励企业走集团化发展道路。在国企改制初期,一些优质资产从企业中剥离出来后包装上市,所谓"靓女先嫁"。剩余的部分则成为控股集团,而行业主管部门以及后来的国资委成为最终所有人。于是一条金字塔结构的所有权链条形成了。与此同时,从中央到地方各级政府为了实现产业结构调整、资源整合,纷纷对国有企业进行并购重组。在今天我国的国有资产管理体制中,国资委不再面对一个个国有企业,而是直接监管一个个庞大的企业集团。我们以中国化工集团公司为例。截至2014年年底,隶属国务院国资委管理的中国化工集团公司控股9家A股上市公司,有112家生产经营企业,4家直管单位,6家海外企业,以及24个科研、设计院所。图4.2列示的是其中的一个控制权链条。我们看到在湖北沙隆达A股上市公司与最终所有者国资委之间至少存在4级控制链条。

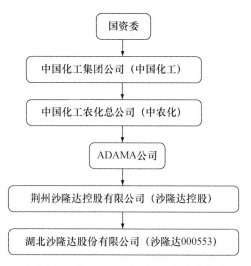

图 4.2 中国化工集团公司的金字塔结构

2. 水平结构(horizontal structure)

与金字塔结构相对应的是水平结构。在水平结构中,最终所有者通过直接持有每个集团成员企业的股份而实现对这些成员企业的控制。如图4.3所示,

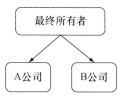

图 4.3 水平持股结构

最终所有者直接持有集团成员 A 公司和 B 公司的控制性股份,形成水平的控股结构。

民营企业大多采用这种控股结构。例如,山西美锦集团的成员企业主要是由家族成员来负责经营管理。不同家族成员分别负责不同的子公司,形成了美锦集团旗下规模大小各异的十几家公司,包括一家上市公司。

3. 交叉持股(cross-holdings)

交叉持股是指在金字塔或水平结构的基础上,被控制企业同时拥有其控制链上游企业的股份,形成另一条控制链。这种现象被称为交叉持股。交叉持股的出现使得原有的金字塔等控股结构变得更加复杂。

图 4.4　交叉持股结构

4. 不平等的投票权(dual-class stocks)

在一家发行不平等投票权股票的公司,持有 A 类股票每股只有 1 票的表决权,而持有 B 类股票每股有 10 票的表决权。通过发行并持有 B 类股票,这类股东成为公司事实上的控制性股东。由于该类股票虽然与其他股东的收益权(分红)相同,但其投票权,从而对公司重大经营管理决策的影响力却高于其他股东,造成"同股不同权"的局面,在实践中被称为"不平等投票权"。由于这类股票的发行看起来违反了对投资者权利保护更为充分的"同股同权"原则,因此包括我国在内的一些国家禁止上市公司发行投票权不平等的股票。发行不平等投票权股票的主要目的是避免股权被稀释,保持控制权的相对稳定,排除短期外部盈利压力,为公司的长远发展带来灵活性。由于不平等投票权的上述特征,允许发行该类股票的国家和地区不是越来越少,而是越来越多。

不平等投票权与阿里的"合伙人制度"

在 IT 等行业,同时发行 A 和 B 两类不平等投票权的股票是十分流行的做法。例如,谷歌在 2004 年上市时同时发行了两种股票,A 种股票每股只有 1 份投票权,但 B 种股票每股有 10 份投票权。持有 B 种股票的创始人谢尔盖·布林、拉里·佩奇和前首席执行官埃里克·施密特三人通过上述模式对公司的控股权超过 50%。通过双层股权结构与表决协议,管理层不仅可以避免股权被稀释,保持控制权的相对稳定,而且排除短期外部盈利压力,为公司的长远发展带来灵活性。百度等一些在美国上市的中国企业同样发行具有不平等投票权的股票。在 LLSV(1998)开展法律渊源、法律传统与金融发展的统计比较分析中,在 49 个样本国家中,真正实行"一股一票"的只有 11 个国家。可见很多国家允许实行看起来对投资者权利保护不力的"不平等投票权"。

2014 年 9 月 19 日在美国纽交所上市的阿里巴巴则通过推出合伙人制度来实现控制权的稳定。包括马云在内的 27 个合伙人有权利任命董事会的大多数成员。如果董事候选人遭到股东反对,合伙人可以重新提交候选名单。通过上述制度安排,阿里变相实现了马云等创始人对阿里控制权的掌握。虽然阿里在相关材料中提及,上述制度"不同于双重股权结构",但其实质依然是在阿里的股权结构中推翻了通常采用的同股同权、股权平等原则,推出了高于普通投票权的第二类或超级投票权。

那么,为什么越来越多的新兴企业选择双层股权结构这一看起来对投资者利益保护不足的股权发放模式?更重要的是,为什么外部投资者预期到存在利益被盘剥的风险却依然愿意选择购买上述公司的股票?

这不得不从新兴产业的快速发展说起。当一个投资者习惯于对传统周期性产业基于现金流分析利用净现值法轻松判定一个项目是否可行时,一些新兴产业的快速发展使得即使经验丰富的投资者也无法做出准确判断,甚至无法弄懂其现金流是怎么产生的。我们看到,一方面,技术产生的不确定性可能加剧投资者之间的观点不一致和利益冲突(Bolton, Scheinkman and Xiong,2006),对于相同的项目投资者很难形成一致意见;另一方面,由于缺乏专业的知识和分析能力,外部分散投资者的总体精明程度下降(Frieder and Subrahmanyam,2006),不得不依赖更为专业的 IT 精英。一个典型的例子是,微软的比尔·盖茨最初并不看好互联网的发展。有人讽刺说,幸亏美国没有像一些国家通过制定产业发展规划来指导产业的发展,而是凭借市场自发的力量;如果美国当时不幸聘请盖茨作为规划 IT 产业发展的专家,我们将无法看到美国互联网高度发达的今天。我们看到,今天新兴产业的快速发展使得即使是像盖茨一样的资深 IT 专家都无法准确预测 IT 行业未来的发展趋势,普通投资者选择新兴产业作为投资目标所面临的挑战可想而知。由于新兴产业快速发展所带来的外部分散投资者与 IT 精英围绕新兴产业业务模式的信息不对称,外部投资者将理性地选择把无法把握的业务模式的相关决策交给具有专业知识的IT精英,自己在放弃控制权后退化为(类似于"储户"的)资金提供者(lender)。于是,我们观察到在新兴产业公司的治理结构选择中,一些企业逐渐放弃以往盛行的"一股一票"原则,转而采用不平等投票权。这背后的逻辑十分类似于在西方国家的公司治理司法裁决实践中非常流行的"业务判断规则"。当投资者对经理人做出的经营决策提起诉讼时,法官往往会选择尊重职业经理人做出的专业决策。原因是法官往往只具有法律知识,而并不具备足够的经营知识,更不是经营决策方面的专家。选择尊重职业经理人作为经营专家的决策无疑是明智之举,否则会导致哈耶克所谓的"致命的自负"。

事实上,双层股权结构同时还是围绕新兴产业业务模式的信息不对称,掌握私人信息的IT精英向外部投资者发出识别项目信号的"市场解决方案"。对于IT精英,新的项目需要寻找外部资金的支持,而外部投资者需要识别有潜质的项目。然而,由于IT精英与投资者之间关于新兴产业的业务模式的信息不对称,投资者如何选择潜在的投资对象呢?在投资者所观察到的两类潜在项目(一类是"同股同权",一类是"不平等投票权")中,前者并不能向投资者提供更多有用的信息。而此时,如果有部分企业推出双层股权结构不啻在向投资者宣告,"业务模式你们不懂,但我懂,你们只需要做一个普通出资者就够了",这无疑会吸引为无法理解一个新兴企业的业务模式而困惑不解的投资者的目光。在这一意义上,双层股权结构的推出恰恰构成资本市场解决围绕业务模式的信息不对称问题的一个重要信号,而传递信号是解决市场信息不对称的重要途径之一(Akerlof,1970)。在识别该公司通过推出双层股权结构发送的"我是专家,听我的"信号后,普通外部投资者将进一步通过研究机构的分析和媒体的解读以建立对创始人的初步信任,上述新兴产业由此成为普通投资者青睐的投资对象。这就是我们今天观察到的包括双层股权结构在内的不平等投票权模式在美国等一些成熟市场不仅没有由于对投资者权利保护不足的缺陷而弱化,反而逆势上扬,成为很多新兴产业优先考虑的股权发放模式的另外一个重要原因。

双层股权结构中的两类股票由于所包含的表决权的不同,其转让的价格自然是不同的。Barclay、Nenova等学者的研究表明,在B类股票与A类股票的转让价格之间存在明显的溢价。该溢价被用来度量控制性股东预期到未来通过持有B类股票形成对公司的实际控制而可能获得的控制权私人收益。按照杨小凯的企业理论，企业存在的一个作用是对企业家人力资本的间接定价。如果一个企业家不能通过被一家企业雇用为职业经理人而直接对其人力资本进行定价，另外一个可能是自己创办一家企业，支付了雇员工资等合同收益后的剩余反映的就是企业家作为人力资本的价格。企业家通过创业的方式完成了对自己人力资本的"间接定价"。与上述逻辑一致，我们看到，两类股票溢价的出现除了可能反映控制性股东对未来可能获得的控制权私人收益的预期，同时也可能反映创始人人力资本的部分价值，或者说是对创始人人力资本的间接定价。

简单总结一下新兴产业通过双层股权结构等控制权实现形式完成的公司治理结构创新中所包含的合理成分，至少应该体现在以下三个方面。其一，新兴产业业务模式的不确定性使得投资者不得不依赖创始人的专业知识，而使自身退化为简单的资金提供者；其二，双层股权结构的推出成为投资者识别具有独特业务模式并有相应解决机制的潜在投资对象的信号；其三，看起来比普通股票价格更高的不平等投票权的转让包含着对创始人人力资本价值的补偿因素，是对创始人人力资本的间接定价。

除了双层股权结构，在公司治理实践中，公司还可以通过股东之间的表决协议、超过投票控制的董事代表比例以及家族成员作为 CEO 或董事长等方式来"人为制造"事实上的不平等投票权，以加强对企业的控制权。

5. 表决权代理协议

股东之间通过签订表决权协议而成为一致行动人，授权某位股东代表股东集体行使表决权。通过上述方式，最终所有者往往以较低的（持股）成本实现对公司的实质控制，对公司的重大经营管理决策产生影响。在已经存在控股股东的公司中，通过签署表决权代理协议，部分股东一致行动，可以形成对控股股东力量的有效制衡。

6. 超过投票控制的董事代表比例

在一家控股股东只持有 30% 的股份的公司中，如果由 10 人组成的董事会中有 4 个董事是在该股东推荐下加入董事会，这意味着，该控股股东可以在董事会相关决议的表决中产生高于实际持股比例 30% 的影响力，使其提案有不少于40%的可能性被通过。董事代表比例超过其持有股票的比例越多,意味着控股股东为获得公司控制力实际付出的成本越低,外部性越大。我们看到,阿里巴巴在美国上市推出的"合伙人制度"使控股股东以有限的持股比例,实现了较大比例的董事会成员的推荐,在形式上与上述控制形式十分近似。无论是超过投票控制的董事代表比例还是阿里巴巴的合伙人制度,都是在事实上推出了高于普通投票权的第二类或超级投票权,使控股股东利用有限的持股比例实现更大比例的股权控制。

7. 家族成员出任CEO或董事长

在一些家族企业中,除了控股地位,在实践中往往还由家族成员出任CEO或董事长。虽然公司章程中规定CEO和董事长在董事会的表决中与其他董事具有同等的权利和地位,但由于对权威尊重的文化和董事长与CEO的潜在权利,董事长或CEO的意见会引起董事会更多的重视是不言而喻的。通过上述方式,家族对家族上市公司的控制进一步加强。

需要说明的是,这些控制形式不仅出现在股权相对集中的欧亚等国,而且在以股权高度分散著称的美国也广为流行。Villalonga和Amit(2006)基于美国的证据表明,不平等投票权和不对称的董事会代表对公司价值增加具有负效应,但金字塔和投票协议对公司价值增加却具有正效应。

4.4 控制权与现金流权利的分离和隧道行为

最终所有者通过金字塔等方式形成的庞大企业集团成为控股股东和外部分散股东间利益冲突的温床。我们以金字塔结构为例来说明控股股东和外部分散股东如何发生利益冲突。考虑一个家族(最终所有者)拥有A上市公司50%的股份,A公司拥有B上市公司30%的股份,B公司又拥有C上市公司40%的股份。假定一个持有大于或等于30%股份的股东将成为该公司的控制性股东。那么,处于企业集团金字塔塔尖的最终所有者对C上市公司具有哪些权利呢?

首先是现金流权利(cash flow rights),它指的是最终所有者实际投入目标公司的资金,从而享有的按比例分享剩余的权利。最终所有者在C公司的现金流权利为$50\% \times 30\% \times 40\% = 6\%$,即在C公司中只有6%的资金来自作为最终所有者的家族。其次是控制权(control rights),它指的是由于最终所有者所处的控制性股东的地位而对目标公司未来经营方向等决策所产生的影响力,主要体现为对董事会议案的投票表决权等。则最终所有者的家族对C公司的控制权为$\min(a_1, a_2, \cdots, a_n) = 30\%$。我们看到,最终所有者在金字塔结构中虽然只拥有 C 公司 6％的现金流权利但却实现了对 C 公司 30％的控制权。于是,最终所有者通过金字塔等结构以较小的现金流权利来实现对目标公司更大比例股份的控制,从而实现了控制权和现金流权利的分离。

我们以香港经济生活中十分有影响的李嘉诚家族为例来进一步说明这一点。作为中国香港地区最大的企业集团之一,李嘉诚家族曾持有 Cheung Kong 公司 35％ 的股份；Cheung Kong 持有 Hutchison Whampoa 34％ 的股份；Hutchison Whampoa 持有 Cavendish International 60％ 的股份,而 Cavendish International 又持有香港电力 34％ 的股份。最终李嘉诚家族仅以 2.5％的现金流权利就实现了对香港电力 34％的控制权。

借助金字塔等结构实现了控制权和现金流权利的分离后,最终所有者有激励利用其对处于金字塔底部企业的生产经营管理决策的实际影响力,通过内部交易转移资源的链条,源源不断地把底部企业的资源输送到最终所有者具有更多现金流权利的处于金字塔顶端的企业中,使得最终所有者(对处于金字塔低端的公司)实际付出较少的现金流,却可以获得较多的回报。

我们接下来通过一个例子来说明上述实现机制。假设在一个两级的金字塔结构中,最终所有者拥有 A 公司 50％的股份,而 A 公司又拥有 B 公司 50％的股份。按照之前的定义,则最终所有者在 A 公司和 B 公司的现金流权利分别为 50％和 25％。在 50％为控制性股份的假设下,最终所有者通过对 A 公司的控制而实现对 B 公司的控制。同样按照之间的定义,最终所有者对 B 公司的控制权为 50％,因而对 B 公司生产经营管理相关决议的形成具有实质和重要的影响。

假设 A 公司和 B 公司的盈余分别为 W_A 和 W_B,当最终所有者不利用控制权进行资源转移时,最终所有者的收益为 $50\%W_A + 25\%W_B$。现在考虑最终所有者利用控制权将处于金字塔低端的 B 公司的资源转移到自身拥有更多现金流权(从而分红权)的 A 公司的情形。假设最终所有者利用控制权把数量为 S 的资源从 B 公司转移到 A 公司($S>0$),则此时最终所有者的收益变为 $50\%(W_A+S)+25\%(W_B-S)=50\%W_A+25\%W_B+25\%S>50\%W_A+25\%W_B$。因而,借助金字塔等结构实现的控制权和现金流权利的分离,最终所有者可以获得比处于金字塔底部公司的外部分散小股东更多的回报。

在上述实现机制中,该资源的转移链条像一个自下而上的隧道(tunnel),资源从处于金字塔结构的低端企业被源源不断地输送到处于顶端的企业,公司治理文献(Johnson,La Porta, Lapez-de-Silanes and Shleifer,2000;Glaeser,Johnson and Shleifer,2001;等等)把上述资源转移行为称为"隧道行为"(tunneling),把产生的效应称为"隧道效应"(tunneling effects)。当隧道效应发生时,意味着孙公司被子公司掠夺,而子公司又被母公司掠夺,如此不断。

> **隧道行为的一个案例:韩国 LG 集团**
>
> 作为韩国最大的企业集团之一,LG 除了拥有享誉世界的冰箱、彩电家电行业,在其集团旗下还包括 LG Securities(LGS)和 LG Merchant Bank (LGB)金融服务业。在亚洲金融危机期间,LGB 受到危机连累,负债累累。在 LGB 出现危机后,为了重组负债累累的 LGB,LG 集团决定由集团中最具盈利能力的 LGS 兼并 LGB。
>
> 这一并购无疑会损害 LGS 小股东的利益,因而遭到 LGS 小股东的强烈反对。但 LG 集团最终通过它的控制权促成 LGS 做出并购重组 LGB 的决策。这使得 LGS 外部分散小股东被迫参与并购重组,并与 LG 集团共同分担并购重组失败的成本。
>
> 鉴于分散股东的持股比例有限,难以改变具有控制性权力的 LG 集团的决定,LGS 外部分散股东决定向法庭提起诉讼。但法庭基于业务判断原则最终裁决表示支持 LG 集团的决定。

由于隧道行为难以在法律上证实,甚至难以观察,处于金字塔顶端的最终所有者凭借基于金字塔结构实现的控制权和现金流权利的分离,以看上去"合法"的方式谋取控制权的私人收益,但牺牲了处于金字塔底部的企业的外部分散股东的利益,由此导致了控股股东与外部分散股东之间严重的利益冲突。因此,如果说控制权和经营权的分离成为经理人与外部分散股东利益冲突的原因(Berle and Means,1932),那么,借助金字塔等结构实现的控制权和现金流权利的分离则成为现代公司中控股股东与外部分散股东之间利益冲突的现实原因。

除了资产出售和转移定价,在我国制度背景下,以下两种是更为常见的隧道挖掘的方式。

(1) 现金占用(cash appropriation)

现金占用是指当母公司遭遇短期资金周转困难时,将利用控制权从子公司转移一笔资金到母公司。上述资金转移事实上是母公司对子公司的资金占用,在会计科目中体现在子公司的"其他应收款"上。有时,为了满足膨胀的资金需求,母公司(集团公司)促使子公司不断利用我国与债务融资相比融资成本较低的权益融资进行"上市圈钱",使作为上市公司的子公司成为母公司的"提款机"。

（2）贷款担保（loan guarantee）

贷款担保原本指的是债权人在向债务人提供债务融资（银行贷款或发行企业债券）时，要求债务人提供担保，以保障债权人资金安全的举措。然而，在我国制度背景下，一些企业集团为了获得银行的贷款，却利用控制权要求由资信更好的上市子公司来进行担保，使子公司被迫承担与之收益不匹配的财务风险。在公司治理实践中，现金占用和贷款担保与关联交易一样成为公司独立董事关注的重点。

回顾美国的托拉斯和德国的辛迪加的发展历史，我们不难发现，企业集团经历了由盛到衰的历史趋势。整个19世纪是美国洛克菲勒、福特、卡耐基、摩根等财阀叱咤风云的时代。但在经历了20世纪初美国的"进步运动"后，美国的托拉斯逐步退化为通过信托、公益基金、有限合伙等方式实现对公司的间接控制，但很少形成控制权和现金流权利的分离（Villalonga and Amit，2006）。这一方面与反思社会财富归属和倡导改良社会的进步运动这一大的历史背景分不开（各种公益性基金代替了托拉斯），另一方面则与公司间股利税的开征这一税收手段联系在一起。子公司在向母公司支付利息时需要支付高额的股利税。为了避开高额的股利税，公司开始采取扁平化的运作模式。

需要说明的是，公司间股利税的开征并非解决金字塔结构及相关问题的充要条件。20世纪90年代的意大利曾经追随美国的实践推出公司间的股利税，但是直到今天，庞大的金字塔结构在意大利依然盛行，相应的公司治理问题并没有得到缓解。而英国虽然并没有开征公司间股利税，但长期以来并没有大量出现金字塔结构。因此，公司间股利税并非是解决金字塔结构问题的充要条件（Dyck and Zingales，2004）。

4.5 支撑行为与新兴市场金字塔结构存在的其他原因

第4.4节的分析表明，隧道行为是从处于金字塔底部的公司自下而上地向处于金字塔顶端的最终所有者转移资源的过程。理论上，处于金字塔顶端的最终所有者是否会在一些特殊情形反过来向处于金字塔底部的公司进行资源转移呢？

Friedman、Johnson和Mitton（2003）以及Riyanto和Toolsem（2003）等的研究表明，企业集团的最终所有者（母公司的控制性股东）也会在子公司陷入财务困境时，使用自有资金来帮助子公司摆脱困境，从而给子公司的外部分散股东带来利益。这种反向的隧道行为（a reverse/negative tunneling），我们称之为支撑行为(propping)。它指的是最终所有者(母公司的控制性股东)以自有资金注入子公司,帮助子公司摆脱困境的行为。相应地,支撑效应是指母公司以自有资金挽救子公司,被挽救的子公司进一步着手挽救孙公司,如此不断。因此,金字塔结构带给外部分散小股东的不完全是负效应。由于支撑行为对处于特定阶段的企业的稳定作用,金字塔结构的现实存在有了一定的合理性。

支撑行为的一个案例:韩国三星集团

三星(Samsung)集团是韩国最大的企业集团,包括 85 家下属公司及若干其他法人机构,在近 70 个国家和地区建立了近 300 个法人及办事处,员工总数 20 余万人,业务涉及电子、金融、机械、化学等众多领域。1999 年的亚洲金融危机使三星集团的子公司 Samsung Motors 处于破产的边缘。

值此关键时刻,三星集团的核心公司 Samsung Electronics 总裁动用自有财富帮助 Samsung Motors 偿还了债务,Samsung Motors 的转危为安使 Samsung Motors 的小股东从中受益。

支撑行为在我国的一些企业控股股东具有国有性质的制度背景下更是频繁发生。我国主要的国有商业银行在上市之前大量的呆坏账均以财政埋单的方式归零。上述支撑行为看起来与控股股东的行为相联系,但背后却反映了国家向国企提供的隐性担保和无限的连带责任。

为什么金字塔结构的最终所有者也会在子公司陷入财务困境时,使用自有资金来帮助子公司摆脱困境呢? Friedman、Johnson 和 Mitton(2003)认为,控制性股东希望企业能生存下去以保留在未来采取隧道行为的可能性。当然,对于支撑行为的出现我们还可以从家族和个人的社会责任感、心理满足度、利他主义精神等方面予以解释。与隧道行为类似,支撑行为同样在法律上难以证实,甚至难以观察。

同时存在隧道效应和支撑效应的金字塔结构使很多人意识到,对金字塔结构并不能简单(例如通过公司间股利税的开征等)取消了事。事实上,除了上述两种效应,在新兴市场国家,金字塔结构的盛行至少还可以从以下几个方面找到合理性。其一,金字塔结构是尚未发展的金融市场的替代(Leff,1978)。对于很多新兴市场国家,外部资本市场并不成熟。当外部资本市场无法有效地把储蓄转化为投资,同时无法识别有价值的项目时,很多融资需求的满足只能依靠内部资本市场来实现。但这并不意味着,如果已经存在一个成熟高效的外部资本市场,还需要通过内部资本市场来满足融资需求。原因是内部资本市场往往会导致资金的无效率运作,使资源配置发生扭曲。

其二,金字塔结构不仅是一个内部资本市场,同时也是一个内部人力市场(Khanna and Palepu,1997)。Khanna 和 Palepu(1997)认为,"管理者才能是稀缺商品,通过家族所形成的金字塔结构可以实现控制权在不同国家的合理配置"。因而金字塔结构以信息相对更加对称的方式实现了人力资本的整合和配置。

其他一些解释包括:小股东通常不能确切地区分隧道行为的范围(因为其在法律上的不可证实),甚至不清楚自己投资的目标公司处于金字塔结构的底部还是顶端。此外,由于金字塔结构是通过兼并而不是通过首次公开发行形成的,成为金字塔结构底部公司的小股东可能是"无奈之举"。

我们看到,一方面,由于现金流权与控制权的分离,金字塔结构的存在使得最终所有者利用隧道挖掘损害外部分散股东的利益,导致股东之间的利益冲突。另一方面,对于外部资本市场不健全和法律对投资者权利保护不足的新兴市场国家,金字塔结构则成为内部资本市场的替代。因此,对于金字塔结构的一个可能的正确态度是积极监管,而不是简单取消。成为最终所有者隧道挖掘实现手段的关联交易、资金占用、贷款担保等无疑是监管重点。

虽然本章的研究表明,在股东内部,控股股东与外部分散股东之间存在严重的利益冲突,但这并不意味着公司治理研究可以因此忽略传统公司治理理论关注的经理人与股东间的利益冲突。"最近的丑闻(安然、世通等)表明,即使在最先进的市场经济里,在改善公司治理方面依然大有可为"(Rajan and Zingales,2003)。在以下各章,我们将综合考虑经理人与股东,以及控股股东与外部分散股东之间的代理冲突,并逐一检验目前的主要治理机制对上述两类代理问题的有效性。我们在未来将看到,在两类代理问题的解决途径上现有公司治理机制表现出某种一致性,因此我们可以集中地关注公司治理机制本身的作用机制和实现路径。

4.6 小　　结

本章讨论在金字塔结构等控股结构中母公司控股股东与子公司分散股东之间的利益冲突。我们得到的主要观点和政策含义如下:

第一,控制权私人收益强调由于对企业的控制而获得的非生产性溢价,因而从本质上看,控制权私人收益是一种位置或权利"租金"。控制权私人收益并非总是代表收益,同样可能产生成本,这与控制权的剩余权利的性质是一致的。控制权私人收益虽然在性质上是位置或权利租金,但其存在并不必然导致非效率或效率的损失。目前,公司治理理论界对控制权私人收益的度量主要存在以下两种方法:投票权溢价法和大宗股权溢价法。

第二,现实中,控制性股东可以借助形成金字塔结构、交叉持股结构,以及发行不平等投票权等来实现对目标公司的控制。

第三,除了资产出售和转移定价等,在我国制度背景下,现金占用和贷款担保成为最终所有者进行隧道挖掘更为常用的方式。

第四,除了可能对子公司进行隧道挖掘,企业集团的最终所有者(母公司的控制性股东)也会在子公司陷入财务困境时,采取反向的隧道行为(即所谓的支撑行为),使用自有资金来帮助子公司摆脱困境,从而给子公司的外部分散股东带来利益。

第五,一方面,由于现金流权与控制权的分离,金字塔结构的存在使得最终所有者利用隧道挖掘损害外部分散股东的利益,导致股东之间的利益冲突。另一方面,对于外部资本市场不健全和法律对投资者权利保护不足的新兴市场国家,金字塔结构则成为内部资本市场的替代。因此,对于金字塔结构的一个可能的正确态度是积极监管,而不是简单取消。成为最终所有者隧道挖掘实现手段的关联交易、资金占用、贷款担保等无疑是监管重点。

第 5 章
董事会和独立董事

5.1 引　言

Monks 和 Minow(2001)指出:"任何一家公司的优势——也就是生存,依赖于两股性质截然不同的力量(即公司所有者的力量与公司经营者的力量)之间的权衡。公司依靠股东获得资本,同时也需要维持公司日常运作的管理层,而公司董事会把提供资本的股东和使用这些资本创造价值的经理人连接起来。"所谓董事会(the board of directors),指的是由股东(代表)大会根据法律程序和公司章程任命的代表股东监督经理人的公司常设机构。董事会的成员即为董事。除了 CEO(首席执行官)等执行董事外,董事会通常还包括独立董事等非执行董事。

对于现代公司存在的水平和垂直两类治理问题,董事会不仅成为经理人与股东之间以及控股股东与外部分散股东之间的"桥梁",并且是缓解两类代理冲突的重要实现机制。此外,董事会还是其他治理机制发挥作用的平台。例如,大股东等在监督经理人问题上积极股东角色的扮演、外部接管对经理人的外部治理作用等都离不开董事会的协调,甚至以董事会的重组为标志;经理人薪酬合约制定、绩效考核、内部审计控制等都是通过董事会及其各专业委员会来履行的。因此,董事会甚至被一些文献认为是市场经济中公司治理机制的核心(Hermalin and Weisbach,2001)。

本章将介绍董事会的职责、组织模式,并结合我国上市公司的制度背景,讨论我国独立董事制度运行中存在的问题。在第 5.2 节,我们介绍董事会的一般职责和组织模式;第 5.3 节介绍董事会的发展趋势和独立董事的公司治理角色;在第5.4和第5.5节,我们分别从独立董事的产生来源、运行和更迭特征及其自身的激励问题等方面来揭示独立董事并没有发挥预期的公司治理作用的现实原因。

5.2 董事会的职责和组织模式

(一) 董事会的职责

按照权威的商业圆桌会议(The Business Roundtable)(1990)所指定的公司治理总则,董事会应该具有以下五项基本职责。这一总则在各国公司治理实践中被普遍借鉴和接受。

(1) 挑选、定期评估、(必要时)更换CEO,决定管理层的报酬,评价权力交接计划。如遴选委员会作为董事会中的专业委员会之一,负责公开发布经理人或董事遴选标准和考核程序,组织经理人的面试,并且评估和完成权力的交接等;而薪酬委员会则在对绩效评估的基础上负责经理人薪酬的制定。

(2) 审查,并在适当情况下审批公司的财务目标、主要战略以及发展规划等。董事会通过在专业委员会中设立审计委员会,并且往往由具有会计背景的独立董事来担任审计委员会主席,来加强对公司资产负债状况的全面审计和内部控制,以审查管理层是否真实披露会计信息等问题。另外,董事会还通过成立战略委员会讨论公司未来发展的战略和相关规划。

(3) 向高层管理者提出建议或接受咨询(战略咨询功能)。董事会所聘请的独立董事中很多是来自其他公司的前任或现任CEO以及具有不同职业背景的专业人员(职业会计师、职业审计师以及律师等),其重要目的之一在于当高层管理者做出决策时提出建议或接受战略咨询。

(4) 挑选并向股东推荐董事会董事的候选名单,评估董事会的工作及绩效。董事会不仅需要保证公司经营管理团队的顺利交接和平稳过渡,还需要保证董事会自身的顺利交接和平稳过渡。同时,董事会还需要对其自身的工作和绩效进行评估等。

(5) 评估公司制度与法律法规的适应性。履行这一职能的专业委员会被称为公共政策委员会,其委员往往由具有法律背景的专业人士构成。但在我国实践中,由于此项职能与战略发展规划有交叉,因此该职能往往由战略委员会同时兼任。董事会应该根据未来外部环境的变化,及时调整公司的各项规章制度,使其与外部环境变化相协调。

总结商业圆桌会议所指定的董事会的五项职能,事实上,我们可以把董事会的职能简单概括为两个方面。其一是监督职能,即董事会代表股东监督经理人。这是董事会最基本、最重要的职能。其二是战略咨询职能,即董事会成员作为专业人士向经理人提供战略咨询。

公司董事作为股东的受托人在法律上需要向股东负有诚信责任。具体而言包括两方面。首先是忠诚义务(duty of loyalty)。忠诚义务要求董事除担任本公司的执行董事外,不能再兼任其他公司的执行董事(兼职性质的非执行独董除外),同时不得通过内幕交易损害股东的利益。其次是勤勉义务(duty of care)。勤勉义务指的是董事应该努力工作,严格履行董事的责任。包括忠诚义务和勤勉义务的诚信责任是从董事的受托地位中衍生出来的法律责任,董事如果没有严格履行和尽到诚信责任,在法律对投资者权利保护较好的国家将面临被投资者起诉的风险。

(二) 董事会的组织模式

上述董事会的职能是通过董事会的合理构建和组织来履行的。传统上,董事会存在两种重要的组织模式:以美国为代表的混合模式以及以德国为代表的双层模式。

1. 以美国为代表的混合模式

美、英、澳大利亚等很多普通法国家采用如图 5.1 所示的董事会组织模式。在该种组织模式下,股东大会和经理人之间设置作为代表股东履行监督职能的常设机构董事会,形成"股东会—董事会—经理人"的治理框架。董事会的监督经理人与战略咨询这两项基本职能是通过设置于董事会的各种专门委员会来完成的,从而在董事会层面形成所谓"职能的混合"的局面。这里的专门委员会可以是战略委员会、薪酬委员会、审计(内部控制)委员会、提名委员会、公共政策委员会、执行委员会等。其中,战略委员会负责公司战略和发展规划的制定及评估,薪酬委员会负责经理人和董事的薪酬合同制定及业绩考核,提名委员会负责选拔考察经理人的候选人选,公共政策委员会则对外部环境变化做出评

图 5.1 董事会的混合模式

估,并协调公司层面规章制度的修改和调整。在公司治理实践中,各个公司结合自身的特点,在专业委员会的实际设置上会略有不同,但通常会包括薪酬委员会和审计委员会等。

2. 以德国为代表的双层模式

如图5.2所示,在双层模式的治理构架中,公司的股东会和经理人之间,除了董事会之外还设置了一个监事会,形成了由监事会负责监督经理人,而董事会只负责向经理人提供战略咨询的格局。因而,在德国的双层模式中,董事会原来设定的监督和战略咨询这两种职能是分离的。这与美国、英国、澳大利亚等国一个公司的董事需要同时履行战略咨询和监督经理人两种职能不同。

图 5.2 董事会的双层模式

对于这两种董事会组织模式孰优孰劣,理论界尚未形成一致的认识。不过Adams(1999)的理论研究表明,"董事会的监督和咨询功能存在相互冲突的一面"。董事会一方面告诉经理人应该怎样做,以履行战略咨询功能;但另一方面,如果经理人做得不好,则开始履行监督职能,追究经理人的责任。从减少冲突的角度出发,Adams(1999)认为,德国式的双层董事会组织模式可能要优于美国式的职能混合型的董事会组织模式。但迄今为止,我们并没有看到对于这一理论预测的直接经验证据。

3. 中国的董事会组织模式

特别有趣的是,我国在学习和引进成熟市场国家现代公众公司的董事会组织模式的过程中,逐步形成了一种既不完全像美国模式,又不完全像德国模式的具有中国特色的董事会组织模式。具体而言,这种董事会组织模式介于美国和德国模式之间。一方面,它是双层的,在设立董事会的同时也设立监事会,监事会看起来不仅可以监督经理人,而且可以监督董事会。在这一点上它类似于德国模式。另一方面,它依然是职能混合型的,强调董事会同时履行监督和战略咨询职能。在这一点上它又类似于美国模式。我们知道,Adams(1999)之所以强调德国董事会组织模式优于美国模式,恰恰是因为其实现了职能的分离。而我国目前董事会的组织模式依然是职能混合型的,并没有改变职能冲突的局面。与此同时,引入监事会不仅增加了制度运行成本,而且使经理人面临董事会和监事会的多头监督。因此,如何真正形成具有中国特色的董事会组织模式,我们未来还需要进行长期的探索。

事实上,我国目前推行的董事会组织模式正是过去几十年来探索的结果。让我们简单回顾一下我国上市公司董事会制度建设所经历的几个重要阶段。

第一阶段是董事会双层组织模式的基本构建阶段,在时间起止点上为从1993年我国《公司法》的颁布实施到2002年独立董事制度的推出。我国1993年颁布的《公司法》规定,公司在股东大会下设董事会和监事会两个平行的机构,由此形成了双层董事会组织模式。监事会在我国《公司法》中具有与董事会平行的地位,并且被赋予了包括监督公司董事和经营者的权利。在实际执行过程中,我国上市公司监事会主要由公司职工或股东代表组成,他们在行政关系上隶属于兼任公司管理层的董事,监督作用难以发挥,导致监事会形同虚设。从上述制度的实际执行过程来看,这一阶段我国上市公司董事会组织模式比较接近于日本的双层结构模式。在具有终身雇佣文化的日本企业中,公司的监事往往来自企业雇员。

随着1999年《公司法》的修改和2000年《国有企业监事会暂行条例》的颁布,我国逐步建立了国有企业外派监事制度,使我国的国有上市公司董事会组织模式具有了更多德国模式的色彩。按照《公司法》和《国有企业监事会暂行条例》等法律法规的规定,国资委代表国务院履行出资人职责,向中央企业派出国有重点大型企业监事会,代表国家对企业国有资产保值增值状况实施监督。这使得我国国有上市公司董事会组织模式从以往监事主要由雇员和股东代表担任改为由控股股东或股东代表机构外派,而这种外派监事模式是德国监事会组织模式中十分通行的做法。对于外派监事的监督效果,按照国资国企问题专家、国有重点大型企业监事会主席季晓南的说法,外派监事会制度"在促进国有企业改革和发展、防止国有资产流失、实现国有资产保值增值方面发挥了积极重要作用",但他同时也承认,"这些年中央企业大案要案大多不是监事会披露和发现的"(《中国企业报》,2015年1月12日)。

第二阶段是我国上市公司独立董事制度的建立和完善阶段。在时间起止点上从2002年《上市公司治理准则》的颁布开始,目前仍处于这一阶段。尽管早在1999年,中国证监会等部门就开始要求同时发行B股和H股的上市公司设立独立董事,但直到2002年独立董事制度才在我国上市公司有了实质性的进展。其标志是中国证监会于2001年8月发布《关于在上市公司建立独立董事制度的指导意见》(以下简称《指导意见》),2002年进一步联合国家经贸委发布《上市公司治理准则》,开始在上市公司中强制推行独立董事制度。《指导意见》规定在2002年6月30日之前上市公司设立独立董事,并且在2003年6月30日之前上市公司独立董事人数应占到公司董事人数的1/3以上。在很短的时间内,我国绝大部分上市公司独立董事的聘任符合了1/3的要求。

(三) 董事会制度的实际运行状况及改进方向

从美国公司治理实践看,21世纪初安然和世通等会计丑闻的爆发迫使美国立法当局出台了《萨班斯-奥克斯利法案》。而该法案的亮点之一就是强调外部董事(美国称独立董事为外部董事)在公司治理中的重要作用,鼓励董事会组织中更多地聘任外部董事。事实上,早在1993年美国金融学年会的主席演讲中,Jensen就富有远见地指出了外部董事将在公司治理中扮演更加重要的角色。

然而,董事会和独立董事制度的实际运行远不像公司章程刻画得和经济学家想象得那样完美。我们以典型的美国混合模式为例。美国95%的大公司都是由提名委员会向董事会推荐董事候选人;而提名委员会通常是从CEO那里获得候选人名单。由此,我们看到接下来十分奇怪的一幕:董事的重要职责是监督CEO,但是作为监督人的董事候选人名单却是作为监督对象的CEO提供的;董事候选人在正式成为董事前需要接受整个董事会(包括CEO)的面试,其中CEO的意见至关重要。上述事实表明,董事的产生和连任将受到即将接受其监督的CEO的影响。由于制度设计先天的缺陷,董事与经理人存在太多的理由去合谋,因此很难想象董事会发挥预期的监督作用。正是在上述意义上,Bebchuk和Fried(2003)指出,董事在成为解决(经理人与股东利益冲突产生的)代理问题的途径的同时,自身也成为代理问题的一部分(董事作为股东的代理人,同样与作为委托人的股东存在利益冲突)。董事会在监督经理人问题上所表现出的低效率,长期以来受到理论界的批评。Jensen(1993)指出,当不存在产品、要素、资本市场以及接管的威胁时,建立在内部控制机制基础上的大型公司在组织重构和战略调整上表现出的缓慢和迟钝是内部控制机制失败的明证。

同样在那次演讲中,Jensen预测了未来董事会组织模式的改进方向。其一,保持较小的董事会规模,避免由于扯皮和讨价还价而降低决策效率。其二,公司中除了CEO为唯一的内部董事外,其余均应为外部董事(独立董事)。其三,CEO和董事长职位相分离,而不是由CEO兼任负责监督CEO的董事长。

史宾沙管理顾问咨询公司(Spencer Stuart)的调查报告支持了Jensen的预测。他们的调查发现:(1)美国大公司董事会的平均人数呈递减趋势。1988年平均为15人,1993年平均为13人,1998年平均为12人。(2)外部董事占董事会成员人数的比例不断上升。1998年在世界500强企业的董事会中,外部董事占78%,比1993年增长了5%,而有将近25%的公司董事会只有1名内部董事。(3)董事的薪酬模式趋向多样化。在世界500强企业中,有超过半数的公司给外部董事股票期权,其中有25家公司(占比5%)完全用股票来支付董事的工资。从Jensen的预测和史宾沙的调查报告中我们可以看到,外部(独立)董事在公司治理中的作用日益凸显。

我国上市公司监事会为什么履职难?从功能重叠到角色错位

我国1993年颁布的《公司法》规定,上市公司在股东大会下设董事会和监事会两个平行的机构。监事会在我国《公司法》中具有与董事会平行的地位,并且被赋予了包括监督公司董事和经营者的权利。粗略地看,在2003年开始全面实施独立董事制度之前,"职能分离"的德日双层模式在我国上市公司董事(监事)会组织模式中居于主导地位,即由监事会负责监督经理人,而董事会只负责向经理人提供战略咨询。

这一双层董事会组织模式的推出无疑是我国资本市场发展早期学习德日双层模式的产物。事实上,作为新生事物,我国上市公司监事会制度建设始终处在不断学习中。早期监事会成员多由公司职工或股东代表组成,这使我国监事会组织模式更加接近双层结构的日本模式;随着1999年《公司法》的修改和2000年《国有企业监事会暂行条例》的颁布,我国逐步建立了国有企业外派监事制度,使我国的国有上市公司董事会组织模式具有了更多德国模式的色彩。

2001在安然、世通等会计丑闻爆发后,美国立法当局出台《萨班斯-奥克斯利法案》加强外部董事(独立董事)在公司治理中所扮演角色的分量,全球掀起对上市公司进行来自外部和独立监督的强调和重视的浪潮。在这一背景下,好学上进的我国资本市场开始积极引进并于2003年开始全面推出独立董事制度。在上述学习过程中,我国的董事(监事)会组织模式不知不觉从监督和战略咨询职能分离的日德模式,转向职能混合的英美模式,开始强调董事需要同时履行战略咨询和监督经理人两种职能。但在上述制度引进和学习过程中,我们同时保留了监事会,出现了监督职能同时由董事会(中的独立董事)与监事会监事履行的局面。换句话说,我们形成了一种既不完全像美国模式,又不完全像德国模式,而是介于美国和德国模式之间的所谓的"具有中国特色"的董事(监事)会组织模式。

虽然通过推出国有企业外派监事制度,"在促进国有企业改革和发展、防止国有资产流失、实现国有资产保值增值方面发挥了积极重要作用",但国资国企问题专家、国有重点大型企业监事会主席季晓南同时承认,"这些年中央企业大案要案大多不是监事会披露和发现的"(《中国企业报》,2015年1月12日)。监事会在现代公司治理中履职难不言而喻。

那么,是什么原因导致目前监事会履职难的尴尬局面呢?从前面对我国董事(监事会)组织模式演进历史的回顾,我们不难看出,从2003年开始推出的独立董事制度以职能混合的方式履行监督职能,事实上构成了对设定履行监督职能的监事会的功能替代。随着近年来我国监管当局对董事会内部专业委员会制度建设的重视和强调,监事会的监督职能被边缘化不可避免。因此,在制度设计上功能的重叠在我们看来是导致监事会无法履职的重要原因之一。此外,设置与董事会(中的独立董事)监督功能重叠的监事会不仅增加了上市公司制度的运行成本,而且使经理人面临董事会和监事会的多头监督以及人浮于事的局面。因此,围绕我国上市公司如何形成高效的董事会组织模式,我们还需要进行新的探索。

对于目前监事会履职难的现象,我们事实上还可以从监督执行人的角色错位进行解释。上市公司的监督执行人从来自企业公司职工或股东代表,到控股股东或出资人外派监事,再到近年来盛行的独立董事,其背后隐含的逻辑是学术界与实务界对来自外部的独立的监督更加有效的认识。毕竟,"作为其他公司的关键决策者的外部董事,通常较为关注其在经理人市场上的声誉,因而,与内部董事相比,更可能成为经理人的有效监督者"(Fama and Jensen,1983)。出于规避法律风险和避免声誉损失的考量,来自外部的独董与主要来自内部的监事相比更敢于对公司一些不合理的董事会议案说"不"。

由于独董的产生和更迭受到作为监督对象的内部控制人的影响、独董自身激励不足、任人唯亲的董事会文化以及逆淘汰出具否定意见的独董的现象时有发生等原因,独董在履行监督职能问题上同监事一样,饱受批评和争议。但我们毕竟看到,董事(监事)制度建设正从原来依靠来

> 自内部的监督走向依靠来自外部的独立的监督,使原本错位的角色走在回归合理的路上。
>
> 资料来源:郑志刚,《谁抢了监事会的饭碗?》,《董事会》,2015年12月25日。

5.3 独立董事履行监督职能的可能实现机制

独立董事(independent directors)是指对除了担任公司的董事外,与公司没有任何家族、商业关联的董事会成员的总称。在美国等一些国家,则称为外部董事(outside directors)。担任独立董事的通常是其他企业的前任或现任经理人、会计师、律师事务所的职业会计师、律师等,以及非营利组织的官员、前政府官员和大学教授等。

一些公司治理文献还把董事会成员进一步区分为外部董事、内部董事和关联董事(或称为灰色董事)。那些尽管不是管理团队的成员,但是与大股东具有家族联系和商业关联的董事会成员被称为关联董事。在很多经营管理决策中,关联董事会成为大股东的一致行动人,甚至直接代表大股东的利益。在董事会中,内部董事除担任公司董事外,通常还是公司管理团队的成员。最典型的是CEO,CEO既是董事会的成员,也是管理团队的成员。有时副总经理和财务总监也会根据董事会组织的需要进入董事会。独立董事则不参与公司的实际经营,其主要职责是监督合约的执行和重新签约等,通常供职于审计委员会、薪酬委员会以及提名委员会等。例如,按照我国《公司法》的相关规定,上市公司需要聘请具有会计背景的独立董事出任上市公司董事会审计委员会的主席。

"董事会的独立性"(independence of the board)指的是独立董事占公司董事会成员人数的比例,通常被公司治理文献用来衡量一个董事会的独立程度。该指标越大,则表明一个公司董事会的独立性越高。大量的经验证据(例如,Hermalin and Weisbach,2001)表明,独立性高的董事会(或规模小的董事会)更可能辞退绩效低劣的经理人,使经理人所制定的经营管理决策更加符合股东价值最大化原则。在实证研究中,我们通常用董事会的独立性、董事会的规模以及CEO与董事长是否两职分离来刻画董事会的特征。

那么,独立董事是如何履行监督职能的呢?结合我国资本市场的制度背景,我们看到会存在以下方式。

(一) 独董可以对董事会议案出具否定意见

2001年中国证监会颁布的《关于上市公司建立独立董事制度的指导意见》中规定,独立董事需要对上市公司重大事项发表独立意见。在意见存在分歧无法达成一致时,董事会需要对相关意见分别进行披露。2004年修订的沪、深证券交易所《股票上市规则》(2004年12月10日生效)中明确规定,上市公司需要披露每项提案的内容、董事会表决的结果、投反对票或弃权票的董事姓名和理由等信息。

在我国上市公司治理实践中,独立董事对董事会议案发表的意见类型包括:"赞成""反对""弃权""保留意见""无法发表意见""提出异议"和"其他"。但在2005—2013年全部A股上市公司超过11 072件董事会议案中,仅有0.98%的议案被独董出具了非"赞成"类型的意见(郑志刚等,2015)。

表5.1列示了2005—2013年我国A股上市公司独董出具否定意见的董事会议案类型。

表5.1 独董出具否定意见的董事会议案类型

议案类型	频次	占比
担保事项	299	37.70%
关联交易	139	17.53%
年度报告事项	87	10.97%
审计事项	69	8.70%
人事变动事项	62	7.82%
其他	137	17.28%
合计	793	100.00%

资料来源:郑志刚等(2015)。

表5.2则列示了同期我国A股上市公司独董出具否定意见的类型。即使内心反对董事会议案,但深受中国"中庸之道"传统文化的影响,独董较少采取极端的"反对"票形式来表达自己的反对意见,而是采取其他更为缓和的方式提出异议(叶康涛等,2011)。在样本期我们所观察到的476项非"赞成"类型的意见中,只有11%是独董以明确"反对"的形式出具的。

表5.2 独董出具否定意见的类型

否定意见类型	频次	占比
反对	54	11.34%
弃权	64	13.45%
保留意见	12	2.52%
无法发表意见	18	3.78%
提出异议	9	1.89%
其他	319	67.02%
合计	476	100.00%

资料来源：郑志刚等(2015)。

尽管少之又少，但独董出具否定意见无疑是直接而重要的真实监督行为。如果有独董对此提出公开质疑，将向外界传达公司经营管理中存在严重疏漏或问题的信息。2010年从香港交易所回归A股市场的上市公司大连港(601880.SH)深陷"独董门"，在其年末公布的董事会议案公告中，公司独董吴明华对10项提案中的5项投出反对票，对2项议案投出弃权票。这一事件受到财经媒体的广泛关注[1]，事件发生期间公司股价应声下挫，独董吴明华否决的大连港对中铁渤海铁路轮渡公司超过50倍市盈率的股权收购计划也因此受到投资者的关注和质疑。

我们看到，尽管独董很少向董事会议案说"不"，但在现实中仍存在这种可能性，并且独董的上述行为受到公司章程以及相关法律规定的制度保障。预期到这一点，董事会在提出相关议案时要慎之又慎，并充分考虑独董可能承受的范围和心理感受。我们认为，这是现实中尽管独董没有发挥预期的公司治理作用，但从目前的证据看毕竟改善了原有的公司治理状况的重要原因。[2]

独立董事之所以敢于向董事会议案说"不"，一个重要的原因是，"作为其他公司的关键决策者的外部董事，通常较为关注其在经理人市场上的声誉，因而，与内部董事相比，更可能成为经理人的有效监督者"(Fama and Jensen, 1983)。弗里德曼在1971年总结的无名氏定理(the folk theorem)告诉我们，如果重复

---

[1] 例如 http://www2.capitalweek.com.cn/article_7753.html。
[2] 李常青等(2004)利用刚刚推出独董制度的我国上市公司数据进行研究，并没有找到董事会独立性改善企业绩效的显著证据。白重恩等(2005)、王跃堂等(2006)发现，董事会独立性的提高将显著改善我国上市公司的市场和会计绩效。郑志刚等(2007)利用股权分置改革这一特定的研究场景，以对价确定是否有利于外部投资者来评价董事会独立性的有效性。他们的研究发现，董事会独立性与对价支付水平出现了预期的符号，但在统计上并不显著。郑志刚和吕秀华(2009)则认为，董事会(独立性)不是直接而是间接发挥公司治理作用的。例如，独立董事的引入使机构投资者"积极股东"的角色得到加强。

交往获得的收益不少于一次交往中通过欺诈获得的收益,则诚实的行为会作为子博弈精炼均衡出现。具体到独立董事,来自外部的独立董事只有通过严格履行监督职能获得称职的独立董事的良好声誉,才会在未来任期届满后获得其他公司的聘任。对声誉的重视和未来职业的关注成为独立董事相比内部董事更有激励严格履行监督职能的重要原因。因而,声誉以及职业关注成为独董发挥监督作用的重要激励来源。Weisbach(1988)的研究表明,内部董事向与他们的职业密切联系的经理人挑战要支付更大的成本。这从一个相反的角度支持了独立董事将扮演更加重要的公司治理角色的观点。而 Hermalin 和 Weisbach(2001)把董事会理解为组织设计问题的市场解决方案。当业绩低劣时,公司将聘请更多的独立董事。而在董事会独立性显著提高后,一个业绩表现低劣的 CEO 更可能被业绩表现良好的 CEO 替换。因而,资本的逐利动机会借助董事会独立性的改变这一内生决定的制度安排来缓解困扰很多大型公司的代理问题,董事会由此成为组织设计问题的市场解决方案。

更准确地讲,独董是否向董事会提案说"不"是权衡收益和风险的均衡结果。一方面,出于规避法律风险或声誉风险的动因,独董有激励对公司进行监督(叶康涛等,2011)。在法律风险上,根据我国《公司法》的规定,董事会提案违反法律法规,致使公司遭受严重损失时,独董也需要承担相应责任。但如果独董在表决中表明异议并记载于会议记录的,该董事可以免除责任。在实际案例中,2001 年郑百文公司因年报中存在严重虚假和重大遗漏受到证监会处罚,原独立董事陆家豪也受到监管方的惩处,不仅被处以 10 万元罚款,还禁止其担任其他公司独董职务。在声誉风险上,独董如因未能履行监督职能而使公司受到监管部门处罚,则其本人的社会声誉损失也是巨大的。辛清泉等(2013)使用 2003—2010 年证监会和交易所对上市公司虚假陈述案件中独董的惩罚数据发现,独董受到公开惩罚提高了独董离职的概率,并降低了未来获得其他公司独董职位的可能性。但另一方面,在上市公司任职能够为独董带来可观的薪酬和良好的声誉(Fama and Jensen,1983)。2005—2013 年间在 A 股上市公司任职的独董中有 94.08% 在上市公司领取薪酬,年薪均值为 5 万元,最高年薪达到 130 万元。出于获得财富和积累声誉的考虑,独董普遍希望保留独董职务,实现连任,甚至因此牺牲其应履行的监督职能(唐雪松等,2010)。

就股权相对集中的我国上市公司而言,内部人控制公司的问题相对普遍。独董的聘用和薪酬取决于最终控制人的态度,独董在履职时因此遭受巨大的客户压力。一旦独董对董事会提案提出否定意见,将给公司带来巨大的负面效应,独董由此面对强大的阻力(赵子夜,2014)。唐雪松等(2010)基于 2001—2007 年间曾有独董提出否定意见的公司样本发现,相比于未对董事会说"不"的独董,说"不"的独董离任现职的可能性高出 1.36 倍。这种对履行监督职能的独董进行"逆淘汰"的机制和文化限制了独董公开质疑董事会提案的意愿。

由于独董在履行监督职能时负有潜在的法律责任,很多专业人士并不情愿出任独董,而上市公司则对来自公司外部的能够保持独立性同时具有较好的职业技能的独董存在大量需求。一些保险公司为了迎合上述需求有针对地推出了董事责任保险。在我国公司治理实践中,一些上市公司也为其独董购买了董事责任险。然而,对于董事责任险的推出是否改善了独董制度的有效性,无论在理论上还是实践上都存在争议。一方面,理论上,独董责任险看起来通过保险的方式分担了原本由独董承担的职业风险,鼓励更多专业人士出任独董。但另一方面,董事责任保险可能诱发独董的道德风险行为,使原本审慎监督的行为变得流于形式,相应的法律责任和风险转嫁给保险公司,使得独董通过责任保险的购买成为收入稳定的职业。而这显然与独董制度设计的初衷相悖。Zhou 等(2009)利用美国的数据提供的证据表明,董事责任险的购买降低而不是提高了独董监督经理人的有效性。当然,如果独董需要承担的法律连带责任太重,以致无人愿意出任独董,则可以通过合理设计的责任保险制度来缓解上述局面。

(二)独董的存在将向资本市场传递公司具有良好治理结构的信号

与没有聘请独董的上市公司相比,具有独董的上市公司会被投资者认为未来会在提高公司透明度、接受外部监督等方面做出更多努力。因而建立和引入独立董事制度的公司相比较而言更容易获得投资者的亲睐,获得市场正向的反应。这集中表现在,如果不存在提前的信息外泄,理论上我们可以预测,一个公司在宣布聘请声誉卓越、认真负责的独董时会获得显著为正的累计非正常收益。

原则上,如果聘请独董是一家公司自觉自愿的行为,则与聘请较低比例独董的公司相比,聘请更高比例的独董的公司将获得更多的累计非正常收益。但如果独董的引入和相关制度的建立是监管当局"一刀切"强制推行的结果,则我们预期上述效应会大打折扣。原因是,这种"一刀切"的政策使独董引入这一原本内涵丰富的信息传递的有效性大为降低。即使一些公司主动完善公司治理的举措,也会由于"一刀切"的政策而被市场解读为出于满足监管要求的目的。此时,如果一个公司希望通过聘请独董向资本市场传递改善公司治理的信号,将必须聘请比监管当局要求的比例高得多的独董。我们看到,监管当局推出的"一刀切"的强制引入独董的政策一方面在短时间内快速推动了我国上市公司独董制度建设,使我国的公司治理实践从原来依靠内部的监督向依靠外部和独立的监督这一更加符合世界潮流的方向发展;但另一方面,也带来了一些潜在的负效应,例如,扭曲了聘请独董向资本市场传递改善公司治理信号的功能,同时增加了通过这一机制传递信号的成本。其背后的直觉十分类似于通过获取各种证书来证明一个求职者的能力(郑志刚等,2011)。当其他求职者没有,而你持有某种证书时,该种证书成为向雇主传递你个人能力的信号,有助于你获得雇主的聘任,由此解决逆向选择问题;但(由于竞争的加剧)如果其他求职者同样持有某种证书,你通过持有该种证书获得聘任的概率并没有显著提高,因而你和雇主之间的信息不对称进而逆向选择问题依然存在,只不过信息不对称程度减缓。如果你希望未来最终获得雇主的聘任,则需要向该雇主出示比其他求职者更多的证书。获得证书不再成为帮助你传递能力的信号以解决逆向选择问题,而是蜕化为证明你并非低能的信号。因为一旦你放弃获得证书就会被解读为低能从而失去任何被聘用的机会。竞争的加剧使得证书的信号价值降低,全社会的信号传递成本提高。我们看到,监管当局"一刀切"地强制推行独董制度的行为类似于人为地制造了竞争,使得原本可以用来改善公司治理的信号功能发生扭曲,通过类似机制传递信号的社会成本显著增加。

(三)独董的存在可以提高上市公司信息披露的可信程度

独董的存在使公司董事会决策流程对外部投资者来说从以往的不可观察变为可观察甚至可证实,提高了信息披露的可信程度,从而增加了上市公司关联交易等行为的制度成本。独董需要对公司董事会重要议案签署意见,并对重大事项(例如关联交易、贷款担保等)发表独立意见。这些内容不仅需要由董事会秘书或公司证券机构记录,而且会按监管当局的要求进行严格的信息披露。由于独董声誉和法律责任的"背书",上市公司向资本市场发布的董事会议案的审议表决流程变得更加令人信服。这同时使得上市公司关联交易的制度成本增加。

5.4 为什么我国上市公司独董并没有发挥预期的公司治理作用

尽管早在1999年中国证监会等部门就开始要求同时发行B股和H股的上市公司设立独立董事,但直到2002年独立董事制度才在我国上市公司得到实质性推行。2003年在上市公司中全面推行独董制度后,独董至少在形式上成为我国上市公司治理最基本和重要的制度安排之一。但由于产生来源、更迭机制中董事长(经理人)权力的影响和董事会任人唯亲文化的存在,独立董事的作用与预期发挥的监督经理人的作用之间存在差距,甚至被称为"花瓶董事"。

(一)产生来源和更迭机制的影响

首先,独立董事的产生需要由作为监督对象的董事长(经理人)的推荐、面试,董事长(经理人)的上述权力使得独立董事监督作用的发挥先天不足。由于董事长(经理人)在提名董事进入新一轮董事会中扮演十分重要的角色,成为董事所带来的薪酬、名誉和社会交往使每一位希望在下一届董事会选举中重新获得提名的董事有激励讨好董事长(经理人)。一方面,董事长(经理人)绩效考核和薪酬制定由董事来完成;另一方面,董事长(经理人)会反过来参与董事的年薪和津贴的制定。更重要的是,一名董事一旦形成"喜欢与经理人对抗"的"声誉",将很难获得其他公司邀请加入董事会的机会。出于上述几个方面原因的考虑,董事在监督经理人问题上通常表现十分暧昧,容易妥协。我们看到,由于独立董事的产生需要董事长(经理人)的推荐、面试,其薪酬政策制定需要董事长(经理人)的参与,上述制度设计上的根源和缺陷很难使独立董事发挥预期的独立监督作用。

(二)任人唯亲的董事会文化的制约

由于我国尚未形成成熟的独立董事市场,独立董事一般在董事长或经理人的朋友,或"朋友的朋友"中产生,这种任人唯亲的董事会文化是制约独立董事有效发挥监督作用的文化根源(郑志刚等,2012)。任人唯亲的董事会文化一方面在制度根源上可能离不开董事长或经理人手中的权力,另一方面则可能是与熟人社会相关的文化和社会连接相互影响的结果。从对董事长或经理人权威尊敬的文化和社会规范出发,董事通常不愿出面阻挠薪酬计划等,以免破坏与董事长或经理人良好的同事关系。上述董事会固有的文化导致董事有激励讨好董事长或经理人,在潜意识里与董事长或经理人合谋。

(三)一些上市公司引入独立董事的目的不是监督经理人,而是建立政治关联

一些研究表明,民营企业负责人通过成为人大代表或政协委员建立政治关联对公司绩效改善具有正向影响(Fan et al.,2007;Li et al.,2008)。政治关联身份有助于民营企业从商业银行获得更多贷款,并获得政府税收补贴。很多民营企业愿意聘用具有政府官员背景的独立董事不是为了让其监督董事长或经理人,而是为了建立政治关联。其实质是公司以独立董事的方式支出薪酬,而具有官员背景的独立董事为企业谋取政治经济利益的交易行为。既然聘请独

立董事的目的就是建立政治关联，显然我们并不应该寄希望于这些独立董事反过来监督董事长或经理人。

为了杜绝通过聘请独立董事的方式建立政治关联进而以权谋私，开展不公平竞争，2013年10月19日中组部下发了《关于进一步规范党政领导干部在企业兼职（任职）问题的意见》。上述意见颁布后，A股上市公司迅速掀起独立董事离职潮。至2014年6月初，沪、深两市共有268人主动请求辞去独立董事职位，涉及约300家上市公司。平均每月有约33名独立董事递交辞呈，几乎每天至少有一名独立董事去职（《经济参考报》，Wind资讯，2014年6月）。与美国公司中约有一半的独立董事来自其他公司的现任或退休CEO不同，有数量如此之多的官员背景人士出任独立董事成为我国上市公司治理实践中十分独特的现象。

（四）独立董事难以实质参与上市公司的重要经营决策

上海证券交易所2013年发布的一份报告指出，当年共有26家公司的38位独立董事对相关事项提出过异议，占独立董事总人数的1.23%。而根据《2007年沪市上市公司独立董事履职情况分析》，2007年仅有1.5%的独立董事曾提出过异议。我们看到，独立董事在五年间发表异议的情况并没有太大变化，甚至出现了下降趋势。绝大多数独立董事依然从未发表过反对董事会决议或违背控股股东及其控制下的管理层的意志的反对意见。同样根据上交所2013年的这份报告，超过1/3的独立董事表示自己无法获得与内部董事同等的信息，以支持自己做出独立判断、发表独立意见；甚至有约1/7的独立董事表示所任职公司曾欺骗过自己或阻挠过自己行使职权。在缺乏必要信息的情况下，独立董事既不能盲目附和，也不能随意否决，只能弃权。这使得独立董事难以实质参与上市公司的重要经营决策，并提出可能的政策建议。即使是那些发表反对意见的独立董事，由于投出的反对票往往未被采纳或完全采纳，他们仍然难以实质影响上市公司的决议。例如，ST南华的独立董事曾经提议罢免长期不履行职务的董事长，然而被股东大会否决，相关建议流产；中视传媒的独立董事提议在租赁合同中补充正式律师的鉴定意见，同样未被采纳。上述情形还出现在厦门汽车、ST民丰、力元新材和华冠科技等多家上市公司中（参见《2007年沪市上市公司独立董事履职情况分析》）。

（五）固定津贴下的独立董事的激励不足

与成熟市场经济国家上市公司甚至主要依靠股权激励计划等来向独董提供激励不同，我国绝大多数上市公司向其独董支付的仍然是津贴性的固定薪酬。表5.3报告了按证监会分类的行业标准,我国上市公司2011年的独董薪酬情况。我们看到,在当年全部上市公司中只有不到6%的企业独立董事的薪酬是有差异的,并且差异很小。此外,绝大部分企业向其独董支付的都是固定薪酬,且不同独董获得的薪酬并无差异。

表5.3 我国上市公司2011年的独董薪酬情况

行业	上市公司数量（个）	独董薪酬存在差异的公司数量（个）	所占比例（%）	行业内独董最高薪酬（元）
农、林、牧、渔业	45	0	0	100 000
采掘业	56	7	12.5	450 000
制造业	1 389	40	2.9	350 000
电力、煤气及水的生产和供应	72	9	12.5	132 600
建筑业	49	9	18.4	185 000
交通运输、仓储业	73	3	4.1	608 800
信息技术业	176	10	5.7	204 000
批发零售贸易	126	11	8.7	200 000
金融保险业	41	20	48.8	1 265 000
房地产业	124	14	11.3	250 000
社会服务业	70	4	5.7	261 906
传播与文化产业	32	3	9.3	180 000
综合类	56	7	12.7	180 000
总计	2 308	137	5.9	

而薪酬合约设计中十分重要的股权激励计划在我国独董薪酬实践中明确不允许采用。我国证监会2005年颁布的《上市公司股权激励管理办法（试行）》第8条明确规定:"股权激励计划的激励对象可以包括上市公司的董事、监事、高级管理人员、核心技术（业务）人员,以及公司认为应当激励的其他员工,但不应当包括独立董事。"作为对照,在世界500强企业中,50%以上的企业向独立董事发放股权激励,甚至有5%的企业的独立董事收入全部来自股票。

我们注意到,以往公司治理理论和实践更多关注的是经理人的薪酬设计问题,而独董的薪酬设计问题长期以来或者被忽视,或者简单假设独董自身的激励问题已经得到很好的解决,因而他有激励来履行监督经理人和进行战略咨询的职责。然而,正如Bebchuk和Fried(2003)所指出的,董事会在成为解决经理人与投资者之间的利益冲突所引发的代理问题的潜在工具的同时,自身同样存在代理问题（独董是股东的代理人）和相应产生的激励问题。因而,如何激励独董,使他们能够"像股东一样思考",至少同公司治理理论和实践传统上关注的经理人薪酬设计问题一样重要。一个显然的事实是,基于独立董事个人绩效和风险分担的差别化薪酬设计显然会向其提供更强的激励,将优于固定薪酬模式。

民生银行独立董事薪酬差别化实践

民生银行从2007年开始就推出了差别化的独立董事薪酬。除了固定津贴性质的60万元年费,独董的收入还与是否出任专业委员会委员和主席等风险分担因素,以及参加会议和调研等个人努力因素相联系。2011年,该行的独董王联章以126.5万元的收入夺得了独立董事薪酬收入冠军的宝座;同年,其他独立董事的收入也高于80万元。与此同时,民生银行在2008年推出"独董上班制度",要求每个独立董事每个月必须有1—2天到民生银行工作,银行配备专门的办公室和辅助人员。通过上述独董差别化的薪酬设计的推出,民生银行在一定程度上缓解了独董自身面临的代理和激励问题。

(六)独立董事更迭乱象丛生,逆淘汰现象严重

理论和公司实务上,来自公司外部的独董的更迭并不需要也不应该与董事长的非常规更迭同步。在我国的一些上市公司中,未到届的独董在没有出现公司重组、企业绩效不佳、遭到监管当局处罚以及出具保留意见的情况下,却在董事长非常规更迭不久后出人意料地遭到更迭。因而,在我国上市公司的独董更迭中存在"一朝天子一朝臣"现象和任人唯亲的董事会文化。对于一家存在任人唯亲董事会文化的企业,董事长事实上将成为企业日常经营管理决策和决定董事会成员升迁"一言九鼎"的"天子",而包括独董在内的董事会成员则相应异化为"驯服的朝臣"。上述文化的存在无疑将改变独董制度设计希望通过聘请独董来提供来自外部的、独立的监督的初衷,削弱独董监督的有效性,成为独董无法发挥预期的公司治理作用的现实原因之一。

除了独董随着上任董事长离职而更迭的"一朝天子一朝臣"现象外,独立董事更迭还存在其他乱象。这些乱象都成为我国上市公司存在任人唯亲的董事会文化的重要表征。例如,一些上市公司独董在任满两届六年以后,离开三年后再度被聘为独董;而一些上市公司独董两届到期以后甚至没有离开公司,而是被推荐为监事,下次董事会换届时再度成为独董(关于独董返聘现象的经济后果和影响因素的进一步考察参见本书第6章)。上述例子除了表明这些企业在选聘独董过程中存在不规范行为和任人唯亲倾向外,还在一定程度上揭示了在我国公司治理实践中,很多上市公司聘任独董仅仅是为了满足监管要求,而不是为了引入一个独立、专业的监督者。

与独董更迭相关的另外一个重要问题就是独董的逆淘汰。如果一个独董曾经出具过保留意见,则往往很难获得其他公司的聘任,于是出现所谓的逆淘汰现象。在逆淘汰的氛围和任人唯亲的董事会文化背景下,说"不"的独董不仅离职的可能性提高,而且很难获得其他公司的聘任。唐雪松等(2010)研究发现,独董发表否定意见将降低连任的概率。说"不"所需要付出的高昂成本迫使独董往往选择沉默、奉承,甚至迎合或勾结。上述逆淘汰机制的存在,使得独董发表否定意见成为稀缺现象。在 2005—2013 年全部 A 股上市公司超过 11 072 件董事会提案中,仅有 0.98% 的提案被独董出具了非"赞成"类型的意见。

郑志刚和李俊强(2016)利用我国上市公司独董对议案发表意见的独特数据,进一步从否定意见的类型、董事会议案事项、是否集体行动等三个方面深入考察了独董对董事会议案说"不"这一监督行为的经济后果。该文的研究发现,在我国上市公司中,对董事会议案明确出具反对意见的独董、所出具否定意见针对人事任免等事项的独董,以及集体说"不"的独董更容易遭到逆淘汰,因而独董所预期的公司治理角色由于逆淘汰机制和任人唯亲的董事会文化的存在而大打折扣。

我国在上市公司中全面推行独立董事制度已经有十多个年头了。我们看到,虽然该制度在提高信息披露的可信程度、增加上市公司关联交易的制度成本等方面功不可没,但由于以上种种原因,独董的作用与其预期发挥的监督董事长与经理人的作用之间仍然存在差距。未来,我们需要从制度设计和文化根源两个方面积极加以改进,努力形成科学合理的董事会权力架构和"和而不同"的董事会文化,使我国上市公司的独董制度健康良性发展,并最终成为发挥重要公司治理作用的基础性的制度安排。

5.5 小　　结

本章介绍了董事会的职责、组织模式,并结合我国上市公司的制度背景,讨论了我国独立董事制度运行中存在的问题。我们得到的主要结论和政策含

义是:

第一,董事会的职能集中体现在监督和战略咨询职能上,即代表股东监督经理人,同时作为专业人士向经理人提供战略咨询。

第二,我国在学习和引进成熟市场经济国家现代公司的董事会组织模式的过程中,逐步形成了一种既不完全像美国模式,又不完全像德国模式的具有中国特色的董事会组织模式。目前董事会的组织模式依然是职能混合的,并没有改变职能冲突的局面。与此同时,引入监事会不仅增加了制度运行成本,而且使经理人面临董事会和监事会的多头监督。因此,如何真正形成具有中国特色的董事会组织模式,未来还需要进行长期的探索。

第三,独董制度设立的初衷是形成对经理人来自外部的、独立的监督。具体而言,可以通过对董事会议案出具否定意见、向资本市场传递公司具有良好治理结构的信号、提高信息披露的可信度和增加上市公司关联交易等的制度成本等履行监督职能。独董在改善我国上市公司治理结构方面发挥了一定作用。

第四,尽管独董在形式上是我国上市公司治理最基本和重要的制度安排之一,但独董的实际作用与其预期发挥的监督经理人作用之间仍存在差距。原因包括:(1)独董的产生需要由作为监督对象的董事长(经理人)的推荐、面试,董事长(经理人)的上述权力使得独立董事监督作用的发挥先天不足;(2)由于尚未形成成熟的独董市场,独董一般在董事长或经理人的朋友或"朋友的朋友"中产生;(3)一些上市公司引入独董的目的本身不是监督经理人,而是建立政治关联;(4)独董难以实质参与上市公司的重要经营决策,并提出可能的政策建议;(5)固定津贴下的独董的激励不足;(6)独董更迭乱象丛生,不仅有"一朝天子一朝臣""独董返聘"等独特现象,而且盛行逆淘汰的文化。

 延伸阅读

阿里的合伙人制度与"董事会中的董事会"

2014年9月19日,阿里巴巴集团在美国纽交所成功上市。阿里在美国并非以"同股同权",甚至不是以近些年新兴公司流行的不平等投票权等股权控制结构上市,而是选择对董事会安排具有实质影响的合伙人制度。按照阿里公司章程的相关规定,包括马云在内的27个合伙人有权任命董事会的大多数成员。如果董事候选人遭到股东反对,合伙人可以重新提交候选名单。那么,如何理解阿里的合伙人制度呢?

我们知道,现代公司的股东与经营管理团队所签订的合约往往很难对现在难以预期的事件未来发生时合约双方的权利和义务做出严格详尽的规定,因而看起来总是不完全的。在互联网金融兴起前的传统社会,资本不仅相对稀缺,而且资本在与经理人形成的委托代理关系中处于信息劣势,因而资本处于资源配置的中心。我们把上述范式称为"资本雇佣劳动"的范式。在"资本雇佣劳动"的范式下,合约不完全会带来的危害是,预期到未来(由于合约不完全)会面临实际经营企业的管理团队的"敲竹杠"的机会主义行为,投资者并不情愿购买特定公司发行的股票,成为该公司的股东。合约不完全导致的投资者企业专用性投资(例如,购买公司发行的股票)的激励不足,使得现代公司通过借助资本社会化与经理人职业化的专业化分工实现的效率改善无法实现。

那么,如何解决由于合约不完全导致的投资者事前专用性投资激励不足的问题呢?现代公司通过股权结构安排,使股东成为公司的所有者。虽然股东(投资者)与管理团队的合约不完全,但作为所有者,股东一方面可以通过股东大会对未来可能出现的资产重组等合约没有规定或涉及的事项以投票表决的方式进行最后裁决,另一方面享有对企业收入在扣除固定的合约支付(例如银行的利息、雇员的薪酬等)后的剩余进行分配的权利。因而,通过产权安排,一定程度上缓解了由于合约不完全导致投资者企业专用性投资激励不足的问题,最终使得建立在专业化分工和管理效率改善基础上的现代公司快速发展。

随着人类社会财富的积累和资本市场制度的发展成熟,特别是基于大数据等数据基础和云计算等分析技术的互联网金融时代所带来的信息不对称降低,外部融资门槛降低,以往相对稀缺的资本退化为普通的生产资料。任何需要资金支持的项目都可以借助互联网金融轻松实现外部融资,而不再受到资本预算瓶颈的限制。业务模式竞争更多反映的是人力资本的竞争。"劳动(创新的业务模式)雇佣资本(通过互联网实现外部融资)"的时代悄然来临。

在"劳动雇佣资本"的时代,作为业务模式的引领者与管理效率的提升者的新型管理团队所体现的人力资本成为稀缺资源。对于合约不完全问题,以往经理人的代理问题体现出的机会主义行为倾向,往往被投资者的敌意收购等机会主义行为所代替。类似于不完全合约下股东投资现代公司的激励不足,预期到未来会发生"门外的野蛮人"发起的敌意收购等机会主义行为,管理团队事先的人力资本投资将变得不足。

那么,如何向管理团队提供人力资本投资激励呢?一个在"劳动雇佣资本"时代类似于产权安排的思路是使管理团队拥有超过"一股一票"的对公司的实际控制权,例如,提名董事的权利。于是,我们看到,包括合伙人制度在内的不平等投票权股权结构应运而生。当一个管理团队可以对不完全合约中尚未涉及的事项进行规定时，他们对"门外野蛮人"可能发起的敌意收购等机会主义行为变得不再担心，从而有激励进行长期的人力资本投资。我们看到，近十几年出现的不平等投票权在新兴企业盛行的原因恰恰是对过去几十年发生在资本市场上的无数桩血泪斑斑的"门外野蛮人"敌意收购机会主义行为的反思。

对照阿里合伙人制度的实际运行，我们看到，根据公司章程，阿里合伙人拥有特别提名权，并可任命大多数的董事会成员。被提名的董事会候选人在年度股东大会上接受股东的投票选举。如果阿里合伙人提名的董事会候选人未在股东大会上获得通过，或因任何原因在选举后退出董事会，则阿里合伙人有权指派另一人担任临时董事填补空缺直至下一年股东大会。届时，该名被指派的临时董事将代替初始候选人于所在董事类别中参选留任。被指派者原则上为阿里合伙人成员，且需获得半数以上合伙人的同意。阿里于是通过合伙人制度实现了"铁打的经理人，流水的股东"，一定程度上避免了未来"门外野蛮人"敌意收购机会主义行为的发生。

这里需要指出的是，并非所有的人力资本都可以通过推出合伙人制度而成为公司的实际控制人。从阿里的实践来看，至少需要同时具备三个条件。其一，合伙人所组成的管理团队已经形成业务模式发展引领者的良好声誉。例如，在2014年在美国上市并正式推出合伙人制度之前，阿里以其"为客户构建未来的商务生态系统并持续发展"的愿景和"让天下没有难做的生意"的使命，经过15年的打拼，已从单一的B2B（企业对企业）模式向B2C（企业对个人）、C2C（个人对个人）以及O2O（线上到线下）模式开拓。随着电商行业B2C模式的发展，诸如天猫、淘宝之类的网络购物平台已逐渐改变了消费者的购物习惯，甚至从零开始打造出人数众多的商家和客户参与的"11·11"网络购物狂欢节。而阿里集团内最早成立的阿里巴巴公司（Alibaba.com）更是成为全球B2B电子商务的著名品牌。作为目前全球最大的网上贸易市场，阿里巴巴公司两次被哈佛大学商学院选为MBA案例，四次被美国权威财经杂志《福布斯》选为全球最佳B2B站点之一，多次被相关机构评为全球最受欢迎的B2B网站、中国商务类优秀网站、中国百家优秀网站、中国最佳贸易网，被国内外媒体、硅谷和国外风险投资家誉为与Yahoo、Amazon、eBay、AOL比肩的五大互联网商务流派代表之一。

其二，是形成一支事前组建的管理团队，因而具有高的管理效率。对于绝大多数的公司而言，管理团队是在公司形成的同时按照公司章程组建的，鲜有先组建管理团队后形成公司的例子。如果观察阿里合伙人制度的创立过程，我们会发现,在美国上市时相关章程发布合伙人制度之前,阿里已经开始运行合伙人制度。因而阿里是典型的"先有管理团队,后有公司上市"。我们知道,阿里合伙人制度创立于2010年7月,合伙人的人数也从早期的二十几人,增加到目前的30人。我们可以设想阿里不是以目前的方式,而是由第一大股东软银按照公司章程在公司成立的同时通过全球招聘形成一支管理团队的情形。来自不同地域和文化的个性鲜明有时甚至桀骜不驯、傲慢自负的高管在形成一个高效率的管理团队前将不可避免地经历长时间的磨合。在磨合过程中所形成的各种隐性和显性成本最终都将由股东"埋单"。例如,股东往往需要向经理人提供强的薪酬激励计划,以协调经理人与投资者之间的代理冲突等。然而,对照阿里的合伙人制度,我们看到,在公司尚未形成前,已形成以马云为首的以合伙人方式事先组建的管理团队。成为合伙人的高管往往来自公司的核心团队,不仅工作年限平均在10年以上,是公司股票、期权激励计划的实施对象,长期持有公司的股票,而且更加重要的是,合伙人的文化价值观念与公司保持一致,能进一步传承公司的文化理念,延续公司的价值创造力。

其三,事前组建的管理团队事实上同时实现了公司治理机制的前置。对于现代公司无法回避的公司治理问题,现代公司通过董事会监督、经理人薪酬合约设计等公司治理机制来减缓代理冲突,降低代理成本。而阿里通过事前组建的管理团队,预先通过共同认同的价值文化体系的培育,使公司治理试图解决的私人收益问题不再成为合伙人追求的目标,从而使代理问题一定程度上得以在事前解决。因而,伴随阿里上述基于共同文化认同所形成的事前组建的管理团队的是高的管理效率。

我们看到,阿里通过合伙人制度形成了"董事会中的董事会",在管理团队事前组建和公司治理机制前置中履行了"特殊的董事长"的职能,使管理效率得到极大的提升。正如阿里研究院崔瀚文先生所说,"在互联网金融时代下,股东投资看中的是核心团队,这包括技术、运营、财务、法务、资金,等等。能让他们共同发挥作用的是他们的共同理念,文化价值观带来了凝聚力""而很多投资人不在乎具体业务模式,而是相信这个团队的能力,相信只有这群人才能创造价值,资金方看好(这一点)也往往不会撤资"。在上述意义上,阿里股东放弃"同股同权"("一股一票")原则,其实是在向具有"业务模式发展引领者"的良好声誉,同时通过管理团队事前组建和公司治理机制前置极大地提升管理效率的阿里特殊人力资本团队——阿里合伙人支付溢价。因而,阿里合伙人制度的实质是在"劳动雇佣资本"时代,资本向特殊人力资本团队支付的溢价。而合伙人制度的出现反过来也昭示了"劳动雇佣资本"时代的来临。

然而,需要说明的是,虽然与不平等投票权相比,合伙人制度具有更浓郁的管理团队事前组建和公司治理机制前置等所带来的管理效率提升色彩,但合伙人制度并不具有不平等投票权从B股转为A股的通畅的退出机制。与此同时,合伙人制度中关于文化和精神层面等的"软"约束,以及创始人独一无二、不可替代的作用都会为未来合伙人制度的执行带来某种不确定性。不过,好在马云和他的阿里集团天然带着"市场"这一良好的"基因",也许阿里可以通过未来进一步的制度创新来克服今天公司治理结构创新所带来的挑战。

第6章
任人唯亲的董事会文化与独董监督有效性

6.1 引　　言

　　除了董事会制度设计中存在的问题(例如第5.5节提及的独董产生来源、独董自身的激励不足和更迭中的逆淘汰机制),在我国上市公司独董未能发挥预期的监督作用还与任人唯亲的董事会文化有关。Jensen(1993)认为"以真理和坦率为代价的优雅殷勤般的礼貌"的董事会文化抑制冲突,是导致董事会治理失败的部分原因。上述董事会文化登峰造极,逐渐演变为任人唯亲的董事会文化。这里所谓的任人唯亲的董事会文化指的是基于之前或后来形成的社会连接,在董事会成员之间建立相互信任和忠诚关系,以至于董事会重要决策的制定不是依据商业规则,而是受到成员之间亲疏关系的影响。Brick等(2006)的研究以经理人超额薪酬为例表明,任人唯亲的董事会文化导致董事与CEO之间互相给对方发放高的薪酬,导致经理人超额薪酬的出现。郑志刚等(2012)基于我国上市公司的数据发现,我国上市公司出现的经理人超额薪酬现象同样可以从任人唯亲的董事会文化中得到部分解释。

　　本章从独董发表否定意见的任期阶段特征和独董返聘现象这两个我国制度背景下独特的公司治理现象来考察任人唯亲的董事会文化对独董监督职能履行的影响。按照我国证监会2001年颁布的《关于上市公司建立独立董事制度的指导意见》的规定,"独立董事每届任期与该上市公司其他董事任期(三年)相同,任期届满,连选可以连任,但是连任时间不得超过六年"。上述规定意味着一位独董在一家公司任满两个任期后必须离任，只有在首个任期独董才涉及连任问题，因而同一位独董在任期的不同阶段连任动机不同。这一制度背景从而成为我国上市公司独董在不同任期阶段监督行为存在差异的特殊原因。我们的研究发现，独董在首个任期和第二任期中的监督行为存在显著差异。在第二个任期独董对董事会提案出具否定意见的可能性是首个任期的1.41倍。这一结果的出现显然与我国上市公司独董公开对董事会提案提出异议后连任概率将明显下降的事实分不开(唐雪松等，2010)。上述逆淘汰机制和任人唯亲的董事会文化的存在使独董有动机为争取连任而避免在首个任期对董事会提案说"不"。

所谓的独立董事返聘现象，指的是独董在任期届满后经历了与公司短暂的分离重新被聘回原公司的现象。它是基于我国资本市场的制度背景形成的一种独特的独董更迭模式。一方面，独董返聘通过变相实现任期的延长，使得独董与作为监督对象的CEO或董事长建立稳定的社会连接；另一方面，被返聘的独董将对推荐他的CEO或董事长感恩戴德。上述两种因素的结合将会共同削弱独董监督职能的履行，导致企业绩效的下降。如果说"优雅殷勤的礼貌"(Jensen,1993)和"隔靴搔痒式的批评"(Brick et al.,2006)仅仅是任人唯亲董事会文化的肇始，那么独董返聘则在一定程度上成为我国上市公司存在任人唯亲董事会文化的一种特殊而且直接的表征。

因而，任人唯亲的董事会文化与董事会制度设计中存在的问题共同削弱了董事会监督的有效性。未来的公司治理改革除了需要完善制度设计，同时还需要着力打破任人唯亲的董事会文化。

本章以下部分的内容组织如下：第6.2节讨论独董出具否定意见的任期阶段特征；第6.3节讨论独董返聘现象的经济后果与影响因素；最后是简单小结。

6.2　独董出具否定意见的任期阶段特征

除了同一公司的不同独董在个体特征，如独董的性别(Adams and Ferreira,2009)、会计或法律等职业背景(Fich,2005；Francis et al.,2015；魏刚等，2007)、独董来源地(Giannetti et al.,2014；孙亮、刘春，2014)等方面存在差异外，同一公司的同一独董在公司任职的不同阶段，其行为也可能存在差异。我们把前者称为"独董特征的水平差异"，而把后者称为"独董特征的垂直差异"。我国上市公司独董任期的相关实践为从新的视角检验"独董特征的垂直差异"的相关公司治理效应提供了十分独特的场景。按照我国证监会2001年颁布的《关于上市公司建立独立董事制度的指导意见》的规定，"独立董事每届任期与该上市公司其他董事任期(三年)相同,任期届满,连选可以连任,但是连任时间不得超过六年"。上述规定意味着一位独董在一家公司任满两个任期后必须离任,只有在首个任期独董才涉及连任问题,因而同一位独董在任期的不同阶段连任动机不同。这一制度背景成为我国上市公司独董在不同任期阶段监督行为存在差异的特殊原因。

理论上,对于"独董特征的垂直差异"的相关效应,可以从经验积累与独立性丧失两种方向不同的视角进行考察。一方面,组织行为学中工作经验积累能提高绩效表现的相关理论(以下简称"经验积累理论")表明,任职期限较长的独董对公司经营管理更为熟悉,与管理层之间的信息不对称程度降低,因此更可能发挥强的监督作用(Ficdle,1970;Buchanan,1974)。例如,Liu和Sun(2010)的研究发现,如果审计委员会中有更多在任时间长的独董,公司的盈余管理行为明显降低。但另一方面,随着在任时间的延长,独董与管理层的长期交往使得合谋的可能性提高(Bebchuk et al.,2002),导致独董实质上丧失独立性,从而无法发挥预期的监督作用(Canavan et al.,2004)。例如,Vafeas(2003)的研究发现,薪酬委员会中如果有在任时间超过20年的董事,经理人获得的薪酬水平将显著更高,因此董事会成员任职期限过长损害了股东利益。Nguyen和Nielsen(2010)基于独董偶然死亡的事件研究发现,相对于其他独董死亡事件,在公司长期任职的独董死亡造成的公司股价负面反应显著更弱,从而部分支持了Vafeas(2003)的观点。

郑志刚等(2016a)将独董任期阶段的特征与独董履行监督职能的集中真实体现——发表否定性意见联系在一起,利用我国上市公司实践中独特的数据和研究场景,实证考察了在不同任期阶段的连任动机差异对独董发表否定性意见的行为的影响。

该研究选取2005—2013年在沪、深交易所上市交易的A股上市公司及所聘独董作为初始研究样本,最终独董提出否定意见的样本共有510个。我们将这些否定意见的基本情况整理在表6.1中。表6.1的Panel A报告了独董提出否定意见的董事会提案类型。我们可以看到,担保事项是独董提出否定意见最集中的提案类型,占比达37.70%。此外,关联交易也是独董非常关注的公司提案,占比为17.53%。事实上,担保和关联交易往往成为大股东掏空上市公司的重要手段(Cheung et al.,2006;Jiang et al.,2010)。表6.1的Panel A的结果表明,敢于公开质疑董事会的独董较为关注中小股东的利益保护,一定程度上发挥了监督董事会行为的作用。

表6.1的Panel B报告了独董出具否定意见的具体类型。多数独董并不采取极端的"反对"票形式表达异议,提出反对意见的仅占11.34%。比较集中的

是以投"其他"票质疑公司董事会提案(占比 67.02%)。虽然独董投"其他"票实质上也反映了对董事会提案的异议(叶康涛等,2011),但为了保持结果的稳健,我们也尝试了将投"其他"票的样本剔除出否定意见的变量度量,本文的主要结果仍保持一致。

表 6.1 独立董事出具否定意见的统计描述

Panel A:否定意见质疑的董事会提案类型		
提案类型	频次	占比
担保事项	299	37.70%
关联交易	139	17.53%
年度报告事项	87	10.97%
审计事项	69	8.70%
人事变动事项	62	7.82%
其他	137	17.28%
合计	793	100.00%
Panel B:出具否定意见的类型		
否定意见类型	频次	占比
反对	54	11.34%
弃权	64	13.45%
保留意见	12	2.52%
无法发表意见	18	3.78%
提出异议	9	1.89%
其他	319	67.02%
合计	476	100.00%
Panel C:独董任期阶段的影响		
任期阶段		出具否定意见样本占比
第一任期		7.1%
第二任期		10.9%
均值差异		−0.038***
T-value		−5.009

注:数据来源为 CSMAR 数据库,并由作者整理。*、**、*** 分别表示在 10%、5%、1%的统计水平上显著。

表 6.1 的 Panel C 报告了按处于首个任期或第二任期将独董分为两组,比较提出否定意见概率的均值差异检验结果。我们看到,在首个任期独董提出否定意见的概率约为 7.1%,而在第二个任期这一概率上升到 10.9%,均值差异在 1%的水平上显著。这初步表明了独董的任期阶段会影响其公开质疑董事会

提案的可能性,在首个任期中独董更倾向于避免对董事会提案发表异议。

我们以独董的任期阶段(是否处于首个任期的虚拟变量)作为主要解释变量,对独董是否提出否定意见的虚拟变量 Opinion Dummy 进行回归检验。相关结果报告在表 6.2 中。

表 6.2 独董任期阶段与提出否定意见概率

	模型 1	模型 2	模型 3
		Opinion Dummy	
First Tenure	−0.0264***	−0.0253***	−0.0307***
	(0.000)	(0.001)	(0.000)
Ln(Compensation)		−0.0113	−0.0089
		(0.510)	(0.606)
Ln(Age)		0.0087	0.0118*
		(0.164)	(0.084)
Gender		−0.0140	−0.0135
		(0.123)	(0.132)
Academic		0.0026	0.0016
		(0.669)	(0.796)
Law		0.0003	0.0004
		(0.977)	(0.965)
Finance		0.0043	0.0044
		(0.494)	(0.496)
Government		0.0119*	0.0125*
		(0.083)	(0.069)
Experience		−0.0143**	−0.0136*
		(0.047)	(0.058)
Offense			0.0255**
			(0.037)
$Ln(TA)_{t-1}$			−0.0057
			(0.190)
Lev_{t-1}			−0.0124
			(0.569)
ROA_{t-1}			−0.0275
			(0.756)

(续表)

	模型 1	模型 2	模型 3
		Opinion Dummy	
MB_{t-1}			−0.0087**
			(0.032)
Ln(Firm Age)			−0.0182***
			(0.009)
Cr1			0.0257
			(0.257)
Ln(Board)			−0.0107
			(0.526)
Independent			−0.1044
			(0.116)
Duality			−0.0138
			(0.159)
State			−0.0086
			(0.225)
Industry Dummies	Yes	Yes	Yes
Year Dummies	Yes	Yes	Yes
N	5 645	5 645	5 645
Pseudo R^2	0.355	0.358	0.366

注：回归系数为 Logit 模型边际影响。括号内为标准误差经稳健性调整、独董层面 cluster 处理后计算得到的 P 值。*、**、*** 分别表示在 10％、5％、1％ 的统计水平上显著。

从表 6.2 我们看到，任期阶段(First Tenure)的回归系数在 1％ 的统计水平上显著为负，说明独董在首个任期更倾向于不提出否定意见。较之于首个任期，独董在第二任期公开质疑董事会提案的概率显著上升 3.07％。结合独董提出否定意见的平均概率为 9.03％，可以计算得到第二任期独董说"不"的可能性是首个任期的 1.41 倍。

然而，传统组织行为学中的"经验积累"理论(Fiedler, 1970；Buchanan, 1974)同样可以解释表 6.2 观察到的独董任期阶段与提出否定意见之间的关系。例如，随着在公司任职时间的延长，独董对公司经营管理情况更为熟悉，更有可能发现董事会提案中的问题，并提出公开质疑。因此，接下来我们需要通过逐年比较独董提出否定意见的概率变化，检验是连任动机还是经验积累在上述关系的出现中发挥了主要作用。

我们新的检验逻辑是,由于熟悉和了解公司应是一个循序渐进的过程,独董对公司的认识程度应随在任时间的延长而逐渐提高。如果独董是因为更了解公司情况而能进行更有效的监督,那么独董提出否定意见的概率也应随在任时间的延长而平滑升高。而如果独董的连任动机对独董监督的有效性起主要作用,即后者更多地受到最多只能担任两个任期的限制,那么独董在首个任期和第二任期间说"不"的概率应存在跳跃性变化。通过检验独董上任后发表否定意见概率的逐年变化,我们可以判断连任动机和经验积累这两种影响机制哪种对我国上市公司独董的监督行为具有更强的解释力。相关结果参见表6.3。

表6.3 独董提出否定意见概率的逐年比较

	模型1	模型2	模型3	模型4	模型5
			Opinion Dummy		
Period_1	0.0652***				
	(0.002)				
Period_2		−0.0125			
		(0.336)			
Period_3			0.0721***		
			(0.000)		
Period_4				0.0161	
				(0.264)	
Period_5					0.0184
					(0.260)
Director-level Controls	Yes	Yes	Yes	Yes	Yes
Firm-level Controls	Yes	Yes	Yes	Yes	Yes
Industry Dummies	Yes	Yes	Yes	Yes	Yes
Year Dummies	Yes	Yes	Yes	Yes	Yes
N	1 042	1 517	1 869	1 984	1 724
Pseudo R^2	0.148	0.146	0.146	0.098	0.101

注:回归系数为Logit模型边际影响。括号内为标准误差经稳健性调整、独董层面cluster处理后计算得到的P值。限于篇幅,省略了控制变量的回归结果。*、**、*** 分别表示在10%、5%、1%的统计水平上显著。

从表6.3中我们看到,除了任职首年由于独董实际在任时间不足一年等原因,董事提出否定意见的概率和第二年有所差别外,其他年份间独董说"不"的概率并没有明显差异。这些结果进一步表明,在公开质疑董事会提案存在逆淘汰可能的背景下,出于连任动机,独董会在首个任期尽量避免提出否定性意见。

如果连任动机这一影响机制存在,那么独董在首个任期避免提出否定意见的效应应该在曾经有独董遭受逆淘汰的公司更加明显。如果这一结果得到证实,将为连任动机是独董任期阶段特征对独董监督行为影响的重要实现机制的假设提供进一步的证据。相关结果参见表6.4。

表6.4 董事会逆淘汰行为、独董任期阶段与提出否定意见的可能性

	模型1	模型2	模型3	模型4
	Opinion Dummy			
	Full Sample		Ad_Select=1	Ad_Select=0
First Tenure	−0.0243***	−0.0008	−0.0607***	−0.0217
	(0.002)	(0.926)	(0.000)	(0.193)
Ad_Select	−0.0410***	−0.0176**		
	(0.000)	(0.041)		
First Tenure* Ad_Select		−0.0579***		
		(0.000)		
Director-level Controls	Yes	Yes	Yes	Yes
Firm-level Controls	Yes	Yes	Yes	Yes
Industry Dummies	Yes	Yes	Yes	Yes
Year Dummies	Yes	Yes	Yes	Yes
N	5 645	5 645	3 108	2 537
Pseudo R^2	0.376	0.381	0.300	0.385
P-value (Difference of First Tenure)			0.003	

注:回归系数为Logit模型边际影响。括号内为标准误差经稳健性调整、独董层面cluster处理后计算得到的P值。限于篇幅,省略了控制变量的回归结果。*、**、***分别表示在10%、5%、1%的统计水平上显著。

从表6.4中我们看到,在那些曾经有独董遭受逆淘汰的公司,独董在首个任期避免提出否定意见的倾向更为明显。这表现为在全样本回归中独董处于第一任期和公司历史上曾发生逆淘汰现象的交叉项与发表否定性意见显著负相关,而在分类回归分析中,只有在历史上曾发生逆淘汰现象的子样本中,独董处于第一任期与发表否定性意见才会显著负相关。

如果前面的分析表明,在首个任期,独董为能够获得连任而倾向于避免公开质疑董事会提案,那么,接下来我们关心的问题是,这种独董层面的效应如果从公司层面看会产生怎样的经济后果。因此,我们在前面独董层面分析的基础上,进一步从公司层面考察上述独董任期阶段特征对于一个公司层面的治理状

况而言究竟意味着什么。换句话说,由于任期阶段特征而很少有独董说"不"的公司的治理状况是否会比有更多独董说"不"的公司的治理状况差?相关结果参见表6.5。

表6.5 独董任期阶段与公司代理成本

	模型1	模型2	模型3	模型4
	代理成本1		代理成本2	
First Tenure Dummy	0.0191***	0.0142**	0.0052***	0.0036**
	(0.003)	(0.015)	(0.002)	(0.021)
$Ln(TA)_{t-1}$		−0.0160***		−0.0027***
		(0.000)		(0.004)
ROA_{t-1}		−0.4137***		−0.1551***
		(0.000)		(0.000)
Lev_{t-1}		−0.1738***		0.0122**
		(0.000)		(0.019)
OCF_TA_{t-1}		0.0479		0.0054
		(0.325)		(0.702)
FA_TA_{t-1}		−0.0042		−0.0340***
		(0.865)		(0.000)
Cr1		−0.1135***		−0.0165***
		(0.000)		(0.004)
$Ln(CEO\ Compensation)_{t-1}$		−0.0065		0.0022
		(0.208)		(0.141)
Ln(Board)		−0.0003		0.0010
		(0.985)		(0.826)
Independent		−0.0743		0.0077
		(0.227)		(0.661)
Ln(Firm Age)		0.0155		0.0000
		(0.118)		(0.988)
Duality		0.0097		0.0085***
		(0.117)		(0.000)
State		−0.0320***		−0.0119***
		(0.000)		(0.000)
Industry Dummies	Yes	Yes	Yes	Yes
Year Dummies	Yes	Yes	Yes	Yes
N	2 182	2 182	2 182	2 182
Adj. R^2	0.084	0.214	0.139	0.227

注:括号内为标准误差经稳健性调整、公司层面cluster处理后计算得到的P值。*、**、***分别表示在10%、5%、1%的统计水平上显著。

从表 6.5 中我们看到,对于那些董事会中多数独董处于首个任期(首个任期独董占比超过样本中值)的公司来说,公司的第一类和第二类代理成本显著更高,公司面临较为严重的股东与经理人之间、大股东与小股东之间的代理冲突。这体现在,区别独董任期构成的虚拟变量(First Tenure Dummy)的回归系数至少在 5% 的水平上显著为正。回归结果在控制影响公司代理成本的其他因素后依然保持稳健。其背后的原因显然离不开独董出于保留职位、获得连任的考虑,在首个任期的监督行为不足(例如,避免公开质疑董事会提案),发挥的监督作用有限,导致公司的代理成本较高。如果说表 6.4 在独董层面揭示了任期阶段特征对独董监督行为的影响,那么,表 6.5 则从公司层面考察上述独董任期阶段特征对公司层面的治理状况的影响。

从如何避免独董由于任期阶段特征而监督不足这一现实问题出发,上述研究的政策建议是,鼓励在我国上市公司董事会组织中积极推行独董任期交错制度(staggered board)①。所谓独董任期交错制度是指将独董成员分成若干组,分期更换独董成员,以保持董事会中独董的稳定、有效的监督和对公司长期价值的关注。我国上市公司独董由于连任动机的差异往往在首个任期不能有效履行监督职能,同时,在主要由首个任期的独董组成董事会的公司中,代理问题相比而言更加严重。上市公司通过引入独董任期交错制度,使董事会的不同独董处于任期的不同阶段,可以避免由于连任动机不同独董监督行为不同的局面。

6.3 独董返聘现象的经济后果与影响因素

从"既不独立又不懂事"的"花瓶董事",到同时兼任多家职务的"忙碌董事",再到由于不符合相关任职规定而出现的"独立董事辞职潮",近年来围绕上市公司独立董事的相关媒体报道持续吸引着公众的眼球,同时也引起学术界极大的研究兴趣。② 一种基于我国资本市场制度背景独特的独董更迭实践引起了

---

① 由于在美国等国家的一些上市公司除了 CEO 为内部董事外,其余董事会成员全部为外部董事。因而独董任期交错制度事实上演变为董事会整体的任期交错制度,即将董事会成员分成若干组,规定每一组有不同的任期,分批分次更换董事成员。分批更换董事有利于保持董事会的稳定和对公司长期价值关注(Stein,1988),但上述制度往往不利于外部接管收购的实现,并及时更换股东希望更换的某些董事,形成这些董事事实上的盘踞(Stulz,1988)。对上述制度优缺点的一个简单评论请参见 Cohen and Wang (2013)。但由于我国上市公司除了 CEO 外,还保留了相当比例的内部董事,因此我们这里强调的是独董的任期交错制度。

② 例如,《深交所调研:花瓶独立董事正沦为签字工具》,《21 世纪经济报道》,2008 年 6 月 4 日;胡学文,《花瓶独董贻害,官符独董尤甚》,《证券时报》,2013 年 8 月 13 日;凌冲,《最忙碌的独立董事》,《京华时报》,2012 年 3 月 5 日;席大伟、唐强、熊玥伽,《上市公司独立董事辞职潮调查》,《每日经济新闻》,2014 年 3 月 7 日。

我们的关注。例如,在深市上市的 Y 公司在 2011 年聘任 A 和 B 担任第 7 届独董,而 A 和 B 都曾于 2000—2008 年在该公司担任第 4、5 届独董。类似地,在沪市上市的 Z 公司,曾于 2000—2008 年聘任 W 担任第 1、2、3 届独董,而 W 在离任两年后于 2010 年重新被返聘回该公司担任第 4 届独董。我们把上述现象概括为"独董返聘"现象。在本文所观察的从 2009 年到 2014 年的样本期间,发生过独董返聘现象的公司占比超过 17%。独董返聘现象在形式上看起来并没有违反监管当局关于独董任职期限与条件的相关规定[①],但独董返聘现象究竟为上市公司带来哪些直接的经济后果?又是什么因素导致了独董返聘现象的发生?对于这些问题,理论与实务界并未给出清晰的答案。

理论上,独董返聘既可能由于上市公司对独董监督和咨询能力的信任,也有可能与任人唯亲的董事会文化联系在一起。例如,任期较长的董事更可能与管理层建立私人友谊,产生偏袒管理层的倾向,任期的延长将以监督职能的消弱和投资者利益的损害为代价(Vafeas,2003;Anderson et al.,2004;Berger et al.,2013)。而独董通过返聘的方式变相实现了任期的延长。监管当局对独董任期加以限制的初衷同样是防止独董与上市公司其他高管因任期过长而变得关系过于紧密,影响独董的独立性和监督的有效性。Brick et al.(2006)、郑志刚等(2012)提供的证据表明,任人唯亲的董事会文化使得 CEO 与董事之间互相发放超额薪酬,损害了股东的利益。

郑志刚等(2016b)实证考察了我国制度背景下上市公司独特的独董返聘现象的经济后果与影响因素。由于独董返聘现象的发生往往是弱的公司治理结构导致的,而返聘独董的独立性丧失则进一步弱化了上市公司的治理结构。上述反向因果关系以及可能受到其他缺失变量影响的内生性问题会削弱基于全样本 OLS 回归的相关结论。因此,该研究对独董返聘现象经济后果的考察采用双重差分(difference_in_difference)分析框架。双重差分法通过剔除对照公司经济行为的时间趋势,可以较为清晰地比较发生独董返聘现象的公司与对照组在返聘独董前后的行为差异。该研究以样本公司发生返聘行为当年为观察点,检验了与不存在独董返聘现象的公司相比,存在独董返聘现象的公司,在被返聘独董在任的年份与返聘前 3 年在综合企业绩效指标上的平均差异。相关结果参见表 6.6。

[①] 根据中国证监会 2001 年 8 月 16 日发布的《关于在上市公司建立独立董事制度的指导意见》(下称《指导意见》)的规定,"独立董事每届任期与该上市公司其他董事任期相同,任期届满,连选可以连任,但是连任时间不得超过六年";"最近一年内""不得在上市公司或者其附属企业任职"。

表 6.6 独董返聘经济后果的实证结果

Panel A:未加入控制变量

	模型 1 TAR	模型 2 ROS	模型 3 ROA	模型 4 TQ	模型 5 MOS
RE	0.168***	0.091***	0.025***	−1.362***	−0.078***
	(2.84)	(5.46)	(5.01)	(−8.59)	(−4.48)
After	0.094**	0.039***	0.012***	0.238*	−0.024*
	(2.44)	(2.65)	(2.90)	(1.70)	(−1.77)
RE * After	−0.126**	−0.068***	−0.020***	−0.426***	0.036**
	(−2.15)	(−3.96)	(−3.96)	(−2.60)	(2.26)
Industry	Control	Control	Control	Control	Control
Year	Control	Control	Control	Control	Control
Cons	0.654***	−0.050***	−0.013***	0.728***	0.219***
	(17.17)	(−3.53)	(−3.28)	(5.56)	(15.32)
N	1808	1808	1977	1919	1820
Adj. R^2	0.011	0.030	0.027	0.169	0.029

Panel B:加入其他控制变量

	模型 1 TAR	模型 2 ROS	模型 3 ROA	模型 4 TQ	模型 5 MOS
RE	0.036	0.045***	0.008**	0.098	0.015
	(0.56)	(3.20)	(2.06)	(0.71)	(0.90)
After	0.112**	0.033**	0.010***	0.569***	−0.013
	(2.40)	(2.45)	(2.61)	(4.04)	(−0.75)
RE * After	−0.109**	−0.050***	−0.011***	−0.358***	0.031*
	(−2.06)	(−3.40)	(−2.84)	(−2.71)	(1.92)
Excuhldn	0.010**	0.000	0.001***	0.016**	0.001
	(2.46)	(0.48)	(2.80)	(2.00)	(0.74)
Leverage	−0.093	−0.220***	−0.073***	−1.767***	−0.041
	(−0.63)	(−4.98)	(−7.93)	(−4.47)	(−0.86)
Asset	0.041	0.027***	0.006***	−0.854***	−0.050***
	(1.53)	(3.68)	(4.01)	(−9.72)	(−6.34)
Duality	−0.093*	−0.006	−0.006*	−0.110	0.016
	(−1.96)	(−0.41)	(−1.82)	(−0.84)	(0.75)
State	0.104**	−0.014	−0.005**	−0.170*	−0.027**
	(2.21)	(−1.28)	(−2.11)	(−1.67)	(−2.01)

（续表）

Panel B：加入其他控制变量

	模型 1 TAR	模型 2 ROS	模型 3 ROA	模型 4 TQ	模型 5 MOS
BH	−0.078	−0.023	−0.008*	0.711***	0.057**
	(−0.71)	(−1.22)	(−1.67)	(3.26)	(2.14)
Top1	0.007***	0.001***	0.000***	0.004	−0.002**
	(4.43)	(3.12)	(4.40)	(0.95)	(−2.55)
Top2_5	0.008***	0.003***	0.001***	0.009	−0.001
	(2.80)	(4.33)	(4.64)	(1.49)	(−1.16)
Meeting	−0.008*	0.002	−0.000	0.020*	−0.001
	(−1.66)	(1.52)	(−0.00)	(1.65)	(−0.69)
Board_size	−0.016	−0.005*	−0.001	0.061**	0.008**
	(−1.18)	(−1.69)	(−1.03)	(2.09)	(2.36)
Independence	−0.588	−0.095	−0.049**	4.528***	0.137
	(−1.22)	(−0.96)	(−1.99)	(3.45)	(1.02)
ROS_{t-1}		0.153**			
		(2.44)			
ROA_{t-1}			0.322***		
			(7.64)		
Industry	Control	Control	Control	Control	Control
Year	Control	Control	Control	Control	Control
Cons	−0.273	−0.532***	−0.101***	16.684***	1.141***
	(−0.52)	(−3.12)	(−2.81)	(10.61)	(7.13)
N	1 808	1 808	1 977	1 919	1 820
Adj. R^2	0.261	0.129	0.291	0.475	0.240

注：括号中的数字代表 T 值；*、**、*** 分别表示在10％、5％、1％的统计水平上显著。为了消除公司间的异方差和组内相关性问题，本研究所有回归结果均采用公司聚类稳健标准误。

从表 6.6 中我们看到，存在独董返聘现象的公司相对于其对照公司，在返聘独董后业绩综合指标显著变差，体现在总资产周转率、销售净利率、总资产收益率、托宾 Q 值的显著下降上，而反映代理成本的管理费用率却显著提高。我们知道，能够提供来自外部的、独立的监督是独董在公司治理中被寄予厚望的原因。然而，作为监督者的被返聘独董与作为被监督者的经理人之间在经历独董返聘事件后形成的特殊的社会连接，一定程度上使独董的独立性丧失，由此导致监督的有效性大打折扣。而监督有效性的减弱必然最终体现为企业业绩的下降和代理成本的上升。在上述意义上，我们可以把独董返聘现象一定程度上理解为我国上市公司存在任人唯亲董事会文化的一种特殊而且直接的表征。

那么，存在独董返聘现象的公司在返聘独董后的绩效显著下降是通过怎样具体的路径或机制实现的？我们的研究发现，独董返聘后形成和强化的任人唯亲的董事会文化将通过以下几个方面损害外部股东的利益，并最终体现为企业绩效的下降。其一为向经理人支付超额薪酬。超额薪酬是经理人利用其实际权力为自己发放，或通过讨好献媚董事会发放的超过自己实际贡献的薪酬。而经理人超额薪酬的出现显然会损害外部股东的利益。郑志刚等（2012）的研究表明，任人唯亲的董事会文化使得CEO与董事之间有激励相互讨好对方，结果以牺牲股东利益为代价，互相为对方发放超额薪酬。

其二为关联交易。如果一个公司通过返聘独董建立和强化了任人唯亲的董事会文化，则该返聘独董将很少在董事会议案上提出否定意见。而按照监管当局的相关规定，独董需要在关联交易以及资产抵押担保等重大问题上发表独立意见。因此，一个可预期的结果是，在返聘独董的支持和纵容下，该公司未来会通过更多的关联交易和资产抵押担保事项议案，这无疑同样会带来股东利益的损害和公司价值的降低。

在提供均值差异结果之前，我们首先通过一个简单的案例研究来揭示其实现机理。曾在2013年返聘独董A的某上市公司2014年欲就参股某消费金融公司的关联交易议案进行表决。有趣的是，4位独董中出现了两类截然相反的表决。独董B对此议案明确表示"不同意"，其理由是"公司不满足《消费金融公司试点管理办法》第九条，关于非金融企业作为消费金融公司一般出资人的条件。若投资，公司作为一般出资人需五年后才具备转让所持股权的基本条件，股权的流动性不足，参股比例小，对于公司未来财务状况和经营成果影响亦小；从财务投资的角度看理由不充分"。然而，被返聘的独董A和其他两位独董对此议案表示支持，其理由是"……程序合规，关联交易事项公平、公开、公正，没有损害公司中小股东利益"。这个议案最终获得通过。进入2015年年末，当很多消费金融公司纷纷跑路后，公司董事会和股东们才意识到独董B的远见卓识。应该说，在这个案例中，我们对被返聘的独董A投赞成票并不感到意外。该案例正是通过出具反对意见的独董B的尽职尽责，将其他几位支持通过问题议案的独董的敷衍塞责反衬出来。

利用上述研究独董返聘的经济后果考察中对返聘公司的配对样本，我们对返聘公司与其对照组围绕关联交易的发生概率和金额进行了均值差异检验。参考郑国坚（2009）等以往文献，我们选取与母公司在2009年至2014年间相应年度是否发生"产品和劳务购销"(Rpt_y)度量关联交易。此外,结合独董监督职能的履行,我们以重大关联交易(金额在 300 万元以上或占最近经审计净资产 5%以上)的年度发生金额(RPT)作为关联交易的另一种度量。这是因为根据《指导意见》的相关规定,独董在这类关联交易中拥有事前认可的"特别职权"。相关均值差异考察结果报告在表 6.7 中。

表 6.7 关联交易的均值差异分析

变量	返聘公司均值	非返聘公司均值	差异	T 值	P 值
Rpt_y	0.23	0.16	0.07	4.13	0.00
RPT	4.32	2.82	1.49	4.94	0.00

从表 6.7 中的关联交易均值差异分析结果,我们看到,在 2009 年至 2014 年间,返聘公司该类关联交易的平均发生概率为 0.23,配对的非返聘公司的平均发生概率为 0.16,差异 0.07 在统计上高度显著($T=4.13, p=0.00$);对于年度发生金额来说,返聘公司的年度均值为 4.32,配对的非返聘公司的年度均值为 2.82,差异 1.49 同样在统计上高度显著($T=4.94, p=0.00$)。

尽管从本节给出的有限关联交易证据中我们还无法判断这些关联交易必然损害股东利益,最终体现为公司绩效的下降(毕竟并非所有的关联交易都必然损害股东利益),但关联交易在独董返聘以及任人唯亲的董事会文化得以建立和强化后,无论从数量还是金额上都呈现出的上升趋势无疑使股东未来利益受到损害的威胁增加,这是我们应该有所警醒的。

综合来看,以独董返聘为表征的任人唯亲的董事会文化将削弱独董的独立性,弱化独董监督职能的履行,使存在损害股东利益可能的关联交易没有得到及时阻止,最终成为导致公司综合绩效降低的实现路径之一。

接下来我们分别从公司和独董两个层面考察是哪些因素导致了独董返聘现象的发生。我们希望本节的讨论有助于理论界和实务界形成对影响独董返聘现象的因素的识别和认识,在公司治理实践中有针对地提出减缓,甚至避免独董返聘现象发生的政策建议。表 6.8 报告了基于公司层面的独董返聘的影响因素分析。

表 6.8 独董返聘影响因素的实证分析结果(公司层面)

被解释变量	模型 1	模型 2	模型 3	模型 4	模型 5
	Re_employed				
Change	−0.539***				−0.532***
	(−3.29)				(−3.23)

(续表)

被解释变量	模型 1	模型 2	模型 3	模型 4	模型 5
			Re_employed		
Internal_chair		0.295**			0.325**
		(1.99)			(2.17)
Salary_yes			0.421**		0.336*
			(2.42)		(1.93)
Compa_yes				0.396**	0.397**
				(2.04)	(2.05)
Contr_change	−0.276	−0.353*	−0.345*	−0.353*	−0.238
	(−1.41)	(−1.85)	(−1.79)	(−1.85)	(−1.21)
Gender_ch	0.516*	0.451*	0.464*	0.492*	0.416
	(1.90)	(1.65)	(1.72)	(1.83)	(1.61)
Age_ch	0.001	0.017	0.013	0.012	0.002
	(0.08)	(1.50)	(1.18)	(1.09)	(0.20)
Duality	−0.098	−0.096	−0.197	−0.055	−0.181
	(−0.47)	(−0.45)	(−0.91)	(−0.26)	(−0.86)
Top1	−0.000	−0.002	0.001	−0.002	0.004
	(−0.00)	(−0.39)	(0.14)	(−0.31)	(0.67)
Top2_5	−0.002	−0.004	−0.004	−0.003	0.001
	(−0.30)	(−0.49)	(−0.50)	(−0.44)	(0.08)
Board_size	0.138***	0.147***	0.145***	0.143***	0.138***
	(3.52)	(3.73)	(3.62)	(3.58)	(3.58)
Independence	−0.427	−0.242	−0.320	−0.193	−0.258
	(−0.27)	(−0.15)	(−0.20)	(−0.12)	(−0.17)
State	−0.256	−0.355**	−0.270*	−0.330**	−0.243
	(−1.58)	(−2.22)	(−1.68)	(−2.06)	(−1.50)
BH	−0.272	−0.329	−0.311	−0.342	−0.330
	(−0.97)	(−1.20)	(−1.13)	(−1.23)	(−1.19)
Leverage	0.384	0.433	0.366	0.443	0.439
	(0.89)	(1.00)	(0.85)	(1.03)	(1.00)
AVG3_ROA	2.725*	3.428**	2.714*	3.261**	2.711*
	(1.92)	(2.46)	(1.95)	(2.34)	(1.85)
Asset	0.110	0.102	0.119	0.105	0.092
	(1.49)	(1.36)	(1.63)	(1.40)	(1.23)

(续表)

被解释变量	模型1	模型2	模型3	模型4	模型5
	\multicolumn{5}{c}{Re_employed}				
Firm_age	−0.011	−0.013	−0.008	−0.014	−0.009
	(−0.48)	(−0.58)	(−0.36)	(−0.59)	(−0.37)
Industry	Control	Control	Control	Control	Control
Year	Control	Control	Control	Control	Control
Cons	−8.859***	−10.039***	−10.325***	−9.918***	−9.391***
	(−5.27)	(−6.20)	(−6.38)	(−6.07)	(−5.68)
N	6 744	6 744	6 744	6 744	6 744
Pseudo R^2	0.076	0.079	0.075	0.076	0.087

注:括号中的数字代表 T 值;*、**、*** 分别表示在 10%、5%、1% 的统计水平上显著。为了消除公司间的异方差和组内相关性问题,本研究所有回归结果均采用公司聚类稳健标准误。

从表 6.8 中我们看到,在控制了公司层面的其他影响因素后,模型 1 中董事长在 6 年内是否发生变更(Change)在 1% 的统计水平上显著为负。这意味着,与独董任期存在交叉的董事长更可能返聘曾经为同事的独董,而任职较短的"新任"董事长则较少发生类似的行为。在模型 2 中,董事长是否来源于公司内部(Internal_chair)的回归系数在 5% 的统计水平上显著。这意味着内部晋升的董事长相对于来源于外部的董事长更倾向于返聘独董。这与我们来自内部的董事长与返聘独董交往时间更长的预期一致。模型 3 中,董事长在上市公司领薪(Salary_yes)的公司比不在上市公司领薪的公司更容易返聘独董(在 5% 的统计水平上显著)。这与郑志刚等(2012)所发现的不在上市公司领薪的董事长不会受到控股公司绩效考核相关约束的限制从而有助于打破任人唯亲的董事会文化的研究结论具有一致性。模型 4 中,独董从未提出过否定意见(Compa_yes)的公司的回归系数在 5% 的统计水平上显著为正,即"一团和气"所主导的董事会文化中更倾向于返聘独董。从对独董返聘影响因素(公司层面)的考察结果中,我们发现,独董返聘现象往往发生在董事长具有较大影响力、独董与董事长之间建立稳定的社会连接以及存在"一团和气"主导的董事会文化的公司中。因此,关于在未来如何减少独董返聘现象的政策建议中,不仅需要把董事长权力等制度设计作为改进方向,而且需要把营造"和而不同"的董事会文化建设作为重要方向,以打破目前的"一团和气"的董事会文化。

令人感到有趣的是,作为控制变量的性别(Gender_ch)的回归系数在模型 1 至模型 4 中在 10% 的统计水平上显著为正,表明女性董事长所在的公司较为倾向于返聘独董。Huang 和 Kisgen(2013)分析了性别差异在公司金融决策中的差异,发现男性高管表现得更加自信,甚至过度自信,而女性高管则体现出一定的风险规避倾向。因而,出于风险规避的考量,类似于"衣不如新,人不如旧"的心理或许在女性中体现得更明显,以往被"认可"的独董会在独董更迭中占据优势,最终往往获得返聘。

在模型 2 至模型 4 中,控制权是否发生变更(Contr_change)的回归系数在 10% 的统计水平上显著为负。这表明控制权发生变化将打断以往建立的社会连接,使独董返聘现象发生的可能性降低。以往并购文献的研究结果表明,并购的协同效应往往来自不合时宜的合约的重新签订等(Grossman and Hart,1980;Shleifer and Summers,1988;等等)。而本研究则从新的视角揭示了协同效应新的产生来源,即打破了以往任人唯亲的董事会文化。

董事会规模大小(Board_size)的回归系数在 1% 的统计水平上显著为正,表明在其他条件不变的情况下,董事会规模较大的公司更倾向于返聘独董。这显然是由于董事会规模越大,在董事会换届时对独董的需求量也越大,并且以往可供返聘的候选独董的数量也越多,从而客观上促使了独董返聘行为的发生。在模型 2 至模型 4 中,控股股东的国有性质(State)的回归系数显著为负,表明相对于国有上市公司来说,非国有上市公司更倾向于返聘独董。可能的原因是,相对来说非国有上市公司的董事长任期更长,因而可以与返聘独董建立更加稳定的社会连接。在该研究所分析的样本中,非国有上市公司董事长的任期均值为 5.74 年,国有上市公司董事长的任期均值为 4.67 年,相差超过 1 年,而且二者的差异在统计上十分显著($T=13.61, p=0.00$)。公司前 3 年的平均资产收益率(AVG3_ROA)与独董返聘行为正相关。这在一定程度上表明,曾经业绩表现良好的氛围容易使管理层倾向于保持现状而不愿意改变,同时容易使董事长"包容"和"原谅"独董以往的"无所作为"。上述两个因素的综合最终使独董返聘发生的可能性增加。

表 6.9 报告了独董层面的独董返聘影响因素的回归结果。

表 6.9 独董返聘影响因素的实证分析结果(独董层面)

被解释变量	模型 1	模型 2	模型 3	模型 4
		Re_employed		
Tenure	0.319***	0.353***	0.310***	0.320***
	(6.41)	(6.98)	(5.53)	(5.50)
Change		−0.294***		−0.256**
		(−2.81)		(−1.98)

(续表)

被解释变量	模型 1	模型 2	模型 3	模型 4
		Re_employed		
Internal_chair		−0.146		−0.033
		(−1.26)		(−0.24)
Salary_yes		−0.069		0.020
		(−0.56)		(0.13)
Gender_ch		−0.479*		0.167
		(−1.65)		(0.67)
Compa_yes		−0.102		0.064
		(−0.78)		(0.45)
State		0.097		0.037
		(0.70)		(0.24)
BH		0.071		0.060
		(0.48)		(0.34)
Independence		2.092		0.648
		(1.54)		(0.44)
Top1		0.002		0.005
		(0.37)		(0.82)
Top2_5		−0.009*		0.000
		(−1.73)		(0.05)
Leverage		−0.711		−0.557
		(−1.54)		(−1.08)
Asset		0.006		0.047
		(0.09)		(0.63)
AVG3_ROA		−1.117		−1.354
		(−0.83)		(−0.82)
Gender_in			0.007	0.024
			(0.02)	(0.07)
Age			−0.015	−0.015
			(−1.35)	(−1.31)
Education			0.220*	0.238*
			(1.77)	(1.86)
Accountant			0.784***	0.816***
			(2.98)	(3.00)

(续表)

被解释变量	模型 1	模型 2	模型 3	模型 4
	\multicolumn{4}{c}{Re_employed}			
Lawyer			0.037	0.067
			(0.10)	(0.18)
Location			0.677***	0.636***
			(3.27)	(2.90)
Attendence			2.327**	2.402**
			(2.17)	(2.18)
Industry	Control	Control	Control	Control
Year	Control	Control	Control	Control
Cons	−1.858***	−2.107	−3.858**	−5.176**
	(−3.58)	(−1.40)	(−2.52)	(−2.31)
N	617	617	599	599
Pseudo R^2	0.048	0.060	0.112	0.116

注:括号中的数字代表 T 值;*、**、*** 分别表示在 10%、5%、1% 的统计水平上显著。为了消除公司间的异方差和组内相关性问题,本研究所有回归结果均采用公司聚类稳健标准误。

从表 6.9 中我们看到,在模型 1 至模型 4 中,独董曾经在返聘公司任期长短(Tenure)的回归系数在 1% 的统计水平上显著为正,表明任职时间较长将显著地提高该独董被返聘的概率。容易理解,曾经在返聘公司任职越长,独董越容易与董事长建立稳定的社会连接,使自己未来被返聘的可能性增加。

在独董个人特征方面,作为控制变量,教育背景(Education)的回归系数显著为正,表明学历高的独董更容易被返聘。同时具有会计专长(Accountant)的独董更容易被返聘(回归系数在 1% 的统计水平显著为正),这或许与《指导意见》要求公司在独董聘任中"至少包括一名会计专业人士"有关。此外,独董居住地与公司所在地相同(Location)和高到会率(Attendence)会显著地促进其被返聘。这同样可以从独董与董事长有更多的接触机会,从而更容易建立相对稳定的社会连接来得到解释。

总结独董返聘影响因素(独董层面)的分析结果,我们看到,除了对具有会计背景、较高教育背景和年轻独董的稳定需求等合理因素外,独董是否获得返聘很大程度上与其是否与董事长建立稳定的社会连接有关。这从新的角度支持了上述研究公司层面分析的相关结论。

6.4 小　　结

本章从独董发表否定意见的任期阶段特征和独董返聘现象这两个我国制度背景下独特的公司治理现象来考察任人唯亲的董事会文化对独董监督职能履行的影响。我们得到的主要结论和政策含义是：

第一，围绕独董发表否定意见的任期阶段特征，我们的研究发现，我国上市公司独董出具否定意见具有显著的任期阶段特征：独董在第二个任期提出否定意见的概率是首个任期的1.41倍；与此同时，在那些主要由处于首个任期的独董组成董事会的公司，代理成本将显著更高。

第二，围绕独董返聘现象的经济后果与影响因素的实证考察发现：相对于非返聘公司，返聘公司在返聘独董后综合绩效显著降低。从公司特征来看，在董事长近年未发生变更、来源于内部晋升以及在上市公司领薪的公司中更容易发生独董返聘现象；同时，鲜有独董发表否定意见的"一团和气"的公司更倾向于返聘独董。从独董的个人特征来看，曾经在返聘公司任期更长的独董更容易被返聘。相对于非返聘公司，关联交易在公司返聘独董后显著增加，并成为公司综合绩效下降的潜在实现路径之一。因而，独董返聘现象成为我国制度背景下任人唯亲董事会文化的一种特殊表征。

上述公司治理现象表明，在我国上市公司中存在任人唯亲的董事会文化，它成为我国独董尚未发挥预期的监督作用的潜在原因之一。上述研究为独董任期阶段制度设计带来的政策含义是：一方面，除了对任职资格和任期做出明确限定外，监管当局还应该对独董任期届满后返聘的间隔期限做出规定，以避免独董的独立性受到削弱，并最终使股东的利益受到损害。另一方面，我国上市公司董事会组织中应该积极探索和推行独董任期交错制度，使不同独董处于任期的不同阶段，由此降低连任动机对独董监督行为的影响。同样重要的是，未来的公司治理改革除了需要完善制度设计，同时还需要着力打破任人唯亲的董事会文化。

 延伸阅读

从制度到文化的公司治理研究

与企业管理实践中的制度建设和企业文化建设并重不同，传统上，公司治理更加关注企业层面的制度建设。这集中体现在，公司治理更多地依赖于各种内部和外部公司治理机制的引入和完善,来实现"使资金的提供者按时收回投资并取得合理回报"(Shleifer and Vishny,1997)的公司治理目标。然而,近年来的一些文献表明,文化在各国不同公司治理模式的形成和促进各国金融发展的过程中扮演着重要角色。例如,公司治理模式比较研究通常把股权集中与否作为区分以银行为中心的日德公司治理模式与以市场为中心的英美公司治理模式的关键(Allen and Gale,2000)。而LLSV(1998)以来的法与金融文献则表明,法律对投资者权利的保护程度是与股权集中程度相比影响一国金融发展水平更为根本的因素,股权集中一定程度上只是法律对投资者权利保护不足下投资者为了减缓经理人盘剥的一个自然应对。Stulz和Williamson(2003)的研究则进一步发现,一国法律对投资者权利的保护程度受到宗教与语言所代表的文化的影响。Dyck和Zingales(2004)进一步提供了良好的文化可以通过降低控制权私人收益来促进一国金融发展的证据。

当越来越多的文献认识到文化建设和制度建设一样是影响公司治理机制有效性的重要因素时,除了Stulz和Williamson(2003)、Dyck和Zingales(2004)等用宗教和语言来作为文化的代理变量的少数基于国家层面的国际经验比较研究外,围绕文化的公司治理角色的公司层面的实证研究却并不多见。一个很重要的原因是,"不可言传只可意会"的文化在公司层面往往难以识别和度量。我们以无论公司治理理论界还是实务界都十分关注的经理人超额薪酬现象为例。对于经验上观察到的经理人超额薪酬现象我们往往无法识别究竟是由经理人权利等制度因素还是由任人唯亲的董事会文化因素导致的。特别是,经理人权利的制度设计往往有助于任人唯亲的董事会文化的形成,而任人唯亲的董事会文化则反过来会加强经理人的实际权力。制度和文化因素的相互交织、相互影响使我们更加难以从中识别和分离出文化在经理人超额薪酬现象上所扮演的角色。

因此,围绕文化的公司治理效应的公司层面的经验研究,我们首先需要能够在一定程度上识别文化与制度设计作用的边界,而"把属于文化的归文化,把属于制度的归制度"。对于这一问题,一个有启发的讨论来自秦晖(2015)。秦晖(2015)对文化与制度的简单划分是,"选择什么"是文化,而"能否选择"则是制度。秦晖(2015)进一步举例,爱吃中餐和爱吃西餐是文化之别,但饮食自由和饮食管制是制度之别;信基督和信孔子是文化之别,但信仰自由与神权专制是制度之别;拥戴圣贤和拥戴能人是文化之别,但是否有权选择拥戴者(是否民主),则是制度之别。

对照秦晖(2015)对文化和制度的上述讨论,我们以上市公司遴选独董为例来说明如何在公司治理实证研究中区分文化与制度作用的边界。相关法律法规通常会对具备什么资质的候选人可以成为上市公司独董做出严格规定，以确保来自外部和独立的独董监督的有效性。然而，在符合任职条件的独董候选人中，相关法律法规却并没有明确排斥和严格限定董事长或总经理的朋友或"朋友的朋友"不能成为独董。这意味着，上市公司在独董基本任职资格得到满足的前提下，在独董选择上既可以任人唯贤，也可以任人唯亲。套用秦晖（2015）的说法，是否允许选择"不独立"的候选人作为独董是制度问题，而在满足独董基本任职资格的前提下，选择任人唯亲还是任人唯贤则是文化问题。

受上述讨论的启发，我们在开展文化的公司治理效应的实证研究中，最终以相关法律法规、公司章程、内部治理规范以及治理实践是否明确做出限定来识别制度与文化的作用边界。由于董事会被认为是现代公司治理的核心（Hermalin and Wesback，2001），而一些最终使股东利益受损的不良公司治理文化的形成往往与董事会组成及更迭的任人唯亲相联系，因而我们习惯上把上述文化称为任人唯亲的董事会文化。我们看到，与企业管理实践中，企业文化通常具有褒义色彩不同，在公司治理实践中，董事会文化由于往往与任人唯亲问题联系在一起，而更多地带有贬义色彩。

对于上述在公司治理实证研究中可供选择的判断文化与制度作用边界的标准，我们这里有以下三方面的提醒和说明。首先，虽然我们可以利用上述标准在一定范围内和一定程度上识别文化与制度作用的边界，但这并不意味着制度和文化对公司治理的实际效应总是泾渭分明。在公司治理实践中，文化与制度的作用往往是你中有我，我中有你，既相互交织，又相互依存。回到上市公司遴选独董的例子。按照上述判断文化与制度作用边界的标准，如果相关规范和实践并没有对独董候选人不得是董事长或总经理的朋友或"朋友的朋友"做出明确限定，那么独董遴选过程中实际发生的任人唯亲倾向在一定程度上就是一个文化问题。然而，一个毋庸置疑的事实是，上市公司之所以可以在独董更迭中任人唯亲，离不开内部人控制格局下所导致的对独董产生过程（提名、面试）的实质影响和逆淘汰出具否定意见的独董背后的"经理人权力"这一制度安排；而任人唯亲的董事会文化在形成后反过来会成为阻挠出台阻止内部人谋求控制权私人收益的制度建设和革新措施的力量。我们知道，作为维持企业正常运行的基本制度之一，公司治理长期以来形成了关注制度建设的传统。而我们这里则强调的是，对于公司治理，我们除了关注制度层面的建设，还应该同时从文化，特别是任人唯亲的董事会文化的视角来理解。而对文化视角的强调并不意味着我们对更为根本的制度建设的忽视。因此，在我们的很多研究中，虽然强调的是任人唯亲的董事会文化，但始终没有忽视制度建设本身。用类似于陈乐民先生"眼中看的是欧洲，但心里想的是中国"的表述，我们这里眼中观察的是文化的潜在影响，心里想的却是其背后的制度根源。

其次，作为新兴市场国家，我国无论是在法律对投资者权利的保护程度，还是法律的实施质量上都有待提高，制度为文化发挥潜在的影响力留有更大的空间。郑志刚等(2011)对我国上市公司章程的考察发现，很多公司把公司章程这一"公司的宪法"的制定仅仅理解为对上市监管要求的满足，致使很多公司章程看上去大同小异，千篇一律，趋同性严重。既然连被认为是"公司的宪法"的公司章程都形同虚设，在公司营运过程中实际发挥作用的自然离不开各种看得见的明规则和看不见的潜规则，其中文化的重要性不言而喻。因而从文化的视角来开展公司治理研究对于我国上市公司具有特别重要和更加现实的意义。

最后，我国上市公司在股权结构上的"一股独大"是任人唯亲的董事会文化形成的特殊制度根源之一。在成熟国家股权高度分散的股权结构下，上市公司董事出于对经理人作为管理权威的尊重会表现出一种"优雅殷勤的礼貌"(Jensen，1993)。即使提出不同意见，也是"隔靴搔痒式的批评"(Brick et al.，2006)。因而"优雅殷勤的礼貌"和"隔靴搔痒式的批评"被认为是上述股权结构下上市公司董事会文化的典型特征。Jensen(1993)指出"以真理和坦率为代价的优雅殷勤的礼貌"的董事会文化抑制冲突，是导致董事会治理失败的部分原因。

与上述成熟国家的上市公司股权结构不同，在我国上市公司中，无论是国有还是民营公司大都选择了"一股独大"的股权结构。虽然都是"一股独大"的股权结构，但由于控股股东国有和民营性质的差异，任人唯亲董事会文化的中心在民营与国有上市公司之间存在差异。民营上市公司往往是家族企业，因而家族成为上市公司治理的核心。不仅董事长由家族成员出任，甚至总经理和主要的董事也来自家族成员。在平衡家族成员的信任和外部职业经理人能力的基础上，在民营上市公司形成以家族为中心的任人唯亲董事会文化的状况自不待言。

由于"真正"的所有者缺位和依赖长的委托代理链条来实现对公司的控制，在我国，国有上市公司逐步形成了以董事长这一公司实际控制人为中心的内部人控制格局和相应的任人唯亲的董事会文化。这与民营上市公司以家族为中心形成任人唯亲的董事会文化略有不同。这些作为公司实际控制人的董事长对包括独董提名和高管推荐等在内的公司决策具有举足轻重的影响。这是因为：一方面，在国有控股的格局下，作为法人代表的董事长的任何行为都会被解读为体现控股股东的意志，董事长主导下的各项议案在经过一些必要流程后获得通过成为必然，即使外部分散股东对某些议案存在异议。因而在"一股独大"格局下由董事长提出并最终获得通过的议案不仅在法理上程序合法，而且内容合理；另一方面，国有控股格局下的控股股东并非具有明确盈利动机和独立判断能力的具体投资者,而是作为长长的委托代理链条中的一环的代理人,对于上市公司实际业务开展和经营管理活动正当性的判断显得力不从心。由于上述两方面的原因,在国有上市公司中,作为实际控制人的董事长逐步成为内部人控制格局的核心和任人唯亲董事会文化的中心。在那些董事长长期任职甚至兼任总经理的国有上市公司中,内部人控制问题和相应的任人唯亲的董事会文化尤为严重。只不过这里的"亲"并非民营上市公司中的家族成员,而是董事长认同和信赖的朋友或"朋友的朋友"。即使退休后,董事长仍可通过安排所信赖的部下成为继任者的方式持续保持对公司管理经营重大决策的影响力。我们看到,由于上述股权结构的差异,我国上市公司"一股独大"的股权结构下的董事长实际上在扮演成熟国家上市公司股权高度分散的股权结构下CEO的角色。这事实上是从我国制度背景出发研究我国上市公司治理问题的文献所关注的代理问题的核心往往不是和成熟国家上市公司权力架构下CEO对应的总经理,而是作为公司实际控制人的董事长背后的原因。

上述分析表明,虽然在谁成为董事会文化的中心上存在差异,但无论在国有还是民营上市公司,伴随"一股独大"出现的内部人控制格局使得任人唯亲的董事会文化的形成成为可能。因而,"一股独大"的股权结构成为我国上市公司任人唯亲董事会文化出现的特殊制度根源。只不过,国有上市公司最终形成的是以实际控制人——在任(有时甚至是前任)董事长为中心的任人唯亲的董事会文化,而民营上市公司通常形成的是以家族为中心的任人唯亲的董事会文化。对于民营上市公司,虽然很多重要战略决策是由某种特定形式的家庭会议做出的,但家族有时会推选一名成员代表家族成为董事长。在很多时候,成为董事长的家族代表往往是家族中最有影响力的成员。以下为了讨论和表述的方便,我们不再区分作为国有上市公司任人唯亲董事会文化中心的在位(或前任)董事长与作为民营上市公司相应文化中心的家族(代表)的董事长,而统一用"董事长"来概括我国制度背景下上市公司任人唯亲的董事会文化的中心。

我们看到,与成熟国家"优雅殷勤的礼貌"和"隔靴搔痒式的批评"的董事会文化不同,建立在"一股独大"股权结构这一制度根源上的任人唯亲董事会文化使得董事会成员对于董事长的"人身依附"色彩更加浓郁。董事的行为标准不再依据是否违反向股东所负有的诚信义务,而是演变为对董事长个人的忠诚程度。正如 Khatri 和 Tsang(2003)所描述的,"上级对下级基于关系而非能力的偏袒,其获得的是下级对上级的个人义气或忠诚"。这使得董事会的许多重要决策不是依据商业规则和基于商议性民主集思广益、充分酝酿而最终形成的,而是受到董事长个人好恶,以及董事会成员之间亲疏关系的影响。在存在任人唯亲董事会文化的公司中,董事长个人的知识、能力和眼界由此成为决定企业是否成功的十分重要的因素。一个具有远见卓识、坚毅果敢的董事长将率领企业克服困难,走向辉煌;而一个目光短浅、刚愎自用的董事长则会使企业举步维艰,陷入困境。即使一个董事长早年曾经有过带领企业走向辉煌的经历,但随着董事长年龄的增长以及健康状况的下降,甚至任职年限的限制,早年的辉煌往往难以为继。特别是对于家族企业而言,信任和能力两难的传承问题始终是绕不过去的一道坎。因而,在存在任人唯亲董事会文化的公司中,往往"成也董事长,败也董事长"。而在并不存在严重的任人唯亲董事会文化的公司中,由董事长个人特征所带来的经营管理的波动与不确定性往往要小得多。

回到我们关注的公司治理问题。由于在任人唯亲董事会文化中董事会成员的附和及纵容,具有举足轻重影响力的董事长往往难以受到制约,盲目进行"帝国扩张",不仅使公司代理成本居高不下,而且会以隧道挖掘等方式谋取(实际)控制权的私人收益,最终损害外部分散股东的利益。因此,对于公司治理机制有效性的提高,除了从制度设计本身寻找对策外,我们还可以从文化改良上来寻求出路。这一点对于正式制度建设和实施质量均有待提高的包括我国在内的新兴市场国家尤为重要。当然,正如我们前面所讨论的,制度的确立和文化的形成相辅相成,任人唯亲的董事会文化背后有其深厚的制度根源。虽然它看起来是一个文化问题,但我们可能需要同时从文化改良和制度设计着手,双管齐下。

第 7 章
经理人薪酬合约设计

7.1 引　　言

　　上一章我们提到董事会是公司治理机制的核心,是组织设计问题的市场解决方案,或者说是一个内生决定的用来缓解困扰很多大型公司代理问题的制度安排(Hermalin and Weisbach,2001)。作为董事会基本而重要的职能,监督经理人的方法除了包括以解聘等相威胁的"大棒"外,还包括向经理人提供努力工作激励的"胡萝卜"。二者共同构成董事会完整的监督职能履行。在公司治理实践中,后者的监督职能体现在由董事会中薪酬委员会对经理人进行绩效评估,并设计、履行和评价经理人薪酬合约。

　　经理人之所以除了人力资本付出的补偿外,还需要激励,是源于 20 世纪 70 年代以来人们对经理人与外部分散股东围绕生产经营管理的信息不对称问题的认识。由于具有私人信息,经理人具有偷懒、获取私人收益等道德风险倾向。因此,需要通过激励合约的设计使经理人的利益与股东的利益协调起来。经理人薪酬合约设计由此成为解决经理人与股东代理冲突的重要公司治理机制之一。由于薪酬合约设计在一个公司的资源计划范围内,公司有权按照自己制定的标准和绩效评估的状况向经理人发放薪酬,因而经理人薪酬合约设计属于公司治理的内部治理机制。

　　本章围绕经理人薪酬合约设计这一十分重要的内部治理机制展开讨论。本章以下部分的内容组织如下:第 7.2 节介绍经理人薪酬合约设计的原理;第 7.3 节讨论经理人薪酬包的构成;第 7.4 节讨论新一轮国企高管限薪可能面临的挑战。

7.2 经理人薪酬合约设计原理

经理人薪酬合约设计原理经历了从新古典经济学薪酬理论到基于信息经济学的薪酬合约设计理论的演进。在新古典经济学的薪酬理论中,简单地说,工资是劳动力(人力资本)的价格,它是由劳动力供给和需求的市场均衡决定的。如果雇员(劳动力)的供给大于需求,则雇员的工资会下降;反过来,如果供给小于需求,则雇员的工资会上升。按照新古典经济学的价格形成机制的分析范式,如同利率是资本的价格一样,工资仅仅是对人力资本付出的补偿,并不存在激励的成分。

需要说明的是,在中华人民共和国成立后到改革开放前,无论是农村的人民公社,还是城市的国有工厂,居主导地位的薪酬分配模式都是同工同酬。无论干多干少还是干好干坏,收入差别都不大。这种薪酬分配制度看上去就像一个家庭成员从自己家并不丰富的餐桌上取所需要的食品,人人有份,因此被形象地称为"大锅饭"。直到20世纪80年代初期,石家庄造纸厂的马胜利提出企业承包责任制,第一次把业绩和奖金联系到了一起,薪酬的构成因素中才有了激励的成分。

事实上,马胜利在石家庄造纸厂自发实行的承包责任制恰恰体现了从20世纪70年代以来逐渐发展成熟的基于信息经济学的现代薪酬设计思想。人们逐渐认识到,与劳动力供求关系变化相比,薪酬设计面临的更大挑战来自雇员与雇主围绕雇员努力程度的信息不对称问题。雇主通常根据雇员的努力程度决定其应获得的薪酬,但是雇员的努力程度在法律上是不可证实的,甚至是不可观察的。在类似于"大锅饭"的薪酬分配体系中,雇员的一个理性选择是偷懒,因为干多干少、干好干坏一个样。这已被改革开放前我国人民公社和国营工厂长期的低效率所证实。

那么,如何使具有雇主所不了解和掌握的信息,从而存在偷懒倾向的雇员努力工作呢?对这一问题的最终理论解决得益于20世纪70年代以来激励机制设计理论中道德风险模型的发展和应用。按照现代薪酬设计理论,由于信息非对称,要想使拥有私人信息的雇员努力工作,向雇员支付的薪酬不能建立在雇员基于个人觉悟等将努力工作这一不可证实甚至不可观察的意识形态假设上。需要寻找法律上可证实的企业绩效作为评价雇员努力状况的标准,以此为基准来开展薪酬合约设计,使希望获得更高薪酬的雇员通过努力工作创造更多的业绩来实现。由此,雇员的薪酬不再仅仅包含由劳动力供求关系决定的人力资本的补偿因素,同时也包含着对拥有私人信息的雇员努力工作的激励因素。

(一) 经理人薪酬合约设计理论

需要说明的是,薪酬合约设计思想具有一般性。除了适用于人力资源管理实践中雇主对雇员的薪酬设计,它还是公司治理实践中用以协调经理人与股东间代理冲突的重要治理工具。例如,在上市公司,董事会中的薪酬委员会负责评估经理人的绩效,并组织设计和评价经理人薪酬设计合约。更一般地,我们可以把现实中的经理人薪酬合约设计理解为一种激励机制设计(incentive mechanism)或者是合约的签订(signature of contract)。这事实上体现的是经济分析的合约观,即我们喜欢把一项特定的经济活动理解为完备的外部法律环境下的合约签订。由于外部法律环境完备,所签订的合约,或者说所设计的机制将自动实施,因而复杂的经济活动演变、简化为合约的签订或机制的设计。在经济合约观下,围绕具有私人信息的经理人努力程度的激励问题就演变成经理人薪酬合约的设计问题。

从产生激励合约设计问题的本质原因出发,我们又可以把经理人薪酬合约设计所涉及的相关理论称为委托代理理论(principal-agent theory)。这是由于现实薪酬合约设计问题来源于股东与经理人围绕经营管理等信息分布的不对称程度。与远离生产经营的外部分散股东相比,具有经营权同时处于生产经营第一线的经理人更加了解企业的实际生产经营状况。前者成为信息不知情者,后者成为信息知情者。信息经济学把信息知情的一方称为代理人,而把信息不知情的一方称为委托人。二者之间的关系被称为委托代理关系。用来分析存在委托代理关系的双方由于(事后)信息不对称所引发的偷懒等道德风险倾向的效率损失和相应对策的理论由此被称为委托代理理论。因此,在上述意义上,公司治理实践中经理人薪酬合约的设计是委托代理理论、(完全)合约理论或者说激励机制设计理论中道德风险模型的应用。具体而言,经理人薪酬合约设计指的是通过在股东(或作为股东代表的董事会)与经理人之间订立的隐性或显性合约来实现的,把对经理人专用性投资的报酬(年薪、奖金、股票期权等)建立在企业业绩等可证实的指标上,从而使经理人在一定程度上按照投资者利益行事的一种激励手段。

1. 显示原理

概括而言,经理人薪酬合约设计理论由两块重要的基石构成。所谓的显示原理(revelation principle)是指任何一个机制所能达到的配置结果都可以通过一个(说实话的)直接机制实现(Myerson,1979)。因此,针对经理人的薪酬合约设计,董事会只需要寻找可证实、可观察的直接机制,并使经理人的努力程度与其挂起钩来。要想获得高的薪酬,经理人就需要改善企业绩效,而企业绩效的改善则离不开经理人的努力付出。于是,通过寻找并确立与薪酬挂钩的直接机制,经理人努力付出的方向被引导到改善企业绩效上,由此一定程度上协调了经理人与股东之间的代理冲突,使经理人有激励付出高的努力程度。

在经理人薪酬合约设计实践中,之所以选择企业绩效作为连接经理人努力程度与其最终所获得薪酬的"桥梁"这一直接机制,是出于以下两个原因:第一,企业绩效在法律上是可证实的;第二,即使企业绩效仅仅是可观察的,但股东存在可置信的威胁(例如聘请专业的会计师事务所来进行清产核资)来使企业绩效变得在法律上可证实。因此,基于 Myerson 发展的显示原理,企业业绩等成为连接经理人的努力程度和其最终获得的薪酬的"桥梁"。

对企业绩效的科学度量由此成为经理人薪酬激励合约设计的关键。然而,现实的绩效评估看起来并没有理论预测的那么直接。除了存在会计绩效、市场绩效两类评价体系外,同样的会计绩效或市场绩效会存在众多的评价口径。我们可以同时用总资产收益率(ROA)、净资产收益率(ROE)、销售收入率(ROS)等指标来评价一个企业的会计绩效,可以用市值账面比(M/B)和托宾 Q (Tobin's Q)等指标来评价市场绩效。不同评价口径由于侧重点不同,会出现数值上的大的变化。例如,对于资产规模相同、收益相同的两个企业,尽管它们的总资产收益率是相同的,但如果这两个企业的资本结构存在差异,则这两个企业的净资产收益率就会存在差异。这有时会给读者留下这两个企业的业绩存在显著差异的印象。因而,从不同角度同时对企业绩效评估变得十分重要。这也是我们在计量分析中围绕变量度量往往需要开展稳健性检查的现实原因。除了绩效度量口径本身的不一致外,会计实务中的盈余管理、财务报表的重述等还会给我们判断企业绩效带来新的噪音。除了采用一些计量方法和模型测度真实的企业绩效,例如,Jones 盈余管理修正模型(Jones,1991)外,有时,我们还可以借助产品(要素)市场的竞争、职业经理人市场传递的相对绩效指标来对企业绩效进行间接衡量。

2. 委托代理理论

经理人薪酬合约设计理论的另一块重要基石就是体现信息不对称状态下经理人与股东之间如何博弈互动的委托代理理论。围绕经理人薪酬设计,一个公司面临的基本两难问题(tradeoff)是:一方面,除非向经理人支付高的薪酬,否则不会调动经理人努力工作的热情;另一方面,向经理人支付高的薪酬,将增加企业的成本,使股东的可能回报降低。因此,如何通过合理的经理人薪酬设计使得经理人愿意努力工作的激励和使股东价值最大化的激励变得相容,成为信息不对称条件下解决经理人薪酬合约设计的关键。而委托代理理论告诉我们,这一问题可以通过围绕经理人努力付出程度的激励合约的设计实现。围绕股东价值最大化这一公司决策的主要目标，经理人激励合约的设计需要同时考虑两个基本的约束条件。其一，首先要保证在公司支付的薪酬水平下，经理人愿意接受董事会聘任。或者说，经理人从董事会所设计的薪酬合约中所得到的期望效用将不低于经理人的保留效用。这里的保留效用（reservation utility）指的是经理人受聘其他企业可能获得的报酬，反映的是经理人受聘该公司的机会成本。我们把上述约束条件称为参与约束（participation constraints），或个人理性（individual rationality, IR）约束。这提醒一个公司，一个理性的经理人愿意接受聘任的基本条件是所获得的薪酬应该不低于目前可能获得的薪酬水平；如果向某一经理人提供的薪酬水平低于该经理人目前的人力资源市场价值，不要期望会成功实现聘用，因为这不符合经理人个体的理性。这成为现实中董事会在设计经理人薪酬合约时将参考其在职业经理人市场上的人力资源市场价值的重要原因。我们看到，上述思想与新古典经济学中机会成本的思想是一致的。但委托代理理论告诉我们，光有体现新古典经济学中机会成本思想的参与约束还远不能解决信息不对称引发的问题。这就需要引入另外一个体现委托代理理论实质的约束——经理人的激励相容约束。

其二，最终向经理人支付的薪酬水平还应该使经理人有激励选择不仅对股东而言最优，而且对经理人而言也是最优的努力程度，由此通过向经理人支付（满足激励相容约束的）激励薪酬的方式协调股东与经理人之间的利益冲突。这里，股东最优指的是股东在获得的投资回报与支付经理人薪酬之间的平衡后实现了自身价值最大化，而经理人最优则指的是经理人在获得的激励薪酬与努力付出的负效用之间的平衡后实现了自身效用最大化。我们把上述约束条件称为经理人的激励相容（incentive compatibility, IC）约束。如果激励相容约束同时得到满足，看起来股东向经理人支付了高的激励薪酬，但受到激励的经理人的努力工作最终为股东创造了更大的价值。二者通过经理人薪酬合约的设计达到双赢（纳什均衡）：股东借助经理人的专业知识创造财富，而经理人则通过股东提供的事业平台实现人生价值。上述经理人薪酬合约设计过程很好地体现了现代博弈论的纳什均衡所包含的"最优战略组合"的思想。通过相关约束条件（尤其是激励相容约束条件）的引入和对股东自身价值最大化的目标的考量，当无论从经理人还是股东的角度均实现最优战略（使经理人与股东的期望收益最大所对应的行为）时，双方没有意愿改变或偏离当前局面，从而进入均衡稳定状态。我们看到，由于经理人对私人信息的控制，为了使经理人说真话，股东需要向经理人支付（与机会成本相比）更高的工资。信息经济学把上述因信息控制而获得的非生产性溢价称为信息租金。

(二) Holmström 和 Milgrom(1987)的经理人薪酬合约设计模型

上述经理人薪酬设计的重要工作来自 Holmström 和 Milgrom(1987),该文构成现代薪酬合约理论的基石。接下来我们简要介绍 Holmström 和 Milgrom(1987)关于经理人薪酬合约设计的基本模型思想。

考虑一个最终产出 y 不仅受到经理人努力程度 a 的影响,同时还受到外部经营环境的不确定性 ε 的影响的企业。其中,努力程度 a 为经理人的私人信息,即只有经理人自己知道,股东无法在法律上证实,甚至不可观察。外部经营环境我们用随机变量来刻画,并假设其服从均值为 0、方差为 δ^2 的均匀分布,且 $\varepsilon \sim N(0,\delta^2)$ 为共同知识。换句话说,无论投资者还是经理人都对外部经营环境的不确定性的统计特征有相同的预期,但具体的情形则不得而知。根据上面的假设,企业的产出可以简单定义为 $y=a+\varepsilon$。上述假设意味着尽管股东可以确切地观察到企业的最终产出 y,但对于企业最终产出是由于经理人的努力还是良好的经营环境所致则无法区分(ε 为随机变量),因而无法基于经理人的努力本身直接进行薪酬合约设计。庆幸的是,按照显示原理(Myerson,1979),我们并不需要基于经理人的努力本身设计薪酬合约,基于投资者(董事会)将可观察到的最终产出(绩效)进行薪酬合约设计同样可以达到让经理人"说真话"的目的。

我们假设投资者(董事会)最终为经理人所设计的薪酬由两部分组成:一部分为 s 的固定工资(base salary),另一部分为与绩效(产出)挂钩的奖金,或者说产出分成 by。其中,b 为投资者与经理人之间的分成比例,$0<b<1$。这样投资者为经理人设计的薪酬合约为 $w(y)=s+by$。这意味着,如果企业的产出为 y,经理人不仅可以获得 s 的固定工资,而且还可以获得 by 的奖金。

现在考察经理人为获得上述薪酬所需要付出的成本。我们假设经理人付出努力带来的负效用或成本为 $c(a)$,且满足新古典假设 $c(0)=0,c(a)>0$。这意味着经理人完全不努力则没有成本的付出;付出的努力越多,带来的负效用或成本也就越大(负效用是努力的增函数);经理人付出同样的努力,却要带来成本或负效用的显著增加(边际成本单调递增)。

在完成了上述假设后,我们首先考虑不存在委托代理关系,从而没有代理问题的经理人薪酬合约设计问题。它构成我们评价存在委托代理关系的现代公司经理人薪酬合约设计问题的基准(benchmark)。一个不存在所有权和经营权分离的典型企业组织形态是家庭手工作坊或从事餐饮服务的夫妻店,作为店主的丈夫或妻子既是家庭手工作坊或夫妻店的所有者,同时也是经营者,因而不存在委托代理关系,没有代理问题。传统上,我们把这类企业称为新古典资本主义企业,以区别于所有权与经营权分离的现代公司。

现在考虑家庭手工作坊的店主从社会来看最优的努力付出水平。这个家庭手工作坊在付出 $c(a)$ 的努力成本后,获得 y 的收入。由于所有权与经营权统一,y 构成店主的全部收入。则该店主最优的努力付出水平由(7-1)式所示的最大化期望收益的规划问题刻画。

$$\mathop{\mathrm{Max}}_{a} \mathrm{E}(y) - c(a) \Leftrightarrow \mathrm{Max} \mathrm{E}(a+\varepsilon) - c(a) \Leftrightarrow \mathrm{Max}\, a - c(a)$$
$$\mathrm{F.O.C.} \quad c'(a_{FB}) = 1 \tag{7-1}$$

其中,满足二阶条件的一阶条件隐含决定了该店主在权衡了努力付出的成本和可以获得的收入后所选择的最优的努力程度 a_{FB}。这同时也反映了不存在代理问题时社会最优(First-best)的经理人努力程度,它构成我们评价存在代理问题时经理人努力程度的基准。

现在考虑由股东出资但聘请职业经理人经营,从而所有权和经营权分离的现代公司。为了简化分析,我们假设股东和经理人都为风险中性(risk-neutral)的,因而无论股东还是经理人都不需要额外风险成本的补偿。这意味着最大化双方的期望效用等价于最大化其期望收益。因此,股东和经理人的目标函数可以分别用(7-2)式和(7-3)式刻画。

$$\mathrm{E}[y - w(y)] = \mathrm{E}[y - (s + by)] = (1-b)a - s \tag{7-2}$$
$$\mathrm{E}[w(y) - c(a)] = \mathrm{E}(s + by) - c(a) = s + ba - c(a) \tag{7-3}$$

其中,(7-2)式表示股东的期望收益,即股东作为所有者对企业产出的最终占有构成其收益(股东依法享有对企业产出的收益权和处置权),但其需要向所聘请的职业经理人支付薪酬以补偿其努力付出。对于不需要风险成本补偿的风险中性的股东,二者的差额即构成其期望收益。(7-3)式表示风险中性的经理人的期望收益。经理人通过履行经营管理职责而获得股东向其支付的薪酬,但上述努力的付出为经理人带来负效用,成为努力的成本。二者的差额构成风险中性的经理人的期望收益。已知经理人的目标函数,则其最优的努力水平由(7-4)式所刻画的满足二阶条件的一阶条件隐含决定。

$$\mathrm{Max}\, s + ba - c(a)$$
$$\mathrm{F.O.C.} \quad b = c'(a^*) \tag{7-4}$$

由 $c(a)$ 的边际成本递增假设和 $0 < b < 1$,我们容易证明 $a^* < a_{FB}$,即在所有权和控制权分离的现代公司,经理人的努力程度将小于家庭手工作坊(新古典资本主义企业)店主的努力程度。从社会角度看,由于现代公司所有权和控制权的分离,存在委托代理关系的经理人并不会像所有权与经营权统一的家庭手工作坊的店主那样付出更多的努力,因而存在效率的损失。在上述的简单框架下,由于经理人努力程度的降低所导致的股东价值降低,事实上构成现代公司

股东聘请职业经理人从而所有权与经营权分离产生的最基础的代理成本。

在明确了存在委托代理关系的现代公司将存在效率损失的事实的基础上，现在考虑股东如何（委托董事会）通过设计 s 和 b 来使所聘请的经理人付出尽可能多的努力，以降低代理成本。

考虑到现实中经理人由于诚信义务所要求的人力资本投资的专用性（经理人向股东负有的诚信义务中的忠诚义务规定经理人不得同时兼任其他公司的经理人职务），经理人的风险态度往往是风险规避。我们放松经理人风险中性的假设，假设经理人的风险态度为风险规避，因而对于选择同样的努力程度，风险规避的经理人需要更多（通过类似于保险机制实现的）风险成本的补偿。为了使规划问题在变量基本关系不发生变化的前提下出现显示解，我们进一步假设经理人的效用函数为如（7-5）式所示的具有常风险规避度的 VNM 效用函数，而经理人的努力成本为如（7-6）式所示的简单二阶凸函数。

$$u = -\,\mathrm{e}^{-\rho[w(y)-c(a)]} \tag{7-5}$$

$$c(a) = \frac{a^2}{2} \tag{7-6}$$

其中，ρ 为 Arrow-Pratt 绝对风险规避系数。通过上述假设和简化，我们得以在经理人的期望收益越大，其期望效用越大，努力程度越高，带给经理人的负效用越多这一基本假设不变的前提下进一步分析经理人的风险态度（Arrow-Pratt 绝对风险规避度 ρ）对经理人薪酬合约设计的影响。

对于风险规避的经理人，目标函数转化为如（7-7）式所示的确定性等价（certainty equivalence, CE）。

$$\mathrm{CE} = s + ba - \frac{1}{2}\rho b \delta^2 - \frac{a^2}{2} \tag{7-7}$$

其中，$\frac{1}{2}\rho b \delta^2$ 为风险成本，即要达到与风险中性的经理人相同的期望效用，风险规避的经理人需要通过购买保险等机制来实现的风险补偿，它构成经理人需要承担的风险成本。

现在我们应用激励机制设计的思想来完成现代公司存在委托代理关系下的经理人薪酬合约设计。首先，我们考虑激励合约设计需要满足的两个约束条件。

如果假设经理人的保留效用为 $\underline{u}$，则经理人的参与约束（个人理性约束）如（7-8）式所示。

$$s + ba - \frac{1}{2}\rho b \delta^2 - \frac{a^2}{2} \geqslant \underline{u} \tag{7-8}$$

（7-8）式表示经理人从股东（董事会）所设计的薪酬合约中获得的期望效用

(其确定性等价)将不能小于其保留效用,否则经理人将不会接受这家公司的聘任。其中,保留效用反映的是经理人接受该家公司聘用的机会成本。

对于经理人的激励相容约束(IC),我们通过(7-9)式刻画。

$$a^* \in \arg\text{Max} \, s + ba - \frac{1}{2}\rho b\delta^2 - \frac{a^2}{2} \tag{7-9}$$

(7-9)式刻画了经理人在比较得到的薪酬与付出和承担的风险成本及努力成本后选择最优努力程度的最优规划过程。这一规划过程清楚地表明,经理人的努力程度依赖于股东为经理人制定的薪酬水平 s 和 b。要想使经理人付出高的努力程度,股东需要向经理人提供合理的薪酬设计。

而股东最终的决策目标是平衡期望产出与向经理人支付的薪酬,以实现股东价值的最大化。它构成了股东为经理人设计薪酬激励合约的最终目标。我们用(7-10)式来刻画股东的目标函数。

$$(1-b)a - s \tag{7-10}$$

这样,股东如何为经理人设计最优薪酬激励合约的问题就可以转化为如下带约束的数学规划问题。股东希望平衡期望产出与向经理人支付的薪酬,以实现股东价值的最大化,参见(7-10)式。但这一目标的实现受到两个约束条件的限制。其一是股东需要向经理人提供竞争性的薪酬,以使经理人愿意接受股东的聘用,因而股东为经理人所设计的薪酬合约需要满足经理人的参与约束条件,参见(7-8)式;其二是股东向经理人提供的薪酬使经理人有激励选择股东希望的努力程度,这意味着股东为经理人所设计的薪酬合约需要同时满足经理人激励相容约束条件,参见(7-9)式。我们把上述薪酬激励合约设计过程总结为以下带约束的规划问题。

$$\text{Max}_{b,s}(1-b)a - s \tag{7-11}$$

$$\text{s.t.} \quad s + ba - \frac{1}{2}\rho b\delta^2 - \frac{a^2}{2} \geqslant \underline{u} \tag{IR}$$

$$a^* \in \arg\text{Max}_{a} \, s + ba - \frac{1}{2}\rho b\delta^2 - \frac{a^2}{2} \tag{IC}$$

我们看到,上述规划问题在股东提供的竞争性薪酬满足经理人参与约束这一新古典机会成本约束条件的基础上向前大大地迈进了一步:通过要求股东的目标函数与经理人的激励相容约束条件同时成立,使股东最终为经理人设计的薪酬激励合约成为同时使股东价值最大、经理人效用最大的"最优战略组合"。因而,经理人薪酬合约设计是股东与经理人从关于经理人努力程度信息不对称出发展开(不完全信息)博弈并最终实现"纳什均衡"的产物。

求解上述规划问题,我们得到,

$$b^* = \frac{1}{\rho\delta^2+1}$$
$$s^* = \frac{1}{2(\rho\delta^2+1)}$$

这表明,无论是最优基薪还是分成比例都受到经理人风险态度(ρ)和外部经营环境的不确定性(δ^2)的影响。最优的经理人薪酬激励合约相应为:

$$s^* + b^*y = \frac{1}{2(\rho\delta^2+1)} + \frac{1}{\rho\delta^2+1}y \tag{7-12}$$

对 b^* 和 s^* 进行比较静态分析,我们容易得到,

$$\frac{\partial b^*}{\partial \rho}<0, \quad \frac{\partial b^*}{\partial \delta^2}<0, \quad \frac{\partial s^*}{\partial \rho}<0, \quad \frac{\partial s^*}{\partial \delta^2}<0$$

从上述比较静态分析结果,我们可以得到一些关于经理人薪酬合约设计基本的政策含义,它们构成公司治理实务中董事会为经理人进行薪酬激励合约设计的基本原则。其一,如果经理人是风险厌恶型的(风险规避度 ρ 高),则应该为其制定较低的分成比例(b^*)。这意味着,对于风险规避的经理人,为了提高其努力程度,应由股东承担更多的风险。其二,如果外部经营环境的不确定性(δ^2)很大,则同样应该为经理人制定较低的分成比例(b^*),而由股东承担更多的风险。

探究经理人薪酬激励合约设计的本质,我们看到,不同合约的差别事实上主要体现在对分成比例 b^* 的确定上。高的分成比例代表经理人受到的激励强度较强,经理人愿意付出的努力程度较高。然而业绩除受到努力程度的影响外,还受到外部经营环境的影响。对于风险厌恶程度较高的经理人,过高的分成比例意味着经理人面对外部经营环境的不确定性将承担更大的风险成本;而过低的分成比例代表经理人受到的激励不足,经理人的努力程度较低,将导致更多的效率损失。因而,经理人最优薪酬激励合约设计的本质就是在激励(incentive)(高的 b^*)和风险分担(insurance)(低的 b^*)的两难冲突中的权衡。

基于相同的假设(经理人具有相同的风险态度,从而具有相同的效用函数形式),我们比较薪酬激励合约设计前后经理人的努力程度。容易证明,经过薪酬激励合约设计,经理人所选择的最优努力程度高于不存在薪酬激励合约的情形下经理人选择的最优努力程度($a^* = \frac{1}{\rho\delta^2+1} > a^\&$,其中,$a^\&$ 为不存在薪酬激励合约的情形下经理人的努力程度)。因而,经理人薪酬激励合约设计实现了效率的提高。或者说,经理人薪酬合约设计很好地体现了公司治理机制事中或事前对经理人的激励作用。

然而需要提醒读者注意的是,尽管通过经理人薪酬激励合约设计,经理人

有激励选择较薪酬合约设计前更高的努力程度,但此时的努力程度仍然低于不存在委托代理关系时社会最优的努力程度,即 $a^* = \dfrac{1}{\rho\delta^2+1} < a_{FB}$(其中,$a_{FB}$ 为具有相同风险态度的家庭手工作坊主最优的努力付出水平,代表了从社会看可能达到的最优的努力程度)。因此,经理人薪酬激励合约设计的最终结果所实现的仅仅是次优(second-best),而不是社会最优(first-best)的努力程度。这意味着在向经理人提供薪酬激励合约后,经理人的努力程度仍然低于股东同时担任经理人,从而不存在控制权与经营权分离情形下的努力程度,因而效率的损失无法完全避免。其根本原因依然在于控制权和所有权分离所导致的信息非对称使得如果股东希望获得经理人努力程度的私人信息,必须向经理人支付信息租金(information rent),从而不可避免地导致效率损失。

总结上述经理人薪酬合约设计过程,我们看到,尽管经理人的努力(a)是经理人的私人信息,不可证实,甚至不可观察,但现代公司股东可以基于可观察和可证实的企业业绩(y)为经理人设计激励合约($s+by$);股东在为经理人具体设计薪酬合约时,首先需要想到,只有向经理人提供竞争性薪酬才能吸引经理人接受聘任(经理人参与约束得到满足)。但这还远远不够,股东应该同时想到,要想使经理人付出高的努力程度,股东需要向经理人提供合理的薪酬设计(经理人激励相容约束得到满足)。最终设计的经理人薪酬合约需要通过要求股东的目标函数与经理人的激励相容约束条件同时成立,使股东最终为经理人设计的薪酬激励合约成为同时使股东价值最大、经理人效用最大的"最优战略组合",从而使经理人有激励选择高的努力程度(a^*)。其中,激励合约中的分成比例(b^*)的确定与经理人的风险态度(ρ)和外部经营环境的不确定性(δ^2)有关。

在公司治理实践中,对经理人薪酬激励合约设计合理性的判断取决于经理人薪酬与企业绩效之间是否存在显著的敏感性(pay-performance sensitivity)。其理论基础即是 Holmström 和 Milgrom(1987)经理人薪酬合约设计理论中的分成比例(b^*)。Murphy(1999)的研究发现美国企业绩效与 CEO 薪酬之间的敏感度为 1 000∶6,这意味着股东权益每提高 1 000 美元,CEO 可以获得 6 美元的激励报酬。而 John 和 Qian(2003)针对银行业的研究发现,美国银行业 CEO 薪酬与企业绩效的敏感度为 1 000∶4.7。银行业的薪酬绩效敏感性偏低的原因在于,银行业的高风险和受到高度监管的特性,使其行业的报酬绩效敏感度通常较制造业等其他行业低。

从以上的讨论中,我们看到,Holmström 和 Milgrom(1987)的理论很好地揭示了经理人薪酬激励合约设计需要遵循的基本规律,因而成为现代薪酬理论中里程碑式的工作。经理人薪酬合约设计由此成为最基本和十分重要的公司治理机制。

7.3 公司管理层薪酬包的构成

在实际的经理人薪酬激励合约的制定过程中,可用来作为激励工具的薪酬支付方式有很多。我们把它们统称为公司管理层的薪酬包(compensation package)。本节讨论公司治理实践中常用的组成薪酬包的激励工具。

我们可以简单把薪酬包区分为显性薪酬和隐性薪酬两类。其中,显性薪酬主要包括货币薪酬、股权激励、津贴等,而隐性薪酬则主要包括在职消费等。

显性薪酬中的货币薪酬是企业通常采取的短期激励方式。货币薪酬由两部分构成:其一是基薪(base salary),即与职位相联系的固定报酬——经理人每一工作年度所取得的基本收入部分。其二是年度奖金(bonus),往往也被称为绩效工资,即根据事先制订的薪酬激励计划,按照经理人业绩目标的实际完成情况和奖励标准向经理人发放的奖金。我们看到,Holmström 和 Milgrom(1987)的经理人薪酬激励合约设计理论主要针对的薪酬制定实践就是以货币薪酬为代表的短期激励方式,但他们发展的薪酬激励合约设计的思想可以很自然地延伸到其他激励手段中。

除了货币薪酬外,现代公司围绕经理人薪酬设计越来越多地采用中长期激励方式,包括股票期权、限制性股票、股票奖励、影子股票(有股无权)、股票升值权等。在我国公司治理实践中,一些公司目前采用的主要是股票期权和限制性股票这两种方式。

股票期权(stock option)的激励对象除公司高管外有时还包括部分技术骨干等。它指的是公司根据设计的股票期权激励计划授予激励对象以规定的价格购买公司股票并持续持有一段时间(例如 3 年),在规定的持有期结束后将股票在市场上出售的权利。股票期权从形式上看像是期权,但与一般期权不同的地方是,作为经理人薪酬激励机制的股票期权,不可转让交易,只可以选择执行或不执行。由于期权的价值会随着标的股票价值的提升而提升,而股票价值提升所体现的公司价值提升除了与外部经济环境的不确定性相关外,还与经理人的努力关系密切。经理人要想在未来股票期权行权中获得较高的收益,就需要通过付出努力来提升公司价值。股票期权于是将经理人具有私人信息特征的努力程度与公司绩效的改善,从而公司价值的提升联系在一起,成为公司治理实践中十分重要的激励手段。与货币薪酬不同的是,较长期限的持有期的规定使经理人不仅仅关心当年的绩效改善,而且关注更长的持有期内的绩效改善,因而成为经理人的长期激励手段之一。以上讨论从新的角度表明,股票期权的激励原理与货币薪酬的激励原理具有一致性,都是将经理人未来的薪酬回报与可证实的公司绩效挂起钩来,以此激励经理人为了获得高的薪酬而付出更多的个人努力。

经理人获得限制性股票奖励(restricted stock granted)则无须付出额外成本。当限制性股票所规定的持有限制期限结束后,这些股票就可以自由支配了。实践中还存在其他形式多样的长期激励收益(long-term incentive payouts)。它们作为股票期权和限制性股票奖励的一种补充,通常与股票价格或利润等指标挂钩,以奖金形式不定期发放。一些公司在完成重组或进入一个新的发展阶段后,往往会推出作为对经理人的奖励的长期激励计划。例如,华为公司就有很多独具特色的长期激励计划。

Murphy(1999)等基于美国的证据表明,经理人薪酬对企业绩效的敏感性随着时间的推移而提高,其中大部分的提高来自经理人的股权与期权激励。这意味着,股票期权和限制性股票激励已经成为经理人努力补偿的重要手段。到1997年年底,美国有45%的上市公司已经实施了股票期权激励。

中国的股权激励实践

2005年12月31日,中国证监会发布了《上市公司股权激励管理办法(试行)》,在我国上市公司中正式推出了针对公司高管的股权激励计划。从2006年年初到2011年年底,我国共有300多家上市公司提出了351份股权激励计划。其中,采用股票期权方式的有263例,采用限制性股票的有72例。因而,这两种激励方式成为我国上市公司中长期激励的主要模式。

我国监管当局虽然允许上市公司进行股权激励的尝试,但对控股股东性质为国有的上市公司存在较多限制。2006年10月,国资委与财政部联合出台了《国有控股上市公司(境内)股权激励试行办法》(以下简称《办法》)。《办法》规定,国有控股上市公司(境内)首次实施股权激励计划的,授予的股权数量原则上不得超过上市公司股本总额的1%;公司全部有效的股权激励计划所涉及的标的股票总数累计应控制在上市公司股本总额的10%以内。此外《办法》还规定,国有高管人员个人股权激励的预期收益水平不可以超过其薪酬总水平的30%。

由于受到激励额度等种种限制,国有上市公司对采取股权激励方式

> 的积极性不高。有数据表明，在351份股权激励方案中，286份来自民营上市公司，而来自国有上市公司的只有65份。这也在一定程度上成为我国国有上市公司存在薪酬管制的证据之一。鉴于目前我国股权激励范围少、幅度小的特点，股权激励尚没有成为我国上市公司对经理人的主要激励手段。

股权或期权成为成熟市场经济国家上市公司经理人主要的激励方式，显然源于股权或期权在实践中的以下优势。首先，股权或期权计划将公司与经理人紧紧捆绑在一起，公司长期业绩越好，经理人从行权中获得的收益将越大，因此股权或期权激励下的经理人有激励付出更多的个人努力。其次，股权或期权的执行，从而经理人薪酬的回报是未来持有限售期结束后的事，不涉及现金的当期支付。这一点对于缺乏现金的公司尤为重要。最后，作为"滞后的补偿"，股权或期权可以给企业和经理人带来税收的优惠。例如在美国，税法规定行权时一定比例内的股票收益可以不交税。

毋庸置疑的是，对于股权、期权的激励效果，理论界与实务界也存在一些批评。首先，虽然公司绩效作为薪酬制定标准在理论上具有合理性，但是绩效标准在实践中如何选择不无争议。由于盈余管理和股价操纵等因素的存在，股票期权所依据的股票市值变化有时并没有真实反映公司的业绩。我们以1997年年底的美国资本市场为例。自20世纪90年代以来，道琼斯指数上涨了263%，经理人因此从期权中获得了持续的高报酬，然而对于许多公司来说，其真实业绩并没有显著的增长。美国最大的365家公司的CEO的报酬相对于标准普尔500指数增长了36%，而公司的盈利指数却下降了1.4%。这成为股票期权激励广受批评的重要原因之一。其次，不合理的股票期权激励标的物选择诱使经理人不惜铤而走险，在行权日之前制造假账，导致安然、世通等会计丑闻的频繁发生。安然事件发生后，采用股权和期权方式激励经理人的公司骤减。

值得庆幸的是，理论界与实务界很快意识到，围绕股权与期权激励发生的很多问题仅仅是标的物的选择出现纰漏，而不是股票期权激励理论本身存在瑕疵。针对上述批评，实践中很快推出了相应的改进措施。例如，推出指数化股票期权或限制性股票，使股票期权不再简单地和股票的价格联系在一起，而是通过平均化剔除经济走势的影响，以反映企业真实业绩的变化。

除了上述货币薪酬和股权期权激励外，一些公司还会选择以福利和津贴的方式作为上述经理人薪酬回报的补充。这里的福利包括法定福利、公司内部福利和补充福利,如养老金、医疗与牙医服务、寿险、伤残;高层经理的补充退休金、补充医疗与残障、补充寿险等。津贴则往往包括俱乐部会员资格、提供理财顾问、享用专用交通工具以及定期体检和免费旅游等。

2011年,新华人寿被曝光违规为47名高管购买天价养老金。① 按照购买协议,该公司总裁在退休以后每个月可以领取高达9万元的年金收益和2万元左右的医疗保险报销。以养老金方式作为经理人薪酬包的激励手段之一由此开始进入我国理论界与实务界的视野。在反思新华人寿案例的基础上,一些学者指出,福利的未来发展方向是货币化,以避免由于福利津贴发放操作不规范引起的对具有激励属性的福利津贴的滥用。在成熟国家的实践中,对退休金等福利形式的采用有时和并购实践中的某种反接管措施(例如,金降落伞等)相联系。特别是,由于福利和津贴往往是与企业文化和管理模式联系在一起的,不能简单、片面地用税和费的区别去加以认识。由于数据可获得性等原因,目前我国对于福利和津贴的研究还十分薄弱。对于其可能包含的激励属性或代理成本性质,未来需要基于经验证据加以认真识别。

经理人的薪酬包除了包括货币薪酬、股权激励以及福利津贴等显性薪酬外,事实上还包括隐性薪酬。最为典型的隐性薪酬是在职消费(perks)。它指的是公司管理层在行使职权和履行职责的过程中,发生的用于满足个人消费目的,但由于与其职务相联系而最终由公司负担的货币或其他形式的支出。

如同福利津贴,理论界对于在职消费的性质同样存在两种针锋相对的观点。一种观点认为,在职消费是公司管理层代理成本的集中体现,是现代公司治理需要重点解决的潜在问题之一(Jensen and Meckling,1976)。另一种观点则认为,作为公司管理层薪酬包的一部分,在职消费发挥着重要的隐性激励功能,成为货币薪酬等显性薪酬的重要补充。上述两种理论观点分别得到了经验证据的支持。Yermack(2006)以CEO配备公司飞机为例,以事件研究法来考察在职消费信息披露后市场的反应,发现上述事件的累计非正常收益显著为负,从而支持了在职消费是代理成本的观点。而Rajan和Wulf(2006)的研究却发现,在职消费有助于节约时间,提高工作效率,并且可以发挥税盾作用以减少税收支出,提高管理者的威望与地位,因而在职消费具有隐性激励作用。

郑志刚和王丽敏(2016)利用我国上市公司2003—2010年的数据实证检验了我国上市公司的高管在职消费的性质。该文的研究发现,我国上市公司高管的在职消费可以通过改善货币薪酬的激励效果和在存在薪酬管制时构成新的激励源的方式来发挥隐性激励作用。该文的研究提醒我国公司治理理论界和

---

① 参见 http://news.xinhuanet.com/comments/2010-10/21/c_12682672.htm。

实务界,在职消费究竟发挥隐性激励还是代理成本作用一定程度上取决于经理人薪酬激励合约设计的合理程度。由于在目前阶段国有上市公司高管受到薪酬管制,因此,除了看到我国上市公司高管在职消费可能具有的代理成本性质的一面,还要看到其发挥隐性激励功能的一面。

需要注意的是,评论高管在职消费性质的前提是公司本身存在相对良好的治理结构和较为严格的信息披露制度。因而相关结论对于需要履行信息披露义务和已建立公司治理结构的上市公司具有某种适应性,但它并不一定适合不满足上述前提条件的各种营利或非营利性质的组织、机构和团体。

7.4 薪酬激励合约设计相关讨论

从 Holmström 和 Milgrom(1987)现代经理人薪酬合约设计理论的奠基性工作开始,理论界围绕经理人薪酬合约设计开展了大量的工作,积累了大量的文献。接下来我们简单总结经理人薪酬合约设计文献的一些重要突破,以丰富读者对经理人薪酬合约设计的认识。

在强调合约绩效衡量的可证实性时,Baker、Gibbons 和 Murphy(2002)指出,不要忽视关系型合约的激励作用。所谓关系型合约(relational contract),指的是各种非正式协议、尚未形成文字的行为规则,以及供需双方达成的谅解,它们是通过具有约束力但是非正式的制度安排(例如文化习俗规范等)来实施的隐性合约。无论是企业内部经营还是市场交易中都充斥着大量的关系型合约。例如,在一个企业内部,往往存在许多对雇员行为产生重要影响的非正式协议,以及各种尚未形成文字的行为规则;如果企业与供货商已建立长期稳定的供货关系,即使一些无法预料或没有写入合约的情形发生,双方依然能达成谅解。关系型合约的存在可以缓解外部不确定性带来的冲击,为正式合约的履行带来缓冲空间。

关系型合约与正式合约(formal contract)相比具有以下特点。其一,正式的合约必须在事前对事后可以由第三方证实的各项条款做出明确规定,而一个关系型合约只需要建立在事后可以观察的结果上。其二,关系型合约的一个优点是允许交易双方充分利用对自身所处环境的熟悉,并及时采纳新的信息;但这同时构成关系型合约的一个不足,即无法通过第三方来实施,而必须依靠自我实施(self-enforcing)。只有当合约中未来关系的价值足够大时,才能使关系型合约双方有激励不违约。

Holmström 和 Milgrom(1991)等在传统委托代理框架下把原来的单一任务扩展为同时面对多项任务(mult-task),分析了如何在不同的任务之间配置努力程度的问题。现实生活中,多任务的情形比比皆是。一个典型的例子是我国的国有企业。国有企业除了完成创造利润这一企业基本功能外,还需要承担调整产业结构、进行宏观调控、稳定物价、吸纳劳动力解决就业,甚至维护社会稳定等功能。给定有限的资源,在不同的任务之间配置努力程度的激励冲突不可避免。如果经理人同时面临不同的任务,那么,经理人应该如何协调不同努力方向的冲突呢?Holmström 和 Milgrom(1991)给出的政策建议是,提高某项任务的激励,可以通过提高该项任务本身的回报,或者降低另一种任务的回报来实现。后者通过降低该项任务的机会成本,在不增加个体对绩效衡量操纵的同时,提高了对该项任务的激励,因而在实际应用中尤为重要。例如,如果我们希望把国有企业重新塑造成以创造利润为中心的经济组织,除了强调利润等经济指标的考察这一途径外,通过减免国企各项"非企业"职能的履行同样可以达到事半功倍的效果。

Murphy(2001)等指出,不适当的激励合约设计不仅无法达到预期的激励效果,甚至会产生激励扭曲,适得其反。如果经理人薪酬激励合约设计中的股票期权简单地以股票价格等作为标的物,将诱使作为信息知情人的经理人操纵股价,在股票价格上升后行权获益,但并没有带来企业绩效的真实改善,最终使股东利益受到损害。甚至在一些片面强调报酬和经营绩效之间敏感性的高能激励合约的激励下,经理人往往不惜铤而走险,进行会计造假。美国安然、世通等公司的会计丑闻的发生就是这方面的生动例子。

7.5 小　　结

本章讨论经理人薪酬激励合约设计问题。经理人薪酬激励合约设计的基本原理是将经理人未来的薪酬回报与可证实的公司绩效挂起钩来,以此激励经理人为了获得高的薪酬而付出更多的个人努力。因而,经理人薪酬激励合约设计一定程度上解决了经理人由于努力的私人信息特征所具有的道德风险倾向,从而成为实践中最基本和十分重要的公司治理机制。总结本章的讨论,我们可以得到以下结论。

第一,经理人薪酬不仅是对经理人人力资本付出的补偿,而且还是对经理人努力工作的激励。基于信息对称的新古典经济学认为工资是(经理人)劳动力的价格和对人力资本付出的补偿;而基于信息不对称的信息经济学则强调经理人薪酬除了补偿人力资本付出(个体理性约束的体现)外,还应包含鼓励"说真话"的信息租金(激励相容约束的体现)。因而,经理人薪酬合约设计的一个新功能是向经理人提供激励,而不仅仅是对人力资本付出的补偿。

第二,可观察同时可证实的企业绩效将经理人个人努力程度与未来薪酬回报连接起来,因而成为经理人薪酬激励合约设计所需要依赖的重要直接机制。

第三,理论上,经理人最优薪酬激励合约设计的本质就是在激励(高的 b)和风险分担(低的 b)的两难冲突中的权衡。经验上,经理人薪酬激励合约设计的合理性取决于经理人薪酬与企业绩效之间是否存在显著的敏感性。

第四,可用来进行经理人薪酬合约设计的经理人薪酬包中不仅包括货币薪酬(基薪和奖金)、股权期权激励、长期激励计划、福利津贴等显性薪酬,而且还包括在职消费等隐性薪酬。

第五,福利津贴和在职消费看似是代理成本,但在特定情形下将发挥隐性激励功能。因而,福利津贴和在职消费究竟发挥隐性激励作用还是代理成本作用,一定程度上取决于经理人薪酬激励合约设计的合理程度。

第8章
经理人薪酬增长的影响因素与经理人超额薪酬现象

8.1 引　　言

近年来,许多国家都出现了经理人薪酬持续增长的现象。例如,美国税务总局的报告显示,1980—1995年间,美国企业经理人薪酬总额增长约2 000亿美元,经通货膨胀因素调整后增长达182%;相比之下,同期的企业利润仅增长127%,而非管理层员工的实际薪酬则出现轻微下降(Frieder and Subrahmanyam,2007)。Mishel,Bernstein和Allegretto(2005)的研究发现,美国企业经理人平均薪酬从1989年到2000年大约上升了342%。2003年美国企业经理人薪酬是普通雇员平均收入的185倍,而1965年上述比例只有26倍。

2008年随着全球金融风暴的爆发,作为诱因之一的高管天价薪酬和经理人超额薪酬问题开始露出冰山一角,激发了国际学术界对于惊人增长的经理人薪酬背后原因的研究兴趣。

我国上市公司也出现了经理人薪酬持续增长的现象。按照Hay Group的研究报告[①],2001—2011年间,新兴市场国家经历了经理人薪酬快速增长的10年。其中,中国的经理人薪酬在10年间平均增长了3.5倍,在新兴市场国家处于首位(高于印度尼西亚的3.0倍和巴西的2.8倍)。

针对近期许多国家都出现的经理人薪酬持续上升现象,理论界提出了视角

---

① 资料来源:http://www.haygroup.com/cn/press/details.aspx? id=35162。

各异的解释。本章关注经理人薪酬增长背后的因素和经理人超额薪酬现象。希望通过本章的讨论,帮助读者厘清经理人薪酬增长的合理成分和不合理成分。只有在界定经理人薪酬增长合理边界的基础上,我们才能反过来对损害股东利益的经理人超额薪酬现象形成全面、正确的认识。这里所谓的经理人超额薪酬是经理人利用其实际权力为自己发放,或通过讨好献媚董事会发放的超过自己实际贡献的薪酬。

本章以下部分的内容组织如下:第 8.2 节讨论传统薪酬激励合约理论对经理人薪酬持续增长的可能解释;第 8.3 节回顾和梳理对经理人薪酬持续增长的新的理论解释;第 8.4 节从我国资本市场制度背景出发,讨论影响我国经理人薪酬持续增长的独特因素;第 8.5 节讨论经理人超额薪酬问题;最后是简单的小结。

8.2 传统薪酬理论对经理人薪酬持续增长的可能解释

新古典经济学把工资理解为劳动力价格,它由劳动力市场供需平衡决定。经理人薪酬相应指的是经理人人力资本的市场价值,反映了经理人人力资本供求的变化。按照新古典经济学,经理人薪酬出现增长,或者可能是由于经理人人力资本供给不足,或者是由于经理人人力资本需求增加。然而,新古典经济学给出的解释并不能令人信服。首先,没有证据显示近年来出现引起经理人人力资本供求持续变化的因素;其次,如果经理人薪酬出现增长,按照新古典经济学,经理人人力资本的供给将增加,需求相应下降,经理人薪酬在短暂增长后会出现回落。即使考虑工资刚性等外生因素,我们看到新古典经济学也许可以解释经理人薪酬的短期波动,但它无法对经理人薪酬的持续增长提供逻辑与证据一致的解释。

对经理人自身薪酬激励合约设计的关注始于 20 世纪七八十年代的信息经济学。作为现代激励机制设计理论关于事后信息非对称引发的道德风险问题研究结论的直接推论,一个缓解经理人谋求控制权私人收益的重要机制设计是,在聘用经理人前与其签订薪酬激励合约,来协调经理人与投资者的利益。这就是经理人薪酬合约设计。经理人薪酬合约设计作为一种研究范式被广泛用于研究投资者与经营者之间的利益冲突,而经理人劳动市场相应成为检验其含义的天然实验室(Murphy,1999)。

经理人薪酬激励设计通常需要遵循的原则(参见本书第 7 章的相关讨论)包括:其一,对作为经理人私人信息从而不可证实,甚至不可观察的努力的报酬必须建立在可观察并且在法律上可证实的指标上,因而在实践中经理人薪酬中的奖金部分通常与企业业绩挂钩。其二,激励合约设计要受到经理人的风险态度的影响。对于风险厌恶的经理人,通常还向其提供数量可观的基薪和在职消费作为保险。风险厌恶程度越高,作为保险的基薪补偿越高,而反映承担风险比例的激励分成则相应降低。因而,最优的激励合约设计是激励和保险的两难冲突(Holmström,1979;等等)。其三,经理人薪酬的激励效果与所采取的激励形式有关。除了基薪和基于会计业绩的年度奖金外,股票期权以及长期激励计划被广泛用来向经理人提供激励。按照 Core 等(2001),到 1997 年年底,美国 45% 的上市公司已经实施了股票期权。

然而,按照美国税务总局的相关报告,经理人薪酬的增长速度远远快于同期的公司利润和非管理层员工的实际薪酬的增长速度。因此,我们无法从基于经理人激励薪酬合约设计的公司利润增长方面得到对经理人薪酬增长的更多解释。

从经理人薪酬激励合约设计理论和实践中,我们得到对经理人薪酬持续增长的看似合理的解释是,经理人薪酬包中对股权和股票期权激励计划等高能激励薪酬方案的滥用。Core 等(2001)、Murphy(1999)等的实证研究表明,经理人薪酬对企业绩效的敏感性随着时间的推移而增加,其中敏感性的提高大部分来自经理人的股权与股票期权激励。

随着 2001 年美国安然公司等会计丑闻的爆发,人们对包括股票期权在内的经理人持股计划提出了普遍的置疑。其中包括,股票期权所依据的股票的市值变化没有真实反映公司的业绩,从而可能不是很好的直接机制;经理人为获得高的行权收益,而在行权之前通过盈余管理等方式制造假账,导致会计丑闻的频繁发生等。之后,股票期权等的使用进入低谷。Hall 和 Murphy(2003)等的研究表明,在美国安然公司等会计丑闻爆发后,标准普尔 500 企业向雇员支付的股票期权从 2000 年的 1 190 亿美元一度下滑到 2002 年的 710 亿美元。

值得注意的是,在安然会计丑闻爆发后,股权激励出现下降趋势后,经理人薪酬持续增长现象依然存在。因此,我们不得不跳出经理人薪酬合约设计理论,从新的视角来解释经理人薪酬持续增长现象。

8.3 对经理人薪酬持续增长现象的新解释

除了传统的经理人薪酬激励合约设计理论,我们事实上还可以从"租掠夺"理论、"现在投资者和将来投资者之间的利益冲突"理论、"精明缺失"理论以及"效率均衡反应"理论等多种视角对经理人薪酬持续增长的现象做出解释。这些理论有些是从经理人超额薪酬现象本身出发对传统薪酬理论的批评和反思,有些则是从更广泛的视角来理解公司治理问题，但可以用来解释经理人薪酬持续增长现象。

Bebchuk 和 Fried（2003，2004）指出，由于所有权与控制权的分离，管理层对自身的薪酬设计具有实质性影响。经理人通过俘获董事会和薪酬委员会实际上能够为自己制定薪酬。围绕经理人薪酬，经理人与作为代表的董事会薪酬委员会的谈判现实与标准代理理论范式中的理想化情形相去甚远。因而，Bebchuk 和 Fried（2003，2004）认为，基于最优激励合约设计的传统代理理论对薪酬合约设计缺乏现实基础，只不过是管理层"租掠夺"的巧妙花招而已。我们把上述视角称为经理人薪酬增长的"租掠夺"理论或"经理人权力"理论。

我们知道，在成熟市场经济国家的公司治理实践中，董事会，特别是其中的薪酬委员会通常被认为是代表股东的利益在与经理人讨价还价的基础上设计、考核并履行经理人薪酬合约的。然而，由于经理人在提名董事进入新一轮董事会中扮演十分重要的角色，成为董事所带来的丰厚的年薪、名誉和社会交往使每一位希望在下一届董事会选举中重新获得提名的董事有激励讨好经理人；与此同时，经理人同样会反过来参与董事的年薪和津贴的制定；更重要的，一名董事一旦形成"喜欢与经理人对抗"的"声誉"，将很难获得其他公司邀请加入董事会的机会。出于上述三方面原因的考虑，董事在经理人薪酬合约设计问题上通常表现得十分暧昧，容易妥协。正如 Bebchuk 和 Fried(2003)指出的那样，经理人薪酬合约设计在成为解决代理问题的潜在工具的同时，自身也成为代理问题的一部分。

在薪酬设计时，管理层一方面要满足政府管制中薪酬强制披露制度的要求，另一方面则需要平抑外部投资者对经理人薪酬飞涨的公告可能产生的愤怒。为了满足上述两方面的要求，激励性薪酬被人为地复杂化，以致难以估算。管理层还可以采取制订高额退休金计划、保险合同以及"金降落伞"等方式来巧妙地增加自己的实际收入，同时不会激起外部投资者的愤怒。Bebchuk 和 Fried（2004）指出，当不断变化的环境产生了掠夺额外租金的机会时（或者通过减少外部民众的愤怒和符合管制约束，或者通过产生新的隐蔽方式），管理层将充分利用它并推动公司乃至外部投资者的认同。

股票期权计划被认为是管理层可以在提高激励的掩饰下提高自己报酬而又不会遭到股东反对的一种方法。在承担有限责任和风险规避的条件下，为了使管理层积极参与，有必要提高薪酬对业绩的敏感性，从而使他们报酬的现金价值增加。Holmström 和 Kaplan（2001，2003）提供的经验证据表明，美国管理层薪酬价值的增加很大程度上是由于 20 世纪 80 年代杠杆收购革命之后基于股票的薪酬增长导致的。

对于经理人薪酬合约设计中风险分担和激励之间的平衡问题,现代薪酬合约设计理论的建议是,薪酬不应该与经理人控制之外的业绩增长挂钩,并承担相应的责任,因为即使经理人努力工作也无法改善已经超出他控制的业绩,只会增加经理人需要承担的无谓风险。然而,按照"租掠夺"理论,经理人可以利用手中的权力控制薪酬设计程序,因此能从他控制之外的业绩增长中得到好处。最终经理人手中越来越大的权力使股东很难撼动经理人的位置,形成所谓的"经理人盘踞"现象。随着美国公司丑闻的不断涌现及美国公众对美国公司治理体系已经出现的"经理人盘踞现象"的担心,"租掠夺"理论得到理论界的迅速认同。

"租掠夺"理论的一个局限是,我们通常难以对经理人权力进行准确的刻画和度量,往往需要置入某一特定场景,来打开董事会决策的"黑箱",并获得通常很难采集到的数据和信息。在经验研究中,有时采用经理人是否兼任董事长或公司治理特征中的一些其他变量进行间接度量。但对于上述变量之间的相关关系,到底是应该从强的经理人权力,还是从有待完善的公司治理结构解释则存在争议。

Bolton、Scheinkman 和 Xiong (2005) 将经理人薪酬持续增长与网络和技术泡沫的出现联系在一起,从寻找互联网泡沫出现的原因出发,给出了经理人薪酬持续增长现象的新解释。他们的研究发现,网络和技术产生的不确定性加剧了现在投资者和将来投资者之间的观点不一致。现在持有公司股票的股东通常乐于向经理人提供基于股票期权的薪酬合约,鼓励经理人操纵股价。这样,现在持有公司股票的股东和经理人将在投机性股价上升前通过抛售股票而获利,股价随后急剧下跌,泡沫破裂,由对网络与技术前景更加乐观的新投资者接盘实际价值远低于购买成本的垃圾股票。因此,当现在投资者和将来投资者之间的观点不一致时,基于股票期权的经理人薪酬激励合约设计将导致现在股东与经理人合谋,鼓励经理人以牺牲公司长期基本价值为代价的短期投机和操纵股价行为。这反过来助长了股市中的投机行为和利用网络技术不确定性而进行的各种炒作,并最终导致互联网泡沫的出现。Bolton 等(2005)发现,伴随着网络与技术泡沫,公司盈余管理显著增多,并逐步从司空见惯的盈余调整到彻头彻尾的会计丑闻。20 世纪 90 年代互联网泡沫时期,美国上市公司的盈余调整报告急剧增加。1992 年只有 6 起年报的调整,1993 年为 5 起,而在 1997—2000 年间却多达 700 多起。我们把上述理论称为"现在投资者和将来投资者之间的利益冲突"理论。这一理论显然为互联网泡沫时期出现的基于股票期权的经理人薪酬持续增长现象提供了新的解释视角。

Frieder 和 Subrahmanyam 也注意到互联网泡沫时期盈余管理的频繁出

现,但与Bolton等(2005)把其归于由于互联网技术的不确定性引发的"现在投资者和将来投资者之间的利益冲突"不同,他们把频繁出现的盈余管理归于投资者"精明缺失"(lack of sophistication),并由此提出投资者"精明缺失"理论。

Frieder和Subrahmanyam(2007)指出,由于缺乏专业的会计知识和财务分析能力,外部分散投资者通常无法确切地了解经理人操纵会计报表的程度。因此,当外部分散投资者构成公司股票持有主体时,投资者总体精明程度的下降,为经理人通过操纵会计报表来为自己增加薪酬的做法提供了便利。而随着科学技术的发展和市场交易成本的降低,当更大比例的外部分散投资者成为公司投资主体时,经理人通过操纵会计报表提高自己薪酬水平的可能性增大。因而经理人薪酬增长的现象可以简单归结为技术进步导致的外部投资者总体精明程度的下降。

Frieder和Subrahmanyam(2007)进一步以股票交易量作为客户转换和个人投资参与程度的代理变量来检验上述理论模型的实证含义。他们的研究发现,经理人薪酬与该公司股票交易量横截面相关。这在一定程度上表明,如果有更多的投资者购买一个公司的股票,则该公司投资者的总体精明程度会进一步下降,经理人由此通过操纵报表可以获得更高的间接薪酬。这里的间接薪酬指的是长期激励收益、人身保险等辅助薪酬形式。

Gabaix和Landier(2007)则注意到,经理人的才能各不相同,在竞争性分配环境中被匹配到各公司中。而经理人才能的很小差异却能导致薪酬的巨大差异。因而,他们特别强调企业间的互相传染和攀比可能是导致经理人薪酬增长的潜在原因。如果一小部分公司决定支付比其他公司更高的报酬(或许是由于糟糕的公司治理),则所有的经理人薪酬将比一般均衡数量高出很多。经理人的均衡报酬随着所在公司的规模和经济体中所有公司的平均规模的扩大而增长。他们的研究表明,大公司的规模扩张解释了经理人薪酬在公司间、跨时期和国家间的差异。1980—2004年间美国经理人薪酬6倍的增长完全可归因于同期公司市值的同比例增长。因而,在他们看来,近年来出现的经理人薪酬持续增长现象是对公司市场价值增加的有效均衡反应,而不是由代理问题引起的。我们把上述视角称为经理人薪酬增长的"效率均衡反应"(efficient equilibrium response)理论。

从"租掠夺"理论、"现在投资者和将来投资者之间的利益冲突"理论、"精明缺失"理论到"效率均衡反应"理论,我们看到,从对传统薪酬合约设计理论在解释经理人薪酬持续增长现象上的不足的批评出发,2002年安然等公司丑闻爆发以来,理论界从不同的视角对经理人薪酬持续增长这一现象进行了解释,对我们理解经理人薪酬持续增长现象背后的原因提供了有益的视角。

8.4　我国制度背景下经理人薪酬增长现象的特殊原因

正如第 8.1 节引言中所描述的那样,在全球很多国家见证了经理人薪酬持续增长的同时,我国上市公司同样出现了经理人薪酬快速增长的现象。那么,对于我国上市公司出现的经理人薪酬持续增长现象,我们能否同样用第 8.2 节和第 8.3 节介绍的各种理论来进行解释呢?

我们看到,从传统的经理人薪酬合约设计理论到"租掠夺"理论、"现在投资者和将来投资者之间利益冲突"理论、"精明缺失"理论以及"效率均衡反应"理论,在解释经理人薪酬增长时都是以股权激励这一高能激励手段的采用为前提。例如,传统经理人薪酬合约设计理论将经理人薪酬的持续增长归因于企业推出的一揽子高能激励薪酬方案,特别是股票期权等的实施;Bolton 等(2006)发展的"现在投资者和将来投资者之间利益冲突"理论则强调,现在股东有激励为经理人设计基于股票期权的薪酬合约,纵容和默许经理人操纵股价,以便现在股东选择适当的时机抛售股票,在投机性股价上升前获利,但损害的却是新投资者的利益;而高股价、高报酬的薪酬设计变得更容易为外部投资者所接受;而 Frieder 和 Subrahmanyam(2007)发展的"精明缺失"理论则表明,经理人倾向于设计非常复杂且难以估价的薪酬合约来避免"精明缺失"的外部投资者做出负面评价,以便于经理人通过操纵财务报表提高自己的薪酬。

然而,我国上市公司在早期很少采用股票期权和其他长期激励计划,但经理人薪酬依然经历了快速增长。从 2001 年到 2005 年,我国大约只有 9% 的上市公司的经理人持股。而从 2002 年至 2006 年,每年约有 50% 以上的中国上市公司提高了经理人的薪酬,其中 2002 年这一比例高达 72.09%。图 8.1 展示了中国上市公司前三位高管平均薪酬的增长趋势。

因此,我们很难用第 8.2 节和第 8.3 节介绍的理论来解释从 2002 年到 2006 年间 50% 以上的我国上市公司经理人薪酬的持续增长现象。那么,我们能否从 Bebchuk 和 Fried(2003)发展的"租掠夺"理论或者说"经理人权力"理论中得到解释呢?

Bebchuk 和 Fried(2003)发展的"经理人权力"理论表明,经理人薪酬谈判的现实情形与标准委托代理范式的平等讨价还价机制相去甚远。在所有权和经营权分离的条件下,经理人对自身薪酬设计有实质性影响。经理人可以通过俘获董事会和薪酬委员会,实际上为自己设计薪酬。经理人可以从他们控制之外的非正常业绩增长中获益,由此导致经理人薪酬的持续增长。

我们看到,"经理人权力"理论的提出主要针对外部分散股东持有公司股

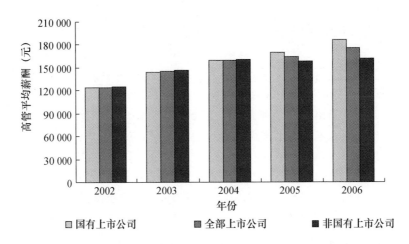

图 8.1　2002—2006 年中国上市公司前三位高管平均薪酬增长趋势

注：数据来源于 CSMAR 数据库，并按照国家统计局公布的年度 CPI 进行了通胀调整。

票，并不存在控制性股东，因而经理人处于盘踞地位的股权结构分散的公司治理范式。然而，我国上市公司有别于其他国家上市公司的最重要的公司治理特征是股权结构的集中和控股股东的国有性质。我国大部分上市公司都存在一个控制性股东来为公司制定公司战略和经营政策，这个控制性股东可能是国家、地方政府或国有法人。控制性股东通过董事会中的利益代表或行使其投票权来对公司进行实质性控制。根据 1993 年《公司法》(1999 年修订) 和中国证监会 2001 年颁布的《上市公司治理条例》的规定，董事会应基于控股股东关于高管薪酬的建议做出决定。对于国有上市公司，董事长和总经理由上级党委组织部门任命，副总经理等其他高管则由上级国资委来任命。这些有行政级别的国企高管的薪酬则按照同级别的行政官员的薪酬差距幅度同时考虑市场因素后制定。

　　上述国有上市公司高管的任命方式使得国有上市公司面临事实上的薪酬管制。这可以从两方面得到证明。其一，对股权激励计划等薪酬方案的实行需要按照相关部门颁发的统一标准，而不是由董事会根据公司章程按照实际需要灵活设计。2006 年我国颁布的《国有控股上市公司（境内）实施股权激励试行办法》规定：上市公司任何一名激励对象通过全部有效的股权激励计划获授的本公司股权，累计不得超过公司股本总额的 1%，但上市公司全部有效的股权激励计划所涉及的标的股票总数累计不得超过公司股本总额的 10%。此外，高管个人股权激励的预期收益水平，应控制在其薪酬总水平（含预期的期权或股权收益）的 30% 以内。由于激励额度受到限制，国有上市公司高管对采用股权激励的积极性不高。在截至 2011 年年底我国上市公司推出的 351 份股权激励方案中,286 份来自民营企业,而来自国有上市公司的只有 65 份。

其二,一轮接一轮自上而下的限薪。2008 年全球金融危机爆发,在公司高管超额薪酬问题凸显的背景下,我国政府多次出台国企高管限薪政策。最新的高管限薪政策是 2014 年 11 月以"中办"名义印发的《关于深化中央管理企业负责人薪酬制度改革的意见》(中发〔2014〕12 号)。2015 年 1 月 1 日起,我国《中央管理企业负责人薪酬制度改革方案》正式实施。该方案规定,央企负责人薪酬将由过往的由基本年薪和绩效年薪两部分构成,调整为由基本年薪、绩效年薪、任期激励收入三部分构成。方案规定,央企负责人的基本年薪按上年度央企在岗职工年平均工资的 2 倍确定;绩效年薪根据考核结果,不超过基本年薪的 2 倍;任期激励则不超过任期内年薪总水平的 30%。

面对具有强大的经济和政治影响力的"控制性股东"的存在,我们很难想象我国国有上市公司的经理人能控制并影响薪酬设计程序,甚至自己为自己设计薪酬。我们看到,利用"租掠夺"理论同样无法对经理人薪酬的持续增长现象做出合理的解释。因而,我们需要从我国资本市场的特殊制度背景出发来思考我国经理人薪酬持续增长的独特原因。

Zheng、Zhou、Sun 和 Chen(2016)将我国上市公司经理人薪酬的持续增长与法律对投资者权利保护程度的提高联系起来,提供了解释我国经理人薪酬持续增长现象的一个新的视角。La Porta、Lopez-de-Silanes、Shleifer 和 Vishny(LLSV,1997,1998,2000,2002)等发展的法与金融文献认为,法律对投资者的保护程度是不同国家公司治理和金融发展水平差异的重要决定因素。他们的实证研究表明,更好的法律对投资者权利的保护通常与更低的所有权和控制权集中度、更发达的股票市场、更多的上市公司数量和更高的与资产相关的上市公司价值相联系(参见本书第 13 章的相关讨论)。法与金融文献的经典命题认为,法律对投资者权利保护的增强将减少内部人私人控制权收益,因此随着中国公司治理外部法律环境的改善,中国上市公司内部人获取控制权私人收益的难度将增加。为了在新环境下使管理层激励相容,之前被管理层以隐性方式掠夺的部分控制权私人收益将以显性方式予以补偿,这最终导致了中国资本市场经理人薪酬持续增长的现象。

事实上,Hermalin(2005)同样指出,20 世纪 90 年代公司治理的实际发展趋势与"租掠夺"理论描述的情形恰好相反。例如,在这一时期,美国公司董事会的独立性在增强,外聘经理人的比例在提高,经理人的平均任期在缩短,经理人的强制离职率在提高。因而,在 Hermalin(2005)看来,20 世纪 90 年代美国公司高管薪酬的增长很大程度上是由董事会力量的加强所导致的。在一个竞争激烈的环境中,面对风险更大、需要付出更多努力的工作,管理层当然有理由要求更高的报酬。Hermalin(2005)因而把管理层薪酬的增长理解为公司治理加强的反映。经理人被解雇的可能性越大,作为补偿,他们的报酬应该增长得更多。Cunat 和 Guadalupe(2005)提供的经验证据表明,更为激烈的竞争和更高的薪酬——公司业绩敏感性之间存在因果关系。

与 Hermalin(2005)背后的直觉类似,Zheng 等(2016)的研究则表明,中国上市公司管理层薪酬的增长趋势一定程度上是由法律对投资者权利保护增强导致原来隐性的管理层私人收益以显性的方式补偿引起的。利用我国上市公司从 2001 年到 2008 年薪酬管制严格,但股权激励计划尚未采用,同时经理人超额薪酬并不严重的数据,Zheng 等(2016)在控制第 8.2 节和第 8.3 节所介绍的理论认为的可能影响因素(如公司业绩、公司规模、交易量、换手率等)的基础上,考察了法律对投资者权利保护增强是否在降低代理成本的同时,导致了经理人薪酬增长。相关实证结果参见表 8.1。其中,模型(1)和(2)考察法律对投资者权利保护对经理人薪酬绩效敏感性的影响,模型(3)和(4)分别考察法律对投资者权利保护对销售费用率(Expense Ratio)和资产利用率(Asset Utilization)两种代理成本度量的影响。

表 8.1　法律环境与经理人薪酬、代理成本

	(1) ΔPay_t	(2) ΔPay_t	(3) Expense Ratio	(4) Asset Utilization
ΔROA_{t-1}	0.290***	0.286***		
	(4.481)	(4.415)		
$\Delta ROA_{t-1} * Law_{t-1}$	0.045***	0.045***		
	(5.184)	(5.134)		
Law_{t-1}	−0.001	−0.001	−0.002**	0.016***
	(−0.498)	(−0.455)	(−2.391)	(9.236)
$Top1_{t-1}$		0.001	−0.001***	0.004***
		(1.207)	(−3.226)	(8.810)
$Top2\_10_{t-1}$		−0.0001	−0.0002	0.003***
		(−0.217)	(−0.824)	(6.722)
$Independence_{t-1}$		0.024	−0.047	−0.089
		(0.275)	(−0.956)	(−1.083)
$StateControlling_{t-1}$		0.013	−0.034***	0.071***
		(1.005)	(−4.737)	(5.959)

(续表)

	(1)	(2)	(3)	(4)
	ΔPay_t	ΔPay_t	Expense Ratio	Asset Utilization
Ln(Assets)_{t-1}	0.007	0.001	−0.052***	0.075***
	(0.816)	(0.113)	(−15.32)	(13.12)
$\text{Ln(TradingVolume)}_{t-1}$	0.003	0.006		
	(0.293)	(0.559)		
$\text{Ln}\left(\dfrac{\text{TradingVolume}}{\text{Totalout. Ashare}}\right)_{t-1}$	0.008	0.005		
	(0.790)	(0.534)		
$\text{Ln(GDPpercapital)}_{t-1}$	−0.007	−0.007		
	(−1.344)	(−1.371)		
SalesGrowth_{t-1}	0.028***	0.028***	−0.086***	0.121***
	(2.975)	(2.996)	(−16.66)	(13.98)
Leverage_{t-1}			0.234***	0.068***
			(20.41)	(3.534)
Number of Observations	7 441	7 441	7 441	7 441
R-squared	0.036	0.037	0.175	0.233

注：所有模型均控制了年度和产业固定效应。*、**、*** 分别表示在10%、5%、1%的统计水平上显著；括号中的数字代表 T 值。

从表8.1我们可以看到，随着法律环境的改善，一方面，我国上市公司薪酬绩效的敏感性得到显著提高，另一方面，反映代理成本的资产利用率在提高，管理费用率却在下降。这意味着，法律环境的改善在降低了经理人代理成本的同时，却提高了经理人薪酬，因而我国上市公司经理人薪酬的持续增长基于我国制度背景的独特原因是，伴随着法律环境的改善，原来部分隐性的代理成本转为显性的薪酬补偿。上述研究的理论和证据由此为法律对投资者权利保护改善的新兴市场出现的经理人薪酬增长现象提供了一种新的解释视角。

上述研究的政策含义是，随着包括我国在内的新兴市场国家法律对投资者权利保护的加强，上市公司需要通过提高经理人报酬来弥补因法律环境改善而导致的管理层之前榨取的私人收益减少的损失，以确保新环境下的经理人激励相容。因而，由于上述原因而引起的经理人薪酬增长具有一定的合理成分。

8.5 经理人的超额薪酬现象

如果说,第8.4节所描述的由法律对投资者权利保护的增强导致原来隐性的管理层私人收益以显性的方式补偿引起的经理人薪酬增长具有一定的合理成分,那么,经理人超额薪酬则是经理人利用手中的权力,以损害股东利益的代价,为自己发放超额薪酬,成为公司治理失败的明证。

人们对经理人超额薪酬现象的关注始于20世纪八九十年代。当时美国急剧增长的经理人薪酬与经济衰退后出现的大量工人失业、工厂倒闭和公司规模缩减形成了鲜明的对照。2001年美国安然等公司丑闻的出现进一步向世人表明了经理人超额薪酬问题的严重性。而在2007年全球金融风暴爆发后,金融行业(尤其投资银行)令人瞠目的薪酬方案再次表明经理人超额薪酬现象所暴露的公司治理问题并没有得到切实的解决。

这里所谓的经理人超额薪酬(excessive executive compensations),指的是经理人利用手中的权力和影响寻租而获得的超过公平谈判所得的收入(Bebchuk and Fried,2003)。经理人超额薪酬表现在,薪酬与业绩的不对应(Bebchuk and Fried,2003,2004),获得报酬不是由于经理人的努力,而是由于他的运气(Bertrand and Mullainathan,2001;Bebchuk et al.,2009)以及与普通雇员收入的增长不成比例等(Anderson et al.,2003;等等)。在开展严格的计量检验和度量之前,我们可以利用上述标准简单判断一个公司是否存在经理人超额薪酬。例如,综合中国经济网、《证券日报》和21世纪经济网等关于经理人超额薪酬现象的报道,华发股份2008年净利润同比增长了81.6%,高管薪酬总额却增长了334%;东华实业2008年净利润同比增长了41.5%,高管薪酬则增长了106%;上海机场2008年虽然公司净利润同比下降了49%,高管薪酬却上涨了20%;三友化工2008年虽然公司净利润同比下滑了37.45%,但是高管薪酬增幅依旧达到45%;南方航空2008年亏损了48.29亿元,但该年度支付的高管薪酬同比增长了49.8%。

经理人攫取超额薪酬往往带来严重的社会经济后果。其一,经理人利用权力和影响以薪酬这一社会伦理相对容易接受的方式进行"租掠夺",损害了外部投资者的利益,引起投资者对公司治理失败新的担心。其二,由于经理人超额薪酬成为经理人谋取控制权私人收益的新形式,随着这一新形式的出现,经理人的造假、会计操纵和盈余管理等行为比以往更加频繁和复杂,对加强公司的内部控制和监管提出了新的挑战。其三,经理人超额薪酬会损害全社会收入分配的公平性,扩大社会的贫富差距,激起公众的强烈不满,甚至会演变为一个社会问题。我们以美国投行业为例来说明经理人超额薪酬问题的严重性。据美国证券行业和金融市场协会(SIFMA)统计,2007年,五大投行在有三家创出季度亏损纪录的情形下,当年向CEO发放的薪金总额依然高达31亿美元。其中,高盛CEO的薪金为8.59亿美元,贝尔斯登CEO的薪金为6.09亿美元。而在2008年由次贷危机引发的金融风暴中,美国的五大投行纷纷落马,并最终导致了独立投行模式的终结。

从计量上检验和度量经理人超额薪酬,主要采用经理人薪酬的合理影响因素的回归拟合后的残差来刻画。在哪些是影响经理人薪酬的合理因素问题上,不同的文献存在争议。Core等(1999)认为销售额、投资机会、企业业绩及其标准差等是决定合理的经理人薪酬水平的因素;而Ang等(2003)则同时加入新经理人的薪酬与前任经理人的薪酬、新经理人是否是内部选拔、经理人是否兼任董事长、公司的市场价值、资产负债率等。Brick等(2006)在Ang等(2003)模型中进一步包含了与经理人能力相关的变量(如经理人年龄、任期等),使回归的残差不再是经理人超额能力补偿的溢价,而是无法由合理变量解释的经理人超额薪酬。这里需要说明的是,像所有利用回归残差来估计股票溢价等一样,采用Ang等(2003)、Core等(1999)以及Brick等(2006)等的方法所估计的经理人超额薪酬同样只是一个相对的概念,而不是确切的经理人超额薪酬的数值(Brick et al.,2006)。郑志刚等(2012)分别采用Brick等(2006)和Core等(1999)的方法估计了我国上市公司从2005年到2009年的经理人超额薪酬情况,并用所估计的经理人超额薪酬与未来企业业绩的关系来判断该研究所采用的经理人超额薪酬估计方法所得到的超额薪酬是否确实是"超额"的。相关结果参见表8.2。

表8.2 经理人超额薪酬对企业未来业绩的影响

Future Performance	ΔTQ		ΔROA		ΔRET	
	Brick	Core	Brick	Core	Brick	Core
Excess Comp	−0.05	−0.49	−0.01	0.00	−0.09	−0.23
	0.34	0.34	0.00	0.98	0.04	0.52
Tq	−0.08	−0.08	−0.01	−0.01	0.06	0.06
	0.16	0.17	0.15	0.14	0.02	0.02
Roa	−0.59	−0.57	−0.32	−0.32	−0.90	−0.89
	0.54	0.55	0.00	0.00	0.04	0.04
Ave_roa	−2.20	−2.16	0.11	0.11	0.14	0.16
	0.21	0.21	0.46	0.46	0.84	0.82

（续表）

Future Performance	ΔTQ		ΔROA		ΔRET	
	Brick	Core	Brick	Core	Brick	Core
Ret	−0.07	−0.07	0.00	0.00	0.11	0.11
	0.14	0.13	0.69	0.69	0.00	0.00
Sales	0.21	0.21	−0.01	−0.01	0.12	0.12
	0.06	0.06	0.32	0.32	0.02	0.03
Employee	0.00	0.00	0.01	0.01	0.03	0.03
	1.00	0.99	0.16	0.16	0.55	0.56
Lev	−0.34	−0.34	−0.02	−0.02	0.02	0.02
	0.48	0.48	0.65	0.65	0.90	0.89
Tangible	−0.30	−0.31	0.04	0.04	−0.11	−0.11
	0.64	0.64	0.38	0.38	0.79	0.79
Growth	−0.09	−0.09	0.00	0.00	−0.02	−0.02
	0.06	0.06	0.21	0.21	0.33	0.35
Cons	−3.20	−2.94	0.12	0.12	−1.56	−1.44
	0.16	0.19	0.53	0.52	0.16	0.20
Year	Control	Control	Control	Control	Control	Control
Industry	Control	Control	Control	Control	Control	Control
R^2	0.365	0.3631	0.0411	0.0457	0.7224	0.7212
F	176.36	176.33	10.76	9.46	935.45	934.65
Obs. No.	5 604	5 604	5 606	5 606	5 578	5 578

注：回归系数下一行的数字为 P 值。

从表8.2我们可以看到,采用两种方法估计的经理人超额薪酬对企业未来业绩(Future Performance)的效应均是负面效应。特别是,在采用 Brick 等(2006)的经理人超额薪酬的估计方法时,当以总资产收益率的变动额(ΔRoa)和股票收益率的变动额(ΔRet)来考察下一年的业绩变动额时,经理人超额薪酬对企业未来业绩存在显著负效应。这在一定程度上表明,我国上市公司在样本观察期存在经理人超额薪酬问题,上述问题相应成为未来公司治理需要迫切解决的问题之一。

Bebchuk 和 Fried(2003,2004)指出,由于所有权与控制权的分离,经理人对自身的薪酬设计具有实质性影响。经理人通过俘获董事会和薪酬委员会实际上能够为自己制定薪酬,因而经理人权力是导致经理人超额薪酬的重要原因。方军雄(2009)基于我国上市的证据,发现 CEO 薪酬存在黏性特征,为我国上市公司经理人存在超额薪酬提供了间接证据。而吕长江和赵宇恒(2008)则表明,扩大我国上市公司经理人权力并没有真正提高企业绩效,而成了机会主义者盈余管理、提高薪酬的途径。权小峰等(2010)进一步证明我国国企高管会通过权力进行薪酬操纵。

除了经理人权力理论，Jensen(1993)很早即指出，董事会固有的文化导致其在潜意识里与CEO合谋。Daily等(1998)、Core等(1999)、Cyert等(2002)等的实证研究发现，与公司或其管理层有私人或业务往来的关联董事，挑战经理人不仅可能失去董事职位、有吸引力的合约和顾问协议，还可能失去私人或业务关系；如果一个董事是在经理人任职期间任命的(interdependent directors)，该董事出于对任命他的经理人的"忠诚"，通常不会在董事会上发表反对意见；如果一家公司董事会的薪酬委员会委员来自另一家公司的经理人，出于对经理人这一职业的社会认同，该董事往往选择向同为经理人的同行支付更高的薪酬。Bebchuk和Fried(2003,2004)即指出，从对经理人权威尊敬的文化和社会规范出发，董事通常不愿由于出面阻挠薪酬计划而破坏与经理人良好的同事关系。因而，在上述对权威尊重的文化氛围中，董事有激励讨好经理人。

Brick等(2006)则直接将经理人超额薪酬与任人唯亲的董事会文化联系在一起。基于美国的证据，Brick等(2006)的研究发现，经理人超额薪酬与董事超额薪酬之间存在显著的正相关关系。由此他们认为，与企业业绩低劣相联系的经理人超额薪酬是由任人唯亲的董事会文化导致的。董事会的文化特征因而成为理解董事会独立性和有效性的重要内容之一。在Brick等(2006)看来，董事的产生往往并非像理论所预期的那样从外部董事市场基于董事的声誉来聘任，而是经理人在符合条件的候选人中邀请朋友，甚至"朋友的朋友"来担任。Brick等(2006)采用董事超额薪酬来刻画任人唯亲的董事会文化，考察其对经理人超额薪酬的影响。在Brick等(2006)看来，董事超额薪酬的出现作为一种文化表征，体现了亲戚朋友之间"一人得道,鸡犬升天"的利益均沾，而并非董事对企业真实贡献的合理回报。

郑志刚等(2012)在控制了经理人权力等潜在影响因素以及内生性问题后，发现反映任人唯亲董事会文化的董事超额薪酬与经理人超额薪酬之间存在显著的正相关关系。相关结果参见表8.3。

表8.3 任人唯亲的董事会文化对经理人超额薪酬效应的Logit和FE模型回归结果

经理人超额薪酬	模型1		模型2		模型3	
	Logit	FE	Logit	FE	Logit	FE
ExcessDirectorPay	2.94	0.68	3.71	0.74	4.09	0.77
	0.00	0.00	0.00	0.00	0.00	0.00
ExcessDirectorPay * Chairman			−1.56	−0.13		
			0.00	0.00		

(续表)

经理人超额薪酬	模型1		模型2		模型3	
	Logit	FE	Logit	FE	Logit	FE
ExcessDirectorPay * Nonpay					−1.83	−0.13
					0.00	0.00
Dual	0.17	0.10	0.28	0.12	0.23	0.11
	0.11	0.01	0.02	0.00	0.03	0.00
CEO equity	0.04	0.02	0.04	0.02	0.04	0.02
	0.07	0.17	0.10	0.17	0.10	0.15
Director equity	−0.02	0.00	−0.02	0.00	−0.02	0.00
	0.06	0.20	0.03	0.16	0.02	0.17
Busy directors	1.07	0.07	1.02	0.07	1.02	0.06
	0.00	0.24	0.00	0.28	0.00	0.29
Interlocking	2.11	0.17	2.17	0.15	2.18	0.17
	0.00	0.03	0.00	0.04	0.00	0.03
Independence	3.54	0.32	3.56	0.32	3.23	0.31
	0.00	0.10	0.00	0.10	0.00	0.12
Board_size	0.04	−0.01	0.04	−0.01	0.05	−0.01
	0.05	0.23	0.04	0.33	0.03	0.32
Meeting	0.03	0.00	0.03	0.00	0.03	0.00
	0.02	0.05	0.02	0.05	0.01	0.06
State	0.55	−0.03	0.55	−0.03	0.55	−0.03
	0.00	0.44	0.00	0.46	0.00	0.47
Top1	0.84	0.10	0.79	0.09	0.78	0.08
	0.00	0.38	0.00	0.42	0.01	0.45
Ibal	−0.01	0.00	−0.01	0.00	0.00	0.00
	0.02	0.20	0.02	0.24	0.04	0.26
BH	0.12	(dropped)	0.10	(dropped)	0.11	(dropped)
	0.37	−0.13	0.42		0.39	
Cons	−2.79	0.25	−2.90	−0.16	−2.83	−0.15
	0.00	0.00	0.00	0.17	0.00	0.20
chi2/F	1 222	100.00	1 205	91.52	1 221	92.84
R^2	0.40	0.61	0.42	0.62	0.42	0.62
Obs			5 606			

注:回归系数下一行的数字为P值。

从表8.3我们可以看到,无论采用Logit还是FE估计方法,经理人超额薪酬与反映任人唯亲董事会文化的董事超额薪酬之间都显著正相关;从基于FE模型的回归结果来看,董事超额薪酬每增加10%,将带来经理人超额薪酬7%—8%的增长,远远高于Brick等(2006)基于美国数据得到的2.2%的增长幅度。这表明我国上市公司同样存在严重的任人唯亲的董事会文化。而董事长不在本公司领薪、是否有较大比例的董事不在上市公司领薪的虚拟变量与董事超额薪酬的交互项显著为负,这表明董事(长)不在上市公司领薪则有助于保持董事会在监督经理人问题上的独立性和有效性,切断董事和经理人之间的合谋链条,实现抑制经理人超额薪酬的目的。

那么,如何来抑制经理人超额薪酬呢?首先,上市公司需要加强和完善内部控制系统,对经理人(和在中国公司治理实践中事实上的CEO、董事长)的权力进行有效制衡。权小锋等(2010)、方军雄(2011)等研究表明,经理人权力越得不到有效约束,其议价能力越强,对自己的薪酬操纵能力越强,经理人的超额薪酬现象就越严重。具体措施包括:提高董事会的独立性(Yermack,1996;Core et al.,1999;Brick et al.,2006;Cyert et al.,2002),完善薪酬委员会对经理人超额薪酬的检查机制(Brick et al.,2006)以及使机构投资者扮演积极股东角色等(Cyert et al.,2002;Bertrand and Mullainathan,2001)。

其次,打破任人唯亲的董事会文化。Brick等(2006)、郑志刚等(2012)的研究表明,经理人超额薪酬与董事超额薪酬之间存在显著的正相关关系,因而"与企业业绩低劣相联系的经理人超额薪酬可能是由任人唯亲的董事会文化导致的"。董事的产生往往并非像理论所预期的那样从外部董事市场基于董事的声誉来聘任,而是经理人在符合条件的候选人中邀请朋友,甚至"朋友的朋友"来担任。董事超额薪酬的出现作为一种任人唯亲文化的表征,体现了亲戚朋友之间"一人得道,鸡犬升天"的利益均沾(董事与经理人之间互相给对方发高的薪酬),而并非董事对企业真实贡献的合理回报。上述研究提醒我们,董事会的独立性和有效性不仅仅体现在独立董事的比例、董事会的规模以及经理人是否兼任董事长等公司层面的制度安排上,而且与董事会的文化特征有关。在公司治理实践中如何寻找和设计合理的机制来打破任人唯亲等坏的董事会文化的路径依赖,建立和倡导良好的董事会文化变得十分重要。郑志刚等(2012)同时表明,由于通过由股东而不是上市公司发放董事(长)薪酬容易保持董事(长)在履行监督职责方面的独立地位,因而上述机制成为公司治理实践中打破任人唯亲的董事会文化、提高董事会独立性和有效性的重要举措。

最后,限薪。限薪无疑是应对经理人超额薪酬问题的简单而粗暴的方式。2015年1月1日起,我国《中央管理企业负责人薪酬制度改革方案》正式实施。按照上述方案,央企负责人的基本年薪按上年度央企在岗职工年平均工资的2倍确定;绩效年薪根据考核结果,不超过基本年薪的2倍;任期激励则不超过任期内年薪总水平的30%。通过上述限薪政策,央企组织任命负责人的薪酬水平和央企在岗职工年平均工资水平间的差距将控制在10.4倍以内。如果上年度央企在岗职工年平均工资按实际发生的 6.8 万—7.8 万元计算,则国有上市公司高管的年薪将被限定在 60 万到 80 万元之间。上述"一刀切"的限薪除了不可避免地导致管理人才的流失外,还会诱发经理人更多地谋取控制权私人收益的行为。由于显性薪酬补偿不足,经理人会转而谋求隐性薪酬补偿,反而使股东得不偿失:显著增加的代理成本甚至超过了通过高管限薪而节省的成本。

那么,如何解决部分上市公司业已出现的经理人超额薪酬问题?正确的思路显然不是通过政府部门"一刀切"限薪的实现,而是通过监管当局要求上市公司董事会(薪酬委员会)对经理人薪酬的自查实现。在这个自查过程中,董事会应以经理人薪酬绩效敏感性作为评价基准。如果企业绩效下降,而经理人薪酬却在增长,显然是不合理性的薪酬设计,应该予以纠正。事实上,经理人超额薪酬的出现恰恰是不合理公司治理结构存在的证据,需要通过完善公司治理结构和打破任人唯亲的董事会文化来实现,而不是通过,也不可能通过简单限薪来加以解决。

8.6 小　　结

本章关注经理人薪酬增长背后的因素和经理人超额薪酬现象。我们得到的主要结论和政策含义是:

第一,对经理人的薪酬持续增长,除了可以从经理人薪酬包中股权和股票期权激励计划等高能激励薪酬方案的"滥用",还可以从"租掠夺"理论、"现在投资者和将来投资者之间的利益冲突"理论、"精明缺失"理论以及"效率均衡反应"理论等多种视角进行解释。

第二,不同于上述解释视角,我国制度背景下上市公司经理人薪酬的持续增长则是伴随着法律环境的改善,原来部分隐性的代理成本转为显性的薪酬补偿的结果。

第三,经理人攫取超额薪酬往往带来严重的社会经济后果。其一,经理人利用权力和影响以薪酬这一社会伦理相对容易接受的方式进行"租掠夺",损害了外部投资者的利益,引起投资者对公司治理失败新的担心。其二,由于经理人超额薪酬成为经理人谋取控制权私人收益的新形式,随着这一新形式的出现,经理人的造假、会计操纵和盈余管理等行为比以往更加频繁和复杂,对加强公司的内部控制和监管提出了新的挑战。其三,经理人超额薪酬损害了全社会收入分配的公平性,扩大了社会的贫富差距,激起了公众的强烈不满,甚至会演变为一个社会问题。

第四,我国上市公司存在经理人超额薪酬问题,而经理人权力和任人唯亲的董事会文化是导致经理人超额薪酬的重要原因。上市公司可以通过加强和完善内部控制系统,形成对经理人和董事长权力的制衡、打破任人唯亲的董事会文化以及限薪等手段抑制经理人超额薪酬。

上述研究的政策含义是:一方面,随着包括我国在内的新兴市场国家法律对投资者权利保护的加强,上市公司需要通过提高经理人报酬来弥补因法律环境改善而导致的管理层之前榨取的私人收益减少的损失,以确保新环境下的经理人激励相容。这是我们观察到的我国上市公司经理人薪酬持续增长中合理的一面。另一方面,由于经理人权力与任人唯亲的董事会文化,我国的一些上市公司中确实出现了经理人超额薪酬现象。但对于部分上市公司业已出现的经理人超额薪酬问题,正确的解决思路显然不是通过政府部门"一刀切"的限薪,而是通过监管当局要求上市公司董事会(薪酬委员会)对经理人薪酬的自查实现。

延伸阅读

应该对国企高管限薪吗

2008年全球金融危机爆发,在公司高管超额薪酬问题凸显的背景下,我国政府多次出台国企高管限薪政策。最新的高管限薪政策是2014年11月以"中办"名义印发的《关于深化中央管理企业负责人薪酬制度改革的意见》(中发〔2014〕12号)。

纵观新一轮的国企高管限薪政策,其显著特征可以概括为"以上年度央企在岗职工年平均工资作为参照系"和"限薪的实施以'中办'名义印发文件自上而下推进"两个方面。虽然上述限薪政策主要针对央企组织任命负责人,但由于"组织任命负责人"和"职业经理人"间的边界模糊和相关传染外溢效应,上述实践无疑将会对我国国企经理人薪酬设计实践产生重要的影响。

经理人薪酬合约科学制定的世纪难题

从泰罗的科学管理时代开始,在经理人(职能工长)薪酬制定上始终困扰人类的难题是,对于经理人的努力程度,只有经理人自己知道,股东不仅在法律上无法证实,有时甚至无法观察。因而经理人与股东关于经理人努力程度的信息分布是不对称的。由于经理人努力程度的上述私人信息特征,我们看到,泰罗事实上无法真正做到"科学定额"和"标准化",否则泰罗所自认为的"科学定额"就不会被马克思指责为"资本家对工人的剥削"了。出于同样的原因,马克思也无法基于社会必要劳动时间等抽象的概念来准确界定劳动力这一特殊商品的价值,毕竟对于这一概念所依赖的"现有社会正常的生产条件""社会平均的劳动熟练程度和劳动强度"等在资本家与工人之间同样无法基于充分的信息形成一致的认识。因此,无论是泰罗的科学管理理论还是马克思的剩余价值理论事实上都无法完成经理人薪酬合约的科学制定。

这一问题直到20世纪70年代基于现代博弈论的信息经济学的发展成熟才大为改观。前面提到,股东通常无法识别企业经营状况不好是由于外部经营环境的恶劣,还是由于经理人的偷懒,因此,在具有努力程度的私人信息的经理人和外部分散股东之间存在信息不对称。信息非对称带来的经济后果是经理人会存在道德风险倾向:既然股东对经理人的努力程度不可证实,甚至不可观察,在给定(平均)的薪酬水平下,经理人会选择偷懒,以减少自己的负效用。需要说明的是,与马克思关注资本家对工人的剥削问题不同,信息经济学这里关注的是具有私人信息的经理人的偷懒问题。

那么,如何对努力程度不可证实,甚至不可观察的经理人进行激励呢?在信息经济学看来,虽然经理人的努力程度不可证实,甚至不可观察,但如果能够将经理人的薪酬与一种可证实的直接机制(例如,企业绩效)挂起钩来,则可以形成对经理人的激励。只有在企业绩效好时,经理人才有望拿到高薪酬。而为了获得良好的绩效,经理人则需要努力工作而不是偷懒。我们看到,通过将经理人薪酬设计与可证实的企业绩效直接挂起钩来,信息经济学一定程度上解决了经理人与股东围绕经理人努力程度的信息非对称这一难题。改革开放以来,我国在对农民的激励方面从"人民公社"到"联产承包责任制"的转变、在对工人的激励方面从"大锅饭"到"绩效工资"的转变,事实上无一例外地遵循着上述逻辑。

一个科学制定的经理人薪酬合约除了要与企业绩效挂钩,还需要满足两个基本的约束条件。其一是参与约束(或个体理性约束),即经理人从接受公司聘用可以获得的薪酬应该不少于其他任职机会带给他的薪酬。这一条件考量的是经理人接受该公司聘用的机会成本。其二是激励相容约束条件,即通过向经理人支付激励薪酬来协调二者之间利益冲突的方式,不仅对股东而言最优,而且对经理人而言也是最优的。或者说,看起来股东向经理人支付了高的激励薪酬,但受到激励的经理人的努力工作最终为股东创造了更大的价值。股东通过获得的投资回报与支付经理人薪酬之间的平衡实现了自身价值的最大化。而经理人则通过获得高的激励薪酬与努力付出的负效用之间的平衡实现了自身效用的最大化。二者通过经理人薪酬合约的设计达到双赢(纳什均衡):股东借助经理人的专业知识创造财富,而经理人则通过股东提供的事业平台实现人生价值。我们看到,由于经理人对私人信息的控制,为了使经理人"说真话",股东需要向经理人支付(与机会成本相比)更高的工资。信息经济学把上述与信息控制相关获得的非生产性溢价称为信息租金。

简单对比新古典经济学与信息经济学经理人薪酬设计思想的差异,我们看到,基于信息对称的新古典经济学认为工资是(经理人)劳动力的价格和对人力资本付出的补偿;而基于信息不对称的信息经济学则强调经理人薪酬除了补偿人力资本付出(个体理性约束的体现)外,还应包含为了鼓励"说真话"而支付的信息租金(激励相容约束的体现)。因而,经理人薪酬合约设计的一个新功能是向经理人提供激励,而不仅仅是对人力资本付出的补偿。

基于信息经济学的经理人薪酬设计思想给予我们的直接启发是:

第一,在评价经理人薪酬是否合理的问题上,基准是经理人为企业创造多少价值,而不是其他。原因是股东对经理人努力程度的信息不完全是进行经理人薪酬合约设计的逻辑和事实出发点。如果一家企业的绩效与另一家企业不同,该企业的经理人薪酬就有理由与另外一家企业的不同。除了企业绩效,经理人的风险态度、外部经营环境的不确定性、企业规模和所处产业的竞争程度等都会显著影响经理人的薪酬水平和薪酬结构。如果一家企业所处的行业与另一家企业不同,该企业的经理人薪酬就有理由与另外一家企业的不同。在实践中,经理人激励的强弱是依据经理人薪酬绩效的敏感性来判断的。有研究表明,美国企业绩效与CEO薪酬间的敏感度为1000∶6,即股东权益每提高1000美元,则CEO可以获得6美元的激励报酬;而美国银行业CEO薪酬与企业绩效间的敏感度仅为1000∶4.7。这是由于银行业的高风险和受到高度监管的特征使银行业的报酬绩效敏感度通常低于制造业等其他行业。

这提醒理论界与实务界应该重新思考新一轮高管限薪以上年度"央企在岗职工年平均工资"作为参照系的合理性。毕竟,现在高管与在岗职工之间的关系不同于泰罗科学管理时代的"职能工长"与工人之间的关系,何况信息经济学的发展告诉我们,经理人薪酬合约设计解决的核心问题是关于经理人努力程度的信息不完全。因而"央企在岗职工年平均工资"能否代替企业绩效成为评价经理人薪酬合理性的基准值得怀疑。而"央企在岗职工年平均工资"又是基于何种基准或因素确定的,其理论基础和现实依据是什么等一系列问题则更加令人疑惑不解。

第二,基于信息经济学的经理人薪酬合约设计事实上所包含的另一个重要思想是当信息不完全时应该由更具信息优势的一方来主导合约的设计和实施。例如,由于作为公司治理核心的董事会在评价企业绩效等问题上更具信息优势,因而在公司治理实践中经理人薪酬设计和实施通常是由董事会(薪酬委员会)来完成的。这充分体现了现代组织授权结构与信息结构相匹配的原则。而目前新一轮高管限薪过程中由不具有信息优势的政府部门来主导薪酬制定则显然违背了上述原则。用哈耶克的话说，这是"致命的自负"。

上述两个启发同时构成现代公司经理人薪酬合约设计所应遵循的基本原则。

平衡激励成本与收益

在实际的高管限薪推进过程中，理论界与实务界还应特别关注以下问题。

第一，显性薪酬的限制会使经理人去追求隐性薪酬。"一刀切"的限薪除了不可避免地导致管理人才的流失外[①]，还会诱发经理人更多地从谋求显性薪酬转向谋求隐性薪酬。有时由此显著增加了的代理成本甚至远远超过通过高管限薪节省了的成本，反而使股东得不偿失。而当隐性薪酬遭受政府强力反腐也不可得时，国企高管各种所谓的懒政、庸政和惰政就会纷至沓来。因此，我们需要清楚地意识到，有时看起来向经理人支付高的薪酬增加了企业的成本，但如果通过经理人薪酬增长使企业实现更大的价值提升，则高薪完全是值得的。

第二，如何兼顾经理人薪酬设计中的效率与公平问题。不难发现，新一轮高管限薪方案中，高管薪酬之所以以"央企在岗职工年平均工资"作为参照系，背后有公平因素的考量。前面的分析表明，经理人薪酬中除了经理人人力资本的补偿，还包含支付信息租金的激励因素，此外还是"企业家精神"的体现，因此不能简单通过与普通雇员平均工资相比来体现公平。在处理效率与公平问题时，以牺牲太多效率为代价来实现有限的公平往往事倍功半。事实上，限薪并非实现公平的唯一手段，通过税收调节等手段实现公平目标似乎更加有效。

第三，如何解决部分上市公司出现的经理人超额薪酬问题。很多研究表明，我国部分上市公司确实存在经理人超额薪酬现象。但解决经理人超额薪酬的正确思路不是通过政府部门"一刀切"的限薪，而是通过监管当局要求更具有当地信息的上市公司董事会（薪酬委员会）对经理人薪酬的自查实现。在这个自查过程中，董事会应以经理人薪酬绩效敏感性作为评价基准。如果企业绩效下降，而经理人薪酬却在增长，显然是不合理性的薪酬设计，应该予以纠正。

事实上，经理人超额薪酬的出现恰恰是公司治理结构不合理的证据，需要通过完善公司治理结构来实现，而不是通过，也不可能通过简单限薪来加以解决。

资料来源：郑志刚，《完善治理结构是国企薪酬问题根本出路》，《董事会》，2015年第11期。

[①] 参见《"限薪令"多米诺：国有银行现高管离职潮》，《时代周报》，2015年4月6日。

第9章
经理人更迭与国企高管的政治晋升

9.1 引　　言

如果我们把经理人薪酬设计比作"胡萝卜",那么,在经理人更迭过程中董事会做出的辞退经理人的决策显然是十分重要的"大棒"。对经理人道德风险行为的约束很大程度上是上述"胡萝卜"和"大棒"共同作用的结果。正是在上述意义上,Tirole(2001)认为,好的公司治理就是选择合适的经理人,并使其对股东负责。

与此相对应,除了经理人薪酬激励合约设计,董事会监督职能的履行集中体现在遴选经理人上。我们知道,按照现代公司董事会通常的组织运作,提名委员会专门负责经理人的遴选和更迭。一个理想的经理人更迭运作情形是,由董事会中的提名委员在职业经理人市场中发布相关选聘信息,或委托猎头公司代为联系中意的人选,经过遴选委员会的评估和董事会的面试,最终确定遴选经理人的适当人选,报股东大会同意后生效。然而,在我国资本市场制度背景下,我国上市公司高管的实际更迭与上述理想情形相去甚远,形成十分独特的故事。

应该说,我国上市公司经理人更迭故事的独特性很大程度上来自我国国有上市公司高管准政府官员的产生、考核和更迭方式。其根源仍然在于我国上市公司"一股独大"式的股权高度集中和控股股东的国有性质这一有别于其他国家上市公司的治理特征。我国大部分上市公司都存在一个控制性股东来为公司制定公司战略和经营政策,控制性股东通过董事会中的利益代表或行使其投票权来对公司进行实质性控制。而作为相应各级政府监管国有资产的办事机构和控股集团公司的上级控股股东,各级国资委在上市公司控股集团公司履行控股股东的职责时扮演着独一无二的角色。对于国有上市公司,董事长和总经理往往由上级党委组织部门任命,而副总经理等其他高管则由上级国资委来任命。

公司高管上述准政府官员的产生、考核和更迭方式使得我国国有上市公司在经理人产生来源(入口)上,并非依赖外部职业经理人市场的遴选,而是依赖内部晋升和集团公司内部的所谓"岗位轮换";在经理人离职去向(出口)上,则是"商而优则仕"的政治晋升,国企高管直接出任政府部门更高级别的政府官员。因而,我国国有上市公司的高管同时具有"政治人"和"经济人"双重角色。上述高管更迭模式一方面受到我国上市公司"一股独大"式的股权高度集中和控股股东的国有性质这一治理特征的影响,另一方面反过来成为我国资本市场独特制度背景下上述治理特征的集中体现。这使得我国国有上市公司高管更迭成为公司治理发展史上十分独特的故事。

我们看到,高管更迭既是公司治理十分重要的内容,又是公司治理十分重要的结果,对于公司治理制度设计和相应政策含义的提出的重要性不言而喻。一方面,控股股东、机构投资者、董事会(包括独立董事)和外部接管威胁将通过影响高管更迭来扮演潜在的公司治理角色,所以高管更迭是公司治理十分重要的内容。另一方面,辞退违反诚信义务的经理人也是好的公司治理结构的明证和结果。因而,对于我国国有上市公司高管更迭从出口到入口发生的十分独特的故事的讨论将有助于我们真正了解和把握我国制度背景下公司治理问题的实质。

本章讨论发生在我国资本市场制度背景下经理人更迭的独特故事。第9.2节讨论经理人产生来源(入口)上的经理人集团内部岗位轮换问题;第9.3节讨论经理人离职去向(出口)上的国企高管的政治晋升问题;最后是简单的小结。

9.2 经理人产生来源与岗位轮换

经理人的产生来源无疑会影响企业经营管理的理念和实践,从而对企业未来的绩效产生影响(Hambrick and Mason,1984;Harris and Helfat,1997;Newman,2000;Bailey and Helfat,2003;等等)。通常而言,经理人或者来自企业内部,或者来自企业外部。公司治理文献把上述两种主要的经理人产生方式分别称为内部晋升和外部聘用(Bommer and Ellstrand,1996;Boeker and Goodstein,1993;Dalton and Kessner,1985;Helmich,1974,1975;柯江林等,2007;等等)。

然而,我们注意到,在我国一些上市公司中,新产生的经理人可能既非来自内部晋升,也非严格意义上的外部聘用,而是来自上级控股股东所在企业集团或集团旗下的其他控股公司。我们以中国船舶工业股份有限公司(600150)和中航重机股份有限公司(600765)的经理人更迭为例。聂成根在 2007 年 7 月出任中国船舶工业集团公司旗下的中国船舶工业股份有限公司的总经理之前,曾担任中国船舶工业集团公司总经理助理、公司党组成员、副总经理等职务。刘志伟在 2009 年 5 月出任中航集团旗下的中航重机股份有限公司的总经理之前,曾担任中航集团旗下的世新燃气轮机股份有限公司董事长。在新产生的经理人中,前者来自上级控股股东所在的企业集团,而后者来自集团旗下的其他控股公司。

上述产生来源事实上使这些经理人具有双重属性。相对于内部晋升,他们来自上市公司外部,属于"外部人";但相对于严格意义上的外部聘用,他们来自企业集团,与上市公司存在着经营业务的交叉和资本的关联,又属于"内部人"。这种经理人产生方式的出现,一方面与我国作为新兴市场国家,法律对投资者权利保护不足,上市公司的控股股东借此实现公司控制有关;另一方面,对于一些国有控股上市公司,则与国有资产管理体制推行的行政官员化的经理人考核培训和晋升制度有关。上述经理人产生方式因而成为我国制度背景下上市公司经理人更迭的特殊实现形式。我们把上述经理人产生来源定义为企业集团内部经理人岗位轮换,简称经理人岗位轮换(CEO rotation)。

对岗位轮换的讨论最早来自管理学文献,主要针对内部员工管理专业化分工的负面影响,目的在于降低专业化分工给员工带来的厌倦感,其基本宗旨是鼓励和促进员工个人的成长和发展。除了上述消除工作厌倦和促进员工个人成长发展的作用之外,一些文献从有助于加强监督、降低道德风险成本和缓减"棘轮效应"等角度,揭示了岗位轮换加强政治和经济组织控制的功能(Eriksson and Ortega, 2006; Coşgel and Miceli, 1999; Weber, 1922; Holmström, 1982; Ickes and Samuelson, 1987; Prescott and Townsend, 2006;等等)。但上述文献对岗位轮换的讨论停留在对内部员工的管理上,并没有将轮岗与经理人更迭这一重要的公司治理问题联系在一起。

在我国上市公司的经理人更迭模式中,之所以会出现经理人岗位轮换,与我国资本市场独特的制度背景分不开。首先,岗位轮换是实现对国有资产控制的现实需要。作为最大的新兴市场国家和大陆法系国家,我国法律对投资者的权利保护不足。像其他新兴市场国家一样,持有控制性股份成为保护投资者权利的自然应对(LLSV, 1998; Burkart et al., 2003)。无论是非国有企业,还是国有企业,都出现了控股股东"一股独大"的局面。近年来伴随着股权分置改革的完成和国有股减持的呼声,控股股东的持股比例出现了逐年下降的趋势,但为了实现对上市公司的控制,国资委系统或国有法人作为最大股东所持的股份仍然是控制性的,"一股独大"的局面并未从根本上改变。受国有企业改制路径的限制,作为"靓女先嫁"的国有上市公司只是原来国有企业组织的一部分。它们与其他资产质量不够好的部分不仅存在资本的连接,而且存在业务的关联,共同构成规模庞大的企业集团。政府为了实现产业结构调整,历史上多次鼓励同行业的兼并重组。上述两方面的原因使我国很多上市公司置于金字塔结构等庞大的资本链条中。为了加强对企业集团内部控股子公司的控制,在企业集团内部子公司之间进行高管岗位的轮换就变得十分必要。事实上,Weber(1922)很早就注意到岗位轮换有助于加强行政官员之间的监督。Holmström(1982)的研究发现,岗位轮换可以向每位管理者提供关于他们承担任务的环境状况的独立解读,从而减少把(经营管理)责任推诿给外部经营环境恶劣的道德风险成本。我们看到,与上市公司经理人更迭相关的岗位轮换一定程度上只是企业集团加强内部控制这一现实需要的反映。

其次,岗位轮换是打破管理窠臼、谋求制度创新的现实需要。长期以来,我国国有企业由于长的委托代理链条和所有者缺位,内部人控制问题严重(陈清泰,2004)。在国有企业内部逐步形成了以董事长为核心的内部控制人格局(兼任总经理的董事长的核心地位尤为突出)。前任高管对继任高管的产生会有很大的影响力,内部控制人的结果是不可避免地在高管任命问题上出现近亲繁殖倾向,导致任人唯亲的董事会文化在我国国有企业中盛行。在某些企业中,由董事长任命的高管和董事通常不仅不愿出面挑战董事会决议,甚至在明显损害股东利益的决议中通过支持董事长来讨好、迎合他。甚至一些企业在董事长退休时,推荐自己的秘书、同乡甚至朋友作为继任者,以便在退休之后继续保持对公司的影响。上述内部人控制格局和任人唯亲的董事会文化显然会使企业正常的经营管理决策处处受到人情世故的掣肘,落入管理窠臼,企业基业长青所需要的制度创新举步维艰。此时,岗位轮换作为一种摆脱上述企业发展困境的折中方案出现了。在企业集团内部的岗位轮换一方面可以解决加强企业集团内部控制必须面对的信任问题,另一方面则一定程度上有助于打破管理窠臼,减缓任人唯亲的董事会文化和近亲繁殖倾向对公司经营管理的潜在危害。Ickes 和 Samuelson(1987)的研究发现,如果员工明确知道自己将会被调任到另一个岗位,他将没有激励去隐藏现任工作岗位的生产力,此举有助于打破当前绩效与未来激励计划的联系,部分地缓解激励计划制订中可能存在的"棘轮效应",从而向员工提供更为有效的激励。因此,岗位轮换同样来自打破管理窠臼、谋求制度创新的现实需要。

再次，企业集团不仅形成了内部资本市场，同时还形成了潜在的内部经理人市场，为企业集团内部开展岗位轮换提供了人才储备，使不同子公司高管之间的流动成为可能。因此，企业集团内部经理人市场的形成为岗位轮换提供了可能性。

最后，国有企业高管更迭中推行的行政官员化的考核培训和晋升制度使我国国有企业高管的岗位轮换具有了现实可能性。我国国有上市公司高管的产生形式上取决于所有权链条，但实质上由上级党委组织部门和国资委"自上而下"的任命实现。[①] 在一些省市，官员和企业高管相互轮换，不仅"商而优可以仕"[②]，甚至国有企业高管成为当不了官员的官场补偿，"当不了省长，就当董事长"[③]。作为行政官员选拔和考核机制的延伸，国有资产管理体制在国有控股上市公司中逐步推行行政官员化的经理人考核培训和晋升制度。这就使得经理人在企业集团的内部岗位轮换具有了现实可能性。

从以上的讨论中，我们看到，我国国有上市公司推出经理人岗位轮换制度不仅具有一定的现实性，而且具有可能性。其中，现实性体现在对国有上市公司的持续控制以及在管理实践中避免内部人控制和任人唯亲董事会文化，打破窠臼、推陈出新的需要上。可能性则来自企业集团形成的内部经理人市场为岗位轮换所提供的人才储备以及国企高管更迭中推行的行政官员化的考核培训和晋升制度。表 9.1 报告了我国上市公司经理人的产生来源状况。

表 9.1　2005—2011 年我国上市公司经理人产生来源

年份	2005	2006	2007	2008	2009	2010	2011	合计
内部晋升(人)	146	121	141	123	119	113	133	896
比例(%)	70.87	67.60	71.57	72.78	66.48	69.33	74.72	70.50
岗位轮换(人)	37	39	32	29	41	28	26	232
比例(%)	17.96	21.79	16.24	17.16	22.91	17.18	14.61	18.25
外部聘用(人)	23	19	24	17	19	22	19	143
比例(%)	11.17	10.61	12.18	10.06	10.61	13.50	10.67	11.25
合计(人)	206	179	197	169	179	163	178	1 271

---

① 不同的国有上市公司享有不同的行政级别。按照王梓木的介绍，国企高管是由中国共产党上级党委组织部来任命的，其中 50 多家央企的高管中一些是由中共政治局任命的，有些则需要政治局常委来任命。他还提到"有四家保险企业被任命为副部级，每个企业有三个副部级的指标，这些干部的提拔都是按照政治标准、行政标准和级别标准来确定的"(http://finance.ifeng.com/a/20130825/10517943_0.shtml)。

② http://finance.people.com.cn/n/2013/0326/c1004-20914196.html。

③ http://guancha.gmw.cn/2013-01/17/content_6407622.htm。

从表 9.1 我们可以看到,在我国上市公司 2005—2011 年间的 1 271 个样本观测值中,896 个观测值的经理人来自内部晋升,占到样本期全部更迭经理人的 70.5%。232 个观测值的经理人来自岗位轮换,143 个观测值的经理人来自外部聘用,两项分别占到 18.25% 和 11.25%。如果把内部晋升和岗位轮换产生的经理人理解为广义的"内部人",则我国上市公司在 2005 年到 2011 年间,经理人更迭中有近 90% 的经理人并非来自企业外部,而是来自"内部"。这表明我国外部职业经理人市场尚处在发展的早期,目前并没有形成统一公开的职业经理人市场。

对于经理人的不同来源,我们首先以能否改善企业未来长期绩效为标准,来评价上市公司经理人产生方式的有效性。相关结果参见表 9.2。

表 9.2 经理人产生来源对企业未来绩效的影响

变量	(1) $ROA_{i,t+1}$	(2) ROA_avg	(3) $ROA_{i,t+1}$	(4) ROA_avg	(5) $ROA_{i,t+1}$	(6) ROA_avg
Outsideceo	0.0151**	0.0076	0.0173**	0.0092*		
	(2.244)	(1.407)	(2.518)	(1.680)		
Rotation			0.0086*	0.0063*		
			(1.893)	(1.807)		
Noninsideceo					0.0113***	0.0072**
					(2.706)	(2.247)
Ln(Pay)	0.0119***	0.0091***	0.0128***	0.0098***	0.0128***	0.0098***
	(4.710)	(4.680)	(4.898)	(4.927)	(4.877)	(4.922)
Shareholding	0.0320	0.0401	0.0332	0.0411	0.0320	0.0406
	(0.488)	(0.907)	(0.511)	(0.937)	(0.494)	(0.930)
Ln(Age)	−0.0002	−0.0128	−0.0015	−0.0138	−0.0022	−0.0140
	(−0.013)	(−1.094)	(−0.092)	(−1.182)	(−0.136)	(−1.202)
Ln(Tenure)	−0.0037**	−0.0022	−0.0040***	−0.0024*	−0.0039**	−0.0024*
	(−2.519)	(−1.566)	(−2.644)	(−1.688)	(−2.625)	(−1.678)
Ln(Size)	0.0041	0.0042**	0.0039	0.0041**	0.0037	0.0040**
	(1.550)	(2.089)	(1.493)	(2.036)	(1.418)	(2.021)
Leverage	−0.0897***	−0.0965***	−0.0907***	−0.0973***	−0.0910***	−0.0974***
	(−6.977)	(−9.033)	(−7.049)	(−9.108)	(−7.064)	(−9.111)
Growth	0.0171**	0.0275***	0.0170**	0.0274***	0.0170**	0.0274***
	(2.037)	(4.201)	(2.055)	(4.224)	(2.074)	(4.232)

(续表)

变量	(1) ROA$_{i,t+1}$	(2) ROA_avg	(3) ROA$_{i,t+1}$	(4) ROA_avg	(5) ROA$_{i,t+1}$	(6) ROA_avg
Duality	0.0050	0.0066	0.0059	0.0073	0.0059	0.0073
	(0.339)	(0.670)	(0.400)	(0.735)	(0.399)	(0.735)
Ln(Boardsize)	0.0190	0.0153*	0.0192*	0.0155*	0.0188	0.0153*
	(1.642)	(1.725)	(1.663)	(1.748)	(1.623)	(1.731)
Independence	−0.0063	−0.0458	−0.0019	−0.0426	0.0004	−0.0418
	(−0.110)	(−0.964)	(−0.032)	(−0.896)	(0.006)	(−0.883)
HB	−0.0025	−0.0022	−0.0017	−0.0016	−0.0010	−0.0014
	(−0.293)	(−0.369)	(−0.195)	(−0.268)	(−0.113)	(−0.229)
Top1	0.0482***	0.0469***	0.0456***	0.0451***	0.0452***	0.0449***
	(2.988)	(3.699)	(2.839)	(3.567)	(2.827)	(3.562)
State	−0.0130**	−0.0104***	−0.0132***	−0.0106***	−0.0132***	−0.0106***
	(−2.547)	(−2.600)	(−2.591)	(−2.645)	(−2.597)	(−2.650)
Top2_5	0.0232	0.0322*	0.0210	0.0306*	0.0214	0.0307*
	(0.943)	(1.959)	(0.854)	(1.864)	(0.871)	(1.874)
Constant	−0.2213**	−0.1205*	−0.2255***	−0.1236*	−0.2167**	−0.1206*
	(−2.570)	(−1.844)	(−2.631)	(−1.905)	(−2.536)	(−1.869)
Industry	Control	Control	Control	Control	Control	Control
Year	Control	Control	Control	Control	Control	Control
Observations	584	584	584	584	584	584
R-squared	0.208	0.296	0.211	0.299	0.209	0.299

注:括号内的数值为经过怀特异方差修正的统计量,***、**、*分别表示在1%、5%、10%的统计水平上显著。

从表9.2我们可以看到,相比内部晋升,岗位轮换的经理人产生方式有助于改善企业未来绩效。这一证据支持了一些上市公司出于打破经理人更迭中任人唯亲的倾向和管理实践中推陈出新的考虑,在企业集团内部进行经理人岗位轮换的合理性。该研究也为我国行政官员管理体系中十分流行的"干部交流制度"的相关政策设计和完善带来了丰富的政策含义。为了在行政官员管理体系中有效避免近亲繁殖以及官员任命中任人唯亲的倾向,来自行政机构外部的岗位轮换是一种值得借鉴和采用的官员产生模式。

表9.2的考察同时发现,岗位轮换改善企业未来绩效的作用虽然优于内部

晋升,但劣于严格意义上的外部聘用,因而这一经理人产生方式只能是为了实现控股股东控制上市公司的目的所选择的过渡性和权宜性的制度安排,并非长久之计。这在一定程度上与尽管岗位轮换产生的经理人来自上市公司的外部,但由于之前所服务的企业集团或集团其他控股公司与该公司存在业务交叉和资本关联,因而岗位轮换产生的经理人与上市公司现有的管理团队存在着千丝万缕的关系,并不能完全摆脱"内部人文化"的阴影有关。上述研究表明,无论岗位轮换还是外部聘用的经理人都会带来企业未来长期绩效的显著改善。因而在我国上市公司中存在"外来的和尚会念经"的现象。这事实上构成了经理人来自上市公司外部有助于改善企业未来绩效的外在机制。我国资本市场未来的目标应该是,扩大上市公司外部聘用的比例,鼓励高管在不同上市公司之间的自由流动,最终建立和形成统一公开的职业经理人市场。

除了"外来的和尚会念经"这一外在机制外,接下来我们关注的问题是,来自上市公司外部的经理人有助于改善企业未来绩效的内在现实机制是什么?表 9.3 报告的均值差异检验分析显示,从整个样本期间的薪酬水平来看,尽管不同经理人产生类型之间的均值差异并不显著,但在样本期发生更迭的经理人中,外部聘用经理人的平均薪酬要高于岗位轮换经理人的平均薪酬,而岗位轮换经理人的薪酬又高于内部晋升的经理人薪酬。如果进一步考察薪酬制度变革加速的 2008—2011 年间的数据,我们发现上述三种不同经理人产生来源的薪酬依然保持相同的变化趋势,但差距扩大并且变得显著。上述证据一定程度上表明,来自上市公司外部的经理人更迭往往伴随着薪酬水平的提高。Johnston(2005)基于英国公司的数据实证发现,CEO 的选拔途径并不影响英国公司经理人的总体薪酬水平以及薪酬结构。但基于我国上市公司的实证研究表明,伴随着更迭实现的经理人薪酬的增长,依然是新兴市场国家通过经理人更迭实现企业未来绩效改善的重要途径之一。

我们同时比较了不同经理人产生来源的管理层持股状况。与薪酬水平相比,来自外部聘用和岗位轮换的管理层的持股比例并没有出现明显增长的趋势。这与我国管理层薪酬包中股权激励依然不是主要手段有关。Elsaid 和 Davidson(2009)研究发现,外部继任者比内部继任者平均获得更高的无风险工资和更低的有风险收入。来自我国资本市场的证据表明,我国的实践符合这一趋势。相关结果参见表 9.3。

在企业的管理决策中,薪酬绩效敏感性是度量企业内部激励状况的一个常用指标。企业绩效的变化很大程度上受到企业内部薪酬激励制度变革的影响。而从上市公司外部聘请经理人(无论是严格意义上的外部聘用还是岗位轮换)为公司改变以往陈旧过时的薪酬激励方案带来了契机,促使公司与经理人根据

表 9.3 经理人不同产生来源的薪酬和持股比例的均值差异检验

Panel A: 平均薪酬(元)

样本期	外部聘用	内部晋升	差异	外部聘用	岗位轮换	差异	内部晋升	岗位轮换	差异
2005—2011	559 148	485 592	73 556#	559 148	515 281	43 866	485 592	515 281	29 689
2008—2011	751 660	535 342	216 318**	751 660	660 228	91 432	535 342	660 228	124 886*

Panel B: 持股比例

样本期	外部聘用	内部晋升	差异	外部聘用	岗位轮换	差异	内部晋升	岗位轮换	差异
2005—2011	0.0012	0.0133	−0.0121#	0.0012	0.0027	−0.0015	0.0133	0.0027	−0.0106
2008—2011	0.0028	0.0157	−0.0129	0.0028	0.0002	0.0026*	0.0157	0.0002	−0.0155*

注:***、**、*分别表示在1%、5%、10%的统计水平上显著(双尾);#表示在10%的统计水平上单侧显著。

新的外部经营环境重新缔约。接下来我们通过考察不同经理人产生方式对企业薪酬绩效敏感性的影响,来揭示来自上市公司外部的经理人改善企业未来绩效的"内在"实现机制。相关结果参见表9.4。

表9.4 经理人产生来源对企业未来绩效影响的可能实现机制

变量	(1) Ln(Pay)	(1) t值	(2) Ln(Pay)	(2) t值	(3) Ln(Pay)	(3) t值
Ln(ROA)	0.1627***	(3.804)	0.1523***	(3.762)	0.1344***	(3.305)
Ln(ROA)*Outside-ceo	0.1021***	(2.953)			0.1352***	(3.928)
Ln(ROA)*Rotation			0.1266***	(4.098)	0.1437***	(4.614)
Ln(Age)	0.2625	(0.891)	0.2734	(0.974)	0.2797	(0.991)
Ln(Tenure)	0.1698***	(3.375)	0.1714***	(3.435)	0.1750***	(3.576)
Ln(Size)	0.2104***	(4.191)	0.2264***	(4.627)	0.2074***	(4.250)
Leverage	0.4243	(1.643)	0.4127*	(1.698)	0.4297*	(1.764)
Growth	−0.3794**	(−2.533)	−0.3846**	(−2.386)	−0.3685**	(−2.288)
Duality	0.4055***	(2.735)	0.3791**	(2.562)	0.3416**	(2.305)
Ln(Boardsize)	−0.0559	(−0.274)	−0.0420	(−0.203)	−0.0649	(−0.318)
Independence	0.0504	(0.057)	−0.2083	(−0.245)	−0.2369	(−0.281)
HB	0.2486	(1.587)	0.1896	(1.148)	0.2109	(1.338)
Top1	−0.4338	(−1.266)	−0.3758	(−1.128)	−0.2933	(−0.881)
State	−0.0219	(−0.249)	−0.0089	(−0.102)	−0.0020	(−0.023)
Top2_5	0.1943	(0.493)	0.2022	(0.526)	0.2892	(0.755)
Constant	6.7773***	(4.234)	6.3633***	(4.036)	6.8135***	(4.392)
Industry	Control		Control		Control	
Year	Control		Control		Control	
Observations	544		544		544	
R-squared	0.224		0.245		0.265	

注:括号内的数值为经过怀特异方差修正的统计量,***、**、*分别表示在1%、5%、10%的统计水平上显著。

从表9.4我们可以看到,经理人来源类型与公司绩效交叉项的估计系数均显著为正。这表明相比内部晋升,无论是来自外部聘用还是来自岗位轮换的经理人,都能够显著地提高其薪酬绩效敏感性。这在一定程度上表明,除了作为"外来和尚"更易于打破窠臼、推陈出新这一"外在机制"外,这些并非来自企业内部的经理人之所以能够改善企业绩效,还和通过与企业重新缔约强化了与企业绩效挂钩的薪酬管理体系、完善了企业薪酬激励制度这一"内在机制"有关。因而,包括岗位轮换在内,来自企业外部的经理人有助于改善企业未来的长期绩效,是上述"外在机制"与"内在机制"共同作用的结果。

基本模型设定对国有企业和非国有企业的分类回归进一步显示:对于国有企业来说,外部聘用经理人能够显著提高企业未来绩效;而对于非国有企业来说,外部聘用的经理人带来的企业未来绩效的改善并不显著。这在一定程度上表明,对于需要推陈出新、打破以往经营管理窠臼的国有控股上市公司来说,外部聘用经理人以重新缔约的方式提高了薪酬绩效敏感性,使新聘任的经理人有激励推动变革,最终带来企业未来绩效的显著改善。而对于非国有控股上市公司来说,围绕经理人更迭和薪酬合约设计、签订等问题从一开始即采用"更为市场化的运作"(李新春和苏晓华,2001),无论新更迭的经理人来自外部还是内部都会按照市场化的原则运作,这使得经理人更迭后新合约带来的激励对企业未来绩效的改善效应并不明显。

从本节的分析中我们看到,对于我国上市公司来说,在经理人产生来源(入口)上,除了常见的内部晋升和外部聘任外,还存在一种基于我国制度背景下的独特来源——岗位轮换。我们的研究表明,岗位轮换对于改善企业未来长期绩效的作用优于内部晋升,但劣于严格意义上的外部聘用,因而只能是为了实现控股股东控制上市公司和打破窠臼、推陈出新的目的,企业所选择的过渡性和权宜性制度安排,并非长久之计。经理人更迭中有近90%的经理人并非来自企业外部而是来自"内部"的事实则提醒我们,我国外部职业经理人市场尚处在发展的早期,目前并没有形成统一公开的职业经理人市场。我国资本市场未来的目标应该是,扩大上市公司外部聘用的比例,鼓励高管在不同上市公司之间的自由流动,最终建立和形成我国统一公开的职业经理人市场。

9.3 国企高管的政治晋升与形象工程

第9.2节的分析表明,国企高管更迭中推行的行政官员化的考核培训和晋升制度催生了我国上市公司在经理人产生来源(入口)上十分独特的岗位轮换现象。需要说明的是,上述制度同时造就了我国上市公司经理人离职去向(出口)上独一无二的国企高管的政治晋升问题。本节关注伴随国企高管政治晋升的激励扭曲问题。

作为公有制的实现形式,国有企业在我国国民经济中具有特殊地位。这些由中央或地方各级政府参与投资并控制的国有企业大多分布在关乎我国国计民生的重点行业和关键领域,因而我国国有企业控制权的安排别具匠心。为了维持国家或其代理机构对国有上市公司的控制,我国资本市场甚至一度推出"股权分置",即一部分国有股票不能上市流通,同股不同权不同价。近年来伴随着股权分置改革的完成和国有股减持的呼声,控股股东的持股比例出现逐年下降的趋势,但为了实现对上市公司的控制,国资委系统或国有法人作为最大股东所持的股份仍然是控制性的,"一股独大"的局面并未从根本上改变。

伴随着国有企业控制权的独特安排,我国国有企业逐步形成了独具特色的国企高管人事任免体系。国企高管的产生形式上取决于所有权链条,但实质上由上级党委组织部门和国资委"自上而下"的人事任命实现(参见第9.2节的相关讨论)。作为行政官员选拔和考核机制的延伸,国有资产管理体制在国有控股上市公司中逐步推行行政官员化的国企高管考核培训和晋升制度。

在国有企业上述"自上而下"的人事任免体系下,国企高管一方面是企业管理层和企业经营发展计划的制订和实施者,另一方面则具有一定的政治级别,与政府官员一样存在政治晋升的可能与渠道。这使得身兼"经济人"与"政治人"身份的国企高管更像是政府官员而非职业经理人(杨瑞龙等,2013)。这种政治晋升渠道不仅存在于国企内部、母公司和子公司之间、同一控股股东旗下企业集团的各级子公司之间,而且还存在于国企与政府部门之间。近年来,许多国企高管直接从国企董事长或者总经理晋升为政府官员。按照王曾等(2014),在2005—2011年我国上市公司发生高管变更的1 125个观察值中,获得晋升的高管比例高达30%。

周黎安(2007)对政府官员本身政治晋升的研究表明,我国政府官员处于的组织内部是封闭的"内部劳动力市场",这个环境会产生"锁住"效应,使得官员如果被罢免或者选择退出职位就会面临很大的职位落差以及发展落差,因此他们不得不努力寻求晋升。在政治晋升激励的推动和经济业绩作为重要指标的考核体系之下,政府官员会努力提高自身的经济"政绩"。Qian和Xu(1993)及Li和Zhou(2005)都发现政府官员的政治晋升与其管辖范围的经济绩效具有显著的正相关关系。

与政府官员类似,由于缺乏活跃的提供外部就职机会的职业经理人市场,国企高管被迫十分看重内部晋升渠道。这表现在国企高管更关心政府主管部门以各种检查工作的方式对他们的业绩进行的考核,因为上述考核会直接影响他们能否获得政治晋升(Groves et al., 1995)。同时,由于政治晋升不仅会带来更高的薪酬、社会地位和声望,而且有可能带来更大的权力,因而国企高管同政府官员一样有很强的动机努力提高自己获得政治晋升的概率(Bo, 1996; Li and Zhou, 2005;等等)。

Baker等(1988)、Gillan等(2009)认为,晋升激励作为一种隐性激励,成为货币薪酬等显性激励的重要补充。Gibbons 和 Murphy(1992)在职业关注模型中将隐性的晋升激励视为直接货币激励的一种替代。Cao 等(2011)、梁上坤等(2013)基于我国上市公司的证据发现,"商而优则仕"的政治晋升成为我国国企高管薪酬管制背景下国企高管重要的隐性激励手段。

"自上而下"的国企高管政治晋升模式决定了在不同国企高管之间开展的同样是一场"锦标赛"(周黎安,2004;Li and Zhou,2005;周黎安,2007;等等)。而"锦标赛"的开展意味着国企高管政治晋升可能同时具有正反两方面的效应:一方面,使国企高管在没有高的货币薪酬的情况下仍然有激励为了获得政治晋升而努力工作;另一方面,则可能会使得国企高管为了获得政治晋升以损害企业的长期绩效为代价而采取短期行为。对于国企高管政治的晋升效应,理论上,一方面可以从基于未来职业关注的隐性激励的视角来理解,另一方面则可以从伴随着国企高管政治晋升引发的激励扭曲视角来理解。前者强调的是政治晋升替代低的货币薪酬,发挥隐性激励功能,最终改善企业绩效的正效应,而后者则关注伴随着政治晋升的激励扭曲会产生众多形象工程,从而损害企业未来持续稳定发展的负效应。

郑志刚等(2012)的案例研究则发现,为了赢得媒体、公众和上级主管部门的关注,从而在围绕政治晋升开展的"锦标赛"中胜出,国企高管有激励从事短期内有助于提升个人形象,但从长期看却不利于企业持续稳定发展的形象工程。

所谓形象工程,传统上指的是地方政府为提升地方知名度、吸引社会关注、展现领导政绩而举办的大型非商业性活动,以及建设的与需求不匹配的工程项目等,因此又被称为"政绩工程"。例如,在一座人口只有 5 万人的城市建设一个可容纳 6 万人的广场,诸如此类的城市盲目建设正在我国约 1/5 的城市里泛滥。[①] 与国企高管政治晋升相联系的形象工程则指的是国企高管为了实现个人的政治晋升目的,利用实际控制的国企资源所从事的短期内有助于提升个人形象,但从长期看却不利于企业持续稳定发展的经济行为,包括过度的公益性捐赠、盲目海外投资以及投放大量资源用于媒体公关等。本质上,国企的形象工程是国企高管作为内部人利用控制权获得一种无法与外部股东分享的控制权私人收益。它以牺牲国有企业的长期价值,从而损害股东(特别是外部股东)的利益为代价,是在国有企业内部人控制下的代理成本的重要表现形式之一。

我们可以通过一个案例来说明国企高管的形象工程及其效应。让我们首先简单了解一下案例企业的发展状况。A 公司成立于 2001 年,并于 2006 年在

---

① 参见 http://news.sina.com.cn/c/2004-05-18/16442562821s.shtml。

上交所上市,从业务能力、市场占有率和资产规模方面来说都是目前行业内名列前茅的大型国有企业之一。公司的主营业务包括能源开采、冶炼,洁净技术的勘探、开发与利用等,综合机械化程度达到100%,原材料核定生产能力为1 860万吨。截至2011年年底,公司总资产达到293.6亿元,每股净资产为10.34元,资产负债率为56.56%,市场占有率近20%。

甲某在2001年A公司成立时即出任公司董事长、总经理和党委副书记,在董事长的位置上任职近十年。2011年年初,甲某晋升为N省人民政府副省长,成为从国有企业高管中被直接任命为上一级政府部门领导的政治晋升的典型案例之一。表9.5报告了案例企业A公司的公司治理概况,同时对用作对照的B公司和C公司的治理概况进行了报告。

表9.5 案例企业与对照企业的主要公司治理概况比较

项目	A公司	B公司	C公司	行业中值	行业均值
实际控制人	N省国资委	N省国资委	私有民间资本	/	/
董事会规模(人)	17	14	9	10	11
独立董事人数(人)	6	5	4	5	5
资产负债率	56.56%	25.95%	56.15%	51.78%	50%
高管人数(人)	6	3	8	6	6
成立时间	2001年	2001年	2001年	/	/
上市时间	2006年	2006年	2006年	/	/
大股东持股比例	50.99%	22.18%	31.49%	52.62%	46.73%

从表9.5我们可以看到,A、B、C三个公司来自同一个省份,属于相同的产业,而且在公司基本特征和治理特征上十分相近,因而具有一定的可比性。只不过作为民营企业的C公司,并不具有像A公司和B公司那样的高管政治晋升的可能性,缺乏建设形象工程的内在激励,因而政治晋升的激励扭曲程度较小。通过引入C公司的对照,我们可以很好地观察出国企高管政治晋升的激励扭曲效应和形象工程建设。

我们采用以下两个具体标准来界定形象工程。其一,该种经济行为在特定阶段表现出频繁出现和十分活跃的特征,远远超过产业平均数和中位数所反映的市场均衡状况下的行业趋势。其二,伴随着频繁活跃的特征,代理成本显著增加。本研究分别从公益性捐赠和媒体报道等方面来考察受到政治晋升隐性激励的政府官员建设形象工程的行为。

所谓企业公益性捐赠是指"企业以自愿非互惠的方式无条件地提供资金或者物资给政府或者相关机构"(Financial Accounting Standards,1993),它是企业社会责任的重要实现方式(Seifert et al.，2003)。企业公益性捐赠行为除了可以从利他(Galaskiewicz，1991；Shaw and Post，1993；Campbell et al.，1999；Marquis et al.，2007)、战略营销(Porter and Kramer，2002；Saiia et al.，2003；Fisman et al.，2006；Zhang et al.，2010)等视角来解释外，还可以从管理层自利的视角来解释。实际控制公司的高管为了提高个人声望、获取社会精英认同等，结果使看起来是公益性质的捐赠背离了股东意志，成为股东被迫承担的代理成本的一部分(Galaskiewicz，1985；Haley，1991；Masulis and Reza，2013；Bartkus et al.，2002；Brown et al.，2006；等等)。

图 9.2 报告了案例企业与对照企业从 2006 年到 2011 年的公益性捐赠情况。对每年的捐赠额，我们按资产规模进行调整。图 9.2 同时报告了三个公司所处的行业捐赠的均值和中位数情况，以便于案例企业与产业平均数和中位数所反映的市场均衡状况下的行业趋势进行对照比较。

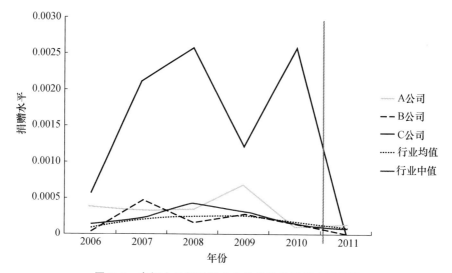

图 9.2　案例企业与对照企业的公益性捐赠水平比较

从图 9.2 我们可以看到，除了 2008 年、2010 年由于汶川地震和玉树地震发生后总体捐赠水平较高外，A 公司甲某晋升副省长前十分关键的 2009 年捐赠水平显著提高，不仅远远超过对照企业 B，而且远远高于行业均值和中位数水平。民营性质的 C 公司则由于企业规模较 A 和 B 较小，从绝对值上看并不大的捐赠额，在捐赠规模按资产调整后显得相对较高。当 A 公司的这一远远超过市场均衡状况下的行业趋势的公益性捐赠行为与国企高管政治晋升的"锦标赛"联系在一起时，我们的一个自然的联想是，A 公司甲某为了实现政治晋升利用所控制的企业资源进行过度的公益性捐赠，以引起公众、媒体，特别是上级领导的关注,为本人未来实现政治晋升创造条件。这一猜测将在之后开展的大样本检验中得到证实。

与公益性捐赠相比,一个更加立竿见影的"形象工程"行为是媒体报道。传统上,媒体报道是企业建立产品和企业形象、进行品牌营销的重要途径。一个毋庸置疑的事实是,商业关系和利益交换的存在使得一些媒体在一定程度上容易受报道主体的操控(media manipulation),成为对企业及其领导者进行形象宣传和形象传播的工具(Gurun et al.,2012;Solomon et al.,2012;等等)。而我国国企与媒体机构依附政府系统的事实使二者无论在意识形态上还是商业关系上都成为天然的同盟。这为国企高管利用媒体为自己的政治晋升造势创造了条件。即使业绩平平,但通过媒体公关,经过媒体的炒作和包装,国企高管短时期内便可以把自己塑造成行业典范和道德楷模。陡然增加的媒体正面报道不仅会引起社会的广泛关注,还会引起决定国企高管政治晋升的上级领导的注意,增加高管未来获得政治晋升的砝码。由于媒体报道对国企高管个人形象和声誉的树立见效快、收效大,而被一些国有企业频繁使用。图9.3报告了案例企业与对照企业的媒体报道量。

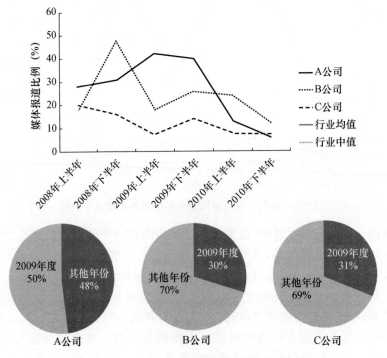

图 9.3　案例企业与对照企业的媒体报道量比较

由于众所周知的原因,除非受到审查或涉及刑事案件,媒体很少对正常任职的国企高管进行负面报道。我们对案例企业和对照企业媒体报道量的考察发现了同样的事实。从图 9.3 中我们看到,同样在甲某政治晋升的关键年份 2009 年,A 公司的媒体报道量远远超过作为对照的 B 公司和 C 公司。如果进一步考察 A 公司自身报道量的年度变化,我们发现,在关键年份 2009 年,A 公司的报道量占到 2008—2010 年总报道量的 52%,比其他两年报道量的总和还要多;而并没有发生高管政治晋升的 B 公司和根本不会出现高管政治晋升的 C 公司在 2008—2010 年各年中报道量稳定在 30% 左右,即使在上级政府考察国企高管决定谁最终在"锦标赛"中胜出的 2009 年也是如此。

在 A 公司的公益性捐赠和媒体报道量在 2009 年前后大幅增加的同时,我们观察到 A 公司同时期的代理成本(管理费用率)显著增加。图 9.4 报告了案例企业与对照企业的管理费用率情况。

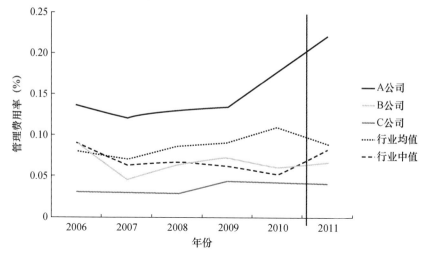

图 9.4　案例企业与对照企业的管理费用率比较

其中,管理费用率是管理费用按主营业务收入调整后的相对比率。完成单位销售额所需的管理费用越高,意味着代理成本越高。从图 9.4 我们可以看到,案例企业 A 公司的管理费用率远远高于作为对照的 B 公司和 C 公司,同时远远高于行业平均水平。特别是在其高管甲某晋升前的几年,管理费用率更是大幅提高。令人印象深刻的是,作为对照的非国有企业 C 公司的代理成本始终低于作为国有企业的 A 公司和 B 公司,甚至低于行业平均水平。这支持了我们前面提及的民营企业相对单纯的盈利动机和较为有效的公司治理机制显然不会为董事长或总经理为了实现个人政治晋升目的而建设形象工程提供太多空间的假设。

通过对 N 省 A 公司的案例研究,我们发现,伴随着国企高管的政治晋升,一方面,企业存在超乎寻常的公益性捐赠和用于短期内提升企业和高管个人形象的媒体宣传报道;另一方面,管理费用率所反映的代理成本却显著增加。在国企高管围绕政治晋升开展"锦标赛"的背景下,看起来体现企业社会责任的公益性捐赠和用于企业产品品牌营销的媒体报道演变为"短期内提升国企业绩表现和高管个人的形象,从而有利于该高管个人实现政治晋升而做出的从长期看有害于企业持续稳定发展"的形象工程。

接下来我们以公益性捐赠为例开展大样本研究,为国企高管政治晋升存在激励扭曲提供经验证据。由于以下特点,公益性捐赠成为国企高管为实现政治晋升而建立形象工程的重要手段。首先,公益性捐赠从表面看来不仅合法,甚至合情合理,因而成为可资利用的十分隐蔽的塑造和提升高管个人形象的手段。国有企业的"全民所有"的特殊性质决定了公益性捐赠是其义不容辞的责任和义务,特别是当大型公共事件和自然灾害发生时。这使得与民企相比,国企的公益性捐赠行为看上去更具正当性;即使由于过度和不当的公益性捐赠导致企业未来长期稳定发展受到损害,我们看到这些国企和高管本人在道义上并不会受到太多谴责,因为公益性捐赠至少看起来是从"为民众谋福利"等善良愿望出发的,尽管可能以"扶危济困"为"名"但"慷企业(国家)之慨",行国企高管个人政治晋升私利之"实"。我们看到,在上述看起来合法同时又合情合理的"慈善""公益"外衣的遮掩下,与其他手段相比,公益性捐赠背后的高管自利动机具有高度的隐蔽性。

其次,我国目前国企高管"自上而下"的准官员的考核和人事任免体系一定程度上默许甚至鼓励国企进行更多的公益性捐赠。各级政府部门需要把各种社会经济发展指标通过层层分解、层层签订责任书,最终转化为国企的绩效考核指标。需要指出的是,有些指标有时超出社会经济发展的范畴,甚至是与社会经济发展本身相冲突的政治任务。例如,当大型公共事件(例如奥运会的举办)和自然灾害(例如汶川地震)发生时,上级主管部门会以明示或暗示的方式提醒国企进行更多的公益性捐赠。当然,积极配合、认真履职的国企高管无疑会给上级主管部门留下良好的印象,未来实现政治晋升的可能性相应提高。一定程度上,正是在上述指导思想下,很多国企在公益性捐赠上往往不遗余力。

第三,除了利他和战略(营销)动机,一些文献研究已经发现,公益性捐赠中很难摆脱高管自利的影子(Galaskiewicz, 1985; Haley, 1991; Masulis and Reza, 2013)。企业公益性捐赠是实际控制公司的高管提高个人声望、获取社会精英认同等利益最大化的结果。我国上市公司的公益性捐赠同样被证明具有很强的功利色彩,或者被我国一些民营企业用来掩盖或转移外界对员工薪酬福利水平低、企业环境污染严重等问题的关注(高勇强等,2012),或者成为部分企业通过建立政治关联在未来实现"隐性寻租"的功利手段之一(贾明和张喆,2010;张敏等,2013)。

第四,国企内部人控制使国企高管利用公益性捐赠建立形象工程具有现实性。Bartkus等(2002)、Brown等(2006)等的研究发现,委托代理问题严重的企业的公益性捐赠水平往往更高。我们知道,在我国国有控股上市公司中,一方面由于存在较长的委托代理链条和所有者缺位,另一方面由于董事长兼具经理人的角色,在我国公司治理实践中逐步形成了以董事长为中心的内部人控制格局。这一情形在一些董事长兼任总经理的上市公司中尤为严重。在我国国企中,以内部人控制为特征的委托代理问题严重是不争的事实。部分国企高管由此可以利用其实际控制的企业资源去从事包括公益性捐赠在内的形象工程,以"慷企业(国家)之慨",谋高管个人政治晋升之"实"。

我们看到,正是由于公益性捐赠作为实现工具的隐蔽性和默许甚至鼓励公益性捐赠的现实国企运行制度环境,公益性捐赠在实践中成为国企高管实现个人政治晋升目的、建立形象工程的重要手段。因而我们的研究可以通过对国企公益性捐赠这个特定场景的分析,通过对公益性捐赠影响因素和经济后果的考察,实证回答国企高管政治晋升是隐性激励还是激励扭曲的问题。与此同时,我们的研究将客观揭示在我国国企高管存在政治晋升可能的制度背景下,公益性捐赠这一原本应体现企业社会责任的行为是如何蜕变为国企高管个人为了获得政治晋升而进行的形象工程的。

理论上,随着国企高管在任时间的延长,面临上级主管部门考核并发生职位变动的可能性增大,发生政治晋升的可能性会相应增加。为了赢得上级主管部门和媒体的关注,从而在围绕政治晋升开展的"锦标赛"中胜出,国企高管有激励从事短期内有助于提升个人形象,但从长期看却不利于企业持续稳定发展的形象工程。我们因此有理由相信,国企高管在任时间越长,企业的公益性捐赠将越多。相关结果报告在表9.6中。

表9.6 董事长在任时间与公司公益性捐赠

	模型1 Donation_Dummy	模型2 Ln(Donation)	模型3 Donation_Adjust
Ln(Tenure)	0.086*	0.273**	0.002***
	(0.070)	(0.032)	(0.000)
ROA_{t-1}	2.676***	10.167***	0.072***
	(0.002)	(0.000)	(0.000)

(续表)

	模型 1 Donation_Dummy	模型 2 Ln(Donation)	模型 3 Donation_Adjust
Top1	−1.092***	−3.365***	−0.014***
	(0.001)	(0.000)	(0.000)
Ln(Firm Size)	0.166***	0.957***	−0.001
	(0.002)	(0.000)	(0.195)
Ln(Firm Age)	−0.126	−0.397*	−0.002
	(0.149)	(0.088)	(0.124)
Leverage	1.014***	2.561***	−0.001
	(0.000)	(0.000)	(0.633)
Industry	Yes	Yes	Yes
Year	Yes	Yes	Yes
Observations	7 200	7 204	7 204
Pseudo R^2 (Adjusted R^2)	0.070	0.142	0.111

注：括号内为回归 P 值，*** 代表在 1% 的统计水平上显著，** 代表在 5% 的统计水平上显著，* 代表在 10% 的统计水平上显著。

从表 9.6 我们可以看到，无论采用何种公益性捐赠的度量，董事长在任时间与公益性捐赠之间都显著正相关。这在一定程度上表明，随着在任时间的延长，职位变更的可能性增大，董事长为了最终实现政治晋升目的有激励通过包括公益性捐赠在内的形象工程以吸引公众、媒体以及上级主管部门的关注，塑造和提升个人形象。因而高管在任时间的长短所反映的国企高管政治晋升的可能性成为影响企业公益性捐赠的重要因素。

我国政治晋升考核对候选官员和国企高管的年龄有严格的限制。[①] 因此当国企高管年龄较大，政治晋升空间明显受限时，其通过形象工程提升个人形象谋求晋升的动机会相应减弱。而良好的业绩是企业进行公益性捐赠的基础条件(McGuire et al., 1988; Kraft and Hage, 1990; Perston and O'Bannon, 1997)。具有自利动机同时可以控制企业资源的国企高管，在企业财务状况较好时更有条件进行公益性捐赠。为检验高管年龄对于高管在任时间和公益性捐赠之间关系的影响，我们按国有上市公司董事长年龄是否大于样本中值将样本分为董事长年龄较小和年龄较大两个子样本；为了检验公司业绩状况对高管在任时间和公益性捐赠之间关系的影响，我们按企业 $t-1$ 期总资产收益率

[①] 根据《中共中央关于建立老干部退休制度的决定》，省部级正职退休年龄一般不超过 65 岁，省部级副职和司局长干部一般不超过 60 岁。根据五年一任的标准，国企高管晋升到政府部门成为官员，如果还在 50 岁以下，则至少还有两个完整的在任时间可供发展，而如果超过 55 岁则在任时间期满后几乎已没有进一步政治晋升的可能(于永达和战伟萍，2011)。

(ROA)是否大于所处行业中值将样本分为财务状况较差和财务状况较好两个子样本。相关分类回归的结果参见表9.7。

表9.7 董事长年龄、公司业绩对董事长在任时间与公司公益性捐赠间关系的影响

被解释变量 Ln(Donation)	模型1 年龄小子样本	模型2 年龄大子样本	模型3 低业绩子样本	模型4 高业绩子样本
Ln(Tenure)	0.330*	0.212	0.038	0.536***
	(0.059)	(0.277)	(0.813)	(0.002)
ROA_{t-1}	10.084***	10.132***	5.817**	9.820**
	(0.001)	(0.001)	(0.048)	(0.027)
Top1	−4.382***	−1.848*	−3.424***	−3.263***
	(0.000)	(0.098)	(0.001)	(0.003)
Ln(Firm Size)	1.170***	0.737***	1.078***	0.879***
	(0.000)	(0.000)	(0.000)	(0.000)
Ln(Firm Age)	−0.058	−0.806***	−0.476	−0.313
	(0.848)	(0.009)	(0.149)	(0.258)
Leverage	2.156**	2.903***	3.129***	1.798*
	(0.020)	(0.004)	(0.000)	(0.081)
Industry	Yes	Yes	Yes	Yes
Year	Yes	Yes	Yes	Yes
Observations	3 409	3 417	3 397	3 807
Adjusted R^2	0.152	0.139	0.129	0.157

注:括号内为回归P值,*** 代表在1%的统计水平上显著,** 代表在5%的统计水平上显著,* 代表在10%统计的水平上显著。

从表9.7我们可以看到,年龄相对较小从而未来存在较大政治晋升空间的董事长通常有较强的激励通过公益性捐赠等形象工程来谋求个人形象提升,以最终实现政治晋升的目的。然而,对于年龄较大从而政治晋升空间受到限制的董事长,则上述动机一定程度上被削弱,表现在董事长在任时间与企业公益性捐赠之间虽然出现了预期的正相关关系,但在统计上不再显著。只有在财务状况良好的企业,具有政治晋升可能性的董事长才能显著增加公益性捐赠,将动机转化为现实;但对于财务状况较差的企业,董事长在任时间与公益性捐赠之间的关系,虽然出现了预期的正号,但统计上并不显著。这从新的角度表明,企业公益性捐赠水平受到企业财务状况的约束,业绩状况成为企业实施公益性捐赠的"瓶颈"(McGuire et al.,1988;Kraft and Hage,1990;Perston and O'Bannon,1997)。

我们接下来利用2005—2011年我国A股国有上市公司董事长的职位变更数据共形成的5 397个"企业—年度"有效观察值检验国企公益性捐赠对董事长职位变更的影响。其中,发生董事长职位变更的样本占全样本的16.71%。在所有发生董事长职位变更的观察值中,升职、降职和不确定三类变更分别占20.51%、53.22%和26.28%。相关结果参见表9.8。

表9.8 公司公益性捐赠与董事长职位变更

	模型1	模型2	模型3		模型4	
	Logit	Logit	多元Logit		多元Logit	
	升职	降职	升职	其他变更	降职	其他变更
Donation_Avg	−0.012	−0.021**	−0.013	−0.013	−0.021**	−0.002
	(0.414)	(0.025)	(0.349)	(0.119)	(0.024)	(0.826)
ROA_Avg	−1.935	−5.113***	−2.655	−4.749***	−5.404***	−2.950**
	(0.318)	(0.000)	(0.173)	(0.000)	(0.000)	(0.028)
Duality	−0.855**	−0.514**	−0.913**	−0.514***	−0.556***	−0.623***
	(0.031)	(0.016)	(0.021)	(0.004)	(0.010)	(0.008)
Ln(Board Size)	−0.141	0.183	−0.112	0.184	0.188	0.041
	(0.728)	(0.497)	(0.782)	(0.391)	(0.486)	(0.877)
Independence	−2.759	1.864*	−2.482	1.914**	1.872*	−0.038
	(0.141)	(0.063)	(0.185)	(0.024)	(0.061)	(0.974)
Ln(Firm Size)	0.150**	−0.181***	0.127*	−0.156***	−0.181***	−0.003
	(0.045)	(0.002)	(0.087)	(0.000)	(0.002)	(0.957)
Ln(Firm Age)	0.353*	0.126	0.367*	0.101	0.140	0.161
	(0.063)	(0.197)	(0.054)	(0.207)	(0.151)	(0.141)
Leverage	−0.499	0.274	−0.479	0.196	0.259	−0.163
	(0.291)	(0.425)	(0.311)	(0.502)	(0.453)	(0.635)
Ln(CEO Age)	0.294	1.250***	0.678	2.716***	1.542***	3.327***
	(0.655)	(0.002)	(0.307)	(0.000)	(0.000)	(0.000)
Ln(Tenure)	−0.130	−0.094	−0.127	0.017	−0.087	0.065
	(0.309)	(0.281)	(0.321)	(0.821)	(0.323)	(0.466)
Industry	Yes	Yes	Yes		Yes	
Year	Yes	Yes	Yes		Yes	
Observations	5 397	5 397	5 397		5 397	
Pseudo R^2	0.037	0.028	0.035		0.032	

注:括号内为回归P值,*** 代表在1%的统计水平上显著,** 代表在5%的统计水平上显著,* 代表在10%的统计水平上显著。

从表 9.8 我们可以看到，国企公益性捐赠尽管对国有上市公司董事长的升职无显著影响，但可以显著降低其董事长的降职概率，因而公益性捐赠对国企董事长职位变更的效应主要体现在降低董事长降职的可能，从而保全董事长现有职位上。一方面，这一结果的出现与决定国企高管政治晋升的影响因素十分复杂，并不能期望通过形象工程美化个人表现就会获得政治晋升。在"自上而下"的国企高管人事任免体系中，具有任命权的少数上级部门很容易被各种合法或者不合法的途径所影响，而后者是无法被观察从而体现在计量模型中的。另一方面，作为实际控制国企的领导人，董事长不降职即意味着可以持续具有广泛的政治和经济影响力，从而为未来的政治晋升积累人脉、创造条件和赢得时机，因而，在存在众多的"锦标赛"潜在竞争者的情况下，对董事长而言，保全职位已经是十分理想的结果了。表 9.8 的分析表明，有助于董事长保全职位的国企公益性捐赠不再是单纯的企业社会责任的体现，而是与国企高管实现政治晋升的自利动机联系在一起。

以往文献通过实证检验公益性捐赠与会计绩效之间的关系来判断企业公益性捐赠的性质。例如，基于公益性捐赠与会计绩效之间存在显著正相关关系，Brammer 和 Millington(2005)、Godfrey(2005)等从塑造企业良好的社会形象，Porter 和 Kramer(2002)等从改善企业竞争环境，Williams 和 Barrett(2000)等从缓解法律诉讼等造成的声誉损失等视角来识别公益性捐赠的战略营销性质。与上述文献的研究逻辑相一致，我们需要以企业作为经济组织的利润最大化目标来作为评价企业公益性捐赠行为性质的基准。如果国企仅仅为了实现高管保全职位的政治晋升目的而进行一些公益性捐赠，但并没有构成对企业长期绩效的损害，我们并不能因此指责公益性捐赠就是形象工程；只有当在表 9.6 中被证明的与高管政治晋升动机相关联的国企公益性捐赠行为同时被证明并未带来企业未来绩效的改善，甚至反而不利于企业未来长期持续稳定发展的，我们才有理由认为上述国企公益性捐赠恰恰是高管用来实现个人政治晋升目的的形象工程。

借鉴以往文献(Williams and Barrett, 2000; Brammer and Millington, 2005; Godfrey, 2005)，我们同样选择会计绩效来识别和评判企业公益性捐赠的性质。但这里需要指出的是，企业公益性捐赠与会计业绩改善之间往往存在反向因果关系或受缺失变量影响等导致的内生性问题。例如，一方面，企业良好的财务状况使企业从事更多的公益性捐赠成为可能；另一方面，企业公益性捐赠有助于改善企业的社会形象，提高企业的市场竞争力，反过来使企业绩效有所改善。对于生产与救灾物资相关产品的企业，自然灾害的发生这一缺失变量不仅带来了公益性捐赠需求的增加，同时带来了救灾物资业务的大幅增加和相应的企业绩效改善。因此,对上述关系的考察要想得到令人信服的结论,必须有效控制内生性问题。为了使读者清晰地看到内生性问题对二者关系的重要影响,我们除了报告基于工具变量(IV)的 2SLS 这一控制内生性的相关结果外,同时报告了没有控制内生性的 OLS 的相关结果用于比较和对照。那么,如何选取合适的工具变量来开展基于工具变量的 2SLS 回归?表 9.6 的相关分析表明,董事长在任时间会显著影响国企公益性捐赠,但该变量并不会必然影响企业未来绩效。按照工具变量的相关识别标准,我们看到,董事长在任时间成为分析公益性捐赠对企业未来绩效影响的合适的工具变量。因而表 9.6 的相关分析不仅从国企高管政治晋升的视角揭示了国企公益性捐赠新的影响因素,而且为本节考察公益性捐赠与企业绩效改善之间的关系提供了工具变量。我们接下来利用这一工具变量对控制公益性捐赠与会计业绩改善之间的关系进行 2SLS 回归。相关结果参见表 9.9。

表 9.9 公司公益性捐赠与长期绩效

	模型 1 OLS $\Delta ROA_{t-3,t+3}$	模型 2 2SLS $\Delta ROA_{t-3,t+3}$	模型 3 2SLS $\Delta ROA_{t-3,t+3}$	模型 4 2SLS $\Delta ROA_{t-1,t+1}$
Ln(Donation)	0.038***	−0.163	−0.059	−0.499
	(0.005)	(0.693)	(0.915)	(0.214)
Ln(Firm Size)	−0.689***	−0.512	−0.641	−0.109
	(0.000)	(0.194)	(0.251)	(0.788)
Ln(Firm Age)	0.719***	0.721***	0.896***	0.073
	(0.000)	(0.003)	(0.007)	(0.683)
Leverage	2.026***	2.795**	2.630**	5.305***
	(0.000)	(0.016)	(0.041)	(0.000)
Fixed Assets	0.447	0.249	−0.841	0.676
	(0.399)	(0.738)	(0.309)	(0.333)
Top1	0.875	0.344	0.112	0.166
	(0.126)	(0.778)	(0.964)	(0.892)
Turnover	−0.653***	−0.714***		−0.516*
	(0.000)	(0.000)		(0.055)
Industry	Yes	Yes	Yes	Yes
Year	Yes	Yes	Yes	Yes
Observations	5 493	5 240	2 900	5 646
Adjusted R^2	0.039	.	0.032	.

注:括号内为回归 P 值,*** 代表在 1% 的统计水平上显著,** 代表在 5% 的统计水平上显著,* 代表在 10% 的统计水平上显著。

从表 9.9 我们可以看到,简单使用 OLS 回归会得到国企公益性捐赠将显著改善企业未来会计绩效的结论(表中模型 1)。然而,如果以董事长在任时间作为工具变量进行 2SLS 回归,在控制内生性问题后,国企公益性捐赠与企业未来绩效改善之间的关系在统计上不仅不再显著甚至出现负相关关系。这一结果对照表明,在国企公益性捐赠与企业未来绩效改善之间存在严重的内生性问题,我们需要在上述关系的检验中严格控制内生性问题。模型 2—模型 4 的结果清楚地表明,国企公益性捐赠行为受到国企高管政治晋升动机的激励扭曲,不仅不利于,甚至会损害企业的未来持续稳定发展,一定程度上偏离了企业作为经济组织的利润最大化目标。

我们的研究从而表明,伴随着董事长在任时间的延长,职位变更的可能性增大,显著增加的国企公益性捐赠一方面有助于降低董事长被降职的可能性,实现国企高管保全职位、为未来政治晋升赢得时机的目的,因而与高管政治晋升的自利动机联系在一起;另一方面,受到政治晋升可能的激励,显著增加的公益性捐赠却没有带来企业未来绩效的提升,偏离了企业作为经济组织的利润最大化目标。因此,晋升理论上的隐性激励作用在我国国企高管的考核和任免系统的现实运行过程中一定程度上发生了激励扭曲,使得原本作为企业社会责任体现的公益性捐赠蜕化为形象工程,并成为外部分散股东不得不面对的我国制度背景下特殊的代理成本。

在公司治理实践中,公益性捐赠仅仅是国企高管用来实施形象工程、实现政治晋升自利动机的手段之一。海外并购、媒体操纵、过度投资等同样是可以用来实现上述目的的手段(郑志刚等,2012)。而以往文献预期的作为隐性激励手段的政治晋升之所以发生扭曲,一方面与在"商而优则仕"的背景下同时身兼"政治人"身份的国企高管已经突破"经济人"的传统角色,不再单纯追求未来作为职业经理人的职业发展,转而关注"自上而下"人事任免体系下的短期考核指标满足和个人形象的提升有关,另一方面则与国有企业由于所有者缺位和委托代理链条较长而受到内部人控制这一传统代理问题有关。前者使得国企高管操纵企业资源实施形象工程具有必要性,而后者则使得实施形象工程有了可能性。因此,如何防范上述激励扭曲成为我国公司治理理论和实践需要深入思考的问题,而本章的研究则为上述思考带来启发。

因此,在未来的公司治理实践中,对企业高管的考核应该从行政评价转向市场评价,使经理人关注未来职业经理人声誉这一更加重要的隐性激励手段发挥基础性作用;同时,加强对国有上市公司的公司治理结构的改革与完善,避免内部人控制和主导下的形象工程建设;同样重要的是,引导舆论和公众对包括公益性捐赠在内的企业社会责任形成正确的认识,明确创造利润是企业最大的社会责任。

9.4 小　　结

本章讨论发生在我国资本市场制度背景下经理人更迭的独特故事,我们得到的主要结论和政策含义是:

第一,国企高管上述准政府官员的产生、考核和更迭方式使得我国国有上市公司在经理人产生来源(入口)上,并非依赖外部职业经理人市场的遴选,而是依靠内部晋升和集团公司内部的所谓"岗位轮换";在经理人离职去向(出口)上则是"商而优则仕"的政治晋升,国企高管直接出任政府部门更高级别的政府官员。因而,我国国有上市公司的高管同时具有"政治人"和"经济人"双重角色。

第二,对于我国上市公司,在经理人产生来源(入口)上,除了常见的内部晋升和外部聘任外,还存在一种基于我国制度背景下的独特来源——岗位轮换。岗位轮换对于改善企业未来长期绩效的作用优于内部晋升,但劣于严格意义上的外部聘用,因而只能是为了实现控股股东控制上市公司和打破窠臼、推陈出新的目的,企业所选择的过渡性和权宜性制度安排,并非长久之计。经理人更迭中有近90%的经理人并非来自企业外部,而是来自"内部"的事实则提醒我们,我国外部职业经理人市场尚处在发展的早期,目前并没有形成统一公开的职业经理人市场。

第三,一方面,伴随着董事长在任时间的延长,职位变更的可能性增大,显著增加的国企公益性捐赠有助于降低董事长被降职的可能性,实现国企高管保全职位、为未来政治晋升赢得时机的目的,因而与高管政治晋升的自利动机联系在一起;另一方面,受到政治晋升可能的激励,显著增加的公益性捐赠却没有带来企业未来绩效的提升,偏离了企业作为经济组织的利润最大化目标。因此,晋升理论上的隐性激励作用在我国国企高管的考核和任免系统的现实运行过程中一定程度上发生了激励扭曲,使得原本作为企业社会责任体现的公益性捐赠蜕化为形象工程,并成为外部分散股东不得不面对的我国制度背景下特殊的代理成本。

上述研究的政策含义是:第一,我国资本市场未来的目标应该是,扩大上市公司外部聘用的比例,鼓励高管在不同上市公司之间的自由流动,最终建立和形成我国统一公开的职业经理人市场。第二,在未来的公司治理实践中,对企业高管的考核应该从行政评价转向市场评价,使经理人关注未来职业经理人声誉这一更加重要的隐性激励手段发挥基础性作用;加强对国有上市公司的公司治理结构的改革与完善,避免内部人控制和主导下的形象工程建设;同样重要的是,引导舆论和公众对包括公益性捐赠在内的企业社会责任形成正确的认识,明确创造利润是企业最大的社会责任。

第 10 章
债务融资的公司治理角色

10.1 引　言

　　围绕债务融资的资本结构选择是标准的公司财务问题。公司财务的经典理论——从 MM 定理到权衡理论,再到优序融资理论——无不是围绕资本结构选择展开讨论的。债务融资的资本结构对于公司财务相关政策含义的重要性不言而喻:通过资产负债率效应与税盾效应,债务融资可为公司带来经营绩效的改善。

　　除了债务融资对公司财务重要的政策含义,现代公司治理理论研究发现,本金和利息需要按期偿还的压力可以形成经理人的帝国扩张的"硬"约束,使债务融资无意中成为实践中一种行之有效的公司治理机制。本章讨论债务融资可能扮演的公司治理角色。

　　本章以下部分的内容组织如下:第 10.2 节讨论资本结构选择的基本理论和债务融资的传统功能。这一节从 MM 定理出发,回顾了债务融资的税盾效应和财务困境效应等传统功能。第 10.3 节在第 10.2 节回顾债务融资传统功能的基础上,讨论债务融资可能扮演的包括自由现金流限制、债务的承诺价值、债务的信号传递功能和影响控制权状态依存配置方式等公司治理角色。第 10.4 节介绍来自我国资本市场债务融资公司治理角色的证据。最后是小结。

10.2　资本结构选择的基本理论和债务融资的传统功能

　　Modigliani 和 Miller(1958)发展的 MM 定理是构成现代金融学的两大基

石之一。按照 MM 定理,在一个没有税收、激励和信息问题的理想世界里,投资者可以通过自制资产负债率复制或消除公司资产负债率的影响,因而公司资本结构选择与公司价值无关。这一看起来描述公司资本结构选择与公司价值之间"无关"状态的 MM 定理却成为我们理解资本结构是通过怎样的路径与公司价值"有关"的锁钥。在放松相关假设后,原来"无关"的公司资本结构选择与公司价值变得"有关",则新引入的假设成为二者"有关"的原因。MM 定理由此在税收、激励和信息等原因与公司资本结构选择与公司价值"有关"这一结果之间建立了清晰的逻辑因果链条关系。上述逻辑分析过程的完美是包括 MM 定理在内的"无关性定理"广受经济学者青睐的重要原因。

MM 定理成为理解真实世界最优资本结构选择的基准。从这一基准出发,Modigliani 和 Miller 以及之后的学者通过放松无税、无财务困境成本、无代理成本等假设逐步发展出今天我们看到的丰富多彩的现代金融学的资本结构理论。债务融资的角色在这一理论扩展过程中渐渐变得清晰可辨。概括而言,除了不言自明的"别人的钱为我所用"的杠杆效应,引入债务融资还可以为公司带来以下效应。这些效应同时构成债务融资的传统角色。

Modigliani 和 Miller(1963)把无税情形下的 MM 定理推广为有税情形下的 MM 定理。当税收(公司税)存在时,由于债务利息作为营业费用可以从应税利润(税基)中扣除,从而形成税盾。所谓的税盾(tax shield)指的是由于税收的扣减相当于使公司形成了一个稳定的现金流入。因此,公司在引入杠杆后,杠杆公司的价值会在原来无杠杆时公司价值的基础上,随着资产负债率的提高而上升。公司税存在时的杠杆公司价值 V_L 与无杠杆时公司价值 V_U 之间的关系可以用如下公式刻画。

$$V_L = V_U + T_C B \qquad (10.1)$$

其中,T_C 为公司所得税税率,B 为债务的价值。二者的乘积 $T_C B$ 表示税盾的价值(税盾形成的永续年金的现值)。这样,在放松不存在税收的假设、考虑作为"公共品的价格"的税收的现实存在后,资本结构选择和公司价值就变得有关了。因此,税收成为影响资本结构选择的重要因素之一。

按照只存在公司税时 MM 命题的相关政策含义,公司应该尽可能多地引入债务。原因是债务引入会产生税盾效应,使公司价值增加。对照实践中真实的做法,你会发现,并非所有的公司都尽可能多地举债。一个简单的原因是,债务引入太多,一旦资不抵债,公司陷入财务困境(financial distress)的可能性就会大大增加。

值得注意的是,在公司财务中,公司陷入财务困境并不必然意味着公司价值的下降。这是因为财务困境可能只是财产存在形式从一种形态转化为另一种形态，但其实际价值仍可能保持不变。真正使公司价值下降的是财务困境成本的存在。这里所谓的财务困境成本指的是围绕陷入财务困境企业破产程序履行过程所发生的会计核算成本、法律律师事务成本、托管委员会的运行成本等直接成本以及原来正常业务开展受到影响的间接成本等。这些直接或间接成本均需要从原来的公司价值中扣减，因此会降低公司价值。

到目前为止，我们看到债务的引入对公司价值产生两种方向相反的效应。其一是税盾效应，即债务利息抵税带来的税收扣减使公司价值增加；其二是财务困境效应，即资不抵债使企业陷入财务困境的可能性增加，财务困境成本的存在导致公司价值的降低。于是，作为早期现代金融理论的总结和集大成者的"权衡理论"诞生了。在现实世界的资本结构选择中，要综合考虑债务引入通过产生税盾效应带来的公司价值的增加以及资不抵债使企业陷入财务困境带来的公司价值的降低。最优的资本结构是债务的税盾效应和财务困境效应的折中。这就是现代金融学中著名的资本结构选择权衡理论。

我们接下来通过图10.1和图10.2来简单描述权衡理论。

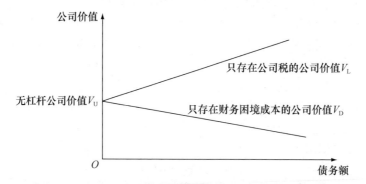

图 10.1　只存在一种效应的债务融资与公司价值间的关系

图10.1中，横坐标代表债务融资水平，纵坐标代表公司价值。当只存在公司税时，杠杆公司价值V_L从无杠杆时的价值V_U开始，随着债务水平的提高，债务利息抵税带来的税收扣减使公司价值逐步增加。这对应着图10.1中上面的那条线。当只存在财务困境成本时，杠杆公司价值V_D从无杠杆时的价值V_U开始，随着债务水平的提高，陷入财务困境的可能性增加，公司价值逐渐下降。这对应着图10.1中下面的那条线。我们看到，图10.1中上面的那条线对应的正是税盾效应，而图10.1中下面的那条线对应的正是财务困境效应。

公司引入债务时不仅会带来税盾效应，同时也会带来财务困境效应。因此，现实中的资本结构选择要同时考虑上述两种效应，并在两种效应之间进行权衡。当两种效应同时存在,从而公司资本结构选择在税盾效应和财务困境效应之间进行权衡时,资本结构选择和公司价值之间的关系可用图10.2来刻画。在债务融资占资本结构比例较低(曲线的左半段)时,债务处于安全范围,陷入财务困境的可能性较低,此时税盾效应超越财务困境效应居主导地位。随着债务额的上升,税盾效应的正效应大于财务困境的负效应,公司价值随着债务水平的提高而增加。而当债务水平足够高(曲线的右半段)时,公司陷入财务困境的可能性成倍增加,从而财务困境显现的负效应成倍增加,而税盾效应的增长依然稳定缓慢。此时财务困境效应开始超越税盾效应居主导地位。随着债务额的上升,财务困境的负效应大于税盾效应的正效应,公司价值随着债务水平的提高而下降。而在两种效应综合后曲线方向由上升转为下降的拐点($B^\&$,$V^\&$),债务引入带来的两种方向相反的效应得到平衡(用新古典经济学的术语来说,就是边际收益等于边际成本),公司价值达到最大($V^\&$)。此时拐点所对应的债务额($B^\&$)即为最优的资本结构。

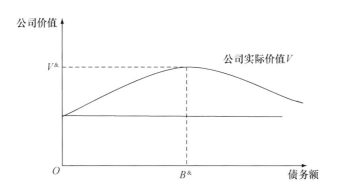

图10.2　公司实际价值与债务额之间的关系

图10.2清晰地表明,最优资本结构选择对公司价值的影响是税盾效应和财务困境效应两种效应综合的结果。因此,在资本结构的选择过程中,要充分考虑税盾效应、财务困境效应等对公司价值的影响。

然而现实世界资本结构的选择对公司价值的影响并不限于税盾效应和财务困境效应。在从公司税存在的MM定理到权衡理论的讨论中,一个隐含的重要假设是做出资本结构选择决策的经理人和股东的利益之间不存在冲突。经理人(财务经理)会严格按照股东价值最大化原则做出资本结构选择等财务决策。如果我们进一步放松上述假设,重新回到本书关注的公司治理主题,我们就会发现,债务融资除了杠杆、税盾、财务困境等效应外还存在公司治理效应。上述效应的存在使得债务融资同样成为重要的公司治理机制。

10.3 债务融资的公司治理角色

债务融资是通过借贷双方签订债务合约实现的。所谓的债务合约是借贷双方签订的借方以承诺在未来归还本金和利息而获得贷方资金支持的合约。这里的债务既指通过银行实现的间接融资,即银行贷款,又指企业通过发行企业债券实现的直接融资。只不过前者是企业和银行之间的债务合约,而后者则是通过购买企业证券行为变相完成签署的证券发行背后的标准化合约。

我们知道,对于权益融资,一方面股东通过控制权体现的投票表决权来影响公司决策,保障股东的权益,另一方面,"除非董事会做出决定,否则发放股利不是公司的义务",因而,权益融资下通过股利发放实现的投资回报对公司而言仅仅是一个软约束。当企业经营所取得的业绩不足以向股东发放股利时,公司可以选择不发放股利,从而避免企业正常的生产经营活动受到冲击。

不同于权益融资,债务融资是一个受到合同法保护和救济的对等民事责任行为。通过协商所确定的利率、到期偿还日以及抵押担保等保障性条款等合同内容需要借贷双方严格履行。如果借方到期无法偿还本金和利息,贷方有权依法获得借方的贷款抵押作为补偿,或者借助司法程序使借方企业的控制权从股东手中转移到债权人手中,甚至直接通过破产清算借方公司的剩余资产来实现贷方资金尽可能的回收。债务融资的上述特征使债务融资合约下到期偿还本金和利息成为公司的一项硬约束。

作为公司的 CEO,经理人有义务严格履行债务融资合约的相关条款。特别地,当公司无法偿还债务时,公司的控制权将可能从股东手中转移到债权人手中。为了避免控制权转移可能导致的管理团队的更迭或辞退,经理人有激励努力工作以按期还本付息。于是,我们看到,债务融资合约形成了对经理人行为的约束,债务融资由此除了以往的传统角色,开始扮演公司治理的角色。在公司治理实践中,当一个公司需要外部融资时,从约束经理人行为的视角出发,董事会应该建议公司选择更多的债务融资,而不是权益融资。

具体而言,债务融资是通过以下具体路径来约束经理人行为,扮演公司治理角色的。

首先,债务融资到期需要偿还的本金和利息将减少原本供经理人"帝国扩张"的自由现金流,降低代理成本。所谓的自由现金流指的是超过投资 NPV(净现值)为正的项目后剩余的现金流部分(Jensen,1986)。对于尚存在自由现金流的企业,使股东利益最大化的处置方式是将其以股利方式返回给股东。然而,由于经理人与股东之间的利益并不一致,经理人更愿意以牺牲股东的利益为代价,利用实际控制权购买豪华的办公设备,进行在职消费,甚至不惜投资NPV为负的项目进行"帝国扩张"。然而,如果一个公司的外部融资是通过发行债务实现的,这意味着公司(经理人)必须严格履行债务合约规定的按期偿还本金和利息的义务。而本金和利息的偿还将使公司的自由现金流大为减少,于是可供经理人挥霍的自由现金流空间缩小,由此实现了代理成本的降低。

其次,债务的承诺价值。有时在公司存在外部融资需求时,经理人不是被迫接受董事会的建议选择债务融资,而是主动提议选择债务融资,这恰恰是经理人希望向股东表明把企业经营、管理好的决心。我们知道,在动态博弈中,一项可置信承诺的做出可以改变均衡结果。例如秦末项羽与秦军章邯的渡江作战中通过"破釜沉舟"向秦军表达了视死如归的决心,结果大败秦军。这里项羽所采取的"破釜沉舟"行动在动态博弈中就是标准的承诺行动,改变了章邯打败项羽,甚至两败俱伤等可能的均衡结果,带来了"项羽最终打败章邯"的承诺价值。与项羽通过"破釜沉舟"打败章邯类似,给定"权益融资的约束是软的,债务融资的约束是硬的",而经理人选择债务融资无疑是在向投资者表明把企业经营、管理好的决心。毕竟,无力偿还债务被清算,从而丧失控制权的威胁(承诺)无论对经理人还是对投资者而言都是真实可信的。在上述意义上,债务具有了某种承诺价值。但这里需要提醒读者注意的是,在我国特定的制度背景下,部分国有商业银行在履行债务合约的硬约束时曾出现预算约束"软化"的倾向,使得债务融资原本的承诺价值无法实现。科尔奈曾经用"父爱主义"一词批评前苏联等社会主义国家的国有经济体制对国有企业中存在的预算软约束问题。近年来,我国债务融资虽然开始出现向硬约束回归的态势,但在实施过程中则受各种政策因素的影响,类似于预算约束软化的行为频繁发生。这使得债务融资在我国资本市场上并没有发挥应有的承诺价值。在第 9.3 节介绍的基于我国资本市场的证据时,我们因此并未看到支持债务融资具有承诺价值等类似公司治理角色的证据。

再次,债务的信号传递功能。与债务融资的承诺价值类似的是债务融资的信号传递功能。Ross 等(1977)的研究发现,只有良好的企业绩效才能帮助企业按期偿还本金和利息。公司发行的债务比例越高,表明经理人对公司未来的前景越有信心,因而高的债务比例也就成为向资本市场传递未来盈利前景的信号。

最后,债务融资成为实现控制权状态依存(state-contingent)配置的方式。Aghion 和 Bolton(1992)的研究发现,在正常情况下,股东拥有形式控制权、经理人拥有实际控制权更为有效,而在资不抵债等情况下,债权人拥有(实际)控制权则更为有效。因而,企业在不同状态下,控制权的最优安排状态是不同的。

所谓的状态依存指的是控制权安排何时有效往往与企业所处的状态相联系。而债务融资则以自然方式实现控制权状态依存。

因此,对于实证检验中出现的债务融资与代理成本之间存在显著的负相关关系,我们至少可以从以上四种实现机制来解释。

10.4 债务融资的公司治理角色和来自我国资本市场的证据

在介绍债务融资公司治理角色的经验证据之前,我们首先需要了解在计量分析中,债务融资是如何度量的。债务水平在计量分析中通常被称为杠杆,往往使用债务价值占资产价值的比率来刻画。杠杆作为公司特征往往是公司层面实证研究中基本的控制变量。按照公司税存在的 MM 定理以及权衡理论,资本结构与企业价值有关,因而在以企业会计绩效(ROA、ROE)或市场绩效(Tobin's Q、M/B)作为被解释变量的公司行为研究时,控制变量中必须加入反映资本结构的杠杆。

而第 10.3 节的讨论表明,当我们从公司治理视角来解读公司行为时,杠杆不仅仅是重要的控制变量,也是重要的解释变量。因而对于杠杆与绩效之间的关系,我们可以从多种途径加以理解。

首先,从公司金融视角的解读。第 10.2 节的讨论表明,传统上,我们至少可以从税盾效应和财务困境效应两种效应来解释杠杆与公司价值之间的关系。税盾效应指的是,由于利息可以作为经营费用冲减税基,公司负债越多,税收的扣减越多,公司价值越大;财务困境效应指的是,债务水平越高,公司陷入财务困境的可能性越高,当财务困境成本存在时,公司价值将降低。税盾效应是正效应,财务困境效应则是负效应,最终出现的效应是正还是负则取决于上述两种效应的综合。因此,理论上,实证分析中杠杆与公司价值之间的关系既可能为负相关,也可能为正相关。

其次,从公司治理视角的解读。第 10.3 节的讨论表明,理论上,债务融资与企业绩效之间的正相关关系至少可以从减少自由现金流、承诺价值、传递信号和实现状态依存等四种效应进行解释。例如,债务融资到期需要偿还的本金和利息将减少原本供经理人"帝国扩张"的自由现金流,降低代理成本。

综合上述两种对杠杆与企业绩效间关系的解读视角,如果我们在实证分析中观察到资产负债率与公司价值之间出现显著的负相关,则我们可以推测,起主导作用的应是财务困境效应,但并不能由此排除其他公司财务传统效应和公司治理效应的存在,只不过后者的效应要弱于前者;如果我们观察到资产负债率与公司价值之间出现显著的正相关关系,除了可以从传统公司财务视角的税盾效应解释外,还可以从公司治理视角的减少自由现金流效应、承诺价值效应和信号价值效应等方面加以解释。因此,在关于公司治理的实证研究中,内生性问题的控制以及识别两个变量之间具体的实现机制和影响路径变得十分重要。

这同时提醒我们,债务融资的公司治理角色很大程度上是一个实证研究需要解决的问题,因为关于债务融资与公司价值二者之间的关系理论上可以存在很多的预测方向和解释视角。

接下来,我们利用以我国上市公司的数据开展的关于资产负债率的研究来分析我国资本市场中债务可能扮演的公司治理角色。大量关于企业层面的研究都需要控制资产负债率这一基本的公司特征。但众多的围绕企业价值的研究中,所得到的资产负债率与公司价值之间的关系并不一致,很多时候并不显著。而在回归系数显著的研究中又以负相关为主。例如,白重恩等(2005)专门检验了我国资本市场公司治理的有效性,发现我国上市公司资产负债率与市场价值之间显著负相关。按照前面的讨论,这意味着在我国财务困境效应在发挥主导作用,因而债务或许并未在我国资本市场上扮演重要的公司治理角色。按照第10.2节的讨论,这一结果的出现一定程度上与我国国有企业盛行的"父爱主义"的预算软约束有关。给定政府财政承担隐性担保责任,很多国有企业在项目建设过程中,明知道日后会亏损,但依然会竭力为项目争取银行贷款融资。因而债务融资减少自由现金流等潜在的公司治理角色在我国资本市场上并未得到应有的发挥。

10.5 小　　结

本章讨论债务融资可能扮演的公司治理角色。

主要表现在以下几个方面:第一,债务融资通过资产负债率效应与税盾效应等为公司带来经营绩效的改善,传统上是十分重要的公司财务政策。因而公司财务的经典理论——从MM定理到权衡理论,再到优序融资理论都是围绕资本结构选择展开讨论的。

第二,除了传统的公司财务角色,债务融资合约下到期偿还本金和利息成为对公司及其经理人"帝国扩张"等行为的一项硬约束,因而债务合约可以在公司治理中扮演角色。

第三,债务融资可以通过减少自由现金流、承诺价值、传递信号和实现状态依存等四种效应来约束经理人行为,扮演公司治理角色。例如,债务融资到期需要偿还的本金和利息将减少原本供经理人"帝国扩张"的自由现金流，降低代理成本。

第四，对于经验上所观察到的债务融资与企业绩效之间的关系，除了可以从传统公司财务视角（税盾效应、财务困境成本效应）解释外，还可以从公司治理视角（减少自由现金流效应、承诺价值效应和信号价值效应等）解释。因而在关于公司治理的实证研究中，内生性问题的控制以及识别变量之间具体的实现机制和影响路径十分重要。

第五，我国上市公司的债务融资与市场价值之间显著负相关。这意味着在我国债务融资的财务困境效应在发挥主导作用，因而债务融资的公司治理角色并未显现。这一结果的出现一定程度上与我国国有企业盛行的"父爱主义"的预算软约束有关。

第 11 章
市场竞争与公司控制权市场

11.1 引 言

　　从本章开始,我们进入外部公司治理机制和公司治理外部环境的讨论。与内部治理机制中治理职能的履行需要耗费企业的资源相比,外部治理机制所凭借的外部治理环境业已存在,并不需要企业耗费额外的资源。只不过是由于这些外部治理环境客观上扮演着约束经理人道德风险行为、降低代理成本的角色,因而我们称其为外部治理机制。

　　现实中作为外部治理机制的外部环境因素很多,例如法制环境、法律外制度,甚至文化和社会规范等,当然其中最重要、最基础的是市场竞争。改革开放以来,我国之所以进行市场导向下的经济转型,主要目的是使市场在资源配置中发挥基础性作用,通过市场价格机制这只"看不见的手"来引导包括企业在内的微观主体按照市场(竞争)的运行规律做出科学的决策。经营管理不善的企业将无法在激烈的市场竞争中生存下去,不可避免地面临破产倒闭的命运,而该企业的经理人将面临被辞退的威胁。为了避免企业经营不善出现破产倒闭,从而殃及经理人,使其失去工作,经理人将有激励努力工作。正是在上述意义上,市场竞争成为长期发挥作用的公司治理机制。

　　我们可以把涉及公司治理角色扮演的市场简单区分为以下几种类型:普通的产品市场、公司控制权市场、经理人声誉市场。本章主要讨论普通的产品市场和公司控制权市场所扮演的公司治理角色,而经理人声誉市场将在第 12 章进行讨论。

11.2 普通的产品市场和竞争

Berle 和 Means(1932)在他们所著的《现代公司与私有产权》一书中表达了对现代公司制度运行的担心。他们认为,现在公司普遍存在的所有权和控制权的分离是"对过去三个世纪赖以生存的经济秩序构成的威胁"。在他们看来,现代公司股东丧失了对所投资公司的控制,原来稳定的经济秩序被打破,这是导致 20 世纪二三十年代经济大萧条发生的深刻原因。

然而,现代公司的实际运行状况并没有 Berle 和 Means(1932)想象的那样糟。一方面,专业化分工是现代股份有限公司的灵魂和精髓,是第一层次的问题。而作为实现专业化分工代价的职业经理人与股东之间的代理冲突是衍生出来的第二层次的问题。虽然亚当·斯密曾经提醒我们"作为其他人所有的资金的经营者,不要期望他会像自己所有的资金一样获得精心照顾"(Adam Smith,1776),但并不意味着我们由此凡事亲力亲为,甚至抛弃专业化分工所带来的巨大效率改善。作为筹集大量资金的一种标准方式,现代股份有限公司突破了家庭财富的限制,实现了在全社会范围内的资金融通和风险分担,从而使经营者专注于经营管理与技术创新本身,由此出现了资本提供者与经营管理者之间的分工。这事实上是马克思和恩格斯在《共产党宣言》中感慨的"资产阶级在它的不到一百年的阶级统治中所创造的生产力,比过去一切世代创造的全部生产力还要多,还要大"的背后原因。正是在上述意义上,经济学家巴特勒将股份有限责任公司理解为"近代人类历史中一项最重要的发明",强调"如果没有它,连蒸汽机、电力技术发明的重要性也得大打折扣"(Butler,1911)。

另一方面,在现代股份公司的实际运行过程中,虽然一些公司尚未建立完善的内部治理机制,但外部治理机制始终在扮演重要的公司治理角色,其中尤其是来自市场竞争的力量。正如 Shleifer 和 Vishny(1997)所指出的,来自产品市场的竞争迫使经理人按照股东价值最大化的原则行事。

概括而言,产品或要素市场竞争对经理人的约束体现在以下两个方面。其一,企业经营失败将使经理人面临被辞退的风险。在充分竞争的市场上,只有最有效率的企业才能生存。正如马克思所言,商品是否成功销售对资本家而言是"惊险的一跳","摔坏的不仅是商品本身,而且还有资本主义生产关系"(《资本论》)。而与股东存在严重代理冲突的经理人,则希望通过"帝国扩张"谋求私人利益。上述盲目扩张过程必然导致企业管理费用成本的增加,提高企业的经营成本,使企业无法按竞争性价格销售产品,最终使企业陷入财务困境,甚至破产倒闭。而在企业倒闭之后面临被辞退的风险对于经理人而言是真实可信的。

所以，理论上，在竞争越激烈的市场中，经理人道德风险行为的空间将越小，他们将不得不严格履行经理人的职责。

其二，市场竞争以标尺方式传递对经理人业绩衡量的信息。标尺竞争（yardstick competition）是指在相同的经营环境中，两个资产规模、主营业务等十分相近的企业，如果一个企业比另一个企业的绩效差，则意味着前者的经理人并未付出应有的努力程度。通过一个企业成为另一个企业的标尺，竞争向市场传递了经理人努力程度等信息。例如，对于某种生活必需品（例如民用汽油），如果世界上只有为数不多的企业垄断生产和经营这种产品，当这些企业宣称为了生产经营这种产品使企业发生巨大亏损而向当地政府申请补贴时，相信政府和民众几乎没有理由拒绝。如果消费者除了选择这几家企业提供的这种产品外，还存在其他选择，特别是，如果在走出国门后，消费者惊奇地发现，同样的生活必需品，在一些国家同时由数十家甚至上百家企业提供，生产出的类似产品不仅价格低廉，而且品质优良，那么，此时如果这些垄断企业仍然希望政府和民众继续用纳税人的钱补贴其亏损，则必须寻找其他理由。

对于一个完全垄断或寡头垄断的企业，我们事实上同样无法客观评价其为经理人制定的薪酬是否合理。理由同样是缺乏标尺竞争。因而，在经理人薪酬制定过程中，一个实践中通行的做法是，以同行业企业规模相同的经理人的薪酬水平为本企业经理人薪酬制定的重要依据。如果该企业提供的薪酬水平低于同行业企业规模相同的经理人的薪酬水平，则由于其无法满足经理人的参与约束和经理人对机会成本的基本考量（新的选择带来的收益不应该低于其保留效用，参见第 7 章的相关讨论），通常无法聘请到合格的经理人。这一实践中通行做法背后的机理同样来源于标尺竞争可以在一定程度上传递出经理人努力程度的信息。

通过以上对市场竞争以标尺竞争的方式传递私人信息的讨论，我们看到，这事实上是奥地利经济学派所坚守的一个十分重要的观点，即市场恰恰是解决信息不对称的途径，而不是由于存在信息不对称而需要政府对市场进行干预。

市场竞争作为"惊险的一跳"对企业和经理人产生的约束力无疑是重要的，但由于存在以下缺陷，它无法完全取代其他公司治理机制。

市场竞争的第一个缺陷是，作为约束经理人行为的力量，市场竞争总是在事后（代理问题发生后）发挥作用。对于存在严重代理问题的企业，管理费用等高额代理成本在一段时期后会显著上升，经营成本再经过一段时期后被显著上升的管理费用等推高。此时企业利润开始出现下降趋势，但并没有影响企业正常经营本身，不会引起股东的任何重视。直到高额的代理成本最终使企业出现大面积的亏损，企业破产倒闭，员工失业下岗已迫在眉睫，代理问题的严重性才可能得到股东的重视,但显然为时已晚。因而,市场竞争的公司治理作用滞后、迟缓,短期内不能显现出来,无法及时挽救由于公司治理存在问题而濒临倒闭的企业,造成社会资源的浪费。

由于市场竞争的公司治理作用总是滞后的,因此在每次经济危机中,总有一些经营不善、代理问题严重的企业倒闭。一方面,从社会角度来看,确实一定程度上带来了社会资源的浪费,但另一方面,从维持市场运行效率和运行规则来看,这些问题企业的倒闭恰恰是市场的一种自我调节和经济运行效率的保证。一批批符合市场运行规律的企业诞生,一批批抱残守缺、问题多多的企业被淘汰出局,市场竞争就是在以如此的方式推动着社会的发展和人类文明的进步。而市场经济也被包括我国在内的越来越多的国家作为基础性的资源配置途径和经济运行环境的制度安排。

需要说明的是,通过政府人为干预避免企业破产,延缓了经济危机的爆发,从表面上看似乎减缓了"社会资源的浪费",但为下一次更加严重的危机爆发埋下了伏笔。简单回顾历史,我们可以看到,在很多重要的经济危机爆发前总有明显的政府干预痕迹。我们以2008年发生的全球金融危机为例。此次危机从次贷危机逐步升级,最终演变为全球金融危机,我们看到,它与格林斯潘长期低利率政策导致实际价值和市场价格出现严重背离的"政府干预经济"行为具有内在联系。而我国目前正在经历的产能过剩、经济下滑,一定程度上也与政府当年为了应对全球金融危机短时间内大规模投资以刺激经济发展的宏观经济政策分不开。

市场竞争的第二个缺陷是,它并不能从根本上阻止经理人对股东利益的侵占。这意味着,除了市场经济这一外部治理机制,我们仍然需要建立和完善其他内部和外部治理机制。对于市场竞争这一缺陷的理解,我们首先需要回顾一下第2章中提到的经济租和准租的概念。准租是相对于经济租而言的。所谓经济租指的是一项活动中所创造的超过资源的机会成本的收益。而准租则指的是超过资源的短期机会成本的收益部分。显然,经济租和准租不是来源于努力劳动的报酬,而是由于对资源、信息的控制而获得的一种非生产性的收益。例如,我们最熟悉的地租不是地主劳动得到的,而是由于其对土地的占有而获得的。

由于经济租和准租的存在,通过市场竞争所获得的作为资源要素付出补偿(例如作为人力资本努力付出补偿的经理人薪酬)的收益与凭借对信息、资源等的控制方式获得的收益是不同的。Jensen(1986)由此指出,产品要素市场的监督力量对于存在经济租和准租的活动而言十分微弱。这意味着经理人凭借对企业的实际控制权,总能获得某种租金,而不完全是经理人努力付出的补偿。

事实上，我们在第 7 章关于经理人薪酬合约设计的讨论中提及，由于经理人对私人信息的控制，他可以获得信息租金。在经理人薪酬中除了应该包括使经理人愿意接受聘任的人力资本补偿的薪酬部分（经理人机会成本的体现）外，还需要额外向其支付信息租金，以鼓励经理人"说真话"，减少道德风险行为。由于信息租金的存在，按照信息经济学委托代理理论设计的经理人薪酬合约通常要高于新古典经济学下由经理人人力资本的供给和需求决定的人力资本补偿的薪酬合约。现代公司由于内部人（包括控股股东及受其主导影响的经理人）对公司的控制，公司内部人总能获得控制权的私人收益，因此控制权私人收益这一代理成本的升级版本背后体现的核心思想仍然是经济租思想。

需要说明的是，在我国制度背景下，由于政府在经济运行中的特殊角色和影响力，企业除了面对内部人的控制权私人收益这一通常意义上的经济租外，往往还面对一些贪腐的政府官员的寻租设租，使企业实际承担的"经济租"高企不下。南美"权贵资本主义"之所以饱受学界的批评，同样是由于贪腐官员权力寻租增加了企业的制度成本，不仅损害了股东的利益，而且也损害了自由市场机制本身。除了减少控制权私人收益等公司层面的租金，减少制度租金，为企业营造一个充分公平竞争的经营环境同样是我国下一步改革面临的重要任务。

市场竞争的第三个缺陷是，它的有效发挥依赖于包括产权制度等在内的一系列基础性制度的建立。关于这个问题，我们也许可以从 20 世纪 90 年代中期发生在我国的关于产权与竞争重要性的争论谈起。当时围绕改革向何处去，一些学者提出，中国改革的关键是引入竞争，完善市场机制；而张维迎则始终强调产权改革的重要性。以当时频繁出现的为了打垮对手，产品的定价甚至低于成本的恶性竞争为例，张维迎和马捷（2001）指出，恶性竞争在可以转嫁成本的国有企业中表现得更为严重，而在已经通过产权界定实现了外部性内在化的非国有企业中表现得并不突出。对于非国有企业，如果开展恶性竞争，由于无法转嫁成本，最终只有死路一条。因此如果仅仅强调竞争，而忽视产权明确，则以"所有者缺位、长的代理链条"为特征的国有企业开展的往往不是正常的竞争，而是恶性竞争。恶性竞争的出现恰恰是由于忽视了产权的重要性。

这场争论引发了学术界对产权与竞争谁更重要的持续深入讨论。胡一帆、宋敏和张俊喜（2005）等利用世界银行对中国 5 个大城市 7 个行业的 700 多家公司在 1996—2001 年运营情况的调查数据对这一问题的理论争论进行了经验回答。通过综合考察比较产权、公司治理和竞争三个因素对企业绩效的影响孰强孰弱，他们得到的结论是，产权结构和公司治理的作用相对重要，但市场竞争对于国有企业绩效的影响大于对非国有企业绩效的影响。他们同时强调，无论强调产权重要还是竞争重要的观点"都有其片面性，对企业绩效的全面的研究需要将三个理论体系结合起来进行综合考察"。

通过上面的讨论,我们看到,市场竞争作为外部治理机制发挥公司治理作用需要以产权的明确界定和有效合理保护等为前提,只有从同一起跑线出发,市场中自负盈亏的企业才能开展真正意义上的公平公正竞争。如果这些基础性的制度安排没有建立和完善,片面强调市场竞争带来的不仅仅是恶性竞争的"优汰劣胜",还可能造成对非国有经济的激励扭曲和对有序竞争的破坏,不利于真正的市场经济的构建。近期我国开展的新一轮国有企业混合所有制改革,其背后的逻辑依然在于改变单一的国有控股局面,通过盈利动机明确的非国有经济成分的引入,逐步使利益主体明确。混合所有制改革完成后的企业未来将有激励通过完善公司治理来确实保障其利益主体股东的利益实现。

总之,公司治理的实现既离不开对产权的界定和对股东利益保护所形成的内在激励,也需要营造公平竞争的外部环境,二者缺一不可。同时,我们要看到,市场竞争作为外部治理机制,要想有效发挥对经理人的约束作用,需要依赖包括产权制度、法律对投资者权利保护等在内的一系列基础性制度的建立。因此,除了讨论市场竞争,本书还将在以后的章节中进一步讨论法律环境、法律外制度等制度和非制度环境的重要作用。

现在,我们讨论市场竞争如何在公司治理的实证研究中度量。首先,一个对市场竞争程度最直接的度量指标是市场集中度,在产业组织中通常用 Herfindahl 指数表示。

$$\mathrm{HHI} = \sum(X_i/X)^2, \quad X = \sum X_i \tag{10.1}$$

其中,X_i 为某产业中企业 i 的销售额。

其次,控制产业固定效应的做法同样是剔除产业竞争可能形成的对经济变量关系的影响,即在实证分析中,同时加入样本公司所在主要行业的虚拟变量,以控制产业固定效应。

最后,有时用经行业中位数调整后的变量来剔除产业效应,以考察企业个体效应。行业中位数(行业均值)往往揭示和反映了一个行业行为的一般规律和趋势。那么在用行业中位数进行调整中,若某一企业的指标明显偏离平均水平,偏离程度通常可反映该企业的个体特征。

公司治理实证研究中的内生性问题尤为典型与突出。在采用 2SLS 进行控制后,行业竞争因素对企业行为的影响往往为工具变量的选取带来启发。按照工具变量选取原则,我们通常要求所选择的工具变量与被工具变量有关,但是与被解释变量(残差)无关。在围绕企业绩效的研究中,一个通常使用的工具变量是同行业其他企业相关指标的均值。例如,如果研究杠杆与企业绩效之间的关系，一个潜在的工具变量即是同行业其他企业杠杆水平的均值。这是因为，首先，同行业其他企业杠杆水平的均值中并不包括该样本企业的信息。对于该样本企业而言，具有一定的外生来源，那么容易理解，理论上它与样本企业的绩效"无关"。其次，由于样本企业与这些企业同处于一个行业，市场竞争的存在使样本企业的杠杆水平选择，将依赖于同行业其他企业杠杆水平（中位数、均值）选择的情况。因此，行业内其他企业的杠杆水平（中位数、均值）必然通过标尺竞争影响样本企业的杠杆水平。这样，一个与该样本企业绩效无关，但与该样本企业杠杆水平选择有关的工具变量就形成了。我们看到，上述工具变量选取的背后正是市场标尺竞争对企业行为影响的基础性作用。

从中国制度背景出发，樊纲和干小鲁（2007）以及后续研究通过对各省的市场发展程度、中介机构发展程度等指标的综合构建了市场化程度指数。上述指标经常在省级层面的实证研究中被用来作为对我国市场竞争程度的刻画。

11.3 公司控制权市场和接管的公司治理角色

正如Marris(1963)所指出的，产品和要素市场的失败可以通过第三个市场——公司控制权市场的适当作用而加以纠正。这里被称为"第三个市场"的公司控制权市场指的是建立在现代成熟的资本市场有效运作的基础上，通过特定公司战略所实现的公司控制权转移的各种市场行为的总称。从上述定义看，公司控制权市场并不能独立于资本市场而单独存在。只不过在开市日频繁交易的股份一旦在某一日交易量足够大，以至于公司控制权发生变更，这时的股票交易市场事实上即演变为公司控制权市场，帮助公司以市场交易的方式完成控制权的转移。实现公司控制权转移的公司战略包括公司接管（corporate takeovers）、杠杆收购（leveraged buyouts，LBO）、公司重组（corporate restructurings）等。其中，公司接管又具有三种形式：兼并（mergers）、敌意或友好邀约收购（hostile and friendly tender offer）和代理权竞争（proxy fights）。这里的代理权竞争指的是公司主要持股比例相差无几的几个股东之间通过竞争代理权来成为事实上的控股股东的过程。

我们以敌意接管为例说明公司控制权市场的实际运作。作为接管者的公司或机构投资者，在二级市场上直接向目标公司的股东收购股票，在获得投票表决获胜所必需的股份时赢得对目标公司的控制；该公司或机构投资者随后以控股股东的身份召开股东大会，对公司发展战略做出调整，改组董事会，与原公司的经理的聘用合约随之解除，接管至此完成。在我国资本市场实践中，按照信息披露规则，连续增持某一公司股票超过5%需要进行公告。如果一次性购买30%以上的股票,则需要通过要约收购等特殊交易方式和流程来实现。

对公司控制权市场的功能的认识,传统上,是从对接管发生后协同效应的来源的讨论展开的。Grossman和Hart(1980)认为接管的协同效应来自对经理人行为的重新规定。企业外部环境的变化使原有的约束经理人行为的合约不再适用,而接管以间接方式实现了股东和经理人的重新缔约。在新的合约下,新的管理团队将推出一系列旨在满足竞争和市场条件的组织变革和公司战略调整的措施,最终实现建立在资源整合基础上的效率改善和生产率的提高,以此实现协同效应。而Shleifer和Summers(1988)则认为接管的收益更多地来自以往签订的合约不需要继续履行以及所享受的其他法律上的优惠。例如,接管成功将打破对很多企业而言负担沉重的雇员合约。因此,公司控制权市场为处于财务困境的企业摆脱困境,在全社会范围内实现资源的优化组合提供了途径。Jensen(1993)从经济增长和产业发展的宏观角度,指出了接管在缓解生产能力过剩和企业退出困难等方面所发挥的重要作用。

那么,除了上述传统角色,接管活动是否会在公司治理中扮演积极角色呢？

我们看到,伴随着接管的成功,董事会改组和经理人被辞退的强大威胁迫使经理人努力改善经营管理,以避免由于经营管理不善,投资者对企业未来前景不看好,市场评价较差,股价较低,成为公司和机构投资者选择并购的对象。因此,在公司控制权市场发生的接管并购行为具有约束经理人行为的重要公司治理作用,公司控制权市场由此成为重要的外部公司治理机制。

第11.2节的讨论表明,市场竞争的公司治理作用滞后、迟缓,无法及时挽救由于公司治理存在问题而濒临倒闭的公司,造成社会资源的浪费。正如Marris(1963)所指出的,产品和要素市场的失败可以通过公司控制权市场的适当作用而加以纠正。公司控制权市场向公司提供了一个在产品(要素)市场的损失导致危机前进行公司变革的时机。在上述意义上,公司控制权市场成为区别于一般意义上的市场"事后"救济的一个"事中"的纠错机制。特别地,当大公司的内部变革进程缓慢且成本高昂时,经理人自觉推行必要和有效的重组变革将困难重重,接管活动"轻松"地完成了这项使命。

接管活动上述"事中"纠错作用的发挥源于接管活动在一定程度上揭示了对外部投资者而言看似"神秘"的企业价值的真实信息。Scharfstein(1988)的研究发现,由于信息非对称,股东无法对企业价值低是由经理人偷懒还是外部环境恶劣所导致的做出区分。而接管者作为企业环境的信息知情者(有丰富的从业经验并对企业的经营状况有持续深入的观察和研究)可以做出合理的判断,从而帮助股东和外部投资者了解到企业价值的真实信息。此时,如果企业价值低是由于经理人偷懒,无法做出准确判断的股东对股票转让的要价可能低于知情的接管者的出价,则接管发生的概率就会提高。而如果企业价值低是由于企业环境恶劣,股东对股票转让的要价可能高于接管者的出价,则接管发生的概率就会降低。因此,由于接管活动的存在,股东对经理人的激励合约设计不是单纯建立在经理人的业绩之上,而是建立在私人可观察的真实世界状态之上。

如同市场竞争,接管活动所扮演的公司治理角色同样存在局限。其一,随时面临接管的危险将迫使经理人选择短期的行为。按照接管的相关规定,接管发生之时即是与原公司经理人雇佣合约终止之日,不论经理人本人是否勤勉尽职。有时仅仅由于无效资本市场在价值评估中的失误,无法控制的接管发生后"受伤"的总是经理人。经理人如果预期到未来随时存在被并购的可能,则会选择得过且过的短期行为。这从长期来看将损害股东的利益。

其二,公司重组破坏了一个组织的生产率和企业文化,最终使一国的经济受到损害。最近的经理人革命中,很多经理人发出了类似"凭什么我的好想法和辛苦创业的结果却被迫与外部投资者分享"的抱怨。他们把这些外部投资者称为"门外的野蛮人"。事实上,Shleifer 和 Summers(1988)同样指出,接管活动将成为部分公司和机构投资者实现资本扩张最为迅速便捷的方式。而围绕这一过程将产生两种利益冲突。一种是最终所有者对母公司其他股东自由现金流挥霍所引起的母公司股东之间的利益冲突,而另一种则是接管成功后最终所有者利用金字塔结构采取隧道行为所引起的最终所有者与子公司股东之间的利益冲突。因而,并购行为将加剧股东之间的利益冲突。

对于我国资本市场而言,接管活动和相应的公司治理角色正在经历从无到有、从政府"拉郎配"到企业自觉市场行为的转变。20世纪90年代初建立的我国资本市场长期存在股权分置的状态,上市公司很大比例的股票并不能流通,同股不同权、不同价。在此期间,即使发生控制权变更也是政府主导的"拉郎配"的结果。为了保持所在省份的上市公司的数量和名额,被ST或PT的公司在当地政府的强力介入和主导下,由另一家经营状况良好的当地企业并购重组,从而保证该上市公司的名额仍然在该省内。上述行为在性质上如同婚姻被父母包办一样,因此我国的一些学者也把发生在我国资本市场上早期的并购行为称为"拉郎配"。从2005年至2007年,我国资本市场进行了股权分置改革。股权分置改革的完成意味着股票"全流通"时代的到来。我们看到,基于同股同价的股票的全流通使公司并购接管活动的发生具有了可能性。而目前我国很多企业面临的严重产能过剩、业绩下滑又使未来对资产进行资产重组具有了必要性。未来我国需要通过鼓励和积极开展并购来消化和缓解严重的生产能力过剩问题,使大量生产效率低下的企业退出。

事实上,近年来频繁出现的"小股民起义"从一个侧面反映了未来我国资本市场的公司控制权市场日趋活跃的事实。所谓"小股民起义"指的是控股股东受到来自其他股东的挑战，从而使控股股东对议案的主导力受到影响的非控股股东一致行动协议等行动。例如，2014年4月23日在中华公司举行的2013年年度股东大会上，公司第二大股东季坚义"炮轰"公司管理层。季坚义说，有中小股东找到他，请他牵头由律师事务所刊发公告，争取投票权。在投票权超过第一大股东目前所有的36.36%之后，改组董事会和管理层。"他们（中小股东）认为中华企业目前的董事会也好、管理层也好都是不称职的。"公司8月26日发布的投票结果显示，在大股东回避表决的情况下，在8月25日的股东大会上，中小股东对公司的增发方案说"不"，涉及此次具体增发方案的相关议案均被否决。

因此，我们有理由预言，公司控制权市场未来在我国将变得愈发活跃。同样可以预言的是，随着并购接管的日益频繁，公司控制权市场所扮演的公司治理角色也将愈发重要。

东方宾馆的"小股东起义"案例

按照2014年4月1日晚间东方宾馆的公告，3月31日，公司董事会收到王振华、梁树森两位个人股东《关于罢免公司全体董事的议案》的临时提案。提案称，由于公司董事未能履行勤勉尽责的义务，拟罢免公司全体董事，并提交公司2013年年度股东大会审议。尽管在2014年4月15日召开的2013年年度股东大会上，小股东提交的罢免全体董事的极端议案未获通过，但东方宾馆投资大角山酒店的议案亦遭到否决。

2014年5月6日，东方宾馆公告公司拟以现金收购的方式购买岭南集团的全资子公司广州岭南国际酒店管理有限公司100%的股权，预估收购金额为6400万元，此后多位东方宾馆小股东对于这项收购案表达了强烈的不满。按照6月16日东方宾馆的公告，6月13日，公司董事会再次收到王振华、梁树森两位股东提交的《关于罢免公司全体董事的议案》的临时提案，提案称，拟罢免公司全体董事，并提交公司2014年第一次临时股东大会审议。理由是"公司董事未能履行勤勉尽责的义务"。小股东杨先生称，会在股东大会中对"重组方案进行否决"。然而，按照6月28日东方宾馆发布的股东大会决议公告，小股东提议的罢免全体董事议案被否决，关于控股股东规范同业竞争承诺事项的议案、关于收购

> 广州岭南国际酒店管理有限公司100%股权的关联交易议案皆获通过。有小股东在股东大会结束后当即表示,"我们不认为方案解决了同业竞争问题,大股东跟上市公司应当充分解决同业竞争,我们将向证监会反映这些情况"。这意味着东方宾馆的股东之争未来将进入白热化状态。

在实证研究中,如何度量和刻画公司控制权市场呢?通常,我们会选择第二到第十大股东持股比例来反映公司控制权市场的相关信息。有时,为了把相关效应放大,使其统计特征变得显著,计量中也借鉴Herfindahl指数构建原理,采用第二到第十大股东持股比例的平方和来进行刻画。应该说,无论是第二到第十大股东持股比例,还是相应的平方和,理论上都只是股权结构的一种刻画,而非公司控制权市场的公司治理角色的准确度量。尽管第二到第十大股东持股比例之和越大,外部接管方更可能利用此发起要约收购,最终通过代理权竞争实现控制权转移的可能性也越大,但这仅仅是并购最终发生的一个必要条件而非充分条件,更不是充要条件。因为并购的实际发生还同时取决于接管方如何有效化解目标公司股东转让股票的"搭便车"行为,以及如何积极应对目标公司经理人可能采取的包括"绿色邮件""白色骑士""王冠宝石"和"毒丸"等在内的"反接管"(anti-takeover)措施。Grossman和Hart(1980)指出,目标公司的股东如果预期到在新的经营管理政策下,企业的盈利能力将大幅度提高,可能选择继续持有该公司的股票,直到接管者的出价反映了企业盈利水平的提高。这种机会主义心理的存在有可能导致接管价格很高以至于接管溢价消失。这种"搭便车"行为的存在使接管者无法从接管活动中获益,因而被迫放弃对目标公司的收购。白重恩等(2005)的研究观察到第二到第十大股东持股比例与企业市场价值显著正相关。鉴于该文样本观察期处于股权分置时期,这一结果应该更多地从机构投资者所扮演的"积极股东"角色来加以解释,而与公司控制权市场的公司治理角色无关或关系不大。

另外一个在公司治理实证研究中经常被采用的相关代表变量是股权制衡度,通常以第一大股东持股比例与第二至第五大股东持股比例之和之比来刻画。这一比例越低,说明控股股东的控股地位未来受到其他股东挑战的可能性越大,公司内部股权制衡的程度越高。

11.4 小　　结

本章讨论了普通的产品市场竞争和公司控制权市场所扮演的公司治理角色。我们得到的主要结论是：

第一，产品或要素市场竞争对经理人的约束体现在以下两个方面。其一，公司经营失败将使经理人面临被辞退的风险。其二，市场竞争以标尺方式传递对经理人业绩衡量的信息。

第二，市场竞争作为"惊险的一跳"对企业和经理人产生的约束力无疑是重要的，但由于存在以下缺陷，无法完全取代其他公司治理机制。其一，作为约束经理人行为的力量，市场竞争总是在事后（代理问题发生后）发挥作用。其二，它并不能从根本上阻止经理人对股东利益的侵占。这意味着，除了市场经济这一外部治理机制，我们仍然需要建立和完善其他内部和外部治理机制。其三，它的有效发挥依赖于包括产权制度等在内的一系列基础性制度的建立。公司治理的实现既离不开对产权的界定和对股东利益的保护所形成的内在激励，也需要营造公平竞争的外部环境，二者缺一不可。

第三，公司控制权市场向公司提供了一个在产品（要素）市场的损失导致危机前进行公司变革的时机。在上述意义上，公司控制权市场成为区别于一般意义上的市场"事后"救济的一个"事中"的纠错机制。伴随着接管的成功，董事会改组和原经理人被辞退的强大威胁迫使经理人努力改善经营管理，以避免由于经营管理不善，投资者对公司未来前景不看好，市场评价较差，股价较低，成为其他公司和机构投资者选择并购的对象。因此，在公司控制权市场发生的接管并购行为具有约束经理人行为的重要公司治理作用，公司控制权市场由此成为重要的外部公司治理机制。

第12章
声誉市场与经理人的职业关注

12.1 引　　言

本章围绕经理人市场这一特殊但在公司治理中具有特殊政策含义的市场类型展开讨论。对于经理人市场,我们可以从以下两个视角来理解。首先,我们可以把经理人市场理解为薪酬由经理人人力资本供求平衡决定,通过经理人与企业的聘用合约签订所完成的市场行为。它是一种正式的制度安排。这事实上是本书第7章讨论的核心内容。

除了把经理人市场理解为一种正式制度安排,我们还可以从声誉的角度把经理人市场理解为一种非正式的制度。经理人市场的存在使经理人即使没有高能的薪酬激励合约的激励,也有激励通过努力工作来建立和维护自己的良好职业声誉,因为后者将为自己带来更持久长远的回报。把经理人市场理解成非正式的制度可以追溯到哈耶克。哈耶克(Hayek,1948)指出,即使不存在正式的制度,声誉作为非正式制度同样可以向当事人提供履行合约的激励。而声誉作为非正式制度之所以可以帮助市场履行合约则来自重复交易的价值。为了实现重复交易,交易各方将避免出现一次性交易中常见的道德风险行为,努力建立和维护诚实的声誉。而经理人市场作为非正式制度安排通过声誉机制构成对经理人的隐性激励,鼓励经理人严格履行诚信义务。

从经理人自身角度来看,声誉关系到自己未来的职业发展。一个在经理人市场上声誉极差的经理人未来将不会获得聘任机会。因此,职业经理人没有理由不关注并积极建立和维护自己在经理人市场上的声誉。我们把上述职业经理人关注自己在经理人市场上的未来职业声誉的事实称为经理人职业关注(career concern)。

因此,经理人职业关注及其背后所体现的经理人市场的声誉机制成为公司治理实践中既不需要公司额外付出、实施效果又持久良好的重要外部公司治理机制,同时也成为经理人薪酬合约设计等正式制度的有益补充。因此,在经理人激励政策的制定中,我们不仅要注重发挥薪酬合约设计等正式制度的显性激励作用,还需要同时关注外部职业经理人市场的建设,以发挥经理人声誉机制和职业关注的隐性激励功能。

本章接下来的内容组织如下:第 12.2 节介绍经理人声誉机制发挥隐性激励作用的理论基础;第 12.3 节讨论经理人职业关注发挥隐性激励作用需要满足的外部条件、实施机制和实施过程中面临的现实困难;第 12.4 节介绍声誉的计量刻画和基于我国的相关经验证据;最后是小结。

12.2 声誉理论的简单回顾

让我们从一个简单的场景开始对声誉理论的回顾。考虑一个游客到一个陌生的地方去旅游,围绕购买当地旅游纪念品与陌生的小商贩开展交易的情形。类似情形下的旅游经验往往会告诉我们,无论小商贩如何热情地推销自己的商品,除非对旅游纪念品特别感兴趣(宁愿接受被欺骗的后果),我们最好不要购买小商贩所推销的商品。因为在你与小贩的一次性交易中,小商贩将通过欺骗性交易(例如,以次充好)赚取更大的利益。上述经验事实上可以很自然地推广到任何"非熟人社会"的陌生人之间的交往。"不要和陌生人说话"这种来源于生活的直觉可以从以下简单的博弈论分析框架中得到规范解释。

我们可以把上述情形下来陌生的地方旅游的游客用 A 代替,当地小商贩用 B 代替。这样他们之间购买旅游纪念品的交易就演变成了 A 和 B(基于完全信息)开展博弈来寻找对双方各自而言最优的战略选择过程。我们假设 A 有两种策略:信任或不信任 B。如果 A 选择不信任 B,双方无交易行为发生,A 和 B 每人从交易中获得的支付为 0。如果 A 选择信任 B,则接下来的剧情将由 B 主导。此时 B 也有两种可能的策略:诚实(拿出货真价实的商品)或者欺骗(拿出假冒伪劣商品,以次充好)。如果 B 选择"诚实"交易,则 A 能买到货真价实、让他心满意足的商品,而 B 也可以从商品的销售中赚取微薄的利润。我们假设 A 和 B 在这样的交易中分别将获得 5 个单位的支付。如果 B 选择"欺骗"交易,因为以次充好,进货成本低廉,给定相同的出售价格,B 将从这样的交易中获得更多的支付,我们假设是 10 个单位;而 B 选择"欺骗"交易对 A 而言意味着上当受骗,我们假设 A 从这种交易中获得一5 个单位的支付。我们可以把上述 A 与 B 的博弈过程用以下扩展式表述(extensive form representation)来刻画。

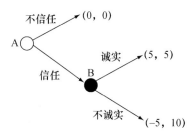

图 12.1 博弈的扩展式

从图 12.1 我们可以看到，A 首先行动，决定是"信任"还是"不信任"B；如果选择不信任(博弈树中从 A 点出发向上的一枝)，则博弈终止，每人获得 0 的支付；如果 A 选择信任(博弈树中从 A 点出发向下的一枝)，则进入 B 的决策结；B 有两种选择：如果 B 选择"诚实"(博弈树中从 B 点出发向上的一枝)，则双方公平交易，每人获得 5 个单位的支付；如果 B 选择"不诚实"，则上当受骗的 A 获得 −5 个单位的支付，而以次充好的 B 则获得 10 个单位的支付。

在 A 和 B 分别了解对方可能的策略选择和支付结果的完全信息博弈中，博弈论是用逆向归纳法来寻找对彼此而言最佳，从而没有激励进一步改变的稳定策略(即所谓的纳什均衡)的。对于 B 的策略有完全信息的 A 在博弈时理性地预期到，如果自己选择"信任"，B 将选择"不诚实"，因为从不诚实交易中 B 获得的支付(10)要大于诚实交易的支付(5)。而因此上当受骗的 A 只能获得 −5 个单位的支付，将小于选择"不信任"B，从而没有交易发生的 0。上述"逆向归纳"的结果是，A 最终选择的策略是从一开始便"不信任"B，而 B 选择的策略是，一旦 A 选择"信任"，自己将用不诚实的交易赚取最大的收益。这在博弈论中被称为子博弈精炼纳什均衡。我们看到，在非熟人社会所发生的一次性交往中，交易往往以互相欺骗告终，诚实的结果不会作为纳什均衡出现。这一结论与读者从类似的经验中获得的直觉完全一致。一些社会学家把上述"游客通常不愿购买小商贩推销的商品，而小商贩也会对愿意购买的游客进行欺诈交易"的现象概括为"宰客"现象。

那么，"宰客"现象是否是到陌生地方旅游的游客和小商贩之间唯一可能发生的故事呢？同样，从类似经验中形成的直觉很快会告诉读者，并不尽然。近年来很多地方政府都把旅游产业作为促进当地经济发展的支柱产业。当地政府采取的一项重要举措是，通过把"行商"转为"坐贾"，用颁发营业执照的纪念品商店来代替走街串巷的小商小贩。正所谓"跑得了和尚跑不了庙"，固定的店铺成为约束"游方和尚"(小商贩)的"庙"。通过上述规范旅游纪念品市场的行为,以前屡见不鲜的"宰客"现象确实大为减少了。关于上述通过把"行商"转为"坐贾"来减少旅游品市场的欺诈行为背后的经济学直觉我们将在第12.4节进一步讨论。

事实上,除了把"行商"转为"坐贾"外,如果旅游品交易在游客与小商贩之间是重复发生的,则小商贩的交易欺诈行为同样有可能减少。我们设想购买旅游纪念品的不是游客,而是一位经常光顾这个地方的导游。因此,在导游与这个小商贩之间开展的不是一次性博弈,而是重复博弈。我们接下来看一看这个导游在从这个小商贩那里重复购买旅游纪念品时,会发生怎样的故事。

回到之前的分析框架,我们讨论此时作为导游的 A 与小商贩 B 重复博弈的情形。我们假设,A 的行事原则是,首先选择信任 B,一旦发现 B 欺骗自己,将永远选择不信任 B,从而中断与 B 的交往。而 A 的这一行事原则 B 心知肚明,是 A 和 B 所谓的"共同知识"。现在我们考虑 B 的策略:如果 B 选择欺骗,只能一次性获得 10 个单位的支付;如果 B 选择诚实,将从交易中每次获得 5 个单位的支付。假设下一期获得 1 个单位的支付仅相当于现在获得 p 个单位的支付,因而反映 B 耐心程度的贴现因子为 p。则通过无限重复交易,B 所获得的总支付的现值为:

$$5 + 5p + 5p^2 + \cdots = \frac{5}{1-p}$$

B 的最优策略将取决于上述两种选择下支付的比较。容易证明,当 $p > 50\%$ 时,有 $5/(1-p) > 10$。这意味着,此时重复交易的总支付将大于一次性交往的支付,B 将选择诚实。于是,我们看到,诚实的均衡结果在交易变重复后出现了。这事实上就是弗里德曼(Friedman,1971)整理的著名的无名氏定理。按照该定理,相同的个体进行无限次重复博弈,如果个体具有足够的耐心,则互利的结果可以作为子博弈精练纳什均衡出现。其背后的直觉是,如果 A 和 B 存在重复交易的可能,为了避免在今后交往中受到 A 的惩罚而使支付减少,B 有激励维护"诚实"的声誉。无限次重复交往使一次性交往中必然出现的 B 选择欺骗的均衡结果发生了改变。我们看到,在无限次重复博弈中,注重诚实的声誉将给当事人带来价值。

受到人的生命周期的限制,无名氏定理成立所要求的重复交往无限次的条件并不现实。而 Selten(1988)的研究表明,如果重复博弈的次数是有限的,仍然会出现欺诈行为。容易理解,在有限次交易中的最后一次交易,"欺骗"这一策略对于 B 而言一定是有利可图的最优策略,而 A 在理性预期到这一点后果断做出的决策是,与其将来终将被欺骗,不如现在就选择不信任。那么,这是否意味着对于生命周期有限的游客 A 来说,就很难避免欺诈的结果出现呢?难道世上就没有真诚的存在？

值得庆幸的是，Kreps、Milgrom、Roberts 和 Wilson(KMRW,1982)发展的声誉模型(以下简称 KMRW 模型)告诉我们：即使重复博弈的次数是有限的，但互利行为(建立诚实的声誉)同样可以作为均衡结果出现，因而"人间自有真情在"。

KMRW 模型对以往结论的修正来源于，他们注意到交易中所普遍存在的信息不对称现象，从而将不完全信息引入重复博弈，使以往的完全信息重复博弈演变为不完全信息重复博弈。为了简要说明 KMRW 模型的含义，我们还是回到游客 A 向商贩 B 购买旅游纪念品的情形。与之前的信息完全(A 和 B 分别了解对方可能的策略选择和支付结果)不同，不完全信息重复博弈意味着 A 对 B 是诚信还是欺诈类型的商贩事先并不清楚。在 A 和 B 的有限次交易过程中，B 可以通过自己的行为向 A 传递自己是诚信还是欺诈类型的信号，A 将通过观察 B 的行为来判断 B 是诚信还是欺诈类型的商贩。这事实上就是概率论中通过观察对先验概率进行贝叶斯修正，使之成为后验概率的过程。如同给定原先"好人做好事"的先验概率，如果你观察到一个人做了一件好事，那么你认为这个人是好人的概率较大。上述贝叶斯修正过程意味着 A 每一阶段的最优策略将依赖于上一阶段观察到的 B 的行为并进行贝叶斯修正后的结果。如果 A 在上次交易中从 B 处购买到货真价实的商品，则经过贝叶斯修正，A 判断 B 是诚实类型商贩的可能性就会提高，下次继续与 B 进行交易的可能性相应提高。反过来，如果 A 在上次交易中从 B 处购买到的是假冒伪劣商品，则经过贝叶斯修正，A 判断 B 是诚实类型商贩的可能性就会降低，下次继续与 B 进行交易的可能性相应降低。而 A 的上述思考过程全在具有理性共识的 B 的意料之中。B 将理性预期到，如果自己出售了假冒伪劣商品，A 认为自己是诚实类型商贩的概率将大为下降，并从此中断与 B 的交往，因而 B 可能从此失去与 A 长期交往从而获取长期利益的机会。因此，无论 B 的真实类型是诚实还是欺诈，B 都将努力建立诚实的"声誉"，保持与 A 的重复交往，直到最后一次交易发生。因此，在引入不完全信息后，我们看到不同于 Selten(1988)的一个新的均衡结果：尽管可能在最后一次交易中 B 有激励欺诈 A(A 和 B 的交易随即中断)，但在之前有限次交易中 B 无论是诚实还是欺诈类型的商贩总会选择以诚实的姿态进行交易，即使其本性是欺诈的。换句话说，在将不完全信息引入有限次重复博弈后，KMRW 模型得到了不同于以往子博弈精炼纳什均衡的一种新的均衡——序贯均衡(sequential equilibrium)：诚实类型的 B 固然选择诚实；即使本性欺诈的 B 在不完全信息的有限次重复博弈中也将选择假装诚实，最终交往以相互"信任"的形式长期维持；本性欺诈的 B 可能在博弈的最后阶段暴露本性。

KMRW模型具有如下的政策含义。首先,在不完全信息有限次重复博弈中,为了获得长期更大的收益,无论本性欺诈还是诚实类型的个体都有激励建立"诚实"的声誉,声誉对个体诚实行为的出现发挥着隐性激励作用。声誉由此成为十分重要的隐性激励手段,成为货币薪酬等显性激励的重要补充。其次,如同本性欺诈类型的个体在不完全信息的有限次重复博弈(好的制度)中将选择假装诚实一样,个体行为的性质很大程度上受所处制度环境的影响,因而制度是重要的。所谓"好的制度可以使坏人变成好人,而坏的制度可以使好人变成坏人"。而什么是好的制度呢?从以上讨论中我们得到的一个基本启发是,一个鼓励个体之间重复交往(博弈)的制度将是一个好制度,因为重复博弈将为个体带来声誉价值。最后,KMRW模型带给我们的另一个重要而深刻的思考是,信息不完全并不一定都是坏事,个体之间保持足够的私人空间将为未来声誉发挥隐性激励赢得时机,而从一开始即把某人归为某种类型既没有考虑"人性的变化"从而不符合实际,而且更重要的,这样做将使声誉对于这种类型的人变得不重要,他们不惜"破罐子破摔""一条道走到黑",由此对社会造成的危害更大。

在以上对声誉理论的简单回顾中,从无名氏定理到KMRW模型,我们事实上隐含了一个十分重要的假设,即个体依赖个人实施机制来对其他个体的欺诈行为进行惩罚。所谓的个人实施(personal enforcement)机制,指的是由受到欺诈的个体本人通过拒绝与欺诈他的个体再进行交易等做出的对其他个体欺诈行为的"惩罚"过程。回到我们之前的分析框架,个人实施机制意味着,游客在发现上当受骗后从此拒绝购买该商贩推销的旅游纪念品,以此来对商贩做出"惩罚"。不难想象,单纯依赖受害人本人对欺骗行为实施惩罚的个人实施机制是远远不够的,例如,前面提及的那个小商贩完全可以通过欺骗源源不断的新游客而持续获利。因此,鉴于依靠个人实施机制对欺诈行为的惩罚十分有限,现实中对欺诈行为的惩罚更多地依赖社会实施机制。所谓的社会实施(community enforcement)机制,指的是对于欺诈行为未必是由受欺诈者本人,而是在经过一定传播途径后,由社会中的其他成员对其进行惩罚。例如,受欺诈的游客在受骗上当后向媒体曝光,看到这一新闻的人通过口耳相传可以影响更多的受众,以至于所有的游客从此都不再购买该商贩推销的任何商品。

Kandori(1992)研究发现,如果欺骗行为存在传染过程,在具有诚实加工信息的机制和制度的情况下,任何人口规模和搭配规则都能导致社会有效交易的出现。其背后的直觉是,尽管一个社会中不同成员间的交易次数有限(从而无法由本人对欺诈行为实施惩罚),但如果存在信息传播机制(如流言蜚语、口耳相传、传统纸媒、互联网等)能够及时将成员中的欺诈行为传递给相关成员,并由他们对欺诈者实施惩罚,则同样可以促使每个成员有激励维护诚实的声誉。随着互联网时代的来临,我们看到,不仅信息传播的速度越来越快、传播范围越来越广,而且传播的成本越来越低,因此通过社会实施机制对欺诈行为的惩罚力度也越来越大。

Greif(1989,1993,1994)则把类似于社会实施机制的机制称为多边惩罚机制,以区别于依赖个人实施的单边惩罚机制。所谓的多边惩罚机制指的是,当某个代理人因为欺骗其委托人而被解雇时,所有其他潜在的委托人都不会雇用这个代理人,以对其实施集体惩罚。但这两个概念略有区别。社会/个人实施机制强调的是是否有其他人参与惩罚,而多边/单边惩罚机制强调的是是否存在集体惩罚。

而集体惩罚的多边惩罚机制的实施除了类似于社会实施机制中信息的共享和传递外,还需要依赖联盟(商团)成员长期共享的文化习俗和社会规范对个体行为性质的识别和界定(例如,何种行为构成欺骗),同时协调联盟内部的认知预期,保持惩罚行为的一致性。Greif(1989,1993,1994)特别提到排斥行为(ostracism)是体现团体力量的存在和社会规范在约束社会成员行为方面的作用的典型方式。以商人联盟为例,一个遭到团体排斥的商人将永远失去与团体成员进行交易的机会。这种巨大的威胁使团体中的每一个成员都有激励去惩罚具有欺诈行为以及没有对应该惩罚的成员进行惩罚的成员。我们看到,从个人实施机制到社会实施机制,从单边惩罚机制到多边惩罚机制,随着欺诈行为受到惩罚的可能性的提高和惩罚力度的加大,为了获得长期的回报,注重诚实的声誉越来越多地成为社会成员的理性选择,声誉也逐步成为现实生活中约束个体道德风险行为十分重要的隐性激励手段。

现在我们简单总结一下声誉机制发挥作用需要具备的基本条件。其一,存在有效的信息传播途径。从乡村社会的"流言蜚语"到现代匿名社会的媒体再到网络时代的自媒体,我们看到,这些信息传播途径的出现都是社会实施机制或者说多边惩罚机制实施对信息传播内在需求的反映。在一个信息传播并不流畅的社会,往往骗子横行,因为他欺骗"东家"的行为没有被媒体及时传到"西家",就可以接着骗"西家"。

其二,对欺诈行为的惩罚要具有一定的规模(scale)和范围(scope)。在现代文明来临之前,落后闭塞的乡村中,村民淳朴善良是由于他们相信其子孙将世世代代交往下去(重复博弈),没有必要贪图一时之利而欺诈乡里乡亲;人类进入现代信息社会,虽然是陌生人社会,但由于被媒体曝光后会受到多边,从而社会集体的惩罚,欺诈者不得不对自身的道德风险行为进行约束。回到我们之前的分析框架,如果被小商贩以次充好欺骗后的游客没有向媒体曝光,使更大范围的潜在游客获得上述信息,而是仅仅告诉了周围的亲朋好友不要购买该小商贩的商品,则对该小商贩的惩罚力度一定十分有限。更多不知情的游客依然会上当受骗,使小商贩有机会一路骗下去。只有当惩罚达到一定的规模和范围时,这种惩罚才变得有效。需要说明的是,惩罚所应达到的规模和范围有时需要借助有效的信息传播实现,但并非所有的规模和范围都需要借助信息传播。例如,在第12.2节的职业经理人市场的相关讨论中,我们将进一步看到,声誉对经理人的隐性激励依赖于职业经理人市场竞争的充分程度。正如第11章所讨论的,市场竞争本身具有解决信息不对称问题的功能,因此,并不需要特别的信息传播途径。因而这里所讨论的惩罚的规模和范围与信息传播途径具有一定程度的一致性,但又不完全一致。

声誉机制的发挥对规模或/和范围提出相应要求的另一个例子是,相比个人而言,企业通常被认为声誉更好,并被称为"声誉的载体"。这是由于企业(注册的相关信息,未必一定是注册资本)的存在使博弈重复具有可能性,即使我们找不到经理人也可以通过注册信息等找到这家企业。用俗语来说,就是"跑得了和尚跑不了庙"。正是这种具备一定规模和范围的"庙"(企业)成为约束"游方和尚"(经理人)行为的机制。这事实上与孟子的思想——"有恒产者有恒心"是一致的。用现代的话说,"中产阶级是社会稳定的力量"。原因同样是,中产阶级在财产形成一定的规模和范围后,进行重复博弈的意愿最强,反对任何可能影响社会稳定的激进措施。

其三,需要一个社会形成良好的社会规范,并使每个社会成员有激励遵守。在一个充满公平、正义的社会,每个社会成员应该对欺诈行为进行惩罚成为基本的社会规范。正是在这样的社会,担心由于存在欺诈行为而被惩罚的个体将有激励建立诚实的声誉。相反,在一个麻木不仁的社会,每个人仅仅关心自身是否被诚实对待而不关心别人是否被诚实对待,声誉机制是没有办法建立起来的。正如Greif(1989,1993,1994)所指出的,只有通过联盟(商团)成员长期共享的文化习俗和社会规范对个体行为性质的识别和界定(例如,何种行为构成欺骗)才能协调联盟内部的认知预期,并保持惩罚行为的一致性。这里我们看到,声誉机制发挥作用与良好的社会规范形成之间相互影响、相互依存。一方面,声誉机制的有效发挥离不开社会成员对良好的社会规范的遵守;另一方面,每个个体注重维护和建立声誉将有助于良好的社会规范的建立。

需要说明的是,个体维护诚实的声誉是自利的个体理性选择的结果,不是依靠单纯的道德说教就可以实现的。选择诚实还是欺诈最终取决于个体不同行为方式下支付的比较。如果通过重复交易实现长期价值高于一次性欺诈所得,则个体将选择维护诚实的声誉,实现长期交往的价值;反过来,如果通过欺诈不仅可以获得暴利,而且由于媒体传播受到严格管制、惩罚规模和范围有限等原因,个体可以一路欺诈下去,则个体将选择欺诈,而不是诚实交易。我们看到,与道德相比,制度对个体行为性质的影响更加重要。正是在上述意义上,我们通常说"好的制度可以使坏人变成好人,而坏的制度则可以使好人变成坏人"。

12.3　经理人的职业关注

如果说第 12.2 节是对声誉机制发挥作用的一般理论进行回顾,那么本小节将回到本书关注的如何激励经理人的主题,集中讨论声誉对经理人的隐性激励作用。这意味着,对于经理人的激励,除了包括向经理人支付与绩效挂钩的激励薪酬和晋升等看得见、摸得着的显性激励外,还包括利用经理人的职业关注,对经理人进行隐性激励。

Fama(1980)、Fama 和 Jensen(1993)等注意到,经理人非常在意自身在经理人市场上的声誉。原因是,给定市场将根据观察到的公司业绩给经理人定价,如果经理人不努力致使公司的业绩平淡,则其在人力资本市场上的价值相应下降。从长期看,经理人不可能寻找外部原因为自己辩护。经理人对其在经理人劳动力市场上声誉的关注构成了对其自身道德风险行为的约束。

Holmström(1999)形式化了 Fama 等的思想,从隐性合约的角度讨论了一个人对未来职业的关注如何影响其现阶段的努力程度。Holmström(1999)证明,个体的生产能力可以通过对公司业绩的长期观察而反映出来。即使不存在一个显性的产出依赖合约,由于对个体现在生产能力的评价影响预期产出,而预期产出又进一步影响下一期的报酬,从而存在一个隐性的合约将现在的业绩与未来的报酬联系在一起。个体现在的行动将对经理人市场未来对其个人能力的评价,从而报酬过程产生重要影响。为了证明自己的生产能力,个体有激励在现阶段选择较高的努力程度。

Kaplan 和 Reishus(1990)为 Fama(1980)、Fama 和 Jensen(1993)以及 Holmström(1999)发展的经理人职业关注理论提供了经验证据。他们的研究发现,绩效较差的公司董事,被视为在监督经理人时表现拙劣,很难在其他公司获得相应职位。这为声誉机制发挥隐性激励作用提供了间接的证据。

Gibbons 和 Murphy(1992)进一步研究了经理人同时关注未来职业发展下的最优激励合约设计问题。他们的研究结论是,最优的激励合约将综合考量包括来自职业关注的隐性激励和来自薪酬合约的显性激励在内的总的激励。对于一个临近退休、未来职业发展空间有限的经理人,最优补偿合约中的显性激励部分应该达到最强。该理论为薪酬管理实践中普遍存在的"论资排辈"现象提供了一个令人信服的解释。而来自我国制度背景下的国有企业高管的"59岁现象"恰恰为Gibbons和Murphy(1992)的理论提供了一个有趣的注脚。很多曾经广有清正廉洁名声的国有企业高管在59岁临近退休时频繁出现贪污腐败行为,被揭发后锒铛入狱,"一生的清誉"毁于一旦。"59岁现象"的出现,按照Gibbons和Murphy(1992)的理论,一方面是由于临近退休的经理人对未来职业的关注程度最低,与年轻时相比不再在意自己经理人市场上的声誉;另一方面则与我国当时呆板的国企高管薪酬制度有关,没有及时提高经理人的显性激励部分。

需要说明的是,正如Holmström(1999)所指出的,"对未来职业的关注可能是有利的,同时也可能是有害的"。其基本原因是,由于企业和个体基本偏好的不一致,关注未来职业发展的经理人与关注基业长青的股东之间存在利益冲突,经理人为了自身的职业发展有激励从事短期行为,而这往往损害了企业的长期绩效。因而看似以职业关注方式向经理人提供的不再是原来有效的隐性激励,而是一种扭曲的激励。郑志刚等(2012)以存在政治晋升可能的国企高管更倾向于进行媒体操纵、过度公益性捐赠等形象工程建设为例为"职业关注可能有害"提供了案例。政治晋升无疑是国企官员的一种特殊的职业关注。一些国企官员为了实现个人政治晋升,有激励进行媒体操纵、过度公益性捐赠等形象工程,由此损害的却是公司价值和股东的长远利益。

除了"职业关注可能有害"外,在我国,声誉机制发挥对经理人的隐性激励作用的最大挑战来自尚未形成完备规范的职业经理人市场。郑志刚等(2014)研究表明,我国上市公司大约百分之九十的经理人都是来自内部晋升与岗位轮换而非外部市场选聘,因而我国目前尚未形成完备规范的职业经理人市场。我国国有企业高管更加关注的可能是政治晋升,而不是经理人市场的声誉。这导致了我国上市公司经理人有限的职业关注。

12.4 经理人声誉价值的度量和来自我国资本市场的证据

第12.2节的讨论表明,声誉是有价值的。那么,理论上,如何度量声誉的价值呢?如果回到第12.2节讨论的游客购买小商贩旅游纪念品的情形,我们至少可以从以下角度度量声誉(理论上)的价值,即声誉价值为重复博弈带来的总收益($5/(1-p)$)与一次性交易带来的(最高)收益(10)之差。当然,要准确度量声誉的价值并非易事。

由于声誉本身的不可观察和不可证实,在计量中很难直接对声誉本身进行度量。经理人声誉的一个可能的代理变量是任期长短(tenure)。一般而言,任期越长,经理人的薪酬越高,失去位置给经理人带来的潜在损失会越大,因而经理人会越珍惜自己在职业经理人市场上的声誉。

由于前面提及的原因,关于经理人声誉发挥的作用目前并没有直接的证据。但郑志刚等(2011)的研究为经理人声誉机制发挥一定作用提供了间接证据。他们的研究发现,作为法律外制度的第四权威,媒体的报道对经理人具有约束行为。在媒体对相关企业进行负面报道后,即使没有引起监管当局的介入,也会导致下一期企业绩效的改善。这在一定程度上表明,在我国上市公司中,经理人声誉是发挥了一定的隐性激励作用的。

综合第7章、第9章和本章的相关讨论,我们看到,围绕经理人激励这一公司治理主题,我们既需要向经理人提供"胡萝卜"式的薪酬激励合约等正向激励,也需要向经理人提供"大棒"式的辞退和更迭等负向激励;而在正向激励的提供中,除了货币薪酬、股权激励等显性激励外,还需要综合应用职业关注、经理人市场声誉等隐性激励手段。对经理人的成功激励有赖于上述各个方面因素的综合考量。

12.5 小　　结

本章关注经理人声誉和职业关注对经理人的隐性激励作用。我们得到的主要结论包括:

第一,从个人实施机制到社会实施机制,从单边惩罚机制到多边惩罚机制,随着欺诈行为受到惩罚的可能性的提高和惩罚力度的加大,为了获得长期的回报,注重诚实的声誉越来越多地成为社会成员的理性选择,声誉也逐步成为现实生活中约束个体道德风险行为十分重要的隐性激励手段。

第二,声誉机制发挥作用需要具备的基本条件是:其一,存在有效的信息传播途径。其二,对欺诈行为的惩罚具有一定的规模或/和范围。其三,需要一个社会形成良好的社会规范,并使每个社会成员有激励遵守。

第三,对于经理人的激励,除了包括向经理人支付与绩效挂钩的激励薪酬和晋升等看得见、摸得着的显性激励外,还包括利用经理人的职业关注,对经理人进行隐性激励。

第四,对未来职业的关注可能是有利的,也可能是有害的,其原因是,由于企业和个体基本偏好的不一致,关注未来职业发展的经理人与关注基业长青的股东之间存在利益冲突,经理人为了自身的职业发展有激励从事短期行为,而这往往损害了企业的长期绩效。因而看似以职业关注方式向经理人提供的不再是原来有效的隐性激励,而是一种扭曲的激励。除了"职业关注可能有害"外,在我国,声誉机制的发挥对经理人的隐性激励作用的最大挑战来自尚未形成完备规范的职业经理人市场。

　　第五,由于声誉本身的不可观察和不可证实,在计量中很难直接对声誉本身进行度量。经理人声誉的一个可能代理变量是任期长短。我们的研究表明,在我国上市公司中,经理人声誉是发挥了一定的隐性激励作用的。围绕经理人激励这一公司治理主题,我们既需要向经理人提供"胡萝卜"式的薪酬激励合约等正向激励,也需要向经理人提供"大棒"式的辞退和更迭等负向激励;而在正向激励的提供中,除了货币薪酬、股权激励等显性激励外,还需要综合应用职业关注、经理人市场声誉等隐性激励手段。对经理人的成功激励有赖于上述各个方面因素的综合考量。

第 13 章
法律环境与投资者权利保护

13.1 引　　言

　　法律对投资者权利的保护无疑是"确保资金提供者按时收回投资并取得合理回报"的公司治理最基本和重要的实现手段,外部法律环境作为重要的外部公司治理机制对于公司治理的重要性因此变得不言而喻。20 世纪末法学与金融学的交叉研究催生了以 LLSV(1998)的系列工作为代表的影响深远的法与金融文献。该文献同时构成近年来金融学最重要的创新方向之一。

　　本章在介绍法与金融文献产生的理论、现实背景、主要结论和政策含义的基础上,进一步结合我国资本市场的制度背景,讨论改善我国外部法律环境对于我国上市公司形成合理治理结构的特殊含义及其实现路径。法与金融文献认为,各国金融发展水平的差异可以从法律对投资者权利保护程度的差异得到解释,而法律对投资者权利保护的差异则与各国自身的法律渊源和法律传统有关。在法系上,我国大陆地区借鉴、引进和吸收日本、我国台湾地区等国家和地区的德国大陆法传统。按照 LLSV(1998)等的法与金融文献的政策含义,大陆法系对投资者权利的法律保护要弱于普通法系对投资者权利的相应保护。尽管近年来出现了公司法制定上不同国家(地区)互相学习和互相借鉴的趋势,但法与金融文献的相关讨论无疑提醒我们,在改善法律对投资者权利的保护方面,我国仍有很长的路要走。而本章的讨论将为我国未来如何改善法律对投资者权利的保护、加强外部法律环境建设提供了一个理想的参照系和未来发展前景的描述。

　　本章以下各节的内容组织如下:第 13.2 节介绍法与金融文献产生的现实

和理论背景;第13.3节比较不同国家(地区)投资者权利保护的差异;第13.4节从我国资本市场制度背景出发,讨论改善我国外部法律环境对于我国上市公司形成合理治理结构的特殊含义及其实现路径;最后是小结。

13.2 法与金融文献产生的现实和理论背景

从一方面看,法与金融文献的产生是针对传统的公司治理模式比较研究范式对现实问题解释力有限和对传统治理模式比较研究的批评。这构成法与金融文献产生的重要现实背景。

公司治理模式比较(Allen and Gale,2000;等等)一度是公司治理研究流行的范式。直到今天,很多学者关于公司治理的研究仍深受上述范式的影响。按照向企业融资组织的性质,该研究范式把公司治理模式区分为银行中心(bank-centered)的公司治理模式和市场中心(market-centered)的公司治理模式。前者以德国、日本等为代表,典型特征是股权高度集中,主银行向企业提供融资,并参与治理;后者以美国、英国等为代表,典型特征是融资由大量的外部投资者提供,因而股权高度分散,接管扮演重要的公司治理角色。

20世纪80年代,当日本经济相对繁荣时,银行中心的治理模式曾被认为优于市场中心的模式。例如,Aoki和Patrick(1993)指出富有远见的银行能够使企业关注长期投资决策,而Porter(1992)等则指出银行向短期资金周转困难的企业补充资金,避免了其陷入长期财务危机;银行的治理避免了外部接管对企业正常发展的破坏。20世纪90年代,随着日本经济的下滑,银行中心的治理模式受到很多批评。例如,Kang和Stulz(2000)等指出,日本银行的预算软约束导致向需要重组的亏损企业过度注资,而Weinstein和Yafeh(1998)则强调了日本银行与经理人合谋寻租导致的效率损失。

除了难以一致地判断一种治理模式的优劣,该研究范式的另一个重要缺陷是无法对世界上主要国家的治理模式做出明确的划分。例如,如果把德国作为银行中心的典型国家,那么同时具有强有力的银行体系和十分发达的资本市场的日本是否仍然典型?意大利无论银行还是市场都不发达,它应该属于哪种模式?特别地,La Porta等(1997)的研究发现,平均而言,具有大的资本市场的国家,其私人债务占GDP的比例同样较高。这意味着银行体系和市场体系并非像治理模式比较研究范式所预测的那样相互替代。

LLSV(2000)指出,把金融体系(公司治理模式)区分为银行中心和市场中心"既不符合实际,也缺乏成效"。因此,有必要寻找更为根本的因素来解释不同国家之间金融发展水平的差异。LLSV(1998,2000)注意到,如果一国的投资者受到赋予其收回资金权利的法律的保护,则该国的金融发展水平较高。例如,德国银行体系的发达得益于对债权人强的法律保护,英国同样发达的银行体系和证券市场则来自英国对投资者和债权人同样强的法律保护,而意大利和比利时无论资本市场还是银行体系都发展得相对缓慢,原因是对外部投资者的法律保护不足。因而他们认为,所有外部投资者都需要收回资金的权利,与融资组织的规模相比,投资者保护是决定金融发展的更为根本的因素,"对投资者权利的保护在解释不同国家治理模式时更加有效,而且是金融中介的发展所必需的"。

LLSV(1998)进一步证明,在法律对投资者权利保护较弱的法国法系国家倾向于股权集中。当法律对投资者权利保护较弱时,或者出于加强对经理人监督、降低代理成本的目的,或者由于外部投资者投资激励不足,大股东被迫持有较大比例的股份。因而治理模式比较研究文献所观察到的划分不同治理模式的标准——股权集中仅仅是一个表面现象,其背后更为根本的原因是法律对投资者权利的保护不足。

从另一方面看,法与金融文献的产生是公司治理文献关于公司治理法律途径的研究的继续和深入。这构成法与金融文献产生的重要理论背景。

我们知道,在作为现代金融学基石之一的 MM 定理中,Modigliani 和 Miller(1958)把企业理解为投资项目和项目所产生的现金流的集合,强调证券(债务和权益)反映了对现金流的要求权(claims),但并没有解释为什么经理人会把现金流还给投资者;Jensen 和 Meckling(1976)从合约视角出发,强调现金流的要求权是通过投资者与经理人签订合约而赋予外部投资者的,但现金流的归还不应想当然,内部人可能追求私人利益,经理人持股将减少对投资者的掠夺;Grossman 和 Hart(1986)、Hart 和 Moore(1990)、Hart(1995)等发展的现代产权理论则认为投资者(股东)拥有的是剩余控制权,投资者之所以可以收回现金流,是因为这是他们的权利。法律体系由此被理论界认为是保护和界定投资者权利的重要途径,Grossman 和 Hart(1988)、Bebchuk(1994)等曾探讨与投资者保护相关的法律规则的成本和收益的理论,但对不同国家的法律规则之间是否差异显著,是否可以以此解释不同国家的金融发展(公司治理)模式,理论界仍然缺乏系统的知识,直到 LLSV 发展的法与金融文献的诞生。

注意到一国投资者权利保护与该国的法律传统有关,LLSV(1998)采用比较统计分析(comparative statistical analysis),经验验证了 49 个国家法律对投资者保护差异对上述国家金融发展水平差异的解释力。该论文被认为是法与金融研究领域开创性的文献,而 LLSV 相应成为法与金融研究领域最具影响力的经济学家组合之一。

13.3 不同国家(地区)法律对投资者权利保护程度的差异

与投资者权利保护相关的两大法律传统是大陆法(civil law)和普通法(common law)。其中大陆法起源于罗马法,是世界上最古老、影响最大且分布最为广泛的法律传统,其典型的特征是法典成文和学者制法。大陆法系可以进一步区分为法国法系、德国法系和斯堪的纳维亚法系等三个子系。其中,法国法系包括法国、意大利、西班牙和葡萄牙等,其中最具代表性的法典是1807年颁布的《拿破仑法典》(法国商法典)。在LLSV(1998)的研究中共涉及21个法国法系国家。德国法系包括德国、日本、韩国和中国台湾地区等,最具代表性的是1897年俾斯麦统一德国后颁布的德国商法典。在LLSV(1998)的研究中共涉及6个德国法系国家(地区)。斯堪的纳维亚法系包括芬兰、瑞典、挪威等国,在LLSV(1998)的研究中共涉及4个斯堪的纳维亚法系国家。

与大陆法系相提并论的是普通法系,主要包括美国、英国、加拿大、澳大利亚、新加坡、印度和中国香港等国家和地区,在LLSV(1998)的研究中共涉及18个国家(地区)。普通法系的典型特征是通过解决纠纷形成普通法。在普通法的司法实践中,往往利用以往的判例作为新的判案依据,因此普通法也被称为判例法。

围绕49个样本国家(地区)涉及投资者权利保护法律法规的来源,LLSV(1998)首先考察了法庭系统实施(the enforcement of private contracts through the court system)的相关法律规定。大陆法国家(地区)的法庭系统实施的法律来自成文法典,而普通法系国家(地区)的这一部分内容包括很多案例和法案。围绕投资者权利保护的主要法律包括公司法、证券法、接管法和反不正当竞争法,而涉及债权人权利保护的法律包括银行破产法和重组法等。

除了法庭系统实施的相关法律规定,LLSV(1998)同时考察了各政府实施的监管条例(government-enforced regulations),如股票交易监管条例、银行监管条例和会计标准等。通过对上述法律和监管条例的具体条款的考察,我们可以判断该国或地区对投资者权利的保护程度。LLSV(1998)最终从股东权利、债权人权利、法律实施质量和股权集中度等四个方面来刻画样本国(地区)法律对投资者权利的保护程度。由于本书关注法律对股东权利的保护,本章重点介绍股东权利与法律实施质量等方面的法律对投资者权利的保护。

对于股东权利,LLSV(1998)进一步从样本国家(地区)是否实行一股一票规则、是否具有强的对抗董事的权利以及是否具有强制分红权等方面考察股东在选举董事和对重组等重大公司事务进行表决等方面权利的差异。对于股东的权利,最重要的无疑是对选举董事和资产重组等公司重大事务的表决权,这与 Hart 发展的不完全合约理论意义上所提出的剩余权利(剩余控制权和剩余索取权)思想具有一致性。法律对投资者权利保护程度的高低直接与对股东相关表决权的法律规定的严格与实施便利程度有关。

在 LLSV(1998)设定的评价股东权利的指标体系中,第一项是判断该国(地区)是否实行一股一票规则(one-share-one-vote rule)。Hart 和 Grossman (1980)、Harris 和 Raviv(1988)等从避免内部人盘踞等角度论证了一股一票原则优于其他表决规则,同股同权由此成为保护投资者,特别是中小投资者利益的基本制度保障。与一股一票相对应的是所谓的双层股权结构(dual-class stocks)。发行双层股权结构股票的公司通常发行两类股票。其中,A 类股票是一股一票表决权,而 B 类股票是一股十票表决权。通过同时发行收益权和表决权不对称的 B 类股票,一家公司的创始人虽然实际投入企业的资金并不多,但可以凭借持有 B 类股票对公司的重要事务发挥影响。这被称为"控制权与现金流权利的分离"。上述分离的直接后果是形成权利与责任,从而收益与成本不再对称的"外部性"。双层股权结构由此被理论界(Johnson et al.,2000;Claessens et al.,2002;等等)认为与金字塔结构一样成为控制性股东盘剥外部分散股东利益,进行隧道挖掘的重要实现机制。① 例如,创始人通过控制权要求公司为关联企业提供贷款担保,但相应风险则由公司全体股东共同承担。在 LLSV(1998)研究的 49 个样本国家(地区)中,真正实施一股一票的只有 11 个国家(地区)。

LLSV(1998)设定的评价股东权利的指标体系中的第二项是股东对抗董事的权利(antidirector rights),共包括 6 个子项,主要用来刻画股东实施表决的便利程度。除了第 6 项按照召集特别股东大会要求的最低持股比例的中位数设定,其余 5 项均为直接按照"是""否"设定的虚拟变量。具体而言,包括:

(1) 是否允许邮寄表决。如果允许为 1,否则为 0。

(2) 在召开股东大会前是否需要把股份储存到公司或金融中介结构中。如果不需要为 1,需要则为 0。

(3) 是否允许累计投票和按比例分配代表。如果允许为 1,否则为 0。其中,累计投票指的是局部集中的投票方法,能够使中小股东选出代表自己利益的董事,避免大股东垄断全部董事的选任。

(4) 是否存在小股东对抗董事欺压的机制。如果允许为 1,否则为 0。其

---

① 然而,与上述理论预期相反的是,最近十年来越来越多的新兴企业偏好于包括双层股权结构在内的不平等投票权模式。参阅本书第 4 章的专栏:"不平等投票权与阿里的'合伙人制度'"。

中,小股东对抗董事欺压的机制指的是,通过允许集体诉讼、举证倒置等法律制度安排便利小股东在法庭上挑战董事会的决定。与通常"谁起诉,谁举证"的法律诉讼规则不同,按照举证倒置的诉讼规则,原告提出质疑之后,若被告无法提供证据证明自己无罪,则法庭将认为其有罪。举证倒置的实施前提是,诉讼涉及某些专业领域的知识,普通非专业人士对此并不熟悉,诉讼双方对诉讼相关专业知识的把握存在不对称。例如,医生作为医疗专家比作为非医疗专家的患者家属更清楚自己是否为患者制订了不当的治疗方案,或者是否由于处置不当延误了患者最佳的治疗时机。如果患者家属对上述问题提出质疑,由于患者家属本人并非医疗专家,此时举证倒置意味着,医院必须出具医生处置得当的证明,否则就应该承担处置不当的相应责任。医生与患者家属间的诉讼涉及举证倒置的情形同样适用于公司股东与经理人之间。经理人是经营管理的专家,而外部分散股东不仅缺乏企业生产经营的第一手信息,而且缺乏相关的经营管理知识和经验。因此,在一些实行举证倒置的国家(地区)中,当股东起诉经理人没有尽到诚信责任时,经理人需要提供充足的证据表明其严格履行了诚信义务。

与举证倒置制度类似,集体诉讼制度同样有利于小股东挑战董事会的决定。在集体诉讼制度下,如果部分股东对公司的相关政策提出质疑,除非其他股东明确声明不参与诉讼,否则就意味着默许参与集体诉讼。由于股东集体所拥有的标的物价值远远高于非集体诉讼制度下提起诉讼的股东有限的标的物价值,发起诉讼所获得的诉讼佣金非常可观,这使得律师具有很高的参与积极性。一些律师甚至鼓励股东进行无谓的诉讼,导致一些公司疲于应付,而无法将更多的精力投入生产经营的改善上。上述讨论表明这两项制度既可能很好地保护投资者权益,也可能由于使用不当,使企业陷入无休止的诉讼事务中。20 世纪 90 年代,我国一些学者曾主张将举证倒置和集体诉讼制度引入我国,但未能实现。随着未来我国依法治国理念的深入人心和法制环境的成熟,未来应在时机成熟时引入经过合理设计的举证倒置和集体诉讼制度,来提高我国法律对投资者权利的保护程度。

此外,一些国家(地区)的公司法规定,如果股东不同意董事会做出的并购和资产出售决定,公司应该回购小股东的股票。这些机制的引入同样在一定程度上增加了小股东对抗董事会欺压的力量。

(5)是否允许股东对公司发行新股的优先购买权。如果允许为 1,否则为 0。允许股东对公司发行新股的优先购买权主要是为了避免股权稀释。这是包括我国在内的很多国家(地区)在发行新股时通常采用定向增发形式的潜在原因之一。

(6)召开特别股东大会要求的最低持股比例是否超过样本国家(地区)该指标的中位数。如果不超过为1,否则为0。股东若对董事会做出的决议持有不同的意见,可以通过召开特别股东大会来否决董事会的决议。但不同的国家(地区)对召开特别股东大会要求的最低持股比例不同:日本要求的标准最低,仅为3%;墨西哥的标准最高,为33%;样本国家(地区)的中位数为10%。这一比例越低,股东召开特别股东大会越便利,因而法律对投资者权利的保护程度越高。在LLSV(1998)设定的评价股东权利的指标体系中,如果召开特别股东大会要求的最低持股比例低于10%则记为1,否则记为0。

对抗董事会权利指数在分别评价以上6项指标的基础上,通过以上6项指标得分的加总求得。从样本国家(地区)的得分分布来看,比利时得分最低,仅为0,加拿大和美国分数最高,达到5。

LLSV(1998)设定的评价股东权利的指标体系中的第三项是该国(地区)相关法律法规是否要求强制分红权。按照强制分红权的相关规定,公司需要拿出一定比例的收益向股东发放股利,这使得即使投资者的相应权利没有得到充分的保障,依然有机会获得应有的利益。强制分红权是法律对投资者权利保护不足时的一种替代机制与补救手段。

LLSV(1998)的研究发现,法律渊源是解释不同国家(地区)股东权利差异的重要因素;其中,普通法国家(地区)可以为股东提供最好的法律保护,法国法系国家(地区)为股东提供的保护最差,而德国和斯堪的纳维亚法系国家(地区)对股东的保护居中;强制分红作为对股东权利保护较弱的补救手段只在法国法系国家(地区)采用。上述结论在控制不同国家(地区)之间富裕程度(人均GNP)的差异后依然成立。

除了法律条文规定股东为了保护自己的权益应享有的权利外,一个国家(地区)法律的实施质量对于投资者权利的真正保护更加重要。强的法律实施体系甚至将成为弱的法律规则的补充。因此,在LLSV(1998)设定的评价法律对投资者权利的保护方面,他们设定的一项重要内容是考察样本国家(地区)的法律实施质量。该数据来源于私人信贷风险机构对外国投资者关于本国(地区)的"法律和秩序"的评估,包括以下5项指标:(1)司法系统的效率(使用结案效率、结案周期等数据进行衡量);(2)法制化程度;(3)腐败;(4)被政府直接罚没及强制国有化进行剥夺的风险;(5)政府毁约的可能性。由于金融合约的实施依赖于企业收入和资产法庭的可证实性,LLSV(1998)同时把会计标准作为法律实施质量的考察内容。最终他们得到关于法律实施质量从高到低的排序,即斯堪的纳维亚法系、德国法系、普通法系和法国法系。在控制了人均收入后,他们的研究发现,法系仍然是解释不同国家(地区)之间法律实施质量和会计标准差异的重要因素。但国家(地区)的富裕程度会影响一国(地区)的法律实施质量,越富裕的国家(地区),其法律实施质量越高。

总结LLSV(1998)关于法律对投资者权利保护程度与法律渊源之间的关系,我们看到,各国(地区)金融发展水平的差异可以从法律对投资者权利保护程度的差异得到解释,而法律对投资者权利保护的差异则与各国(地区)自身的法律渊源和法律传统有关;从股东权利的法律规定是否最有利于法律对投资者权利的保护来看,普通法系最好,德国法系和斯堪的纳维亚法系居中,法国法系为最差;从法律实施质量是否最有利于法律对投资者权利的保护来看,从高到低的排序是斯堪的纳维亚法系、德国法系、普通法系和法国法系。

LLSV的后续系列研究进一步表明,更强的法律对投资者权利的保护与更广泛和更有价值的资本市场、更快的公开上市速度和更合理的激励政策等有关,因而法律对投资者权利的保护成为影响金融发展的重要因素。法律对投资者权利保护存在差异的法律传统和法律制度环境由此成为各国(地区)不同的金融发展水平和不同的公司治理模式的内在原因。各国(地区)如果希望改善本国(地区)的公司治理和促进本国(地区)金融的发展,就需要着手建立有利于投资者权利保护的法律制度,并提高相应的法律实施质量。

应该说,对于什么因素导致不同国家(地区)金融发展水平出现差异的问题,LLSV从法与金融视角对上述问题的回答仅仅是个开始。除了法学视角,理论界还进一步从政治学和社会学等视角来回答金融发展的决定因素这一标准的经济学问题,发展了众多新的金融发展影响因素理论。例如,Rajan和Zingales(2003)从政治学的视角,强调来自金融业和其他产业的既得利益集团出于维护既得利益的考虑所采取的阻挠金融发展的措施成为各国(地区)金融发展呈现显著差异的内在原因;Coffee(2001)从社会学的视角,指出公司行为是由社会规范而不是由法律规则来塑造和决定的;Stulz和Williamson(2003)则强调文化和宗教对于金融发展的重要影响。①

13.4 法律对投资者权利保护的中国实践

在法系上,我国大陆地区借鉴、引进和吸收了日本以及我国台湾地区等国家和地区的德国大陆法传统。按照LLSV(1998)等的法与金融文献的政策含义,大陆法系对投资者权利的法律保护要弱于普通法系对投资者权利的相应保护。尽管近年来出现了公司法制定上不同国家(地区)互相学习和互相借鉴的

---

① 对于这一问题的一个综述参见郑志刚(2007)。

趋势,以至于一些学者预言"公司法历史将终结"(Hansmann and Kraakman,2001;等等),但法与金融文献的相关讨论无疑提醒我们,在改善法律对投资者权利保护方面,我国仍然有很长的路要走。我们希望本章以上讨论能够为我国未来如何改善法律对投资者权利保护、加强外部法律环境建设提供一个理想的参照系和未来发展前景的描述。

基于我国制度环境开展的相关实证研究同样表明,法律环境是影响我国金融发展的重要因素,而金融发展对于促进经济增长的重要性不言而喻(参见第1章的相关讨论)。卢峰和姚洋(2004)采用20世纪90年代我国省级层面的数据,以银行体系(银行发放的贷款在国有经济部门与私人经济部门之间的分配)为研究对象,以法庭结案率指标来反映法律执行效率,考察了法律、金融发展以及经济增长之间的关系。他们的研究表明,法律执行效率的提高有助于提高银行信贷份额中分配给私人经济部门的比例,推动银行业的发展,从而为LLSV的相关结论提供了基于我国制度背景下的相关证据。沈艺峰等(2004,2005)从特定的金融发展度量出发,发现随着对中小投资者法律保护的完善,我国上市公司首次公开发行(IPOs)的初始收益率以及再融资的权益成本逐渐降低。王鹏(2008)将法律对投资者权利的保护程度直接与公司治理联系起来,发现法律对投资者权利保护程度的提高有助于降低代理成本,并减少控股股东对上市公司的资金占用,提高企业绩效,因而投资者法律保护在我国上市公司中同样扮演重要的公司治理角色。郑志刚和邓贺斐(2010)在控制了法律环境与金融发展的内生性问题,以及引入宗教、文化等新的区域金融发展潜在影响因素后,同时考察了投资者权利保护对银行体系和市场体系的影响。他们的研究发现,一个地区的法律环境越完善,该地区股东和债权人的权利保护将越充分,该地区的股票市场规模以及银行信贷规模将越大,总体的金融发展水平越高。上述文献共同的政策含义是,我国各地区可以通过改善当地的法律环境——制定和出台有利于地区投资者权利保护的法律条款以及提高当地法律执行的效率,从而为投资者权利提供更好的保护来推动我国地区金融体系的发展。

在我国制度背景下,如何在实证研究中度量法律对投资者的权利保护呢?卢峰和姚洋(2004)、沈艺峰等(2004,2005)、Wu等(2009)以法庭结案率等分别从时间纵向、地区横向以及纵横结合等角度来刻画我国不同区域和时间段法律对投资者权利保护的差异。樊纲、王小鲁和朱恒鹏(2007)以及之后发展的基于省级层面的法律环境指数更是在很多研究中被用来作为法律对我国投资者权利保护区域特征的代理变量。例如,夏立军和方轶强(2005),Li、Yue和Zhao(2009),王鹏(2008),Wang、Wong和Xia(2008)等即采用上述指标作为我国区域法律环境和法律对投资者权利保护的度量。

LLSV 的系列研究指出,法律对投资者权利保护的差异成为各国(地区)不同的金融发展水平和不同的公司治理模式的内在原因,法律制度的建立和完善相应成为改善公司治理和促进金融发展的关键。然而,法与金融领域的很多文献是基于国别样本开展的国际经验比较研究。一些新的研究表明,国家或地区间的法律制度比较存在公司层面法律对投资者权利保护信息失真的问题,该问题在很大程度上源自同一国家和地区内不同公司之间公司章程条款设定内容的差异。例如,Holderness(2008)认为,国家间的比较研究通常选用一个国家的平均数据,这必然会忽略某些公司层面的信息,造成总体研究结果的偏差。而 Chirinko 等(2004)则强调基于单一国家的分析可以更好地控制影响公司财务政策的宏观因素,如税收和规制等。事实上,Easterbrook 和 Fischel(1991)很早就开始质疑国家层面的法律条款的设立对公司运转的实质影响,原因是他们认为公司章程是平衡投资者和管理层之间关系的有效合同,可以在一定程度上规避部分国家层面法律条款对公司行为的影响。而 Klapper 和 Love(2004)则进一步指出,许多公司有权在公司章程内增加或删除某些保护条款,例如特定公司可以通过提高信息披露水平、选择功能完善且独立性更强的董事会、建立惩处机制来阻止管理层或控股股东的盘剥行为,以提高国家层面意义上对投资者权利的保护程度。Gompers 等(2003)试图从公司章程这一公司层面的法律规章出发来考察同一国家内部由于公司章程相关条款设定内容不同而导致的投资者权利保护的差异,成为该领域经验研究的开创性文献。

　　我们知道,类似代议制民主下以宪法作为国家存在的依据和边界一样,公司章程构成了一个公司的"宪法"。它不仅作为投资者和管理层之间关系平衡的有效合同,可以在一定程度上规避国家层面法律条款的影响(Easterbrook and Fischel,1991;等等),而且可以通过在章程内增加或删除某些保护条款来阻止管理层或控股股东的盘剥行为,以提高国家层面意义上对投资者权利的保护程度(Klapper and Love,2004;等等)。因而从公司章程角度研究公司层面的法律对投资者权利的保护意义重大。然而,作为大陆法系国家,我国倾向于适度强制性的公司治理制度安排。《公司法》对各公司的组织结构和运转行为的统一限定较多,公司章程的自治空间相应不足。此外,长期以来我国投资者和经营者法制意识淡薄,一些投资者和经营者甚至仅仅把公司章程的制定理解为上市前需要履行的程序之一,所以在我国公司运行实践中不可避免地存在公司章程形式化和趋同化的问题。这使得我们无法简单按照 Gompers 等(2003)的方法从我国上市公司章程中选择相应的条款展开研究。但值得庆幸的是,随着近些年公司法改革的深化,立法机构开始赋予公司更多的自治空间。特别是 2005 年修改后的《公司法》和《证券法》、2006 年修改后的《上市公司章程指引》、弱化或取消了许多强制性规定,增加了任意性规范,明确赋予公司章程更多的自主权,强化了公司章程的自治功能(时建中,2006)。修改后的《公司法》中,可由公司章程自行规定的相关权利或条款达到 26 处。2006 年修改后的《上市公司章程指引》,也对董事高管股份转让限定、累积投票制度、董事监事提名方式的程序等细节以注释的形式赋予公司章程较大的自治空间。上市公司可以通过对章程规定事项的取舍和选择,实现特定情境下的公司治理目的。因而近年来《公司法》等的修改构成该研究开展的一个制度背景,也为以公司章程相关条款来刻画我国公司层面投资者法律保护情况提供了现实可行性和依据。

郑志刚等(2011)以 Gompers 等(2003)选择的 24 项条款作为蓝本,对照修改后的《公司法》《证券法》《上市公司章程指引》赋予公司自治权的相关规定,剔除按照 Gompers 等(2003)标准选择趋同化严重的条款,留下存在差异的累积投票条款和董事责任险等条款。该文进一步借鉴 LLSV(1998),根据我国上市公司章程关于自治空间的特殊规定,增加了提名董事权持股要求条款和增资程序条款等存在差异性的章程条款。该文最终以上述四项章程条款作为研究对象。该文的研究发现,董事责任险条款、增资程序条款的设定与代理成本的降低之间存在显著的正相关关系,而提名董事权持股要求条款、累计投票制度条款的设定在我国公司治理实践中发挥的保护投资者权利的作用有限,并未起到降低代理成本的作用。董事责任险条款、增资程序条款的设定同时与是否发行 H 股/B 股等公司治理机制存在显著的交互效应,因而上述公司章程条款的设立将加强和改善部分治理机制的公司治理作用。该文的研究表明,不同上市公司之间治理水平的差异不仅仅与基于不同法律渊源形成的国家层面的法律传统和法律制度有关,而且与公司层面的法律规章体现出的对投资者权利的保护程度有关。因而,一国公司层面的法律章程的制定和实施与该国有关公司的基本法律制度的制定和实施同样重要。

13.5 小　　结

本章在介绍法与金融文献产生的理论、现实背景、主要结论和政策含义的基础上,进一步结合我国资本市场的制度背景,讨论改善我国外部法律环境对于我国上市公司形成合理治理结构的特殊含义及其实现路径。我们得到的主要结论包括:

第一,法律对投资者权利的保护无疑是"确保资金提供者按时收回投资并取得合理回报"的公司治理最基本和重要的实现手段,因此外部法律环境作为重要的外部公司治理机制对于公司治理的重要性不言而喻。

第二,从一方面看,法与金融文献的产生是针对传统的公司治理模式比较研究范式对现实问题解释力有限和对传统治理模式比较研究的批评。这构成法与金融文献产生的重要现实背景。从另一方面看,法与金融文献的产生是公司治理文献关于公司治理法律途径的研究的继续和深入。这构成了法与金融文献产生的重要理论背景。

第三,LLSV 的系列研究表明,更强的法律对投资者权利的保护与更广泛和更有价值的资本市场、更快的公开上市速度和合理的激励政策等有关,因而法律对投资者权利的保护成为影响金融发展的重要因素。法律对投资者权利保护存在差异的法律传统和法律制度环境由此成为各国不同的金融发展水平和不同的公司治理模式的内在原因。各国如果希望改善本国的公司治理和促进本国金融发展,就需要着手建立有利于投资者权利保护的法律制度,并提高相应的法律实施质量。

第四,在法系上,我国大陆地区借鉴、引进和吸收了日本和我国台湾地区等国家和地区的德国大陆法传统。基于我国制度环境开展的相关实证研究同样表明,法律环境是影响我国金融发展的重要因素,而金融发展对于促进经济增长的重要性不言而喻。

第五,我们的研究表明,不同上市公司之间治理水平的差异不仅仅与基于不同法律渊源形成的国家层面的法律传统和法律制度有关,而且与公司层面的法律规章体现出的对投资者权利的保护程度有关。因而,一国公司层面的法律章程的制定和实施与该国有关公司的基本法律制度的制定和实施同样重要。

第14章
法律外制度的公司治理角色

14.1 引 言

本章讨论法律外制度的公司治理作用。所谓法律外制度(extra-legal institutions)指的是,除了法律等正式制度外,现实经济生活中存在的可以发挥公司治理作用的其他制度安排(Dyck and Zingales,2004)。这一概念是由 Dyck 和 Zingales(2004)率先提出的。针对 La Porta、Shleifer 等提出的法律制度重要的观点,他们强调法律外制度如同法律制度一样,可以扮演重要的公司治理角色。在 Dyck 和 Zingales(2004)中,他们共推荐了6种潜在的法律外制度,包括市场竞争、媒体报道、税务实施、工会、社会规范和文化等。关于市场竞争,我们在第10章的讨论中已提及;关于社会规范和文化约束经理人从而发挥公司治理促进金融发展的作用,我们会在后面的第15章进行讨论;而关于工会的公司治理角色,由于我国工会组织的职能定位与西方社会存在差异,工会并不能成为理论预期的法律外制度,因而不在本书讨论之列。本章关注的重点是税务实施和媒体报道的公司治理作用。

本章以下几个部分组织如下:第14.2节揭示对金融发展影响因素的关注从法律制度转向法律外制度的理论和现实原因;第14.3节讨论税务实施可能扮演的公司治理角色;第14.4节讨论媒体的公司治理作用;最后简单小结。

14.2 从法律制度到法律外制度

按照第13章讨论的法与金融文献所关注的金融发展影响因素——法律渊

源和法律传统,我们有理由相信,给定法律渊源和法律传统变化的缓慢,我们应该不会观察到金融发展在一些国家的不同时期出现大起大落的现象。然而,Rajan和Zingales(2003)观察到,1913年,尽管法国的民法典对投资者的保护并不充分,但当时法国股票市场的市值占GDP的比率是以对投资者保护充分著称的美国同期的两倍(分别为78%和39%)。这一对比在20世纪80年代则发生了相反的变化:此时法国的这一比率不足美国的四分之一(分别为9%和46%)。然而,到1999年,两国的上述比例变得较为接近(分别为117%和152%)。我们看到,对于法国和美国的股票市场在一个世纪里出现的跌宕起伏和世界主要国家在20世纪所经历的金融发展的"大倒退",法与金融文献显然无法对此给出系统的解释。注意到同期美国和法国等国金融和非金融产业的既得利益集团在金融发展过程中所扮演的重要角色,Rajan和Zingales(2003)从政治学视角指出,来自金融业和其他产业的既得利益集团出于维护既得利益的目的所采取的阻挠金融发展的措施,是各国金融发展呈现显著差异的内在原因。长期以来,从马克思到奥地利学派、新制度经济学、公共选择理论的经济学家不断提醒人们,那些将军、独裁者、强势社会阶层、政治上的多数派以及受惠的既得利益集团往往会选择建立能够巩固自身权力的制度去获取政治和经济利益。越来越多的经济学家发现,在供给和需求的背后,我们不能不考虑政治因素、利益集团、制度因素。"经济学的热点经过近一个世纪又回到政治经济学。"(钱颖一,1999)事实上,LLSV(2000)已经意识到在公司治理改革过程中政府、控股家族等利益集团的可能影响。他们甚至直言,"(公司治理)改革只有在特殊的利益被摧毁和满足时才可能成功","公司治理的改革与各国其他方面的改革没有什么不同"。

　　Coffee(2001)同样从社会学的视角对法与金融文献的相关结论与政策含义提出了批评。按照Coffee(2001),投资者在普通法系国家而不是大陆法系国家投资的原因可能不是由于普通法系国家赋予可实施的法律权利来约束公司内部人,而是由于他们相信大陆法系国家的公司内部人将更加遵守无法通过法律实施的规范。例如,美国和英国并没有法律要求独立董事占董事会的大多数,但这成为两国上市公司中十分普遍的做法。尽管上述事实可能与法律规则(投资者选举和驱逐董事的便利程度的法律规定)有关,但Coffee(2001)认为,这并不能排除与公司治理实践相关的规范限制了不公平的私下交易,从而降低了对小股东投资的掠夺的可能性。或者说,投资者之所以愿意在普通法系国家投资,仅仅是因为(基于以往的经验)预期将被公平对待,而在大陆法系国家则基于相反的经历或预期而不愿意投资,或只愿意以折扣价购买企业发行的证券等。

Rajan 和 Zingales(2003)发展的金融发展的利益集团理论和 Coffee(2001)发展的金融发展的社会规范理论提醒我们,对于金融发展的影响因素的思考,我们也许要从法律制度中跳出来,从法律制度走向法律外制度。

退一步,即使我们承认法与金融文献的观点(例如,更强的法律对投资者权利的保护与更广泛和更有价值的资本市场、更快的公开上市速度、更加分散的所有权结构等高度相关),并严格按照该文献的政策含义(法律对投资者权利保护的差异成为各国不同的金融发展水平和形成不同的公司治理模式的内在原因,法律制度的建立和完善相应成为改善公司治理和促进金融发展的关键)执行,然而,我们面临的挑战是,期待在短期内改变一国法律对投资者权利的保护程度也并不现实。这一方面可能是由于无论产业还是金融业的既得利益集团都将会利用其政治影响力从中作梗,以阻碍金融发展以及相应的法律制度建设(Rajan and Zingales,2003);另一方面则可能是由于已有的社会规范等非正式制度对法律等正式制度的替代使法律制度的建立和完善丧失了紧迫性。例如,由于社会规范的可能作用,社会凝聚和同质性高的斯堪的纳维亚法系等大陆法国家对小股东的掠夺程度较低(Coffee,2001),而缺乏改变法律传统的激励(关于社会规范的公司治理作用参见第 15 章)。

同样重要的是,包括中国在内的新兴市场国家普遍面临法律对投资者利益保护不足的问题,因此单纯依靠对投资者权利的法律保护而实现公司治理的改善对于新兴市场国家来说在短期内并不现实。即使是在对投资者权利法律保护方面声誉卓著的美国,在安然、世通、环球电信等会计丑闻爆发后,也同样受到了"直到最近,美国的法律体系——它的民法、刑法以及政府公诉人对此类欺诈的对待——远远没有严厉到足以防止公司管理人员进行会计欺诈"的指责(黄明,2002)。Rajan 和 Zingales(2003)则进一步指出,"最近的丑闻表明,即使在最先进的市场经济里,在改善公司治理方面依然大有可为"。

对上述事实的一个自然的应对是把加强对投资者权利的法律保护作为长期努力的方向,而在短期内通过法律外制度的实施实现对法律对投资者权利保护的替代或补充,从而在一定程度上实现改善公司治理的目的。

正是看到法与金融文献的结论和政策含义在付诸实施时存在的缺陷,一些学者在承认法律对投资者权利的保护对完善公司治理的重要作用的同时,开始思考是否存在其他法律外的制度同样对解决公司内部人的代理问题发挥重要作用。Coffee(2001)强调了社会规范对经理人掠夺外部小股东利益的行为的约束;Stulz 和 Williamson(2003)关注了文化和宗教可能对经理人行为产生的影响。

事实上,Morck 等考察了过去几百年加拿大制度变迁的历史,他们发现,加拿大弱的法律制度在经济发展的不同时期被投资政策、遗产税的征收以及私有化等策略所成功地抵消。通过对加拿大的案例研究，Morck等得到的结论是，与其说是法律制度，不如说是其他制度导致了加拿大的经济增长和公司治理的改善(Morck,2000;Siegel,2005;等等)。

Dyck和Zingales(2004)率先考察了产品市场竞争、媒体、税务实施等法律外制度可能扮演的公司治理角色，打破了LLSV(1998)以来形成的关注法律制度的研究范式，而转向同时关注法律外制度，成为该研究领域的开创性文献。所谓法律外制度(extra-legal institutions)指的是，除了法律正式制度外，现实经济生活中存在的可以发挥公司治理作用的其他制度安排，包括市场竞争、媒体报道、税务实施、工会、社会规范等(Dyck and Zingales,2004)。这一新的研究领域的出现对于一些法律对投资者保护目前相对较弱的国家(如包括中国在内的新兴市场国家)如何利用法律外制度来积极改进本国现阶段的公司治理、提高本国的金融发展水平具有重要的政策含义。法律外制度对控制权私人收益的约束在之前的公司治理文献中并不突出，"部分原因是缺乏经验检验"(Dyck and Zingales,2004)。目前，对法律外制度所扮演的公司治理角色的理论研究和经验证据已成为继法与金融文献之后公司治理研究的国际理论界新的热点。无论作为剔除相关效应的控制变量，还是作为关键的解释变量本身，一些法律外制度已经成为公司治理实证研究中重要的考察因素。

本章接下来重点讨论税务实施(公司税、公司间股利税)和媒体的公司治理角色。有效地利用这些法律外制度对提高包括中国在内的新兴市场国家现阶段的公司治理水平和金融发展水平具有特别重要的意义。

14.3 税务实施的公司治理角色

以往的公司治理文献通常关注法律对投资者权利的保护(LLSV, 1998; Shleifer and Wolfenzon, 2002;等等)、董事会监督(Hermalin and Weisbach, 1998等)以及机构投资者的积极股东角色(Morck, Shleifer and Vishny, 1988;等等)等，政府的税务实施行为并没有进入公司治理标准的分析框架。而以往公共财政文献中对税收的研究则并不关注公司税收体系对公司治理的潜在影响。然而，基于加拿大过去几百年制度变迁历史的考察，Morck(2000)的研究发现，加拿大弱的法律制度在经济发展的不同时期被投资政策、遗产税的征收以及私有化等策略所成功抵消。因而，与其说是法律制度，不如说是包括税务实施在内的法律外制度导致了加拿大的经济增长和公司治理的改善(Morck, 2000;Siegel,2005;等等)。

由于对公司现金流的税收要求权,国家事实上是几乎所有公司"最大的小股东"(the largest minority shareholder)(Dyck and Zingales,2004;Desai, Dyck and Zingales,2004;等等)。作为政府的代表,税务当局有激励像小股东那样监督公司的经理人或控制性股东等公司内部人,确保公司会计信息的透明与准确,以避免资产转移等应税收入的隐瞒和转移。我们以美国税务总局(IRS)为例。IRS有激励审查关联企业之间的交易价格,以确保企业收入不会被非法转移到低税收的企业。这客观上发挥了防止管理层渎职的监督作用。而这一问题同样是分散小股东所关注的基本公司治理问题。在监督公司内部人问题上的一致性成为理论界将公司治理与政府税收实施行为整合研究的基础。

此外,与分散股东不同,税务当局在监督公司内部人与实施权利过程中通常不会选择搭便车行为。标准的公司治理文献认为,由于监督内部人所具有的公共品性质,来自某一股东的监督将使所有的股东受益,但监督成本则由实施监督的股东承担。因此,除了监督收益足以覆盖成本的控制性股东外,理性的分散股东在监督经理人问题上将选择搭便车(Shleifer and Vishny,1986;等等)。而由于国家充当几乎所有公司的"股东",即使对某公司的起诉预期收益低于诉讼成本,该国的税务当局仍有激励进行诉讼。这是由于税务当局可以通过对某一公司的法律诉讼而达到对其他公司的惩戒作用,有限案例的诉讼成本仅仅占到全部企业纳税总额的很小部分。我们看到,税务当局一方面像普通小股东那样拥有公司现金流的(税收)要求权,希望公司保持良好的治理状态,另一方面在监督内部人问题上不是像普通小股东那样选择搭便车,而是像大股东那样积极监督公司内部人。正是在这一意义上,公司治理文献把税务当局看作一个公司"最大的小股东"。

同样重要的是,税务当局作为政府的代表在监督和实施权力的过程中出于维持公共品提供和政府、军队、法庭等公共组织的正常运作的需要,将受到更为明确,同时也更为严格的法律保护。而这种优势同样是普通股东所不具备的。

由于上述三方面的原因,看起来仅仅是为保障公共品提供的税务实施却客观上发挥了约束经理人道德风险行为的作用,成为现实中十分重要的扮演公司治理角色的法律外制度。Dyck 和 Zingales(2004)采用《全球竞争力报告》(the Global Competitiveness Report)所发展的纳税遵从(tax compliance)指数来反映不同国家的税务实施质量,该指数从 0 到 6,指数越大表示纳税遵从程度越高,从而税务实施的质量越高。他们的研究表明,那些具有较高的纳税遵从程度的国家通常具有较低的控制权私人收益。纳税遵从程度增加 1 个标准差将使控制权私人收益减少 8.6 个百分点。在影响控制权私人收益的企业特征等因素中,纳税遵从解释了控制权私人收益 23% 的变化。由于在回归中控制了税收欺骗意愿（willingness to cheat on taxes）和边际税率，Dyck 和 Zingales（2004）的研究同时表明，税务的公司治理作用来自纳税遵从所反映的税务实施质量，而不是不同国家道德价值和税率水平本身的差异。

郑志刚、殷慧峰和胡波（2013）利用国家统计局公布的制造业大中型企业年度财务数据考察了税务实施在我国非上市公司的治理作用。理论上，非上市公司并无履行信息披露义务和接受监管当局的严格监管的义务，投资者也无法便捷地通过"以脚投票"对公司经营政策表示不满，甚至在公司内部尚未建立类似于上市公司外部董事人数占较大比例的治理结构，因而税务实施对于非上市公司的公司治理作用尤为重要。该文采用经过省际调整的应交增值税作为税务实施的代理变量（本年应交增值税/各省大中型工业企业年应交增值税），同时采用相对资产规模作为企业税务实施的另外一种代理变量开展稳健性检验。该文的研究发现，尽管税务实施的主观目的是增加税收，但客观效果是加强了对公司管理层的监督，降低了公司的代理成本，因而税务实施作为法律外制度在非上市公司中扮演着重要的公司治理角色，成为目前我国经济转型阶段可资借鉴的重要的法律外制度。

与公司治理相关的税务实施除了公司税，还包括公司间股利税和遗产税等。La Porta 等（1998）等的大量实证研究发现，在许多国家，众多大公司被控制在一小部分富裕的家族手中。这些家族通过金字塔结构、交叉持股和不平等的投票权等所实现的现金流权利和控制权的分离，一方面通过隧道行为进行公司资源的转移，盘剥小股东，以至于股东之间的利益冲突被最近的公司治理文献认为是在很多国家更为严重的公司治理问题；另一方面，则使少数富裕家族利用金字塔组织进行政治寻租，形成对经济和政治的盘踞，阻碍本国的金融发展和经济增长（参见本书第 3 章的相关讨论）。

金字塔结构所产生的代理问题及其宏观经济效应受到理论界的长期关注。Landes（1949）的研究发现，法国的商业家族过分关注后代对企业的继承，避免风险和扩张，压制创新。上述因素影响了历史上法国的经济发展。Morck 等（2000）的研究发现，在加拿大，家族控制的企业在研发上的投入通常少于相同规模的其他企业，而亿万富翁平均年龄较高国家的经济增长速度要慢于亿万富翁平均年龄较低国家的经济增长速度。在许多国家，控制金字塔结构的家族由于具有经济和政治影响力，而成为腐败的政治家青睐的交易伙伴。这不仅是由于家族企业长期的盘踞构成政治家获得回报的可置信承诺，而且是由于利用金字塔结构进行隧道挖掘和转移支付可以降低向政治家贿赂的成本，同时可以选择更为灵活的方式。Morck 和 Yeung（2003）指出，在许多国家，少数家族控制的企业集团由于对经济的持续控制力而具有政治寻租的比较优势。寡头企业控制、政治寻租和社会整体低的信任程度三个方面构成上述国家自我加强的循环系统，最终压制创新和竞争，阻碍经济的发展。

那么，如何消除金字塔结构可能产生的负面效应呢？除了加强法律对投资者的权利保护（Anderson and Reeb，2003；Lins，2003；等等）、全球化和自由贸易（Rajan and Zingales，2003；Morck et al.，2000；等等）外，公司间的股利税被认为是"旨在使引发代理问题、逃税、市场权利和政治上十分危险的集中政治影响的某种公司结构在经济上不再可行的别具匠心和卓有成效的战略的重要组成部分"（Morck，2004）。

大萧条期间金字塔结构企业集团所出现的巨大的亏空和拖欠使公众意识到，成为"投资者、消费者通常面临的威胁"的这些企业集团的存在容易引发公司治理、逃税和垄断等问题，并成为导致1929年大萧条的重要原因（Becht and Delong，2005）。从1935年开始，罗斯福政府推出了一系列政策的调整，旨在瓦解金字塔结构的企业集团。其中最重要的措施就是引入公司间股利税。经过数次调整，美国现行的公司间股利税制是：如果母公司持有子公司20%—80%的股份，按正常公司所得税35%的1/5，也就是7%的税率缴纳股利税；如果持股比例超过80%，则税率为零；如果持股比例低于20%，则征收10.5%的股利税。股利税在每次子公司向母公司支付股利时征收。对于金字塔结构的企业集团来说，公司间股利税的征收显然使其处于明显的税收不利状态。

2003年，在美国布什政府通过《就业、增长和税收减免协调法案》（The Job Growth and Taxpayer Relief Reconciliation Act）前夕，从避免双重课税和减少税收扭曲的角度，一些经济学家主张减免公司间股利税。但公司间股利税最终没有被废除，而只是被调低，按照Morck和Yeung（2005）的分析，这是公司间股利税的不同竞争性的目标之间"有用的平衡"（a useful balance），而其中一项重要的考虑同样是来自公司股利税可能形成的对金字塔结构的企业集团重新兴起的限制。

需要说明的是，公司间股利税的开征并非瓦解金字塔组织的充要条件。例如，Aganin和Volpin（2003）的研究发现，意大利在引入了类似的税收政策后并没有有效阻止金字塔组织的形成。同样不存在显著的金字塔组织的英国似乎并没有征收公司间股利税。

除了公司间股利税，遗产税的开征对于瓦解金字塔组织、实现公司治理改善同样作用明显。Morck等（2003）的研究发现，与现在一半大公司属于家族控制的金字塔组织相比，20世纪60年代，加拿大大部分的企业股权高度分散。其中一个十分重要的原因，是加拿大在那一时期征收了很高的遗产税。但随着20世纪70年代存在大量漏洞的资本利得税对遗产税的替代，家族控制的金字塔组织在加拿大重新兴起。

同样值得注意的是,税务实施毕竟是一个国家法律实施的重要部分,其实施质量受到法律整体制度环境的影响。事实上,正如 La Porta 等(1999)注意到的,那些法律对外部投资者保护较弱和股权高度集中的国家,不仅具有较高的边际税率,而且税务实施的质量较低,因而低的法律保护程度和低的税务实施程度具有内在的关联性。

在我国税法实践中,自然人股东所取得的利息、股息、红利所得按每次收入额的20%缴纳个人所得税,但并不需要缴纳公司间股利税。也许我国未来可以考虑通过公司间股利税的开征来瓦解容易引发公司治理、逃税、垄断和政治寻租等问题,成为"投资者、消费者通常面临的威胁"的金字塔组织,使我国经济持续健康良性发展。

14.4　媒体的公司治理角色

在现代社会,人们借助报纸、电视、广播、网络等现代大众媒体获得他们所需要的信息。与现代媒体被广泛使用之前的乡村社会人们借助口耳相传来传播和收集信息相比,现代大众媒体不仅使公众的信息收集成本大为降低,同时也使信息的可信度显著提高。[①] 媒体的上述特征使它掌握了强大的引导公众话题和舆论导向的权力,成为市场与政治之外的另一种重要的资源和财富的配置机制。

然而,长期以来,理论界关于媒体社会功能的研究集中于媒体对政府的监督作用。[②] 而 Dyck 和 Zingales(2004)的研究发现,即使没有明确的法律规定和违反后相应承担的法律责任,媒体报道对降低不同国家公司内部人谋取控制权私人收益也有效果,因而在公司治理中也可以扮演十分重要的角色。Dyck、Volchkova 和 Zingales(2008)基于俄罗斯的数据进一步考察了媒体在特定国家

[①] 这首先是由于大众媒体或者借助具有专业素养的职业记者和编辑的眼光,或者通过聘请专家对相关信息的总结和评论,事实上完成了对原始信息的加工和处理过程;其次则是由于媒体发布信息作为公众行为在法律上的可证实性(在具有诽谤法等新闻立法的国家,媒体发布信息的真实性将受到法律的约束);最后,一家媒体所提供信息的真实性同样受到媒体自身声誉的约束(只有提供真实信息,从而获得"发布信息真实"的声誉的媒体才能获得公众的持续关注)。

[②] 作为公共信息传播的主要渠道,媒体的存在使公众获得相关的信息来监督政府。在西方国家,媒体被看作独立于立法、行政和司法之外的"第四权"。在相关的研究中,学者通常选择发行量(circulation)或受众的数量(如报刊的发行量、电视的收视率和网络的点击率等)以及出版的自由度和独立性(press freedom and independence)等作为衡量媒体功能是否有效发挥的重要指标。对于媒体对政府的监督作用的一个文献综述见 Besley 和 Prat(2001)。

所扮演的公司治理角色。

那么,媒体是通过何种途径发挥公司治理作用的呢?概括而言,媒体公司治理角色的实施途径是通过影响声誉实现的。按照 Dyck 和 Zingales(2002),主要存在以下三种影响声誉的途径。首先,媒体关注将促使政治家(议员、政府官员等)修改并有效实施公司法。其原因是,政治家担心无动于衷将使他在公众心目中的形象受损,并最终危及其未来的政治生涯(Besley and Prat,2001)。

其次,媒体关注将迫使公司董事(经理人)维持"好"的董事(经理人)声誉。按照 Fama(1980)、Fama 和 Jensen(1983)等,经理人未来的薪酬取决于现在雇主(股东)和未来雇主对经理人是否严格履行责任的信念。为了避免长远的货币损失,经理人有激励放弃暂时的内部交易的机会,从而形成他是一个"好"经理人的声誉。

最后,媒体的关注将影响公司董事(经理人)的社会声誉和公众形象。为了避免在人际交往过程中出现的尴尬,他们将努力维护公众形象。一个经典的案例是 Robert Monks 在《华尔街日报》上刊登广告来敦促希尔斯-罗巴克(Sears-Roebuck)董事会成员改进经营管理的故事。1992 年 4 月的一期《华尔街日报》在"希尔斯毫无作为的资产"的标题下整版刊登了希尔斯-罗巴克董事会成员剪影的广告,并列举了有关董事对希尔斯-罗巴克企业业绩平淡应承担的责任。该广告的付费人是持不同意见的积极股东 Robert Monks。广告刊登后不久,希尔斯-罗巴克的董事们表示将接受 Monks 的建议。在相关公告发出当日,希尔斯-罗巴克股票上涨了 9.5 个百分点,在之后的一年中持续上涨达 37 个百分点。Minow 对此事的评论是,"到今天,希尔斯-罗巴克的董事们仍十分憎恨 Monks,原因是 Monks 所刊登的广告使这些董事在当地的乡村俱乐部至今仍受到人们的嘲笑"。Monks 事后总结希尔斯广告产生上述效力的原因时指出,"我们是在和他们的朋友、他们的家庭以及和他们的职业有关系的人讲话。任何看到这个广告的人都会读它,任何读到它的人都会理解它。任何理解它的人都会轻松地向他所遇到的董事询问"(Rosenberg,1999)。

对于公司治理中通常出现的"每个人都希望搭别人的便车,而最终导致无人提供公共品"的问题,由于积极股东(例如上述希尔斯-罗巴克案例中的 Robert Monks)、以盈利为目的的媒体、监管当局、民间环保组织和行业协会等往往有激励主动"埋单",使得媒体的公司治理作用最终得以实现。

机构投资者之所以愿意"埋单",显然与机构投资者所持有的大量股份通常使其成为改善公司治理最大的受益者,而媒体监督的公司治理角色为机构投资者提供了一种相对廉价的方式来影响公司行为的机会有关。例如,加利福尼亚公务员养老基金(CalPERs)将每年按照股东回报、增加的经济价值、公司治理等指标与业绩表现平淡的公司进行谈判。如果这些公司拒绝接受改进公司业绩的建议，CalPERs将以把名单公之于众相威胁。CalPERs发现，如果不存在上述威胁，这些公司通常对他们的建议无动于衷；而把名单公之于众的威胁使结果完全改变。

一些出于盈利目的的媒体同样愿意"埋单"。美国《商业周刊》杂志从1988年开始发布全美最佳商学院排名。承担发布信息等相关费用的《商业周刊》不仅没有因为庞大的支出而陷入财务困境，相反却由于权威的商学院排行榜而声名鹊起。而《商业周刊》商学院排名的客观效果却是，商学院开始按照《商业周刊》的指标来改革和完善学院的制度。

监管当局出于监管目的，同样愿意"埋单"。香港股票交易所长期以来并未在法律上被授予对违规公司实施处罚的权力。香港股票交易所把在媒体上刊登违规公司的广告作为重要的处罚手段。令人惊奇的是，这种威胁十分有效。这是由于公告违规行为不仅对违规公司的经理人个人实施了声誉惩罚，更重要的是，这一措施改变了投资者对经理人能力和责任的预期，使公司项目融资的成本增加，从而间接对公司实施了财务处罚。按照Dyck和Zingales（2004）对政策效应评估的实证研究，与国际平均14%的控制权私人收益水平相比，我国香港地区的私人收益水平只有0.7%，成为世界上公司治理效率较高的地区之一。

最后，以保护环境或公民权利等为使命的各种民间组织或行业协会同样愿意"埋单"。1990年美国自然资源保护委员会通过媒体发布了"污染最严重的前500家企业"名单。排名榜首的杜邦公司在无任何法律要求的背景下，修改了公司战略，希望公司以最快的速度离开前10名的行列。由于环保等新闻的公益性，环境组织刊登广告支付的费用通常比普通股东要少。值得注意的是，美国自然资源保护委员会的行为和要求已经超越了单纯媒体公司治理通常追求的股东价值最大化目标，而是演变为"社会范围内可以接受"（socially acceptable）。

媒体的公司治理角色同样引起了我国学者的重视。李培功和沈艺峰（2010）以《董事会》杂志联合新浪财经共同评选的50家"最差董事会"公司为样本，从媒体报道是否会导致行政机构的介入，进而促使企业改正违规行为的角度考察了媒体在中国的公司治理作用。他们的研究表明，媒体曝光将有助于提升上市公司治理水平。从李培功和沈艺峰（2010）提供的分析来看，在被媒体曝光后，即使行政机构并未介入，样本公司中改正率依然高达75%。因而除了导致行政机构的介入，媒体报道发挥公司治理作用显然还存在其他重要途径。郑志刚、丁冬和汪昌云（2011）考察了媒体报道是否通过影响经理人声誉来发挥公司治理作用的问题。他们的研究表明,对于我国上市公司,媒体对一个公司的负面报道越多,公众对其关注程度越高,则经理人潜在的声誉损失就会越大,因而经理人改正违规行为的激励越大,最终导致公司绩效的改善。在控制了媒体报道的内生性,并采用网络报道作为媒体报道的新的代理变量开展稳健性检验后,他们的研究发现,媒体报道成为我国在目前法律对投资者保护不够充分的经济转型阶段可以借助的扮演公司治理角色的重要法律外制度。

需要指出的是,媒体扮演公司治理角色有赖于诸如竞争性的媒体市场、新闻自由的法律保护程度以及媒体自身所有权结构等媒体环境。

媒体在发挥监督作用的同时,也掌握了强大的引导公众话题和舆论导向的权力。利用媒体与消费者之间的信息非对称,一个有影响力的媒体不仅有能力,而且有动力与相关各方达成私下交易,以期从不揭露负面消息中获得好处。媒体的寻租行为无疑将给社会经济生活带来效率损失,并损害社会公平和正义。如何减少媒体寻租行为相应成为发挥媒体的公司治理作用时广泛关注的问题之一。如果存在一个竞争性的媒体市场,即使其中一家获得租金的媒体同意不报道负面新闻,有问题的公司也很可能被没有获得租金的其他媒体曝光。因此,一个更具竞争性的媒体市场成为维护媒体可信度、减少媒体寻租行为的基本制度环境。

然而,一个值得注意的倾向是,随着公司控制权市场的激烈竞争,有限的媒体往往集中在少数富裕家族和政府手中。由于控制媒体产业所得到的"控制权私人利益"非常可观,没有一个控制者喜欢与人分享远远高于控制其他行业一个相同规模的公司所带来的包括声誉和影响力等非金钱利益在内的巨大潜在利益,由此决定了多方持股的公司不是一种稳定的组织形式,其控制权是供人竞购的(Bebchuk and Roe,1999)。在媒体产业控制权高度集中的背景下,我们很难想象,由一家企业集团(和作为最终所有者的富裕家族)所拥有的媒体会发布有关该企业集团公司治理问题的报道。因而,媒体监督作用的有效发挥需要媒体产业形成一个合理的所有权结构,通过政府对资本市场的监管避免出现媒体产业控制权的高度集中。Djankov等(2003)考察了全世界97个国家的媒体所有权模式。他们发现,几乎所有国家最大的媒体公司都被政府或私人家族所拥有。广播媒体产业的国有化程度高于印刷媒体产业。他们的实证研究表明,媒体的高国有化程度与较低的新闻自由程度、公民较少的政治经济权利等低劣的社会效应联系在一起,从而支持了Sen(1984,1999)、Besley和Burgess(2000)所持的"私有化和独立化的媒体可以向公众提供多角度的观点,使选举人和消费者可以在政治候选人、商品和证券中做出选择——而不用担心被不道德的政治家、生产商和发起人所利用"的观点。

因而,在媒体发挥监督作用的过程中,同时需要警惕特殊利益集团对媒体的操纵。由于进入壁垒的限制,特殊媒体掌握了空间和时间上的垄断权,使媒体市场高度集中。按照 Bagdikian(2004)等,美国媒体正在竞争和经济压力下走向集中乃至垄断,结果使媒体的价值取向变得保守。甚至一些学者指出,"少数人掌握了我们听的、看的、读的,更重要的是掌握了我们如何思考","个人垄断媒体,不但威胁民主制度,更威胁另一文明资产——法治"(McChesney,1999)。

从以上讨论中我们可以看出,要想使媒体发挥公司治理作用,除了需要确保形成充分竞争的媒体市场和对新闻自由的法律保护外,需要同时警惕政府的过度监管。尽管媒体的话语霸权与收集和传播信息的公共产品性质两方面的因素成为引入政府监管的理由,但是政府过度监管往往会带来其他潜在问题。政府通过与投其所好的媒体勾结,向媒体企业提供补贴,以及颁布诽谤法和进行新闻审查等方式达到向媒体寻租的目的。"政府凭借自己的监管权,在媒体寻租中居于主动地位"(Hosp,2003)。专制型政府通常采用直接的手段控制媒体,而民主型政府则更多地通过非正式的、隐蔽的手段来影响媒体,以追求政府作为一个特殊的经济主体自身的利益。因而,媒体监督功能,从而公司治理作用的发挥必须以以民主为保障机制的法治以及媒体监督本身所形成的对政府行为的有效约束为前提。

14.5 小　　结

本章关注税务实施和媒体等法律外制度所扮演的公司治理的角色。LLSV(1998)等法与金融文献强调,加强法律对投资者权利的保护对于完善各国的公司治理、提升各国金融发展水平意义重大,但法与金融文献所得到的普通法国家对投资者保护的法律制度要优于大陆法国家的结论在短期内很难改变的现实,使我们作为大陆法国家对未来通过改变法律传统来加强投资者权利保护,最终实现改善公司治理目标的前景变得悲观。然而,值得庆幸的是,Dyck 和 Zingales(2004)等的研究告诉我们,大陆法国家可以在短期内通过谋求法律外制度的改善来弥补法律制度变革缓慢的不足。

从本章的讨论中,我们得到的主要结论和政策含义是:

第一,把加强对投资者权利的法律保护作为长期努力的方向,而在短期内通过谋求法律外制度的实施实现对法律对投资者权利保护的替代或补充,从而在一定程度上实现改善公司治理的目标。

第二,税务当局一方面像普通小股东那样拥有公司现金流的(税收)要求权,希望公司保持良好的治理状态,另一方面,在监督内部人问题上不是像普通小股东那样选择搭便车,而是像大股东那样积极监督公司内部人。因而,税务当局成为一个公司"最大的小股东"。同样重要的是,税务当局作为政府的代表在监督和实施权力过程中出于维持公共品提供和政府、军队、法庭等公共组织的正常运作的需要,将受到更为明确,同时也更为严格的法律保护。而这种优势同样是普通股东所不具备的。由于上述三方面的原因,看起来仅仅是为了保障公共品提供的税务实施却在客观上发挥了约束经理人道德风险行为的作用,成为现实中十分重要的扮演公司治理角色的法律外制度。

第三,与公司治理相关的税务实施除了公司税,还包括公司间股利税和遗产税等。公司间股利税和遗产税的征收对于瓦解金字塔组织、实现公司治理改善的作用同样明显。也许我国未来可以考虑通过公司间股利税的开征来瓦解容易引发公司治理、逃税、垄断和政治寻租等问题,成为"投资者、消费者通常面临的威胁"的金字塔组织,使我国经济持续健康良性发展。

第四,媒体公司治理角色的实施途径是通过影响声誉实现的。对于公司治理中通常出现的"每个人都希望搭别人的便车,而最终导致无人提供公共品"的问题,由于积极股东(例如,以盈利为目的的媒体、监管当局、民间环保组织和行业协会等)往往有激励主动"埋单",使得媒体的公司治理作用最终得以实现。

第五,要想使媒体发挥公司治理作用,除了需要确保形成充分竞争的媒体市场和对新闻自由的法律保护外,还需要同时警惕政府的过度监管。媒体监督功能,从而公司治理作用的发挥必须以以民主为保障机制的法治以及媒体监督本身所形成的对政府行为的有效约束为前提。

第 15 章
社会规范和文化对公司治理的影响

15.1 引　　言

　　本章延续和拓展第 14 章对法律外制度所扮演公司治理角色的讨论,主要围绕社会规范和文化的公司治理作用展开分析。

　　所谓的社会规范(social norms)是指人们在社会交往过程中自发形成的,无法依靠权力结构等正式制度实施的,用以约束组织或个体自利行为的非正式行为规则。而文化(culture)则指的是通过教育和模仿从一代传播到下一代的影响行为的知识和价值等因素(Boyd and Richerson,1985;North,1990;等等)。传统上,社会规范和文化对组织和个体行为的影响是社会学的研究范畴。近年来,社会规范和文化对公司治理行为,从而对一国金融发展水平的潜在影响逐渐引起学者的关注。从上述社会学的视角研究传统公司治理问题不仅由于学科的交叉带来了全新的研究结论和政策含义,而且和以往文献对公司治理的传统研究相互补充、取长补短,大大丰富了我们今天对公司治理的认识。

　　无论社会规范还是文化,都并非一种正式的行为规则。与来自监管当局的监管(例如公众公司需要严格履行信息披露义务)、体现法律对投资者权利保护的公司治理制度安排等正式制度不同,社会规范和文化通过影响公司当事人的声誉或者理念,对公司治理行为发挥着"软"约束作用。虽然这些"软"约束看起来并没有相应的实施者,但是违反社会规范和文化所带来的声誉损失、道德谴责和心灵忏悔,有时往往比有形的物质惩罚更为严重,也更加有效。

　　本章以下部分的内容组织如下:第 15.2 节讨论社会规范的公司治理角色;第 15.3 节讨论文化(宗教语言)的公司治理角色;最后是小结。

15.2 社会规范的公司治理角色

Nenova(2003)的研究发现,在资本市场规模较大的30个国家的661个发行不平等投票权的企业中,用来间接度量控制权私人收益的A类和B类两种股票的市场转让价格差异所体现的法律渊源及法律传统的表现和法与金融文献所预期的并不一致(对不平等投票权的相关讨论参见本书第3章)。如果按平均控制权私人收益水平从低到高对法系进行排序,则斯堪的纳维亚大陆法系最低(0.5%),普通法系其次(4.5%),德国大陆法系再次(16.2%),最高为法国法系(25.4%)。具体到不同国家,在巴西、智利、法国、意大利、墨西哥和韩国等国,控制权私人收益高达公司市值的1/4到1/2;而在美国和加拿大,控制权价值则低于4%。而法与金融文献按照法律对投资者权利保护对各个法系的排序是,普通法系最强,法国法系最弱,德国法系和斯堪的纳维亚法系居中(关于法与金融文献按照法律对投资者权利保护对法系的排序参见本书第12章的相关讨论)。

对照法与金融文献和Nenova(2003)的工作,我们自然会提出以下疑问。其一,为什么法律渊源和法律传统相似的两个法系,控制权私人收益却显著不同?例如,同属大陆法系的斯堪的纳维亚法系在减少控制权私人收益时的表现要远远好于同为大陆法系的德国和法国法系国家。其二,为什么同一法系内部的不同国家之间控制权私人收益水平会存在显著差异?例如,澳大利亚与英国、加拿大同属普通法系国家,但澳大利亚的控制权私人收益水平(23%)比英国和加拿大高出10倍(2%);韩国(28.9%)属于德国法系,却是德国的3倍;而不同法系的德国和英国却具有相似的控制权私人收益水平(9.5%)。事实上,LLSV(1998)关于法律实施质量的考察同样发现,作为大陆法系的斯堪的纳维亚法系的法律实施质量要好于同为大陆法系的德国和法国法系国家,但在关于股东权利的相关法律规定上,大陆法系国家总体上落后于普通法系国家。

那么,我们如何解释Nenova(2003)所观察到的法律渊源及法律传统的表现和法与金融文献的预测不一致的现象呢?Coffee(2001) 针见血地指出,认为普通法优于大陆法的观点太过简单(a gross oversimplification)。如果具有相似法律规则和实施体系的两个法系却具有差异显著的控制权私人收益,一个合乎逻辑的解释应是流行规范的差异。

良好的社会规范无疑会约束公司经理人的道德风险行为,降低一国公司平均的控制权私人收益,一定程度上体现在发行不平等投票权的公司的A类和B类股票间的市场转让价格差异将减少。通常而言,社会规范通过以下路径来发挥约束经理人行为的作用。经理人首先内在化了社会流行规范，转为追求自身声誉资本的最大化，在此基础上基于非正式的共识和协作体系来履行其在团队中的功能，最终使外部流行规范变成经理人的自觉行为，由此规范开始发挥公司治理作用。在企业管理实践中，持久影响员工行为的企业文化的培育同样是通过把企业管理规范内在化实现的，通过内在化使管理规范深入每位员工的血液和骨髓，成为员工自觉行为的部分。正是在上述意义上，企业规范的"习俗化"成为企业文化的最高境界。

对于社会规范开展实证检验的一个直接挑战是如何度量和刻画这种"看不见、摸不着"但真实存在的社会规范？Coffee(2001)围绕社会规范的度量进行了以下三方面的尝试。Coffee(2001)首先采用犯罪率作为规范的代表变量。给定两个国家具有相近甚至相同的法律规定（例如对犯罪行为的法律界定），但是两国的犯罪率却存在很大差异，那么，这在一定程度上与这两个国家社会规范对"犯罪行为"的不同认同程度有关。一些国家遵纪守法的规范意识较强，犯罪率通常较低；而在另一些国家，虽然具有类似的法律规定，但由于缺乏遵纪守法的规范意识，犯罪率通常较高。因而，在 Coffee(2001)看来，犯罪率可以成为规范的代表变量。根据 1990 年 20 个主要工业国犯罪率排名调查数据，Coffee(2001)注意到，三个斯堪的纳维亚国家犯罪率较低（芬兰、瑞典和挪威分别排在第 11、13 和 19 位，挪威是排名倒数第 2 位的低犯罪率国家）；四个普通法系国家犯罪率较高（美国、新西兰、澳大利亚和加拿大分别排第 1、2、3、4 位）；德国法系国家中，德国和瑞士分别排第 15 位和第 17 位，法国排在第 14 位。于是 Coffee(2001)对 Nenova(2003)所观察到的法律渊源和法律传统的不一致表现给出的一个看似合理的解释是，来自北欧的芬兰、瑞典和挪威等斯堪的纳维亚法系国家之所以控制权私人收益较低，并非由于它们对投资者提供的法律保护程度比普通法系国家更强，而是由于它们良好的社会规范对经理人行为的隐性约束更强。良好的社会规范集中体现在，即使法律规定相同，但由于这些国家遵纪守法的规范意识较强，犯罪率通常较低。而美国、新西兰、澳大利亚和加拿大等普通法系国家虽然法律向投资者权利提供较强的保护，但因为在这些国家尚未形成良好的社会规范（这同样是在这些国家犯罪率高的原因），所以这些国家的控制权私人收益水平要高于法律对投资者权利保护较弱但已形成良好的社会规范的斯堪的纳维亚法系国家。Dyck 和 Zingales(2004)借鉴 Coffee(2001)的上述研究思路，采用犯罪率刻画道德规范的内在约束，检验社会规范作为法律外制度降低一个国家控制权私人收益水平的作用。他们采用 1993 年《全球竞争力报告》中有关犯罪率的数据，其中犯罪率为每 100 000 人中的恶性犯罪次数。

Coffee(2001)由此看上去为 Nenova(2003)所观察到的法律渊源和法律传

统之间的不一致表现提供了一个合理的解释。但 Coffee(2001)很快意识到,上述解释并非完美无缺。主要存在两方面的问题。其一,犯罪率与公司治理关注的公司机会主义之间并非总是负相关关系。其中,公司机会主义行为指的是高管或控制性股东利用其控制权和实际影响力侵害外部分散股东利益的行为。现实的情况是,机会主义行为最为突出(从而控制权私人收益水平较高)的法国的犯罪率并不高。其二,上述数据使用的"严重的犯罪"和公司机会主义行为属于不同性质的犯罪行为。严重的犯罪更多的是处于社会底层的无业游民的恶性犯罪行为,而公司机会主义行为是公司高级经理人和控制性股东等社会上流精英阶层以牺牲股东的利益为代价谋取私人收益的行为,两种行为是由不同阶层实施的性质不同的两种犯罪,因此反映无业游民犯罪行为的严重犯罪率无法成为反映精英阶层的公司机会主义行为的好的代理变量。

Coffee(2001)提出的新的对社会规范的度量是一个国家的社会凝聚和同质 (social cohesion and homogeneity)程度,用来代替之前采用的犯罪率。容易理解,一个国家的社会凝聚与同质程度越高,人们越容易形成良好的社会规范,并成为约束每个人行为的规则。于是 Coffee(2001)为芬兰、瑞典和挪威等国家控制权私人收益水平较低给出了一个新的解释:在这些国家中,同质程度高,社会凝聚力强,在和谐的社会气氛中,人们往往愿意遵守既定的社会规范,相应地,公司机会主义行为较少,因而对小股东的掠夺程度较低。与此相反的是,美国等国的民族和宗教高度多元化,社会两极分化严重,同质程度较低;类似地,巴西等法国法系国家不同阶层矛盾尖锐,种族分离严重,自杀率较高,社会凝聚和同质程度较低。因而上述国家不管是普通法系还是法国法系国家,都不具有类似于北欧这些斯堪的纳维亚法系国家较强的社会凝聚力,对小股东的掠夺程度高,其控制权私人收益水平反而高于这些斯堪的纳维亚法系国家。然而,从社会凝聚的角度来解释社会规范的公司治理作用的一个相反的例证来自澳大利亚和韩国。这两个国家的社会凝聚和同质程度较高,但控制权私人收益水平却较高。Coffee(2001)对此坦言,社会凝聚并不能回答所有问题(Coffee,2001)。

Coffee(2001)给出的第三种社会规范的代理变量选择是,对控股股东是否应该攫取私人收益的认同态度。与前两个代理变量相比,社会规范的这个代理变量显得更加抽象和广泛。他以美国和大陆法系国家新创立的公司为例加以说明。美国高科技企业很容易获得风险投资的支持,通常在 4—5 年内成功实现首次公开发行(IPO),上市后市盈率甚至高达 50∶1。外部分散股东认购并持有公司超过 70%的股份,企业家则获得剩余 30%的控制性股份,由此获得相应的控制权溢价。由于股东向企业家支付了高额溢价,企业家(经理人)对外部股东的态度是他们应该向股东负有诚信责任。而在欧洲大陆,企业相对难以获得风险投资的融资支持,无法实现美国或英国意义上的IPO,在创业10年或20年后,股票分散在客户、供货商和创立者的后代手中,在非流通的市场进行交易。创立者无奈地获得控制性股份(比如75%),当需要被迫转让股票时并不情愿地选择折价成交。很多时候,外部投资者在二级市场以低于公司每股清算价值的价格购买部分股票。欧洲企业创立者因此对外部股东的态度是,他们认为公共投资者是机会主义者,他们以低价买进股票,而这些股票事实上代表了创立者控制和获得私人利益的权利。创立者自己未能从公司攫取应得的私人利益,而是让低价买进的公共投资者发了意外横财。因而,在Coffee(2001)看来,正是斯堪的纳维亚法国家和其他国家在对外部股东是否有资格获取私人收益的态度认同上的差异导致了不同国家之间控制权私人收益水平的差异。上述抽象的认同态度可以使规范随着环境的改变而改变(context specific),从而为规范是形成国家间控制权私人收益水平差异的中心原因提供了看似强大的解释。

与之前类似,对这一看似强大的解释同样存在批评。除了上述代理变量选择并不具有严格的外生来源,因而容易使相关讨论陷入循环论证外,上述讨论带来了一个新的逻辑自洽问题。Coffee(2001)原本希望说明除了法律制度的作用外,社会规范等法律外制度对公司治理作用同样重要,甚至更加重要。Coffee(2001)通过上述讨论事实上表明,"弱的社会规范(掠夺的合理性)来源于弱的证券市场(例如一些欧洲国家等)",而弱的证券市场所反映的低的金融发展水平恰好有可能来源于"对投资者保护较弱的法律渊源"(LLSV,1998)。因而,上述讨论的结果无意中为LLSV的法与金融文献提供了一个新的佐证,而与Coffee最初的研究目的渐行渐远。

Coffee(2001)寻找社会规范的代理变量的尝试带给我们的启发是,证明社会规范的公司治理作用远远比实证研究中选择社会规范的代理变量难得多。但这并不意味着我们可以忽视社会规范可能扮演的公司治理角色。尽管在经济和统计意义上均不显著,但Dyck和Zingales(2004)的研究依然发现,具有较坏规范(恶性犯罪率高)的国家往往具有较高的私人收益水平。

需要同时说明的是,我们在这里强调社会规范的公司治理作用,并不意味着法律对投资者权利保护等正式制度的公司治理作用由此变得不重要。事实上,Coffee(2001)即强调,只有当法律最弱的时候规范的重要性才能凸显出来。上述判断的一个典型支持例证是,公司治理措施(社会规范)在美国很少被发现影响一个公司的股价(或许是因为美国法律对投资者权利的保护充分),但在俄罗斯则效应明显(或许是因为俄罗斯法律对投资者权利的保护并不充分)。因而,当法律等正式制度对投资者权利提供足够强的保护时,往往并不需要特别强调社会规范对经理人行为的约束作用;只有当正式的法律不足以保护投资者权利时，社会规范才变得十分重要，成为法律对投资者权利保护不足功能上的替代。一般而言，对于普通法系国家（法律对投资者权利保护充分），法律的作用要强于社会规范；对于大陆法系国家，法律和社会规范相互补充；而对于转型国家，在正式的法律制度建立起来之前，社会规范的公司治理作用显得尤为重要。

15.3 文化的公司治理角色

我们看到，无论对社会规范还是文化的公司治理作用的强调都是从批评LLSV发展的法与金融理论开始的。按照LLSV(1998,2000)，资本市场的重要性、企业获得外部融资的能力以及上市公司的所有权结构差异可以从法律对投资者权利保护程度，从而法律渊源与传统的不同得到解释。与其他大陆法国家相比，普通法系国家由于向投资者提供更好的法律保护而金融发展水平更高。在全球化背景下，资本的竞争将使资本从投资回报率较低的地区流向投资回报率较高的地区，这将使得对投资者权利保护较差的国家和地区在全球化的资本竞争中处于劣势。为了避免在竞争中处于劣势，一个可以预期的结果是，大陆法系国家应该向普通法系国家所谓的"盎格鲁-萨克逊模式"学习，从而在全球范围内形成一种学习效应。然而，我们观察到的事实是，全球化进行了那么多年，不同国家之间在投资者权利保护程度上的差异依然显著，预期的学习效应并没有如期出现。Stulz和Williamson(2003)对此的解释是，我们可能不得不从文化的差异上来寻求解释。

如同社会规范一样，文化对经理人行为同样是一种"软"约束。这里所谓的文化(culture)指的是通过教育和模仿从一代传播到下一代的影响行为的知识和价值等因素(Boyd and Richerson,1985；North,1990；等等)。由于宗教往往是文化背后的知识、思想和价值观的集中体现，人与人之间通过作为文化载体的语言的交流，实现信仰的传播和价值观的形成，最终影响人的行为，宗教和语言成为文化的重要代表变量。韦伯(Weber,1930)认为文化是经济增长重要的决定因素之一，其在《新教伦理与资本主义精神》一书中指出，"文化变革在资本主义及其制度形成和发展过程中扮演了十分关键的角色"。North(1990)把文化理解为指导人们日常交往的非正式约束。他指出，这些非正式约束可以对社会活动发挥一定作用的直接证据是，"相同的正式制度在不同的社会文化背景中产生了不同的结果"。Grief(1994)的研究则表明，不同商团行为差异的背后反映了不同的文化信仰。Landes(2000)认为韦伯是对的，"如果说我们从经济发展的历史中学习到了什么，那就是文化解释了其中绝大部分的差异"。

那么，对于本书关心的公司治理问题，文化是通过怎样的具体实现路径来约束经理人行为，实现公司治理作用的呢？Stulz 和 Williamson(2003)将文化影响公司治理的实现路径总结为以下三个方面。

首先，文化将有助于价值标准的形成和发展。Weber(1930)、Lal(1999)等强调，"世界观"这种文化的实质要素，对于西方世界的崛起和政治经济的发展至关重要。宗教作为信仰体系的主要成分，无疑将通过价值标准和世界观的形成和发展来影响投资者行为。一个典型的例子是，宗教在历史上更多地关注债权人权利，而较少地关注股东权利。禁止高利贷曾经一度是中世纪教会的基本教义。在莎士比亚的名著《威尼斯商人》中，安东尼奥与夏洛克曾经签订了一个借贷合约，其中夏洛克要求安东尼奥将其身上的一磅肉作为偿债的抵押物。夏洛克卑鄙无耻、唯利是图的高利贷商人的形象跃然纸上。如果抛开对夏洛克的道德批判和对安东尼奥的同情，单纯从如何确保贷款的按时收回的有效制度安排来看，安东尼奥身上的一磅肉恰恰是理论上很好的抵押物。拿到安东尼奥身上的一磅肉对夏洛克几乎没有价值，但是"割去一磅肉"的威胁对于安东尼奥却无比真实，可以确保他严格履行合约(表现为借款前对项目的尽职充分调查和投资过程中的有效管理，以按期取得相应的投资收益，最终如期偿还债务)。从夏洛克以安东尼奥身上的一磅肉作为偿债的抵押物来看，夏洛克的贷款动机相当单纯，严格履行了中间商为了贷款而贷款的职业操守，而并非像一些贷款商一样，贷款的真正目的在于觊觎贷款的抵押物。该剧从一个侧面反映了当时教会对高利贷的偏见。然而，在卡尔文宗教改革后，支付利率被认为是正常的商业行为，从此为新教国家债务市场的发展扫清了障碍。在卡尔文教派看来，借贷者通过牺牲即期消费把原本用来消费的钱贷给别人，当然应该得到相应的补偿。而利息只不过是这种平等补偿的体现。在这种宗教思想的影响下，债务市场在新教国家得以较快地形成和发展。

对于债权人权利的上述两种截然不同的看法事实上来源于天主教和新教在价值体系和世界观上的差异。天主教强调(抽象的)社会福祉(the good of the society)，认为企业家的责任是增进人类的福祉，而不是创造企业利润。作为共同价值标准的制定者，天主教会在所形成组织内把上述价值标准传达给每一个成员。我们知道，基于知识的宗教必将形成中央集权的科层(hierarchical)结构，以便于知识多的人来指导知识少的人。天主教中每个人的行为都要服从这一层级组织共同遵循的价值标准，个人不能向教会和政府发起挑战。正如Novak(1993)所言，"拉美的天主教对资本主义充满偏见"。而受到人本主义思潮冲击的新教则强调对私人产权的尊重，认为私人产权神圣不可侵犯。个体具有签约的自由，他们应该对自己的行为负责，每个个体独自决定什么是正确的。

因此,在新教看来,教会仅仅是认识一致但组织形态相对松散的个体的协会。共同的价值观(社会的福祉)应该是通过个体的诉求、对教会及政府的挑战,以及这些独立个体的行为(交互影响)来实现的。个人主义(individualism)成为独一无二的世界观(Lal,1999)。

其次,文化将有助于制度的形成和发展。除了价值观对个人行为的影响,宗教自身的组织运行体系对世俗社会行政法律体系等制度运行产生了深远的影响。受天主教科层组织和价值标准自上而下的传播方式的影响,包括拿破仑法典在内的很多大陆法法典的制定采用"遵循圣人训诫,由社会精英制定"的方式立法,立法者基于鼓吹的教义而制定法律规则的形式完成。其中很重要的内容是对个人行为准则的规定。于是大陆法的法律逐步演变为维护科层制度的工具。而新教的很多教义是在反抗所谓正统天主教的压迫和与正统天主教的斗争中逐步形成的。在新教改革之前,普通信徒无法直接与上帝对话,要想与上帝对话,必须通过牧师以特定的渠道实现。普通信徒与上帝对话的渠道被垄断意味着信仰并不自由。而新教改革很重要的一个方面是普通信徒可以通过自己阅读《圣经》来感受上帝的启示,并与上帝对话,上帝存在于每个人的心中。每个个体都有责任去反对统治者所强加的、与个体所理解的关于上帝的想法不一致的法律和行为。同时,不应该授予特定个体太多的权利,以避免腐败、无能和邪恶。从追求信仰自由和每个人都可以平等地与上帝对话等基本诉求出发,新教在社会组织形态上,强调保障个人自由和基本权利实现的非集权化(decentralization),而非金字塔式的科层制度。在法律制度形成方面,新教强调案例法对保障个人基本权利的特殊作用。如何在千差万别、各具特色的案例中有效保护每个个体的权利呢?一个有效的方式显然是,通过律师的辩论、陪审团参与等使法官和陪审团充分吸收相关个案信息,在对个案独特之处形成充分共识的基础上最终做出裁决。由于基于案例本身而不是统一的成文法典做出裁决,上述司法实践可以充分吸收每个判例的新的知识,形成对每个个体权益最好的保护。我们看到,普通法以判例作为法律判决依据等法律制度的形成恰恰与新教所强调的如何向个人的基本权利提供最有效的保障的理念是一致的。

天主教和新教在上述对公民权利以及保护途径认知上的差异还体现在它们对公法和私法立法原则的截然不同的态度上。天主教(大陆法系)国家强调对个体权利的保护不能走得太远,以免损害行政的效率。治理个体关系的法律同样也治理个体和国家的关系,对公法和私法没有做出明确区分。基于个人主义的信念和对个人权利的保护的新教(普通法系)国家则强调不同的法律调整不同的关系,并由不同的法庭来做出决策,以提供更具针对性的保护。

除了基本的法律制度,新教和天主教的上述认知差异还体现在对合同签订和创新等重要的社会经济制度的不同态度上。在天主教(大陆法系)国家,基于道德准则和伟人的倡导,不履行合约将被视为是罪孽。而在新教(普通法系)国家,合约的履行只是一个交易,重要的不是合约是否应该在道义上履行(无须动辄上纲上线进行道德批判),而是违约可能导致另一方的利益受到损害,就如同在我国传统文化中所强调的"己所不欲,勿施于人"一样。我们看到,新教对合约履行的上述态度与新教重视对个人财产和权利保护的理念是一致的。按照 Neal(1990),17 世纪新教徒高度的耐心部分解释了英格兰成为金融创新热土的原因。这显然是由于,新教徒与天主教徒相比,更愿意形成基于信任和自由意志的合作社。

最后,不同的文化导致经济中资源配置的导向不同。天主教不信任与金融经济有关的活动,早期天主教国家最优秀的人才往往从事神学研究,成为职业牧师,很少有人愿意从事金融经济活动。天主教会利用在宗教服务市场上的垄断权力实行价格歧视,向宗教服务收取高额费用,占有和消费了大量的社会资源。比如起源于旧约时代的什一税,就是由欧洲基督教会向居民征收的一种主要用于神职人员薪俸和教堂日常经费以及赈济的宗教捐税,这种捐税要求信徒按照教会当局的规定或法律的要求,捐纳本人收入的 1/10 供宗教事业之用。而新教徒则成为宗教服务市场的新进入者,他们挑战天主教会,努力降低宗教信仰服务的成本。

总之,在 Stulz 和 Williamson(2003)看来,文化(宗教和语言)通过价值标准的形成和发展、制度的形成和发展以及资源配置导向三个途径来影响法律对投资者权利的保护程度。因此,在解释不同国家之间法律对投资者保护程度的差异时不能忽视文化差异(宗教和语言的差异)的可能影响。

该文选取宗教和语言来刻画文化,以一个国家最大比例的人口所实践的宗教(所使用的语言)作为文化的代表变量。在 49 个样本国家中,有 33 个基督教国家(12 个新教国家、20 个天主教国家和 1 个东正教国家)、7 个伊斯兰教国家和 5 个佛教国家。

他们的研究发现,与西班牙语及其他语言的国家相比,英语国家具有更高的对抗董事的权力;与非新教国家相比,新教国家的腐败较少。上述结论的出现一定程度上与基于英语语言载体的流行实现各地对投资者权利保护的认同,以及新教国家更加注重个人权利,而腐败是对别人权利的侵害等有关。因而宗教与语言所体现的文化差异对于不同国家法律对投资者权利保护的差异具有一定的解释力。由于 Stulz 和 Williamson(2003)所选取的文化的代理变量——宗教与语言的国别特征对于很多多民族、多语言的国家不典型(例如,德国天主教徒(34.9%)和新教徒(37.2%)的比例接近,其他如加拿大、荷兰和瑞士都存在类似的问题),特别是,对于过去是殖民地的国家,无法区分影响制度的文化是殖民者的文化还是被殖民者(同化)的文化,宗教和语言能否成为文化合适的代理变量仍然存在一定的争议,相关结论的信服程度同样有待于进一步检验。

在简单揭示法律对投资者权利保护背后的文化因素后,Stulz 和 Williamson(2003)进一步考察了在投资者保护和金融发展的众多潜在影响因素中,哪些因素更加重要。通过同时考察法律渊源、文化(宗教和语言)及自然开放度对公司治理的影响,该文的研究发现,法律渊源(大陆法)对权益变量(对抗董事的权利、权益发行、股票市场市值等)、司法效率和会计标准具有较大的解释力(最大的调整可决系数增加值);宗教对信贷变量(信贷权利、长期债券发行、私人信贷等)具有较大的解释力;而语言对法律实施等更为重要。

Stulz 和 Williamson(2003)的研究由此表明,尽管不是总是发挥决定性作用的因素,但在考察公司治理和法律对投资者权利的保护时,文化这一因素不容忽视。其中,文化对债权人权利的影响更为显著,而对外开放则减弱了宗教对债权人权利的影响。这意味着,随着全球化进程的加快,单一文化的影响在减弱,文化之间的相互学习和融合在加强。因此,我们一方面要重视社会规范和文化对公司治理的作用,但也不应夸大其作用。因为在一个开放的社会中,即使影响力最为显著的宗教对债权人权利的效应也是递减的。

15.4 小　　结

本章讨论了法律外制度中社会规范和文化的公司治理角色,是上一章关于法律外制度的公司治理作用讨论的拓展和延伸。我们主要得到以下结论和政策含义:

第一,良好的社会规范能够形成对公司机会主义行为的抑制,扮演重要的公司治理角色。

第二,我们可以采用犯罪率、社会凝聚和同质程度以及对控制性股东是否应该攫取私人收益的认同态度来度量社会规范。

第三,文化通过价值标准的形成和发展、制度的形成和发展以及经济中资源的配置方向三个途径发挥潜在的公司治理作用。

第四,由于缺乏对文化的合理度量,围绕社会规范和文化的公司治理角色,我国目前尚没有开展实质性的经验研究。

第五,我们一方面要重视社会规范和文化的公司治理作用,另一方面则需要意识到,随着全球化进程的加快,单一文化的影响在减弱,文化之间的相互学习和融合在加强。

第 16 章
公司治理机制有效性的检验

16.1 引　　言

从第 5 章到第 15 章,我们分别介绍了实践中各种行之有效的公司治理机制,其中包括董事会、薪酬合约设计、经理人更迭与政治晋升、债务融资等内部治理机制,以及市场竞争、并购威胁、法律制度、法律外制度以及社会规范和文化等外部公司治理机制。那么,我们如何检验这些治理机制是否有效呢?

从改善企业绩效的公司治理目的出发,我们通常可以从降低代理成本(控制权私人收益)、增加企业价值以及改善特殊公司决策的政策效果三个维度来评价某种公司治理机制的有效性。除了公司治理机制有效性的检验,哪些因素会影响公司治理结构设计同样是围绕公司治理问题的实证研究中我们通常十分关注的问题。

本章简单总结围绕公司治理问题开展实证研究的方法和类型。以下部分的内容组织如下:第 16.2 节对公司治理实证研究进行简单分类;第 16.3 节总结在有关公司治理机制的实证研究中如何度量公司治理;第 16.4 节介绍公司治理实证研究中需要控制的经营管理因素;最后是小结。

16.2　公司治理问题实证研究的简单分类

围绕一个经济现象的实证研究,我们可以简单地将其区分为经济后果与影响因素两个方向。经济后果考察主要是考察该经济现象带来了哪些效应,从而对该经济现象的性质进行判断。在经济后果的考察中,通常以该经济现象的代理变量作为解释变量。而影响因素考察主要是考察哪些影响因素导致该经济现象的发生，从而提出鼓励或避免该经济现象发生的政策建议。在影响因素的考察中，通常以该经济现象的代理变量作为被解释变量。

作为公司层面的经济现象，围绕公司治理实证研究，我们同样可以按照上述分类方法，将其简单地区分为公司治理的经济后果考察和影响因素考察两大类。由于公司治理的经济后果考察往往涉及公司治理机制是否发挥预期的公司治理作用的判断，因此我们又把对公司治理经济后果的考察直接称为公司治理有效性的检验。在公司治理机制有效性的检验中，我们以具体的公司治理机制作为解释变量，而在公司治理影响因素的考察中，则以具体的公司治理机制作为被解释变量。我们以多元化程度、董事会中独董比例以及企业绩效三者的关系为例。如果希望检验董事会独立性（用董事会中独董比例作为代理变量）的有效性，我们需要以是否改善企业绩效作为评价董事会独立性有效性的基准，则此时董事会中独董比例为解释变量，而企业绩效为被解释变量；如果我们在观察到董事会独立性有效的基础上进一步考察上述公司治理特征是否受到多元化的影响，则我们的实证分析从公司治理经济后果的考察转为影响因素的考察。此时企业的多元化程度为解释变量，而董事会中独董比例成为被解释变量。上述例子表明，在围绕经济后果的实证考察中公司治理是解释变量，而在围绕影响因素的实证考察中公司治理成为被解释变量。这提醒我们，看起来产生显著经济后果的公司治理特征往往是内生决定的（例如，独董监督显著改善企业绩效的经济后果可能是由于该公司的多元化程度高，需要寻找不同专业背景的独董提供战略咨询导致的）。因此在围绕公司治理开展的实证研究中，对内生性的识别和控制对于提供可信服的结论尤为重要。

从改善企业绩效的公司治理目的出发，通常我们可以从降低代理成本（控制权私人收益）、增加企业价值以及改善特殊公司决策的政策效果三个维度来评价一项公司治理机制的有效性。这意味着，在公司治理经济后果的实证考察中，我们可以选择代理成本（控制权私人收益）、企业价值以及特殊的公司决策作为被解释变量。相关的公司治理经济后果的实证研究由此可以简单划分为以下三类。首先，以是否降低代理成本考察公司治理的经济后果。这是对公司治理有效性的直接评价。代理成本通常指的是经理人与投资者之间，以及投资者内部大股东与小股东之间利益冲突所产生的交易成本。代理成本作为一种摩擦成本将损害外部分散股东的利益。按照 Roe（2004）对经理人与投资者之间，以及投资者内部大股东与小股东之间利益冲突代理问题的分类，我们可以把代理问题区分为垂直（经理人与投资者之间）与水平（投资者内部大股东与小股东之间）两类代理问题。按照本书第3章和第4章的讨论，二者的实现机制既相互区别又相互联系。除了采用具体的机制来评价不同类型代理问题的严重程度外,我们还可以采用以下综合类指标进行简单的定性和评价。

以往文献采用的评价代理成本高低的综合类指标有以下两类。第一类是用经营费用率和资产利用率来度量代理成本。Ang、Cole 和 Lin(2000)等首先采用经营费用率来反映公司管理层控制支出的效率,度量公司管理层的过度在职消费所造成的资源浪费。一个管理层存在大量在职消费、代理问题严重的公司完成同样的销售额将需要耗费更高的经营费用。完成单位销售额所耗费的经营费用越高,意味着经营效率越低,代理成本越高。Ang、Cole 和 Lin(2000)等同时采用资产利用率来度量公司管理层配置资源的效率。单位资产所完成的销售额越低,意味着资产利用率越低,代理成本越高。资产利用率和经营费用率的变化方向相反。李寿喜等(2007)、郑志刚等(2009)等开展的基于我国上市公司的实证研究中都曾借鉴 Ang、Cole 和 Lin(2000),采用类似的指标来度量我国上市公司的代理成本,特别是与经理人和股东间利益冲突有关的水平代理成本。

由于控制性股份转让过程中支付的溢价一定程度上反映了对未来获得的控制权私人收益的理性预期,因此对水平型代理成本的一个较好的度量是控制性股份转让的溢价比例(Lease,McConnell,and Mikkelson,1983,1984;Nenova,2003;Dyck and Zingales,2004;等等)。具体而言,有两种方法。其一为投票权溢价法,即在发行具有多种投票权的股票的公司中,用具有不同投票权的股票市场价值的差异来反映控制权私人收益;其二是大宗股权溢价法,即围绕控制性股份转让,考察私下谈判交易价与控制权改变后股票的市场价格的差额来间接度量控制权私人收益(相关讨论参见本书第 4 章)。由于我国不允许上市公司发行具有不平等投票权的股票,围绕水平型的综合代理成本,我们通常用大宗股权溢价法来度量控制权私人收益。唐宗明(2007)、郑志刚等(2012)等即借鉴上述方法采用大宗股权溢价法来度量我国上市公司的控制权私人收益。

有时,为了便于与公司层面的其他经济现象的经济后果进行比较,我们采用微观个体企业通常追求的公司价值(最大化)目标作为评价公司治理机制有效性的标准。这是对公司治理经济后果和公司治理有效性的一种间接评价。在实证研究中,我们把绩效(firm performance)简单区分为会计绩效和市场绩效两大类。其中会计绩效主要的度量指标是总资产收益率(ROA)和净资产收益率(ROE)。前者采用总资产进行调整,考察单位资产的收益状况;而后者采用权益价值进行调整,考察单位权益价值的收益状况。市场绩效(企业价值)的主要度量指标是 Tobin's Q(重置价值/账面价值)和 M/B(市值/账面价值)。给定特定的事件,有时我们可以用事件引起的超额累积收益率(CAR)来衡量短期市场反应。

对公司治理机制有效性更直接的评价来自特定场景数据可以获得的特殊的公司决策(specific corporate decision)。它们包括股利政策(股利支付率、每股股利等)、经理人更迭(Logit模型)、经理人薪酬、盈余管理、关联交易(涉及资金占用、关联方商品和服务的购买等)。围绕这些特殊公司决策开展的公司治理有效性的考察是对公司治理经济后果最直接的评价,在经过一段时期后最终体现为代理成本的降低和企业绩效的改善。例如,一个具有好的治理结构的企业通常会发放更多的股利,而股利的发放一方面降低了自由资金现金流,导致代理成本的降低,另一方面体现为股东真实回报的实现和股东价值的增加。因此,一个好的公司治理结构往往会鼓励形成合理的股利政策。与代理成本和企业绩效等综合性指标考察相比,股利作为特殊的公司政策与公司治理的实现机制更加清晰可辨。因而,除了利用代理成本和企业绩效等综合性指标进行一般考察对公司治理机制简单定性外,我们往往需要通过公司治理与具体公司政策的关系考察和揭示其代理成本降低、企业绩效改善内在的实现机制以及具体的实现路径。

16.3 公司治理的度量

如何选择合理的代理变量来刻画公司治理,使这一经济范式具有可检验意蕴,是围绕公司治理开展实证研究的前提。由于数据的可获得性和计量分析方法的成熟等原因,早期的公司治理研究多集中在理论研究上,围绕公司治理开展的大样本实证研究是近二三十年的事。大量的实证文献为我们今天刻画公司治理特征提供了直接的理论和文献支持。除了在之前各章介绍具体治理机制时我们同时介绍如何度量外,接下来我们简要总结一下公司治理特征的主要代理变量选择。

首先是关于股权结构特征的刻画。股权结构体现了公司的产权安排和公司层面"权威"的分配,股权的集中与否、控股股东与机构投资者的力量对比、控股股东的性质以及股权变更都将对公司治理产生持久而深远的影响。对股权结构特征的衡量主要包括第一大股东持股比例、第一大股东性质(控股股东是否为国有性质)、第二到第十大股东持股比例以及股权制衡度等。大量文献表明,控股股东的持股比例对企业绩效具有二阶效应。除了关注第一大股东的持股比例和性质外,我们常常还用第二到第五大,或者第二到第十大股东持股比例(平方和)来刻画机构投资者的积极股东角色,同时反映机构投资者与控股股东的力量对比。有时,采用第一大股东持股数量除以第二到第五大股东持股比例来直接刻画股东之间的股权制衡程度。在我国制度背景下,一个特殊的股权结构特征刻画是控股股东是否为国有性质,即是否由国有或国有法人控股。由于国有控股导致的所有者缺位和委托代理链条太长等问题,国有企业成为最具我国制度特色的现代公司。相应的公司治理问题由此也成为我国制度背景下典型和独特的治理问题。基于我国上市公司的大量经验证据表明,控股股东的国有性质与绩效显著负相关。

关于董事会特征的度量。董事会是公司治理的平台和核心,研究公司治理不可避免地要涉及对董事会特征的刻画和度量。有关董事会特征的度量指标主要有三类,即董事会独立性(独董占董事会人数的比例)、董事会规模、董事会领导结构(董事长是否兼任 CEO)。从 2003 年开始,我国监管当局要求每家上市公司的董事会中独立董事的占比不低于 1/3。通常认为,独董比例越高,来自外部和独立的监督越有效。董事会规模对于公司治理的效应并不确定。如果规模太大,董事之间容易扯皮,从而降低了决策的效率;如果规模太小,则董事之间容易妥协,无法保证决策的科学性。作为被监督对象的 CEO 如果同时兼任董事长,可以想象对 CEO 的监督效应将大打折扣。但如果从提高经营管理的实施效率的角度看,则两职合一将是一个可行的制度安排。因此,两职合一与企业绩效改善之间的关系符号同样不能确定,需要结合具体问题进行分析。

法律对投资者权利保护状况的一个刻画是 LLSV(1998)所发展的对抗董事会指数。通过将是否允许以邮寄的方式参与投票表决、在召开股东大会前是否需要把股份存储到公司或金融中介机构中、累计投票和按比例分配代表、小股东对抗董事欺压的机制(例如是否能够方便地起诉董事)、股东对于公司发行新股的优先购买权、召集特别股东大会所要求的最低持股比例是否低于中位数等 6 项虚拟变量的加总,LLSV(1998)构建了对抗董事会指数。由于该指数中的 6 个因素是等权重加总的,一定程度上避免了主观赋予权重的批评。Gompers、Ishii 和 Metrick(2003)基于公司章程类似地提出了一个反映公司层面的投资者权利保护程度的指数。

对我国法律环境刻画的一个非常有影响力的指数来自樊纲、王小鲁和朱恒鹏(2007)发展的从 2006 年开始的中国法律环境指数。该省级数据被很多研究者用来刻画法律省级层面的法律对投资者权利的保护程度,刻画不同省份的公司治理的外部法律环境(Li,Yue and Zhao,2006;等等)。

除了通过采用具体的指标来刻画和度量公司治理外,一些学者还通过主成分分析法和等权重方法构建了反映公司治理特征的综合指数。例如,白重恩等(2005)采用主成分分析法,分析第一大股东持股比例、控股股东是否为国有性质、第二到十大股东的持股比例、是否同时发行 H 股和 B 股、董事会规模、独立董事占董事会成员的比例、CEO是否兼任董事长、杠杆水平等在各主成分上的载荷系数(loading factors)，以各主成分的贡献率为权重对因子进行加权构建了公司治理综合指数G，以反映公司治理的综合状况。

一些学者还采用专家测评和打分等方法构建公司治理指数。

16.4 公司治理实证研究常用的控制变量

为了剔除其他因素对公司治理的潜在影响，在围绕公司治理的实证研究中，我们还需要引入控制变量。对这一问题的讨论事实上离不开对现代企业正常运行的影响因素的考察。那么，哪些因素会影响一个企业的正常运行呢？我们观察到的一个现象是，大学商学院在设置课程时，除了与公司金融(含公司治理)有关的课程外，还需要设置与经营和管理有关的课程。背后的原因是这三个方面的内容都会影响企业的正常运行，因此在开展公司层面的实证研究中，我们往往需要将反映上述经营管理和治理特征的变量作为公司基本特征列入所设定的模型中加以控制。

一般来说，我们可以把最有价值的公司简单地描述为具有"良好的盈利前景＋完善的公司治理＋融洽的企业文化"的公司。通过本书前面各章的讨论，相信读者已经意识到合理的公司治理结构对于公司价值提升和股东实现回报的重要性，但公司治理显然不是企业运行的全部，最有价值的公司一定是出色的经营、一流的管理和完善的公司治理结构三者有机的融合。

经营通过把生产要素转化为产品和服务来履行企业作为产品和服务提供者最基本的职能，是现代企业运行的核心要素之一。一个成功的企业，往往是在经营团队的精心打造下，成为某种独特盈利模式的创造者，能够向市场提供极具个性化的产品和服务，并由此获得市场的认同。良好的盈利前景成为公司价值增加的基础。离开盈利前景去奢谈公司治理、企业文化毫无意义。在上述意义上，经营成为企业价值增加和企业运行的根本所在。因此，在与公司治理有关的实证研究中，需要控制与经营有关的因素，以剔除经营相关因素对企业行为的影响，使相关研究成为对真实的公司治理效应的考察。在公司治理实证研究中通常选择的与经营有关的控制变量有：公司所处行业(虚拟变量)、资产销售比、营业收入销售比、主营业务增长率、资产负债率等。按照现代产业组织研究的相关结论，垄断还是竞争的市场结构显然会对一个企业的经营状况产生实质性影响，前者意味着将获得超额垄断利润，而后者意味着需要面临"惊险的一跳"。因此在公司层面的实证研究中，产业的固定效应是最基本的控制变量。资产销售比反映的是资本投入密集程度。例如，与钢铁行业属于资本密集型产业相比,零售行业则属于劳动力密集型产业,由此决定了二者的资本结构和融资策略存在显著差异。营业收入销售比反映最终的销售额是通过自产还是转手贸易实现的。主营业务增长率则反映企业未来的发展前景。如果一个企业的主营业务增长率增长停滞,甚至倒退,则意味着该企业发展前景暗淡,企业陷入财务困境等危机在未来集中爆发的可能性增加。而资产负债率一方面反映公司财务政策的稳健程度,另一方面则向资本市场传递经营者信心的信号。需要提醒读者注意的是,除了从公司财务政策的相关含义解读资产负债率外,我们还可以从公司治理的视角来理解一个公司杠杆水平的选择,相关讨论请参见本书第 10 章。

　　管理则有助于提高资源整合和要素转化为服务与产品的效率,降低经营成本,成为现代企业运行的另一个核心要素。生产销售等经营活动的各个环节都离不开管理,例如人力资源管理、物流管理、战略管理等。一个显然的事实是,没有雇员的努力和协作,经理人自身无法完成对良好盈利前景企业的开拓,而合理的薪酬结构与融洽的企业文化构成了雇员努力工作的一种激励。因而与管理相关的融洽的企业文化等管理要素成为企业价值增加的重要保障。它需要管理团队的"营造"。公司治理实证研究通常选取的与管理有关的控制变量主要是企业规模等。企业规模是管理幅度和广度的一个很好的表征,如果企业的规模较大,则意味着管理的难度相应增加。

　　当然,现代企业的有效运行不能没有公司治理。现代公司通过资本社会化和经理人职业化实现的专业化分工为通过资本积聚实现的社会化大生产创造了条件,从此人类财富进入快速增加的新阶段。而现代企业之所以能够实现短期内的资本积聚,很重要的原因是现代公司所形成的合理的公司治理结构。公司治理一方面通过产权安排使投资者成为以表决方式最终决定公司最大决策的股东向投资者提供激励,使其有激励把自有资金通过现代公司委托给经理人经营;另一方面,通过治理机制的设计和实施向经理人提供激励,使其有激励按照股东价值最大化原则经营业务和管理企业。如果没有形成合理的公司治理,内部人控制问题将变得非常严重,没有投资者愿意提供资金组建现代公司,人类财富的积累依然依靠家庭手工作坊式的资本积累,则社会进步和人类财富的增长将变得十分有限。正是在上述意义上,形成合理的治理结构成为现代企业运行和企业价值增加的前提。

　　需要提醒读者注意的是,有时候人们会把提高资源使用效率的管理与确保投资者投资安全的公司治理混淆起来,用确保投资者取得合理权益的治理概念来代替维护正常生产经营秩序的管理概念。除了"语言腐败"的可能外,我们还需要注意其背后隐含的片面强调公司治理的重要性而忽略了经营和管理的重要性,或反过来片面重视经营管理而忽略公司治理的倾向。事实上,按照 Tirole(2001)的观点,"一个好的治理结构是选择出最有能力的经理人,并使他们向投资者负责"。而 Shleifer 和 Vishny(1997)把公司治理理解为"使资金的提供者按时收回投资并获得合理回报的各种方法的总称"。由此可以看出,公司治理的本质是金融问题(确保投资者投资安全,向投资者提供投资激励),不同于企业管理和业务经营。如同经营(利用资源)和管理(激励雇员)的功能不同一样,公司治理(激励投资者和经理人)的功能同样与经营管理存在差异。

前面的讨论事实上清楚地表明,一个最有价值的公司既离不开良好的盈利前景,又离不开融洽的企业文化,同时也离不开完善的公司治理结构,是经营、管理和公司治理共同作用的结果,三者缺一不可。其中,良好的盈利前景是企业价值最大化的基础,融洽的企业文化是企业价值最大化的保障,而完善的公司治理是现代企业运行和企业价值最大化的前提。所以,在企业运行过程和相关的理论研究中,我们不能用经营和管理代替公司治理,同样也不能用公司治理代替经营和管理。

在围绕公司治理开展的实证研究中,除了以上有关经营管理的控制变量外,从我国资本市场的制度背景出发,我们有时还需要控制流通股比例、公司的上市年龄、交易所等变量。在 2007 年股权分置改革完成前,公司只有部分股票可以流通,同股不同权、不同价,由此形成所谓的流通股票的比例。上市公司上市期限的长短将反映公司治理的规范程度,通常而言,能够长期不退市的公司除了经营良好外,与长期接受监管当局监管和投资者的市场评价、公司治理相对更加规范有关。在研究中,有时为了区分沪深证券交易所监管制度的微妙差异,对交易所变量加以控制。

16.5 小　　结

本章简单总结围绕公司治理问题开展实证研究的方法和类型。我们主要得到以下结论:

第一,作为公司层面的经济现象,围绕公司治理实证研究,我们简单地将其区分为公司治理的经济后果考察和影响因素考察两大类。我们把对公司治理经济后果的考察直接称为公司治理有效性的检验。在公司治理机制有效性的检验中,我们以具体的公司治理机制作为解释变量,而在对公司治理影响因素的考察中,我们则以具体的公司治理机制作为被解释变量。

第二,从降低代理成本、改善企业绩效的公司治理目的出发,通常我们可以从降低代理成本(控制权私人收益)、增加企业价值以及改善特殊公司决策的政策效果三个维度来评价一项公司治理机制的有效性。这意味着,在公司治理经济后果的实证考察中,我们可以选择代理成本(控制权私人收益)、企业价值以及特殊的公司决策作为被解释变量。

第三,以往文献采用的评价代理成本高低的综合类指标有以下两类:第一类是经营费用率和资产利用率;第二类是控制性股份转让的溢价比例。有时,为了便于与公司层面的其他经济现象的经济后果进行比较,我们采用微观个体企业通常追求的公司价值(最大化)目标作为评价公司治理机制有效性的标准。这是对公司治理经济后果和公司治理有效性的一种间接评价。对公司治理机制有效性更直接的评价来自特定场景数据可以获得的特殊的公司决策(specific corporate decision)。它们包括股利政策(股利支付率、每股股利等)、经理人更迭、经理人薪酬、盈余管理、关联交易(涉及资金占用、关联方商品和服务的购买等)。

第四,公司治理特征的主要代理变量选择:关于股权结构特征的刻画——第一大股东持股比例、第一大股东性质(控股股东是否为国有性质)、第二大股东到第十大股东持股比例以及股权制衡度等;关于董事会特征的度量——董事会独立性(独董占董事会人数的比例)、董事会规模、董事会领导结构(董事长是否兼任CEO);关于法律对投资者权利保护状况的一个刻画——LLSV(1998)所发展的对抗董事会指数,以及Gompers、Ishii和Metrick(2003)基于公司章程提出的一个反映公司层面的投资者权利保护程度的指数;关于我国法律环境的刻画——一个非常有影响力的指数来自樊纲、王小鲁和朱恒鹏(2007)发展的从2006年开始的中国法律环境指数。除了通过采用具体的指标来刻画和度量公司治理外,一些学者还采用主成分分析法和等权重方法构建了反映公司治理特征的综合指数,或采用专家测评和打分等方法构建公司治理指数。

第五,为了剔除其他因素对公司治理的潜在影响,在围绕公司治理的实证研究中,我们还需要引入控制变量。在开展公司层面的实证研究中,我们往往需要将反映上述经营管理和治理特征的变量作为公司基本特征列入所设定的模型中加以控制。在公司治理实证研究中通常选择的与经营有关的控制变量有:公司所处行业(虚拟变量)、资产销售比、营业收入销售比、主营业务增长率、资产负债率等。公司治理实证研究通常选取的与管理有关的控制变量是企业规模等。在围绕公司治理开展的实证研究中,除了以上有关经营管理的控制变量外,从我国资本市场的制度背景出发,我们有时还需要控制流通股比例、公司的上市年龄、交易所(虚拟变量)等变量。

第 17 章
互联网金融时代的公司治理

17.1 引　　言

众筹是通过互联网面向投资者积少成多的新型融资方式。世界上第一家商品众筹平台是美国 2009 年 4 月上线的 Kickstarter。我国第一家众筹平台"点名时间"于 2011 年 5 月正式上线。截至 2015 年 3 月 31 日,我国共有 135 家众筹平台在线运营(壹零数据库)。众筹以及未来 P2P 等这些基于互联网的新型融资方式的出现预示着互联网金融时代的来临。那么,互联网金融时代的来临将为关注投资者权利保护的公司治理带来哪些变化呢?

本章对全新的互联网金融时代的公司治理特征和未来发展趋势进行展望。本章以下部分的内容组织如下:第 17.2 节总结和梳理与传统融资模式相比,互联网金融时代融资模式的新特征;第 17.3 节通过对互联网金融时代融资模式转变背后逻辑的梳理,探寻互联网金融的实质;第 17.4 节探讨互联网金融时代的公司治理未来应该进行怎样的革新;最后是简单小结。

17.2 互联网金融时代的融资模式

与传统融资模式相比,互联网金融时代的融资模式具有以下全新特征。

第一,消费者与投资者之间的边界变得模糊。在传统产业(含金融业),消费者与投资者之间的边界是非常清晰的。例如,在银行业,储户是金融服务的消费者,持有银行所发行股票的股东则是投资者。即使部分银行股东与所持股银行有存贷款业务,但消费者与投资者之间的边界是清晰的。而在互联网金融时代,随着众筹平台的兴起,以及与支付宝、余额宝等服务捆绑在一起的基于互联网的金融服务提供,消费者与投资者之间的边界日益模糊。例如,商品众筹项目的投资者往往首先是对所提供的产品或服务感兴趣,并成为该平台所推出的产品和服务的最初体验者,进而成为投资者。而给支付宝或余额宝账户充值的用户往往也是与阿里巴巴关联的淘宝网购物的忠实消费者。边界的模糊甚至利益的冲突使如何有效保护投资者(或消费者)的权益变得困难。

第二,投资者进入门槛低,责任承担能力差。在这种普惠和众筹的融资模式中,投资者扮演的角色与成为股东承担有限责任同时通过投票表决参与重大资产重组和战略调整的预期有着明显的不同。投资者的进入门槛较低,对众筹项目感兴趣的消费者随时都可以成为投资者。进入门槛低的结果是使其无法像普通股东那样基于传统公司治理框架通过表决参与企业决策,同时作为最后责任人承担相应的责任。与通过持有表决权的股票参与公司的重大决策而未来稳定获得股利回报的传统模式相比,互联网金融时代的投资者更加看重的是以资本利得方式实现的短期回报及其背后的收益权,而不是控制权。

第三,关于业务模式,业界精英与普通投资者之间存在严重的信息不对称。互联网金融时代,在融资双方的信息不对称问题有所减缓的同时,金融业务模式的快速创新反而使业界精英与普通投资者之间围绕业务发展模式的信息不对称加剧。如果说传统行业投资者基于对未来现金流的估算,利用净现值法则可以对一个项目是否可行做出判断,那么,互联网金融时代业务模式的快速发展使得一般的投资者无法理解业务模式,从而无法弄清楚现金流到底如何产生。一些研究发现,技术产生的不确定性加剧了投资者之间观点的不一致和利益冲突,以至于认为股价虚高的股东很容易将所持有的股票转手给认为股价仍有上升空间的潜在投资者,使现在投资者与将来投资者之间存在严重的利益冲突。另一些研究则发现,由于缺乏专业的知识和相关的分析技能,外部分散投资者的总体精明程度下降,而不得不依赖专业精英。微软的比尔·盖茨与互联网的发展的故事(参见本书第67页)生动地表明,即使同样身处IT行业的专家有时也未必能很好地理解,进而精准地把握互联网金融时代这些快速发展的业务模式。

第四,对技术或金融创新公司价值进行合理评估面临困难。技术和金融的创新使得对互联网金融公司的价值评估需要更多地从行为金融的视角进行解读,这给传统的资产定价理论带来了新的挑战。以美国的 Uber 为例,2014 年中期 Uber 以 180 亿美元的隐含价值筹集了 12 亿美元。仅仅 6 个月后,它又以 400 亿美元的隐含价值筹集了 12 亿美元。而同期美国出租车行业的总收入估值为 110 亿美元,所以 Uber 的估值几乎是整个美国市场总销量的 4 倍。因此，要想证明上一次 Uber 的估值是合理的，投资者必须相信 Uber 将接管相当于整个美国出租车行业的交通业务，然后以一个巨大的增长率来扩展它，然而目前来看这显然不太可能。脱离真实价值创造的非理性繁荣会不当地抬高资产价格，使得投资者对技术或金融创新公司的价值评估面临困难，投资者缺乏一致认同的公司治理基础。与对技术或金融创新公司价值难以合理评估相伴随的是技术或金融创新的资产价格泡沫的频繁出现，并且持续的时间通常会超过预期。唯一值得庆幸的是，股市泡沫的破裂对宏观经济产生的影响有限。与信贷和楼市泡沫相比，股市泡沫的危害要小得多。

17.3 互联网金融时代融资模式转变背后的逻辑

第 17.2 节的分析表明，以 P2P、众筹等为典型融资形式的互联网金融时代的来临带来了融资模式的巨大转变。例如，消费者与投资者之间的边界变得模糊；投资者进入门槛降低，责任承担能力变差；业界精英与普通投资者之间关于业务模式的信息严重不对称；对金融创新公司的价值评估困难；伴随着金融创新的资产价格泡沫频繁出现等。那么，互联网金融时代融资模式转变背后的逻辑是什么？

本节希望通过对互联网金融时代融资模式转变背后逻辑的梳理，探寻互联网金融的实质。我们可以把互联网金融时代融资模式转变背后的逻辑概括为以下几个方面。

第一，从借助中介机构的间接融资转变为借助互联网金融平台的直接融资实现了交易成本的节省。互联网金融不同于金融互联网。金融互联网指的是金融传统业务从线下的传统网点转到线上，通过对互联网技术的应用，提升传统金融的服务水平与质量。目前各主要商业银行纷纷推出的手机银行、网上银行、微信银行等事实上是金融的互联网化，而非严格意义上的互联网金融。谢平和邹传伟（2012）指出，"随着互联网技术的发展，在网络支付、社交网络和搜索引擎云计算等支柱的支持下，资金供需双方在资金期限匹配以及风险分担上的成本非常低，中介机构将因为没有存在的必要而消失"。因而，标准意义上的互联网金融指的是借助互联网技术实现的资金供需双方的直接资金融通和相关金融服务的提供。其典型形式是 P2P（如"拍拍贷""人人贷""宜信"）和众筹（如"点名时间""我们一起喝咖啡"）等。

概括而言，金融互联网与互联网金融的区别在于，前者是以银行为中介机构实现的间接融资，而后者则是借助互联网平台实现的"无证券发行"的直接融资。因而，互联网金融兴起背后的重要逻辑之一是从间接融资到直接融资实现的交易成本的节省。互联网金融的上述直接融资特征使得互联网金融与同样是直接融资的实现形式的现代股份有限公司有了某种可比性。

这里需要说明的是,类似于在间接融资和直接融资之间存在大量"伪装的证券""证券与权益的混合"等中间形态,在金融互联网与互联网金融之间同样存在大量介于二者之间的中间形态。由于信息非对称和风险承担能力的个体差异依然存在,二者也并非简单的非此即彼的替代关系。这就如同作为直接融资的权益融资不仅非但没有完全代替作为间接融资的债务融资,而且依然需要投行等中介机构来承担相应的发行风险。

第二,实现了风险在社会更大范围内的分担。我们知道,在成熟的资本市场上,即使是以直接融资为典型特征的权益融资,其主要投资者也是具有一定风险承担能力的机构投资者。例如,美国占到90%以上的股市投资者为诸如互助基金、养老基金、保险基金等机构投资者,而非散户。然而,在互联网金融时代,基于互联网技术的大数据和平台的信息透明使得投资者选择与自己风险态度和资本责任能力更加匹配的项目进行投资成为可能。这使投资者不再局限于机构,每一位普通大众都可以通过众筹模式来成为自己所感兴趣项目的"直接投资者",风险由此实现在社会更大范围内的分担。

但不容忽视的是,互联网金融通过在全社会范围内配置风险在个体风险减缓的同时出现了系统性风险加强的趋势。在互联网金融时代,伴随着金融和技术的快速创新,"非理性繁荣将不当地抬高资产价格"(格林斯潘),使对互联网金融平台项目和平台本身的价值评估愈加困难,互联网金融相关的资产价格泡沫将频繁出现。我们看到,虽然互联网(金融)存在泡沫,但由于风险在社会更大范围内分担,使得互联网(金融)泡沫破灭的危害性没有信贷和楼市泡沫破灭那么大。在上述意义上,互联网泡沫的破裂未尝不像经济危机那样,是市场维持正常运行的一种自我调节。同样重要的是,互联网金融本身并没有从根本上消除信息非对称和投资风险,投资者进入门槛低、承担责任能力差的特点与资产价格泡沫结合起来,反而可能会在社会更大范围内引发严重的系统性风险,成为未来监管不得不面对的严峻挑战。

第三,资源的相对稀缺程度决定了生产资料的重要性。在互联网金融时代来临之前,由于融资双方信息的严重不对称,资本良好的责任能力和信号传递功能使得资本变得相对稀缺,因而是"资本雇佣劳动"。股东在以出资额为限承担有限责任的同时,通过股东大会的表决对资产重组和战略调整等公司重大事项拥有最终的裁决权。然而,在互联网金融时代,基于互联网金融平台实现的直接融资使得融资门槛无限降低,资本退化为普通的生产资料,业务模式竞争的背后是人力资本的竞争。因而,与以往的"资本雇佣劳动"不同,伴随着互联网金融的兴起和发展,"劳动雇佣资本"的时代来临。

第四,专业化分工程度提高。在互联网金融时代,人们借助互联网平台提供的便捷实时合作实现专业化分工的提高。每个人只需要做自己感兴趣和最擅长的工作,通过互联网提供和消费最专业的、一流的服务。在上述意义上,互联网金融时代需要专业化分工程度更高的专家,而不仅仅是互联网专家。我们看到,正是资源稀缺条件下提高效率的专业化分工的逻辑引导人类社会从早期的手工业从农业中分离出来,发展到近代从家庭手工作坊演变为现代股份有限公司,进而发展到今天借助互联网实现的高度专业化分工的互联网金融时代。

我们可以通过对互联网金融与现代股份有限公司这两种直接融资模式的比较(如表17.1所示),来简单总结互联网金融时代融资模式转变背后的逻辑。

表17.1 互联网金融与现代股份有限公司两种直接融资模式的异同

	现代股份有限公司	互联网金融
组织形式	发行股票	无需有价证券的发行
投资者进入门槛	高(机构投资者居多)	低
资本责任能力	高	低
投资者权益	除了收益权外,通过投票表决参与重大资产重组和战略调整	收益权、不平等投票权盛行,放弃控制权
风险分担范围	有限范围(机构投资者居多)	全社会范围
个体风险程度	高	低
引发系统风险的可能性	低	高
专业化分工程度	高(经理人职业化,资本社会化)	更高(借助互联网)

从表17.1我们可以看到,与现代股份有限公司相比,互联网金融时代融资模式出现了以下三个方面的发展趋势,而这些发展趋势体现的正是互联网金融时代融资模式转变背后的逻辑。

其一,基于大数据和平台的信息透明的互联网金融一方面降低了传统金融业务模式的信息不对称,另一方面通过快速创新增加了围绕新业务模式的信息不对称。正如前面提到的,由于互联网金融本身并没有从根本上消除信息不对称和投资风险,投资者一方面需要选择与自己风险偏好和责任承担能力相匹配的金融产品,另一方面需要借助包括互联网金融平台在内的中介机构实现投融资,因而互联网金融不是也无法成为传统金融的替代。互联网金融时代的来临将使投资者面临更加多样化的投资选择。通过融资模式转变和创新以真正实现交易成本的节省才是金融机构的基业长青之路。而交易成本的节省相应成为评价融资模式转变与创新最基本同时也是最重要的标准。

其二，基于互联网技术的操作"智能""傻瓜"化趋势以及专业化分工程度前所未有的提高。互联网智能技术的应用使得原来只有专业人士通过编程掌控的电脑操作变得越来越便捷，从原来的只动脑、既动脑又动手，演变成现在只动手、一"戳"了事的"傻瓜型""智能型"的类似于手表、项链等的饰物。但上述表面现象的背后是专业化分工程度前所未有的提高。人们可以借助互联网提供的合作便捷地实现专业化分工程度的提高，每个人只需要成为某一特定领域的专家。因此，互联网（金融）时代需要专业化分工程度更高的专家，而不仅仅是互联网专家。

其三，借助互联网金融，风险实现了在全社会范围内的分担，在个体风险出现降低趋势的同时，在全社会范围内系统风险呈现出提高的趋势。由于互联网金融本身并没有从根本上消除信息非对称和投资风险，虽然个体风险借助互联网金融通过在全社会范围内的分担而得以降低，但伴随着金融和技术的快速创新和非理性繁荣，与互联网金融相关的资产价格泡沫将频繁出现；再加上投资者进入门槛低、承担责任的能力差，反而可能会在社会更大范围内引发系统性风险。未来如何防范互联网金融资产价格泡沫，化解相应的风险，将成为监管当局需要认真思考和面对的问题。

通过以上对互联网金融时代融资模式转变背后逻辑的梳理和对互联网金融时代融资模式三个发展趋势的总结，我们不难概括互联网金融的实质。我们看到，互联网金融的实质是"无证券发行"＋"放弃控制权"的"现代股份有限公司"。一方面，互联网金融借助互联网融资平台，而非通过发行证券实现外部资金融通；另一方面，与现代股份有限公司相比，互联网金融投资者更加看重的是收益权，一定程度上忽略甚至主动放弃控制权。但不同于传统（债务融资）金融模式，无论现代股份有限公司还是互联网金融都是直接融资的实现形式。因此，我们又可以把互联网金融称为"借助互联网平台实现的直接融资"。

17.4 互联网金融时代对传统公司治理范式的挑战

第17.2节所描述的互联网金融时代全新融资模式的出现无疑使传统公司治理范式面临着巨大挑战。我们知道，传统的公司治理政策制定的现实出发点是保护中小投资者的利益。在Berle和Means(1932)范式下，公司治理面临的主要问题是经理人与投资者之间的信息不对称问题和融资合约的不完全问题。而资本的责任能力使得投资者在解决上述问题时处于主导地位。一方面，投资者通过成为公司股东，享有剩余控制权（对资产重组和经营战略调整的表决权）

和剩余索取权(以出资额为限承担有限责任),以解决融资合约的不完全问题;另一方面,投资者通过设立董事会来遴选、监督和激励经理人,以解决信息不对称问题。我们可以把Berle和Means(1932)范式下的资本与劳动的关系概括为"资本雇佣劳动"。

随着互联网金融时代的来临,大数据的平台共享一定程度上减缓了融资双方之间的信息不对称;而快速便捷的网络则有助于实现信息的及时更新和合约的动态调整,这使得合约不完全问题变得并不严重。投资者与消费者身份的重叠又使得资本的责任能力弱化了许多,以往相对稀缺的资本退化为普通的生产资料。任何需要资金支持的项目都可以借助互联网金融轻松实现外部融资,而不再受到资本预算瓶颈的限制。业务模式竞争背后更多反映的是人力资本的竞争。"劳动(创新的业务模式)雇佣资本(通过互联网实现外部融资)"的时代悄然来临。

那么,互联网金融时代的公司治理应该进行怎样的革新呢?

首先,从"一股一票"(同股同权)向不平等投票权转变。传统的"一股一票"原则被认为更有利于保护中小投资者的利益。但在互联网金融时代,由于新兴产业快速发展所带来的外部分散投资者与IT精英之间围绕新兴产业业务模式的信息不对称,外部投资者将理性地选择把无法把握的业务模式的相关决策交给具有专业知识的IT精英,自己在放弃控制权后退化为(类似于"储户"的)资金提供者。这是在创业者的控制权尤为重要的高科技企业盛行不平等投票权的重要原因。例如,2014年4月,谷歌在原来发行不平等A类股票(一股一票)和B类股票(一股十票)的基础上,进一步推出没有表决权的C类股票(一股零票),投资者从开始抵触到逐步接受甚至没有表决权的股票。

事实上,双层股权结构同时还是围绕新兴产业业务模式的信息不对称,掌握私人信息的IT精英向外部投资者发出识别项目信号的"市场解决方案"。对于IT精英,新的项目需要寻找外部资金的支持,而外部投资者需要识别有潜质的项目。然而,由于IT精英与投资者之间关于新兴产业业务模式的信息不对称,投资者应如何选择潜在的投资对象呢? 在投资者所观察到的两类潜在项目——一类是"同股同权",一类是"不平等投票权"——中,前者并不能向投资者提供更多有用的信息。而此时,如果有部分企业推出双层股权结构不啻在向投资者宣告,"业务模式你们不懂,但我懂,你们只需要做一个普通出资者就够了",这无疑会吸引因为无法理解一个新兴企业的业务模式而困惑不解的投资者的目光。在这一意义上,双层股权结构的推出恰恰构成资本市场解决围绕业务模式的信息不对称问题的一个重要信号。

2014年9月在美国纽交所上市的阿里巴巴以合伙人制度变相推翻了同股

同权原则,推出了事实上的不平等投票权。有趣的是,当初以违反同股同权原则为由拒绝阿里巴巴上市的港交所近期发布公告,拟有条件地容许公司采用"同股不同权"架构在港上市。

其次,从以股东为中心的公司治理向以经理人为中心的公司治理转变。与持续数百年至今仍生机勃勃的日本温泉酒店和传统制造业的百年老店相比,伴随着泡沫的兴起和破裂,基于互联网的企业的生命周期呈现出逐渐缩短的趋势。在外部融资不再成为约束,而人力资本变得稀缺的互联网金融时代,只有极具创新理念、不断推出新的业务模式的企业家所率领的团队才能在激烈的竞争中脱颖而出。如何帮助投资者识别和把握商机、发现市场并创造价值变成互联网金融时代经理人的重要使命。

阿里推出的合伙人制度事实上具备了以企业家为中心的公司治理范式的雏形。通过组建拥有董事提名权的合伙人,阿里在董事会之上形成了一个新的董事会,只不过他们是以合伙人的形式集体履行董事会中的"特殊董事长"的作用。通过构建"董事会中的董事会",阿里实现了"铁打的经理人(合伙人),流水的股东"。作为对照,传统的以股东为中心的公司治理范式的核心是监督、约束和激励经理人以降低代理成本。在股东主导的治理模式中,"铁打的"是股东(控股股东),而"流水的"则是经理人。

公司治理从以经理人为中心到以企业家为中心的转变,使得在互联网金融时代,创始人在企业发展过程中具有不可替代的核心作用。正所谓"离开马云的阿里可能就不再是阿里"了。这使企业未来如何实现传承成为互联网金融时代公司治理迫切需要研究的课题。

再次,伴随着互联网金融的普及,家族信托和公益性基金会广泛兴起,并大行其道。企业家所创造财富的未来归属和企业家退出机制是互联网金融时代公司治理面临的重大问题。考虑到巨额遗产税的开征以及继承人的能力,步入老年的第一代财富创造者并不情愿简单地把自己创立的企业交给"富二代"了事。帮助家族理财的"家族信托"和"公益性基金"由此开始广泛兴起,并大行其道。其突出特点是,资产的所有权、经营权和收益权是"三权分离"的。所有权属于公益性基金,日常的经营决策则通过公益性基金聘请的专业管理团队实现,"富二代"无权干预企业日常的经营决策,但"富二代"享有投资的收益权。通过上述方式,互联网金融时代的创业者实现了从作为"雇佣资本的劳动"到"被其他劳动雇佣的新资本"的转变。传统公司治理的理念未来在家族信托和公益性基金的运行中仍将大有用武之地。

最后,监管当局从强制性信息披露向未来选择性信息披露转变。安然等会计丑闻发生后,为了避免出现类似的会计造假,美国于 2002 年推出《萨班斯-奥克斯利法案》对公众公司信息披露提出了更高的要求。然而,学术界之后开展的大量经验研究表明,苛刻的信息披露反而有损于企业的价值,投资者对《萨班斯-奥克斯利法案》出台的市场反应显著为负。容易理解,在互联网金融时代,一方面,基于大数据的互联网信息共享使得互联网金融自身的信息不对称程度相对较低;另一方面,互联网金融业务模式涉及商业机密,严格的披露制度将使企业陷入两难。因此,未来监管当局需要调整信息披露政策,逐步实现从强制性信息披露到选择性信息披露的转变,以适应互联网金融发展的特点。

那么,如何监管进入门槛低、资本责任能力差、风险波及范围更大的互联网金融呢?对于作为"借助互联网平台实现的直接融资"的互联网金融的监管,我们同样需要从对作为直接融资的现代股份有限公司的监管中得到启发。现代股份公司在使股票保持流动从而投资者可以"用脚投票"的同时,监管当局需要做的是对公众公司的强制信息披露,使每个公司形成合理的治理结构,吸引盈利动机强烈的股东参与来防范风险的扩散。在一定程度上,监管当局通过强制信息披露把风险的控制部分地转到公司内部,以此来防范可能发生的系统性风险。

从现代股份有限公司监管实践中我们得到的启发是:首先,需要使直接融资保持良好的流动性,因而未来互联网金融成熟的一个重要标志是互联网金融平台产品的可流动性的满足。相应的技术的应用、平台的设立和制度的创新将构成未来互联网金融发展的重要挑战。其次,基于大数据、互联网平台的信息透明与征信系统的建立,把互联网金融变为"陌生的诚实人"之间的"互惠互利"的实现方式。我们看到,P2P、股权众筹等新型融资方式的发展是与诚信社会的建立密切相关的,否则很容易演变为"集资诈骗",引发严重的社会问题。目前我国已经出现的部分P2P"跑路"的现象表明,我国距离互联网金融健康发展所需的法治和诚信社会还有很长的路要走。最后,借助互联网金融平台的积极参与和相关平台治理框架的建立来内化部分风险。这就如同对现代股份有限公司的监管需要调动公司股东的积极性,借助每个公司自身的治理结构来防范化解风险一样。而如何构建互联网平台的治理框架则需要未来实践中的长期探索。

17.5 小　　结

本章对全新的互联网金融时代的公司治理特征和未来发展趋势进行了展望。我们主要得到以下结论和政策含义:

第一,与传统融资模式相比,互联网金融时代的融资模式具有以下全新特征:消费者与投资者之间的边界变得模糊;投资者进入门槛低,责任承担能力差;关于业务模式,业界精英与普通投资者之间存在严重的信息不对称;对技术或金融创新公司价值进行合理评估面临困难。

第二,互联网金融时代融资模式转变背后的逻辑是:首先,从借助中介机构的间接融资转变为借助互联网金融平台的直接融资实现了交易成本的节省。其次,实现了风险在社会更大范围内的分担。再次,资源的相对稀缺程度决定了生产资料的重要性。最后,实现了专业化分工程度的提高。

第三,与现代股份有限公司相比,互联网金融时代的融资模式出现了以下三个方面的发展趋势:其一,基于大数据和平台的信息透明的互联网金融一方面降低了传统金融业务模式的信息不对称,另一方面通过快速创新增加了围绕新业务模式的信息不对称。其二,基于互联网技术的操作"智能""傻瓜"化趋势以及专业化分工程度前所未有的提高。其三,借助互联网金融,风险实现了在全社会范围内的分担,在个体风险出现降低趋势的同时,在全社会范围内系统风险呈现了提高的趋势。

第四,互联网金融的实质是"无证券发行"+"放弃控制权"的"现代股份有限公司"。

第五,互联网金融时代的公司治理应该进行的革新:首先,从"一股一票"(同股同权)向不平等投票权转变。其次,从以股东为中心的公司治理向以经理人为中心的公司治理转变。再次,伴随着互联网金融的普及,家族信托和公益性基金会广泛兴起,并大行其道。传统公司治理的理念未来在家族信托和公益性基金的运行中仍将大有用武之地。最后,监管当局从强制性信息披露向未来选择性信息披露转变。

从现代股份有限公司监管实践中我们得到的启发是:首先,需要使直接融资保持良好的流动性,因而未来互联网金融成熟的一个重要标志是互联网金融平台产品可流动性的满足;其次,基于大数据、互联网平台的信息透明与征信系统的建立,把互联网金融变为"陌生的诚实人"之间的"互惠互利"的实现方式;最后,借助互联网金融平台的积极参与和相关平台治理框架的建立内化部分风险,而如何构建互联网平台的治理框架则需要未来长期实践的探索。

 延伸阅读

互联网金融的监管框架

随着 2015 年以来 P2P"跑路"事件的频繁发生,互联网金融的风险前所未有地暴露在公众面前。互联网金融的快速发展是我国最近几年来经济生活中的一件大事。它将市场经济"实现陌生人之间的合作"的理念贯彻到底,使资金融通的合作突破了地域时空的限制,融资由此变得空前便利。如果互联网金融能健康持续地发展下去,那么总有一天,传统社会"资本雇佣劳动"的格局将会被"劳动雇佣资本"的格局所替代。

然而互联网金融快速发展所伴随的巨大风险也使得这一行业的发展前途莫测。互联网金融业界经常说的一句话是"做好了就成为互联网金融,做不好就成为非法集资"。互联网金融与非法集资二者之间仅有一线之隔。而借助互联网实现外部融资不仅涉及范围广,而且波及范围大。外部性的存在和潜在风险的巨大使得互联网金融监管架构的搭建迫在眉睫。

那么,如何对兼具"天使的外表"和"魔鬼的内心"的互联网金融进行监管呢?我们看到,基于大数据等数据基础和云计算等分析技术的互联网金融在降低信息不对称程度的同时,并没有从根本上消除信息不对称,甚至产生了新的信息不对称。信息不对称的存在一定程度上使得传统意义上的宏观监管变得不再有效,因为"上有政策,下有对策"。而对信息不对称问题最有效的解决思路依然是哈耶克当年提出的如何利用具有当地信息的个体的信息优势。

在互联网金融平台上,信息不对称主要来自提供贷款的资金提供者和使用贷款的资金使用者。而促使双方进行直接融资的互联网金融平台成为哈耶克所谓的具有一定当地信息从而具有信息优势的个体。因此,如何使具有当地信息的互联网金融平台在识别和防范风险中扮演重要角色是未来互联网金融监管构建的关键突破口。事实上,遵循上述原则建立监管构架的一个典型例子来自对上市公司的监管。上市公司作为广泛实现资本社会化的公众公司,对其进行监管的重要性毋庸置疑。监管当局通过要求上市公司履行信息披露义务等监管举措事实上一定程度上将"确保投资者的资金按时收回并取得合理回报"的监管任务转化为上市公司的公司治理任务。从上市公司监管构架形成中我们得到的一个重要启发是,不应该忽视互联网金融平台在整个互联网金融监管体系构建中所发挥的不可替代的作用。我们未来的监管思路是将其作为监管体系构建中的重要一环,使其利用当地的信息优势来充当整个互联网金融监管体系中的第一道门槛。换句话说,让互联网金融平台承担起利用平台直接融资的借贷双方风险控制的连带责任。这有点类似于我国古代的连坐和保甲制度,抑或"跑得了和尚跑不了庙"中的"庙"。在获得"游方和尚"的私人信息较为困难的情况下,我们有时不得不通过"庙"来约束"和尚"的行为。

在明确了互联网金融平台需要履行必要的防范风险义务后,如何来构建互联网金融的监管体系呢?也许我们可以用"三位一体"来简单描述未来互联网金融的监管体系。

首先是负有相应连带责任的互联网金融平台识别风险的职责和信息披露义务的履行。互联网金融平台负责对进行直接融资的借贷双方的信息进行跟踪,利用专业团队对潜在风险进行识别和判断,并将相关信息及时披露出去。因而,成为互联网金融平台的先决条件除了具备资金储备等体现抗风险的能力外,同样重要的是具备一支能识别和防范风险的专业管理队伍。只有同时具备后者的互联网金融平台才会在激烈的互联网金融市场竞争中形成良好的声誉,获得资金需求方和借贷方的青睐。

其次是依据相关法律,负责对没有履行识别风险职责、违反信息披露义务以及与资金的需求者合谋来欺诈投资者的互联网金融平台实施惩罚的权威的互联网监管当局。除了上述工作外,监管当局也许还需要搭建一个各个互联网金融平台进行信息披露的统一平台。这十分类似于交易所对上市公司的拟披露信息进行审查并通过"三报一网"进行最后的披露。至于这一监管平台是搭建在证券业还是银行业监管框架内或是混合监管则取决于未来监管实施成本的高低。由于资金来源和流向随着互联网金融模式的兴起变得更加复杂多变,一个统一的监管构架可能更加便于及时掌握资金的流向和相关风险的识别。

最后则是来自媒体的监督。很多业界的专家讲,对于"e租宝"等P2P平台,如果在早期有敏锐的财经媒体迅速察觉,并及时曝光任何蛛丝马迹,就不会出现今天数十万名投资者、数百亿元资金被卷入的局面。具有专业素养和风险识别能力的财经媒体将在互联网金融监管中扮演十分重要的角色。

因而,未来我国互联网金融的监管构架将由"负有识别风险职责和相应连带责任的互联网金融平台""提供信息披露统一平台并对违规平台进行处罚的监管当局""财经媒体的监督"三部分相辅相成,形成"三位一体"的监管体系。如果我们能够在不远的将来形成上述"三位一体"的互联网金融监管构架,则互联网金融的风险将通过平台、监管当局和财经媒体三方面的共同努力得到有效的识别和化解,从而使充满生机的互联网金融朝着健康良性的方向发展,以助推我国实体经济的复苏和崛起。

资料来源:郑志刚,《构建'三位一体'的互联网金融监管框架》,《中国经营报》,2016年3月19日。

参考文献

[1] Acemoglu, D., 1995, "Corporate Control and Balance of Powers", *Centre for Economic Performance*, LSE.

[2] Acemoglu, D. and S. Johnson, 2005, "Unbundling Institutions", *Journal of Political Economy*, 113(5), 949—995.

[3] Acemoglu, D., Johnson, S. and Robinson, J. A., 2001, "The Colonial Origins of Comparative Development: An Empirical Investigation", *The American Economic Review*, 91(5), 1369—1401.

[4] Acemoglu, D., Johnson, S. and Robinson, J. A., 2005, "Institutions as A Fundamental Cause of Long-Run Growth", *Handbook of Economic Growth*, 1(5), 385—472.

[5] Adams, R. B., 2000, "The Dual Role of Corporate Boards as Advisors and Monitors of Management: Theory and Evidence", Previously Titled "The Dual Role of Corporate Boards as Advisors and Monitors of Management", Working Paper, Federal Reserve Bank of New York, NY, USA.

[6] Admati, A. R., Pfleidere, P., and Zechner, J., 1994, "Large Shareholder Activism, Risk Sharing, and Financial Market Equilibrium", *Journal of Political Economy*, 102(6), 1097—1130.

[7] Aganin, A. and P. Volpin, 2003, "The History of Corporate Ownership in Italy", Forthcoming in Randall Morck (Ed.), *The History of Corporate Ownership*, University of Chicago Press.

[8] Aghion, P. and P. Bolton, 1992, "An Incomplete Contracts Approach to Financial Contracting", *The Review of Economic Studies*, 59(3), 473—494.

[9] Akerlof, G. A., 1970, "The Market for 'Lemons': Quality Uncertainty and the Market Mechanism", *The Quarterly Journal of Economics*, 84(3), 488—500.

[10] Alchian, A. and H. Demsetz, 1972, "Production, Information Costs, and Economic

Organization", *The American Economic Review*, 62(5), 777—795.

[11] Allen, F. and D. Gale, 2000, "Financial Contagion", *Journal Political Economy*, 108(1), 1—33.

[12] Allen, F. and D. Gale, 2001, *Comparing Financial Systems*, MIT Press.

[13] Allen, F., Qian, J., Qian, M., 2005, "Law, Finance, and Economic Growth in China", *Journal of Financial Economics*, 77(1), 57—116.

[14] Anderson, R. C. and D. M. Reeb, 2003, "Founding-Family Ownership, Corporate Diversification, and Firm Leverage", *Journal of Law & Economics*, 46(2), 653—680.

[15] Ang, J. S., Cole, R. A., Lin, J. W., 2000, "Agency Costs and Ownership Structure", *Journal of Finance*, 55(1), 81—106.

[16] Aoki, M., 1980, "A Model of The Firm as A Stockholder-Employee Cooperative Game", *The American Economic Review*, 70(4), 600—610.

[17] Aoki, M, 1984, *The Co-Operative Game Theory of the Firm*, Clarendon Press.

[18] Aoki, M., Patrick, H. T. and Sheard, P., 1993, "The Japanese Main Bank System: An Introductory Overview", Center For Economic Policy Research, Stanford University.

[19] Bagdikian, B. H., 2004, *The New Media Monopoly*, Beacon Press.

[20] Bailey, E. E. and C. E. Helfat, 2003, "External Management Succession, Human Capital, and Firm Performance: An Integrative Analysis", *Managerial and Decision Economics*, 24(4), 347—369.

[21] Baker, G., Gibbons, R., Murphy, K. J., 2002, "Relational Contracts and The Theory of The Firm", *Quarterly Journal of Economics*, 117(1), 39—84.

[22] Barclay, M. J. and Holderness, C. G., 1989, "Private Benefits From Control of Public Corporations", *Journal of Financial Economics*, 25(2), 371—395.

[23] Bartkus, B. R., Morris, S. A. and Seifert, B., 2002, "Governance and Corporate Philanthropy Restraining Robin Hood?", *Business & Society*, 41(3), 319—344.

[24] Bebchuk, L. and Fried, J., 2004, *Pay Without Performance*, Cambridge, MA: Harvard University Press.

[25] Bebchuk, L. A., 1994, "Efficient and Inefficient Sales of Corporate Control", *Quarterly Journal of Economics*, 109(109), 957—993.

[26] Bebchuk, L. A. and J. M. Fried, 2003, "Executive Compensation as An Agency Problem", National Bureau of Economic Research.

[27] Bebchuk, L. A. and M. J. Roe, 1999, "A Theory of Path Dependence in Corporate Ownership and Governance", *Stanford Law Review*, 52(1), 127—170.

[28] Becht, M., J. B. Delong, 2005, "Why Has There Been so Little Block Holding in America?", NBER Chapters, 613—666.

[29] Bennedsen, M. and Wolfenzon, D., 2000, "The Balance of Power in Closely Held Cor-

porations", *Journal of Financial Economics*, 58(1), 113—139.

[30] Benz, M., Marcel. K., and Stutzer, A., 2001, "Stock Options: The Managers' Blessing: Institutional Restrictions and Executive Compensation", University of Zurich Institute for Empirical Research In Economics, Working Paper.

[31] Berglof, E. and A. Pajuste, 2003, "Emerging Owners, Eclipsing Markets? Corporate Governance in Central and Eastern Europe", In Cornelius, P. K., Kogut, B. (Ed.), *Corporate Governance and Capital Flows in A Global Economy*, Oxford University Press.

[32] Berkovitch, E. and R. Israel, 1996, "The Design of Internal Control and Capital Structure", *Review of Financial Studies*, 9(1), 209—240.

[33] Berle, A. A. and G. Means, 1932, *The Modern Corporation and Private Property*, New York: Macmillan Publishing Co.

[34] Besley, T. and A. Prat, 2001, "Handcuffs for The Grabbing Hand? Media Capture and Government Accountability", London School of Economics.

[35] Besley, T. and R. Burgess, 2000, "Does Media Make Government More Responsive? Theory and Evidence from Indian Famine Relief Policy", International Monetary Fund Seminar.

[36] Blair, M. M., 1995, "Corporate 'ownership'", *Brookings Review*, 13, 16—19.

[37] Blair, M. M., 1998, "For Whom Should Corporations Be Run? An Economic Rationale for Stakeholder Management", *Long Range Planning*, 31(2), 195—200.

[38] Boeker, W. and J. Goodstein, 1993, "Performance and Successor Choice: The Moderating Effects of Governance and Ownership", *Academy of Management Journal*, 36(1), 172—186.

[39] Bolton, P., and Xiong, W., 2006, "Executive Compensation and Short-Termist Behaviour in Speculative Markets", *Review of Economic Studies*, 73(3), 577—610.

[40] Bolton, P. and V. Thadden, 1998, "Blocks, Liquidity, and Corporate Control", *The Journal of Finance*, 53(1), 1—25.

[41] Bommer, W. H. and A. E. Ellstrand, 1996, "CEO Successor Choice, Its Antecedents and Influence on Subsequent Firm Performance: An Empirical analysis", *Group & Organization Management*, 21(1), 105—123.

[42] Boyd, R. and P. Richerson, 1985, "Culture and Theory of Social Evolution", *Culture and the Evolutionary Process*, Chicago: University of Chicago Press.

[43] Brehm, J. and W. Rahn, 1997, "Individual-Level Evidence for the Causes and Consequences of Social Capital", *American Journal of Political Science*, 41(3), 999—1023.

[44] Brown, W. O., Helland, E., Smith, J. K., 2006, "Corporate Philanthropic Practices", *Journal of Corporate Finance*, 12(5), 855—877.

[45] Burkart, M., Gromb, D. and Panunzi, F., 1997, "Large Shareholders, Monitoring,

and The Value of The Firm", *The Quarterly Journal of Economics*, 112(3), 693—728.

[46] Burkart, M., Panunzi, F. and Shleifer, A., 2003, "Family Firms", *The Journal of Finance*, 58(5), 2167—2202.

[47] Cao, J., Lemmon, M., Pan, X., Qian, M. and Tian, G., 2011, "Political Promotion, CEO Incentives, and the Relationship Between Pay and Performance", American Finance Association Annual Meeting (AFA) In Devour USA.

[48] Carroll, A. B., 1999, "Corporate Social Responsibility Evolution of A Definitional Construct", *Business & Society*, 38(3), 268—295.

[49] Che, J. and Y. Qian, 1998, "Insecure Property Rights and Government Ownership of Firms", *Quarterly Journal of Economics*, 113(2), 467—496.

[50] Chen, Z. and P. Xiong, 2002, "The Illiquidity Discount In China", International Center For Financial Research, Yale University.

[51] Chirinko, R., Van Ees, H., Garretsen, H. and Sterken, E., 2004, "Investor Protections and Concentrated Ownership: Assessing Corporate Control Mechanisms in The Netherlands", *German Economic Review*, 5(2), 119—138.

[52] Claessens, S., Djankov, S. and Lang, L., 2000, "The Separation of Ownership and Control in East Asian Corporations", *Journal of Financial Economics*, 58(1), 81—112.

[53] Claessens, S., Djankov, S., Fan, J. and Lang, L., 2002, "Disentangling the Incentive and Entrenchment Effects of Large Shareholdings", *Journal of Finance*, 57, 2741—2771.

[54] Coase, R. H., 1937, "The Nature of The Firm", *Economica*, 4(16), 386—405.

[55] Coase, R. H., 1960, "Problem of Social Cost", *Journal of Law and Economics*, 3(1), 1—44.

[56] Cochran, R. L. and Wartick, S. L, 1988, "Corporate Governance: A Review of the Literature", Financial Executives Research Foundation.

[57] Coffee, J. C., 2001, "The Rise of Dispersed Ownership: The Roles of Law and The State in The Separation of Ownership and Control", *Yale Law Journal*, 111(1), 1—82.

[58] Coffee, J. C., Jr., 2001, "Do Norms Matter? A Cross-Country Examination of The Private Benefits of Control", Working Paper, Harvard University.

[59] Core, J. E. and W. R. Guay, 2001, "Stock Option Plans for Non-Executive Employees", *Journal of Financial Economics*, 61(2), 253—287.

[60] Cuñat, V. and M. Guadalupe, 2005, "How Does Product Market Competition Shape Incentive Contracts?", *Journal of The European Economic Association*, 3(5), 1058—1082.

[61] Cyert, R. M., Kang, S. H. and Kumar, P., 2002, "Corporate Governance, Takeovers, and Top-Management Compensation: Theory and Evidence", *Management Science*, 48(4), 453—469.

[62] Dalton, D. R. and I. F. Kesner, 1985, "Organizational Performance as An Antecedent of Inside/Outside Chief Executive Succession: An Empirical Assessment", *Academy of Management Journal*, 28(4), 749—762.

[63] Demsetz, H., 1983, "Structure of Ownership and the Theory of the Firm", *Journal of Law and Economics*, 26(2), 375—390.

[64] Demsetz, H. and K. Lehn, 1985, "The Structure of Corporate Ownership: Causes and Consequences", *The Journal of Political Economy*, 93(6), 1155—1177.

[65] Denis, D. J., Denis, D. K. and Sarin, A., 1997, "Agency Problems, Equity Ownership, and Corporate Diversification", *Journal of Finance*, 52(1), 135—160.

[66] Desai, M. A., Dyck, A. and Zingales, L., 2004, Corporate Governance and Taxation, American Law & Economics Association Annual Meetings, Bepress.

[67] Desai, M. A., Dyck, A. and Zingales, L., 2007, "Theft and Taxes", *Journal of Financial Economics*, 84(3), 591—623.

[68] Djankov, S., Mcliesh, C., Nenova, T., Shleifer A., 2003, "Who Owns the Media?", *Journal of Law and Economics*, 46(2), 341—381.

[69] Donaldson, T. and L. E. Preston, 1995, "The Stakeholder Theory of The Corporation—Concepts, Evidence, and Implications", *Academy of Management Review*, 20, 65—91.

[70] Dow, J. and C. C. Raposo, 2005, "CEO Compensation, Change, and Corporate Strategy", *The Journal of Finance*, 60(6), 2701—2727.

[71] Dyck, A. and L. Zingales, 2002, "The Corporate Governance Role of The Media", National Bureau of Economic Research.

[72] Dyck, A. and L. Zingales, 2004, "Private Benefits of Control: An International Comparison", *The Journal of Finance*, 59(2), 537—600.

[73] Dyck, A., N. Volchkova and L. Zingales, 2008, "The Corporate Governance Role of the Media: Evidence from Russia", *Journal of Finance*, 63(3), 1093—1135.

[74] Easterbrook, F. H. and D. R. Fischel, 1993, "Contract and Fiduciary Duty", *Journal of Law & Economics*, 36(1), 425—446.

[75] Faccio, M., 2006, "Politically Connected Firms", *The American Economic Review*, 96(1), 369—386.

[76] Faccio, M. and L. H. Lang, 2002, "The Ultimate Ownership of Western European Corporations", *Journal of Financial Economics*, 65(3), 365—395.

[77] Fama, E. F, 1980, "Agency Problems and The Theory of The Firm", *The Journal of Political Economy*, 88(2), 288—307.

[78] Fama, E. F. and M. C. Jensen, 1983, "Agency Problems and Residual Claims", *Journal of Law and Economics*, 26(2), 327—349.

[79] Fama, E. F. and M. C. Jensen, 1983, "Separation of Ownership and Control", *Journal of Law and Economics*, 26(2), 301—325.

[80] Fan, J. P., Wong, T. J. and Zhang, T., 2007, "Politically Connected CEOs, Corporate Governance, and Post-IPO Performance of China's Newly Partially Privatized Firms", *Journal of Financial Economics*, 84(2), 330—357.

[81] Fischel, D. R. and F. Easterbrook, 1991, *The Economic Structure of Corporate Law*, Harvard University Press.

[82] Frankel, J. A. and D. Romer, 1999, "Does Trade Cause Growth?", *American Economic Review*, 89, 379—399.

[83] Frieder, L. and A. Subrahmanyam, 2007, *Executive Compensation and Investor Clientele*, Social Science Electronic Publishing.

[84] Friedman, E., Johnson, S. and Mitton, T., 2003, "Propping and Tunneling", *Journal of Comparative Economics*, 31(4), 732—750.

[85] Friedman, J. W., 1971, "A Non-Cooperative Equilibrium For Supergames", *The Review of Economic Studies*, 38(113), 1—12.

[86] Fukuyama, F., 1995, *Trust: The Social Virtues and The Creation of Prosperity*, New York: The Free Press.

[87] Gabaix, X. and A. Landier, 2007, "Calibratable Corporate Finance of CEO Incentives in Market Equilibrium", Mimeo, MIT.

[88] Galaskiewicz, J., 1985, *Social Organization of An Urban Grants Economy: A Study of Business Philanthropy and Nonprofit Organizations*, Orlando, FL: Academic Press.

[89] Gallup, J. L., Sachs, J. and Mellinger, A. D., 1998, *Geography and Economic Growth*, World Bank.

[90] Gibbons, R. and K. J. Murphy, 1992, "Optimal Incentive Contracts in The Presence of Career Concerns: Theory and Evidence", National Bureau of Economic Research.

[91] Glaeser, E., Johnson, S. and Shleifer, A., 2001, "Coase Versus The Coasians", *Quarterly Journal of Economics*, 116(3), 853—899.

[92] Glaeser, E. L., Laibson, D. I., Scheinkman, J. A. and Soutter, C. L., 2000, "Measuring Trust", *Quarterly Journal of Economics*, 115(3), 811—846.

[93] Goldsmith, R. W., 1969, *Financial Structure and Development*, New Haven: Yale University Press.

[94] Gomes, A. and W. Novaes, 2001, "Sharing of Control as a Corporate Governance Mechanism", PIER Working Paper 01—029, University of Pennsylvania.

[95] Gompers, P. A., Metrick, A. and Ishii, J. L., 2003, Corporate Governance and Equi-

ty Prices, *The Quarterly Journal of Economics*, 118(1), 107—155.

[96] Greif, A., 1989, "Reputation and Coalitions in Medieval Trade: Evidence on The Maghribi Traders", *The Journal of Economic History*, 49(4), 857—882.

[97] Greif, A., 1993, "Contract Enforceability and Economic Institutions in Early Trade: The Maghribi Traders' Coalition", *The American Economic Review*, 83(3), 525—548.

[98] Greif, A., 1994, "Cultural Beliefs and The Organization of Society: A Historical and Theoretical Reflection on Collectivist and Individualist Societies", *Journal of Political Economy*, 102(5), 912—950.

[99] Grief, N., 1994, *Public International Law in The Airspace of The High Seas*, Dordrecht, Netherlands: Martinus Nijhoff Publishers.

[100] Grossman, S. J. and O. D. Hart, 1980, "Takeover Bids, The Free-Rider Problem, and The Theory of The Corporation", *The Bell Journal of Economics*, 11(1), 42—64.

[101] Grossman, S. J. and O. D. Hart, 1986, "The Costs and Benefits of Ownership: A Theory of Vertical and Lateral Integration", *The Journal of Political Economy*, 94(4), 691—719.

[102] Grossman, S. J. and O. D. Hart, 1988, "One Share-One Vote and The Market for Corporate Control", *Journal of Financial Economics*, 20, 175—202.

[103] Guiso, L., Sapienza, P. and Zingales, L., 2002, "Does Local Financial Development Matter?", National Bureau of Economic Research.

[104] Guiso, L., Sapienza, P. and Zingales, L., 2004, "The Role of Social Capital In Financial Development", *American Economic Review*, 94(3), 526—556.

[105] Haley, U. C., 1991, "Corporate Contributions as Managerial Masques: Reframing Corporate Contributions as Strategies to Influence Society", *Journal of Management Studies*, 28(5), 485—510.

[106] Hall, B. J. and K. J. Murphy, 2003, "The Trouble With Stock Options", National Bureau of Economic Research.

[107] Hall, R. E. and C. I. Jones, 1999, "Why Do Some Countries Produce So Much More Output Per Worker Than Others?", National Bureau of Economic Research.

[108] Hambrick, D. C. and P. A. Mason, 1984, "Upper Echelons: The Organization as A Reflection of Its Top Managers", *Academy of Management Review*, 9(2), 193—206.

[109] Hansmann, H. and R. Kraakman, 2001, "The End of History For Corporate Law", *Georgetown Law Journal*, 89(2), 439—468.

[110] Hardin, R., 1998, "Trust in Government", *Trust and Governance*, 1, 9—27.

[111] Harris, D. and C. Helfat, 1997, "Specificity of CEO Human Capital and Compensation", *Strategic Management Journal*, 18(11), 895—920.

[112] Harris, M. and A. Raviv, 1988, "Corporate Governance: Voting Rights and Majority

Rules", *Journal of Financial Economics*, 20, 203—235.

[113] Harris, M. and B. Holmström, 1982, "A Theory of Wage Dynamics", *The Review of Economic Studies*, 49(3), 315—333.

[114] Hart, O., 1995, "Corporate Governance—Some Theory and Implications", *Economic Journal*, 105(430), 678—689.

[115] Hart, O., 2001, "Financial Contracting", *Journal of Economic Literature*, 39(4), 1079—1100.

[116] Hart, O. and J. Moore, 1990, "Property Rights and The Nature of The Firm", *Journal of Political Economy*, 98(6), 1119—1158.

[117] Hartzell, J. C. and L. T. Starks, 2003, "Institutional Investors and Executive Compensation", *The Journal of Finance*, 58(6), 2351—2374.

[118] Hayek, F. A., 1948, *Individualism and Economic Order*, University of Chicago Press.

[119] Helmich, D. L., 1974, "Organizational Growth and Succession Patterns", *Academy of Management Journal*, 17(4), 771—775.

[120] Helmich, D. L., 1975, "Corporate Succession: An Examination", *Academy of Management Journal*, 18(3), 429—441.

[121] Hermalin, B. E., 2005, "Trends In Corporate Governance", *The Journal of Finance*, 60(5), 2351—2384.

[122] Hermalin, B. E. and M. S. Weisbach, 2001, "Endogenously Chosen Boards of Directors and Their Monitoring of the CEO", *American Economic Review*, 88(1), 96—118.

[123] Hermalin, B. E. and M. S. Weisbach, 2001, "Boards of Directors as An Endogenously Determined Institution: A Survey of The Economic Literature", National Bureau of Economic Research.

[124] Hirshleifer, D. and A. V. Thakor, 1994, "Managerial Performance, Boards of Directors and Takeover Bidding", *Journal of Corporate Finance*, 1(1), 63—90.

[125] Holderness, C. G., 2008, "Do Differences in Legal Protections Explain Differences in Ownership Concentration", Unpublished Working Paper, Boston College.

[126] Holmström, B., 1999, "Managerial Incentive Problems: A Dynamic Perspective", *The Review of Economic Studies*, 66(1), 169—182.

[127] Holmström, B. and J. Ricart-Costa, 1986, "Managerial Incentives and Capital Management", *Quarterly Journal of Economics*, 101(4), 835—860.

[128] Holmström, B. and S. N. Kaplan, 2001, "Corporate Governance and Merger Activity in The US: Making Sense of The 1980s and 1990s", National Bureau of Economic Research.

[129] Holmström, B. and S. N. Kaplan, 2003, "The State of US Corporate Governance:

What's Right and What's Wrong?" *Journal of Applied Corporate Finance*, 15(3), 8—20.

[130] Holmström, B. and P. Milgrom, 1987, "Aggregation and Linearity in The Provision of Intertemporal Incentives", *Econometrica: Journal of The Econometric Society*, 55(2), 303—328.

[131] Hosp, G., 2003, *The Media Rent-Seeking Society: Differences in Democratic and Autocratic Environments*, Social Science Electronic Publishing.

[132] Inderst, R. and H. M. Mueller, 2005, "Keeping The Board in The Dark: CEO Compensation and Entrenchment", Unpublished Paper, New York University.

[133] Jensen, M. C., 1986, "Agency Costs of Free Cash Flow, Corporate Finance, and Takeovers", *The American Economic Review*, 76(2), 323—329.

[134] Jensen, M. C., 1993, "The Modern Industrial Revolution, Exit, and The Failure of Internal Control Systems", *The Journal of Finance*, 48(3), 831—880.

[135] Jensen, M. C. and W. H. Meckling, 1976, "Agency Costs and The Theory of The Firm", *Journal of Financial Economics*, 3(4), 305—360.

[136] Jensen, M. C. and R. S. Ruback, 1983, "The Market for Corporate Control: The Scientific Evidence", *Journal of Financial Economics*, 11(1), 5—50.

[137] John, K. and Y. Qian, 2003, "Incentive Features in CEO Compensation in The Banking Industry", *Economic Policy Review*, 9(1), 109—121.

[138] Johnson, S., Boone, P., Breach, A. and Friedman, E., 2000, "Corporate Governance in The Asian Financial Crisis", *Journal of Financial Economics*, 58(1), 141—186.

[139] Johnson, S., La Porta, R., Lopez, D., Silanes, F. and Shleifer, A., 2000, "Tunneling", *American Economic Review*, 90, 22—27.

[140] Johnston, J., 2005, "Reward Design and CEO Succession in The UK", *Applied Economics*, 37(13), 1535—1541.

[141] Kandori, M., 1992, "Repeated Games Played by Overlapping Generations of Players", *The Review of Economic Studies*, 59(1), 81—92.

[142] Kang, J.-K. and R. M. Stulz, 2000, "Do Banking Shocks Affect Borrowing Firm Performance? An Analysis of The Japanese Experience", *The Journal of Business*, 73(1), 1—23.

[143] Kaplan, S. N. and D. Reishus, 1990, "Outside Directorships and Corporate Performance", *Journal of Financial Economics*, 27(2), 389—410.

[144] Kaplan, S. N. and L. Zingales, 1997, "Do Investment-Cash Flow Sensitivities Provide Useful Measures of Financing Constraints?", *Quarterly Journal of Economics*, 112(1), 169—215.

[145] Khanna, T. and K. G. Palepu, 1997, "Why Focused Strategies May Be Wrong for

Emerging Markets", *Harvard Business Review*, 75(4), 41—51.

[146] Klapper, L. F. and I. Love, 2004, "Corporate Governance, Investor Protection, and Performance in Emerging Markets", *Journal of Corporate Finance*, 10(5), 703—728.

[147] Knack, S. and P. Keefer, 1997, "Does Social Capital Have An Economic Payoff? A Cross-Country Investigation", *The Quarterly Journal of Economics*, 112(4), 1251—1288.

[148] Kraft, K. L. and J. Hage, 1990, "Strategy, Social Responsibility and Implementation", *Journal of Business Ethics*, 9(1), 11—19.

[149] Kreps, D. M., Milgrom, P., Robert, J. and Wilson, R., 1982, "Rational Cooperation in The Finitely Repeated Prisoners' Dilemma", *Journal of Economic Theory*, 27(2), 245—252.

[150] La Porta, R., Lopez-de-Silanes, F. and Shleifer, A., 1999, "Corporate Ownership Around The World", *The Journal of Finance*, 54(2), 471—517.

[151] La Porta, R., Lopez-de-Silanes, F., Shleifer, A. and Vishny, R., 1998, "Law and Finance", *Journal of Political Economy*, 106(6), 1113—1155.

[152] La Porta, R., Lopez-de-Silanes, F., Shleifer, A. and Vishny, R., 2000, "Investor Protection and Corporate Governance", *Journal of Financial Economics*, 1, 3—27.

[153] La Porta, R., Lopez-de-Silanes, F., Shleifer, A. and Vishny, R., 1997, "Legal Determinants of External Finance", *Journal of Finance*, 52(3), 1131—1150.

[154] La Porta, R., Lopez-de-Silanes, F., Shleifer, A. and Vishny, R., 2001, *Law and Finance*, Springer.

[155] Lal, D., 1999, "Culture, Democracy and Development: The Impact of Formal and Informal Institutions On Development", Delivery at the IMF Conference on Second Generation Reforms.

[156] Landes, D., 2000, "Culture Makes Almost All The Difference", *Culture Matters: How Values Shape Human Progress*, in L. E. Harrison and S. P. Huntington (Eds.) New York: Basic Books.

[157] Lease, R. C., McConnell, J. J. and Mikkelson, W. H., 1983, "The Market Value of Control in Publicly-Traded Corporations", *Journal of Financial Economics*, 11(1), 439—471.

[158] Lease, R. C., McConnell, J. J. and Mikkelson, W. H., 1984, "The Market Value of Differential Voting Rights in Closely Held Corporations", *Journal of Business*, 57(4), 443—467.

[159] Leff, N. H., 1978, "Industrial Organization and Entrepreneurship In The Developing Countries: The Economic Groups", *Economic Development and Cultural Change*, 26(4), 661—675.

[160] Levine, R., 1997, "Financial Development and Economic Growth: Views and Agenda", *Journal of Economic Literature*, 35(2), 688—726.

[161] Levine, R., Loayza, N. and Beck, T., 2000, "Financial Intermediation and Growth: Causality and Causes", *Journal of Monetary Economics*, 46(1), 31—77.

[162] Li, D. D., 1996, "A Theory of Ambiguous Property Rights in Transition Economies: The Case of The Chinese Non-State Sector", *Journal of Comparative Economics*, 23(1), 1—19.

[163] Li, H., Meng, L., Wang, Q. and Zhou, L.-A., 2008, "Political Connections, Financing and Firm Performance: Evidence from Chinese Private Firms", *Journal of Development Economics*, 87(2), 283—299.

[164] Li, H. and L.-A. Zhou, 2005, "Political Turnover and Economic Performance: The Incentive Role of Personnel Control In China", *Journal of Public Economics*, 89(9), 1743—1762.

[165] Licht, A. N., Goldschmidt, C. and Schwartz, S. H., 2001, "Culture, Law, and Finance: Cultural Dimensions of Corporate Governance Laws", Law and Economics Workshop.

[166] Licht, A. N., Goldschmidt, C. and Schwartz, S. H., 2005, "Culture, Law, and Corporate Governance", *International Review of Law and Economics*, 25(2), 229—255.

[167] Li, K., H. Yue and L. Zhao, 2009, "Ownership, Institutions, and Capital Structure: Evidence from China", *Journal of Comparative Economics*, 37(3), 471—490.

[168] Lucas, R. E., Jr., 1988, "Money Demand in The United States: A Quantitative Review", Carnegie-Rochester Conference Series On Public Policy, North-Holland.

[169] Macey, J. R. and G. P. Miller, 1997, "An Economic Analysis of Conflict of Interest Regulation", *Iowa Law Review*, 82(4), 965—1005.

[170] Mankiw, N. G., Phelps, E. S. and Romer, P. M., 1995, "The Growth of Nations", *Brookings Papers On Economic Activity*, 35(1), 275—326.

[171] Marris, R., 1963, "A Model of the Managerial Enterprise", *The Quarterly Journal of Economics*, 77(2), 185—209.

[172] Maug, E., 1997, "Boards of Directors and Capital Structure: Alternative Forms of Corporate Restructuring", *Journal of Corporate Finance*, 3(2), 113—139.

[173] Mcarthur, J. W. and J. D. Sachs, 2001, "Institutions and Geography: Comment on Acemoglu, Johnson and Robinson (2000)", NBER Working Paper(W8114).

[174] Mcchesney, R. W., 1999, "Rich Media, Poor Democracy: Communication Politics in Dubious Times", *Canadian Journal of Communication*, 17(1), 118—119.

[175] Mcguire, J. B., Sundgren, A. and Schneeweis, T., 1988, "Corporate Social Responsibility and Firm Financial Performance", *Academy of Management Journal*, 31(4), 854—872.

[176] Mckinnon, R. I., 1973, *Money and Capital In Economic Development*, Brookings Institution Press.
[177] Merryman, J. H., 1985, "Thinking About The Elgin Marbles", *Michigan Law Review*, 83(8), 1881—1923.
[178] Merton, R. C., 1995, "Financial Innovation and The Management and Regulation of Financial Institutions", *Journal of Banking & Finance*, 9(3), 461—481.
[179] Miller, M. H., 1988, "The Modigliani-Miller Propositions After Thirty Years", *The Journal of Economic Perspectives*, 99—120.
[180] Mishel, L. R., Bernstein, J. and Allegretto, S. A., 2005, *The State of Working America*, 2004—2005, Cornell University Press.
[181] Modigliani, F. and M. H. Miller, 1958, "The Cost of Capital, Corporation Finance and The Theory of Investment", *The American Economic Review*, 48(3), 261—297.
[182] Monks Robert, A. and M. Nell, 2001, *Corporate Governance*, Oxford: Blackwell Publishing.
[183] Morck, R., 2000, "Introduction to Concentrated Corporate Ownership", *Concentrated Corporate Ownership*, University of Chicago Press.
[184] Morck, R., Shleifer, A. and Vishny, R. W., 1988, "Management Ownership and Market Valuation: An Empirical Analysis", *Journal of Financial Economics*, 20, 293—315.
[185] Morck, R., Wolfenzon, D. and Yeung, B., 2004, "Corporate Governance, Economic Entrenchment and Growth", National Bureau of Economic Research.
[186] Morck, R. and B. Yeung, 2003, Agency Problems in Large Family Business Groups", *Entrepreneurship Theory and Practice*, 27(4), 367—382.
[187] Morck, R. and B. Yeung, 2005, "Dividend Taxation and Corporate Governance", *Journal of Economic Perspectives*, 19(3), 163—180.
[188] Morck, R., Yeung, B. and Yu, W., 2000, "The Information Content of Stock Markets: Why Do Emerging Markets Have Synchronous Stock Price Movements?" *Journal of Financial Economics*, 58(1), 215—260.
[189] MÜLler, H. M. and K. Wärneryd, 2001, "Inside Versus Outside Ownership: A Political Theory of The Firm", *RAND Journal of Economics*, 32(3), 527—541.
[190] Murphy, K. J., 1999, "Executive Compensation", *Handbook of Labor Economics*, 3, 2485—2563.
[191] Myers, P. S., 1996, *Knowledge Management and Organizational Design*, Routledge.
[192] Myerson, R. B., 1979, "Incentive Compatibility and The Bargaining Problem", *Econometrica: Journal of The Econometric Society*, 47(1), 61—73.
[193] Neal, L., 1990, *The Rise of Financial Capitalism*, Cambridge: Cambridge Universi-

ty Press.

[194] Nenova, T., 2003, "The Value of Corporate Voting Rights and Control: A Cross-Country Analysis", *Journal of Financial Economics*, 68(3), 325—351.

[195] Newman, H. A., 2000, "The Impact of Ownership Structure on The Structure of Compensation Committees", *Journal of Business Finance & Accounting*, 27(5—6), 653—678.

[196] Noe, T. H. and M. J. Rebello, 1997, "Renegotiation, Investment Horizons, and Managerial Discretion", *The Journal of Business*, 70(3), 385—407.

[197] North, D. C., 1990, *Institutions, Institutional Change and Economic Performance*, Cambridge University Press.

[198] Novak, M., 1993, *The Catholic Ethic and the Spirit of Capitalism*, New York: The Free Press.

[199] Pagano, M. and A. Roell, 1998, "The Choice of Stock Ownership Structure: Agency Costs, Monitoring, and The Decision To Go Public", *Quarterly Journal of Economics*, 113(1), 187—225.

[200] Pagano, M. and P. F. Volpin, 1999, "The Political Economy of Corporate Governance", *Social Science Electronic Publishing*, 95(4), 1005—1030.

[201] Porter, M., 1992, "Capital Disadvantage: America's Falling Capital Investment System", *Harvard Business Review*, 46, 65—72.

[202] Porter, M. E. and M. R. Kramer, 2002, "The Competitive Advantage of Corporate Philanthropy", *Harvard Business Review*, 80(12), 56—68.

[203] Portes, A., 1998, "Social Capital: Its Origins and Applications in Modern Sociology", *Annual Review of Sociology*, 24, 1—24.

[204] Posner, R. A., 1973, "Economic Analysis of Law", Boston: Little Brown and Company.

[205] Preston, L. E. and D. P. O'Bannon, 1997, "The Corporate Social-Financial Performance Relationship", *Business and Society*, 36(4), 419—429.

[206] Putnam, R. D., "1993, "The Prosperous Community", *The American Prospect*, 4(13), 35—42.

[207] Qian, Y. and C. Xu, 1993, "Why China's Economic Reforms Differ: The M-Form Hierarchy and Entry/Expansion of The Non-State Sector", *Economics of Transition*, 1(2), 135—170.

[208] Rajan, R. and L. Zingales, 2003, *Saving Capitalism from The Capitalists*, New York: Crown Business.

[209] Rajan, R. G. and J. Wulf, 2006, "Are Perks Purely Managerial Excess?" *Journal of Financial Economics*, 79(1), 1—33.

[210] Rajan, R. G. and L. Zingales, 1998, "Which Capitalism? Lessons from The East Asi-

an Crisis", *Journal of Applied Corporate Finance*, 11(3), 40—48.

[211] Rajan, R. G. and L. Zingales, 2003, "The Great Reversals: The Politics of Financial Development in The Twentieth Century", *Journal of Financial Economics*, 69(1), 5—50.

[212] Rajan, R. G. and L. Zingales, 2004, *Saving Capitalism from The Capitalists: Unleashing The Power of Financial Markets to Create Wealth and Spread Opportunity*, Princeton University Press.

[213] Riyanto, Y. E. and L. A. Toolsema, 2008, "Tunneling and Propping: A Justification for Pyramidal Ownership", *Journal of Banking & Finance*, 32(10), 2178—2187.

[214] Robinson, J., 1952, "The Model of An Expanding Economy", *The Economic Journal*, 62, 42—53.

[215] Roe, M. J., 1990, "Political and Legal Restraints on Corporate Control", *Journal of Financial Economics*, 27(7), 7—41.

[216] Roe, M. J., 1999, "Political Preconditions to Separating Ownership from Corporate Control", Mimeo, Columbia Law School.

[217] Roe, M. J., 2004, *Convergence and Persistence in Corporate Governance Systems*, Cambridge University Press.

[218] Saiia, D. H., Carroll, A. B. and Buchholtz, A. K., 2003, "Philanthropy As Strategy When Corporate Charity 'Begins At Home'", *Business & Society*, 42(2), 169—201.

[219] Scharfstein, D., 1988, "The Disciplinaary Role of Takeovers", *The Review of Economic Studies*, 55(2), 185—199.

[220] Schumpeter, J. A., 1911, *A Theory of Economic Development*, Cambridge, MA: Harvard University Press.

[221] Seifert, B., Morris, S. A. and Bartkus, B. R., 2003, "Comparing Big Givers and Small Givers: Financial Correlates of Corporate Philanthropy", *Journal of Business Ethics*, 45(3), 195—211.

[222] Selten, R., 1988, "Evolutionary Stability in Extensive Two-Person Games-Correction and Further Development", *Mathematical Social Sciences*, 16(3), 223—266.

[223] Shleifer, A. and D. Wolfenzon, 2002, Investor Protection and Equity Markets, *Journal of Financial Economics*, 66(1), 3—27.

[224] Shleifer, A. and L. H. Summers, 1988, "Breach of Trust in Hostile Takeovers", *Corporate Takeovers: Causes and Consequences*, University of Chicago Press.

[225] Shleifer, A. and R. W. Vishny, 1986, "Large Shareholders and Corporate Control", *The Journal of Political Economy*, 94(3), 461—488.

[226] Shleifer, A. and R. W. Vishny, 1997, "A Survey of Corporate Governance", *Journal of Finance*, 52(2), 737—783.

[227] Siegel, J., 2005, "Can Foreign Firms Bond Themselves Effectively by Renting US Se-

curities Laws?", *Journal of Financial Economics*, 75(2), 319—359.

[228] Solow, R. M., 2000, "Notes on Social Capital and Economic Performance", In Dasgupta, P. and I. Serageldin (Eds.), *Social Capital: A Multifaceted Perspective*, Washington, DC: World Bank.

[229] Stulz, R. M. and R. Williamson, 2003, "Culture, Openness, and Finance", *Journal of Financial Economics*, 70(3), 313—349.

[230] Tirole, J., 2001, "Corporate Governance", *Econometrica*, 69(1), 1—35.

[231] Titman, S., Wei, K.-C. and Xie, F., 2004, "Capital Investments and Stock Returns", *Journal of Financial and Quantitative Analysis*, 39(4), 677—700.

[232] Villalonga, B. and R. Amit, 2006, "How Do Family Ownership, Control and Management Affect Firm Value?", *Journal of Financial Economics*, 80(2), 385—417.

[233] Weber, K. and G. F. Davis, 2009, "Policy as Myth and Ceremony: The Global Spread of Stock Markets, 1980—2005", *Academy of Management Journal*, 52(6), 1319—1347.

[234] Weber, M., 1930, *The Protestant Ethic and the Spirit of Capitalism*, New York: Harper Collins.

[235] Weinstein, D. E. and Y. Yafeh, 1998, "On The Costs of A Bank-Centered Financial System: Evidence from The Changing Main Bank Relations In Japan", *The Journal of Finance*, 53(2), 635—672.

[236] Weisbach, M. S., 1988, "Outside Directors and CEO Turnover", *Journal of Financial Economics*, 20, 431—460.

[237] Weitzman, M. L. and C. Xu, 1994, "Chinese Township-Village Enterprises as Vaguely Defined Cooperatives", *Journal of Comparative Economics*, 18(2), 121—145.

[238] Williams, R. J. and J. D. Barrett, 2000, "Corporate Philanthropy, Criminal Activity, and Firm Reputation: Is There A Link?", *Journal of Business Ethics*, 26(4), 341—350.

[239] Williamson, O. E., 1975, *Markets and Hierarchies*, New York: Free Press.

[240] Williamson, O. E., 1985, *The Economic Intstitutions of Capitalism*, Simon and Schuster.

[241] Wolfenzon, D., 1999, "A Theory of Pyramidal Ownership", *Journal of Finance*, 61(6), 2637—2680.

[242] Wu, W., Wu, C. and Rui, O. M., 2012, "Ownership and The Value of Political Connections: Evidence from China", *European Financial Management*, 18(4), 695—729.

[243] Yermack, D., 2006, "Flights of Fancy: Corporate Jets, CEO Perquisites, and Inferior Shareholder Returns", *Journal of Financial Economics*, 80(1), 211—242.

[244] Young, A., 1994, "The Tyranny of Numbers: Confronting The Statistical Realities of

The East Asian Growth Experience", National Bureau of Economic Research.

[245] Young, A., 1995, "The Tyranny of Numbers: Confronting The Statistical Realities of The East Asian Growth Experience", *The Quarterly Journal of Economics*, 110(3), 641—680.

[246] Yu, F., 2006, "Corporate Governance and Earnings Management", Carlson School of Management, University of Minnesota, Minneapolis.

[247] Zimmerman, J.L., 1983, "Taxes and Firm Size", *Journal of Accounting and Economics*, 5, 119—149.

[248] Zingales, L., 1995, "What Determines The Value of Corporate Votes?", *The Quarterly Journal of Economics*, 110(4), 1047—1073.

[249] Zingales, L., 2000, "In Search of New Foundations", *The Journal of Finance*, 55(4), 1623—1653.

[250] Zheng Zhigang, Li-an Zhou, Yanmei Sun and Chao Chen, 2016, "Executive Compensation and Legal Investor Protection: Evidence from China's Listed Firms", *Review of Development Economics*, 20(1), 39—47.

[251] 白重恩、刘俏、陆洲、宋敏、张俊喜,《中国上市公司治理结构的实证研究》,《经济研究》,2005年第2期。

[252] 陈清泰,《深化国有资产管理体制改革的几个问题》,《管理世界》,2003年第6期。

[253] 陈晓、江东,《股权多元化、公司业绩与行业竞争性》,《经济研究》,2000年第8期。

[254] 崔之元,《美国二十九个州公司法变革的理论背景》,《经济研究》,1996年第4期。

[255] 樊纲、王小鲁、朱恒鹏,《中国市场化指数——各地区市场化相对进程2006年报告》,经济科学出版社2007年版。

[256] 方军雄,《高管权利与企业薪酬变动的非对称性》,《经济研究》,2011年第4期。

[257] 韩德宗、叶春华,《控制权收益的理论与实证研究》,《统计研究》,2004年第2期。

[258] 胡一帆、宋敏、张俊喜,《竞争、产权、公司治理三大理论的相对重要性及交互关系》,《经济研究》,2005年第9期。

[259] 黄明,《会计欺诈和美国式资本主义》,《比较》,2002年第2期。

[260] 李常青、赖建,《董事会特征影响公司绩效吗?》,《金融研究》,2004年第5期。

[261] 李培功、沈艺峰,《媒体的公司治理作用:中国的经验证据》,2010年第4期。

[262] 李寿喜,《产权、代理成本和代理效率》,《经济研究》,2007年第1期。

[263] 梁能,《公司治理结构:中国的实践与美国的经验》,《中国人民大学学报》,2000年第4期。

[264] 卢峰、姚洋,《金融压抑下的法治、金融发展和经济增长》,《中国社会科学》,2004年第1期。

[265] 马磊、徐向艺,《中国上市公司控制权私有收益实证研究》,《中国工业经济》,2007年第5期。

[266] 钱颖一,《现代经济学在美国》,《财经问题研究》,2003年第1期。

[267] 权小锋、吴世农、文芳,《管理层权利、私有收益与薪酬操纵——来自中国国有上市企业的实证证据》,《经济研究》,2010 年第 11 期。

[268] 沈艺峰、肖珉、黄娟娟,《中小投资者法律保护与公司权益资本成本》,《经济研究》,2005 年第 6 期。

[269] 沈艺峰、许年行、杨熠,《我国中小投资者法律保护历史实践的实证检验》,《经济研究》,2004 年第 9 期。

[270] 时建中,《公司法与公司章程在公司治理中的协调》,《中国发展观察》,2006 年第 2 期。

[271] 斯道廷·坦尼夫、张春霖、路·白瑞福特,《建立现代市场制度:中国的公司治理与企业改革》,《经济社会体制比较》,2002 年第 4 期。

[272] 唐雪松、杜军、申慧,《独立董事监督中的动机——基于独立意见的经验证据》,《管理世界》,2010 年第 9 期。

[273] 唐宗明、蒋位,《我国上市公司大股东侵害度实证分析》,《经济研究》,2002 年第 4 期。

[274] 王鹏,《投资者保护、代理成本与公司绩效》,《经济研究》,2008 年第 2 期。

[275] 王跃堂、赵子夜、魏晓雁,《董事会的独立性是否影响公司绩效?》,《经济研究》,2006 年第 5 期。

[276] 夏立军、方轶强,《政府控制、治理环境与公司价值——来自中国证券市场的经验证据》,《经济研究》,2005 年第 5 期。

[277] 谢平、邹传伟,《互联网金融模式研究》,《金融研究》,2012 年第 12 期。

[278] 许小年、王燕,《中国上市公司的所有权治理与公司治理》,《经济研究》,1997 年第 7 期。

[279] 杨瑞龙,《国有企业的重新定位及分类改革战略的实施》,《国企》,2013 年第 7 期。

[280] 袁萍、刘士余、高峰,《关于中国上市公司董事会、监事会与公司业绩的研究》,《金融研究》,2006 年第 6 期。

[281] 张华、张俊喜、宋敏,《所有权和控制权分离对企业价值的影响——我国民营上市企业的实证研究》,《经济学》,2004 年第 3 期。

[282] 张维迎,《所有制、治理结构及委托—代理关系——兼评崔之元和周其仁的一些观点》,《经济研究》,1996 年第 9 期。

[283] 张维迎,《市场的逻辑》,上海人民出版社 2010 年版。

[284] 郑志刚,《投资者之间的利益冲突和公司治理机制的整合》,《经济研究》,2004 年第 2 期。

[285] 郑志刚,《新兴市场分散投资者投资"金字塔结构"公司的激励》,《经济研究》,2005 年第 4 期。

[286] 郑志刚,《金融发展的决定因素》,《管理世界》,2007 年第 3 期。

[287] 郑志刚,《利益相关者对公司控制权的分享、承诺可置信成本和公司治理的股东价值导向》,《世界经济》,2007 年第 8 期。

[288] 郑志刚、孙艳梅、谭松涛、姜德增,《股权分置改革对价确定与我国上市公司治理机制有效性的检验》,《经济研究》,2007 年第 7 期。

[289] 郑志刚,《投资者之间的利益冲突和公司治理机制的整合》,中国金融出版社 2007 年版。

[290] 郑志刚,《法律外制度的公司治理角色》,《管理世界》,2007 年第 9 期。

[291] 郑志刚、吕秀华,《董事会独立性的交互效应和中国上市公司独立董事制度政策效果的评估》,《管理世界》,2009 年第 7 期。

[292] 郑志刚、邓贺斐,《法律环境差异和区域金融发展——金融发展决定因素基于我国省级面板数据的考察》,《管理世界》,2010 年第 6 期。

[293] 郑志刚,《对公司治理内涵的重新理解》,《金融研究》,2010 年第 8 期。

[294] 郑志刚,《研究偏好的信息不对称、逆向选择与最优学制设计》,《世界经济》,2010 年第 12 期。

[295] 郑志刚、许荣、徐向江、赵锡军,《公司章程条款的设立、法律对投资者权利保护和公司治理——基于我国 A 股上市公司的证据》,《管理世界》,2011 年第 7 期。

[296] 郑志刚、陶尹斌,《外部竞争对信号传递有效性的影响:以某高校毕业生就业为例》,《世界经济》,2011 年第 10 期。

[297] 郑志刚、丁冬、汪昌云,《媒体的负面报道、经理人声誉与企业业绩改善——来自我国上市公司的证据》,《金融研究》,2012 年第 12 期。

[298] 郑志刚、李东旭、许荣、林仁韬、赵锡军,《国企高管的政治晋升与形象工程——基于 N 省 A 公司的案例研究》,《管理世界》,2012 年第 10 期。

[299] 郑志刚、孙娟娟、Rui Oliver,《任人唯亲的董事会文化和经理人超额薪酬问题》,《经济研究》,2013 年第 12 期。

[300] 郑志刚、殷慧峰、胡波,《我国非上市公司治理机制有效性的检验——来自我国制造业大中型企业的证据》,《金融研究》,2013 年第 2 期。

[301] 郑志刚、吴新春、梁昕雯,《高控制权溢价的经济后果:基于"隧道挖掘"的证据》,《世界经济》,2014 年第 9 期。

[302] 郑志刚、梁昕雯、吴新春,《经理人产生来源与企业未来绩效改善》,《经济研究》,2014 年第 4 期。

[303] 周黎安,《中国地方官员的晋升锦标赛模式研究》,《经济研究》,2007 年第 7 期。

[304] 周黎安、李宏彬、陈烨,《相对绩效考核:中国地方官员晋升机制的一项经验研究》,《经济学报》,2005 年第 1 期。

致谢

在本书的写作过程中，我受教于很多老师、同行和学生的讨论及建议，同时得益于家人和朋友的帮助及理解，在此深表谢忱。北京大学的张维迎教授认同和鼓励我对中国公司治理问题教学和研究持续的耕耘，并多次提醒我要注意企业家在公司治理中不可替代的作用。本书的很多观点，如现代股份有限公司对市场经济运行的基础性作用、资源配置中要素重要性的转变和公司治理从以经理人为中心转向以企业家为中心等，直接受到张老师相关观点的启发和影响。在由范博宏教授主持的香港中文大学经济与金融研究所访问期间，我了解并懂得了案例研究对于开展经验研究的重要性，并从此养成了一个终身受益的研究习惯：在开始大样本经验研究之前，首先要进行个案的解剖，以更好地识别经济现象背后的经济变量之间真实的关系。一个并不符合直觉的计量结果的出现可能并不是由于计量经济学学得不够好，也不是由于经济学学得不够好，而是由于案例研究开展得不够好。北京大学的周黎安教授不仅是我博士项目论文指导委员会的重要成员，而且是《经理人薪酬增长中国独特制度因素考察》一文的合作者之一。周老师研究问题的严谨使我受益良多，此外，在他的提醒下，我从只重视理论分析转向同时强调对理论的逻辑分析和经验证据的考察，并使之成为本书的重要研究特色。复旦大学的陈超教授既是我在北京大学光华管理学院学习公司财务知识时的老师，又是我的重要合作者。在我访问加州大学洛杉矶分校期间与陈老师的交流和讨论使我对经理人薪酬增长问题形成了不同以往的看法。

我要感谢曾参加公司治理讨论班的赵锡军、许荣、黄继承、胡波、林仁韬、郭杰等老师和孙艳梅、丁冬、邓贺斐、吕秀华、殷慧峰、孙娟娟、徐向江、林玲、陶尹斌、吴新春、成为、梁昕雯、王丽敏、李东旭、阚铄、李俊强、郑建强、林毅坤、石丽娜、刘思敏、胡晓霁、牟天琦等同学。每隔一周进行的公司治理讨论班成为我和我的研究团队交流的重要平台以及我指导研究生的重要模式。本书的很多工作都是在讨论班中首先形成想法，之后是案例研究，之后是预实验，之后是初步的结果和不断的修改完善。我们很多最终发表在《经济研究》《管理世界》《世界经济》和《金融研究》等期刊上的文章就是在这样的不断讨论和批评中走向成熟和完善的。这些同学中，有的目前已成为一些高校的教师和研究机构的研究员，有的依然在校学习。作为曾经和现在的论文指导老师及合作者，我为他们取得的学术成就感到骄傲，同时也很高兴地看到他们的研究能力在迅速提高。同时感谢北京大学出版社张燕编辑在本书出版过程中的辛勤付出。张编辑的认真勘校和出色修改使本书增色不少。

最后，我想感谢我的家人。每当我把我在写作过程中形成的感觉与妻子分享时，我能感到她那由衷的高兴。儿子在走向成熟和独立，他的成长和进步给我们全家带来的欢愉与本书同样重要。感谢妻姐这么多年来对家庭的悉心照料，使我和妻子可以放手忙于各自的工作。最后感谢母亲和家人的理解，很多应尽的义务和应该出席的活动都不得不取消或推迟，但母亲和家人义无反顾地对我的决定表示理解和支持。

郑志刚

写于 2016 年 2 月 22 日农历元宵节之夜